Mon Journal

Nord et Sud

(Volume 1)

Sir William Howard Russell

Writat

Cette édition parue en 2024

ISBN : 9789359947969

Publié par
Writat
email : info@writat.com

Contenu

INTRODUCTION.

Un livre qui a besoin d'excuses n'aurait jamais dû être écrit. C'est un canon de critique si universellement accepté que les auteurs se sont abstenus ces derniers temps de tenter de désarmer l'hostilité par des aveux de faiblesse, et ont presque peur de dire un mot préliminaire au lecteur aimable.

Il ne s'agit pas de plaider en atténuation de peine ou de faire appel *ad misericordiam*, je romps avec la pratique ordinaire, mais en guise d'introduction et d'explication à ceux qui liront ces volumes, je remarquerai qu'ils sont constitués pour la plupart d'extraits. des journaux et des carnets que j'ai tenus assidûment pendant que j'étais aux États-Unis, comme notes des événements et des impressions de l'heure. J'ai été obligé d'omettre de nombreux passages qui pourraient causer de la douleur ou des blessures à des individus vivant encore au milieu d'une guerre civile, mais l'esprit de l'original est préservé autant que possible, et j'implore mes lecteurs d'attribuer l'utilisation fréquente du pronom personnel et des références personnelles à la nature des sources dont l'œuvre est dérivée, plutôt qu'à la vanité de l'auteur.

Si les pages avaient été littéralement transcrites, sans omettre un mot, le sort de celui dont la tâche était de trier le vrai du faux et d'éviter l'erreur dans les énoncés de faits, dans un pays remarquable par l'extraordinaire fécondité avec laquelle se produit l'irréel. , aurait suscité une certaine commisération; mais bien qu'il y ait beaucoup d'atténuations dans ces pages, il n'y a, je crois, rien de décrit dans la méchanceté. Mon but a été de retenir autant de choses relatives aux événements qui se sont déroulés sous mes yeux, ou aux personnages devenus célèbres dans cette grande lutte, qu'elles peuvent s'avérer intéressantes à présent, bien qu'elles n'apparaissent pas toujours à l'époque dans leurs justes proportions de petitesse. ou l'ampleur.

Au cours de mon séjour aux États-Unis, de nombreuses étoiles de premier ordre sont sorties de l'espace ou sont tombées dans les ténèbres extérieures. Des millions d'observateurs, confiants, ont salué avec délice ou assisté avec terreur à l'avènement d'une planète brillante ou d'une comète splendide, qu'un peu d'observation a résolue en nébuleuses aqueuses. Dans l'hémisphère Sud, Bragg et Beauregard ont cédé la place à Lee et Jackson. Dans le Nord, M'Dowell s'est évanoui avant que M'Clellan, qui avait été mis pendant une courte saison en éclipse par Pope, pour culminer avec une radiance accrue, ne pâlisse finalement devant Burnside. Les héros d'hier sont les martyrs ou les exclus d'aujourd'hui, et aucun général américain n'a besoin d'un esclave derrière lui dans le char triomphal pour lui rappeler qu'il est un mortel. Si j'avais prévu des tourbillons aussi rapides dans la roue de la fortune, j'aurais pu faire davantage attention aux hommes qui se trouvaient en bas, mais mon affaire n'était pas de spéculer mais de décrire.

Le jour où j'ai débarqué à Norfolk, un grand homme maigre, mal habillé, avec un chapeau tombant et des vêtements froissés, se tenait debout, les bras croisés et les jambes écartées, contre le mur de l'hôtel, regardant vers le sol. L'un des serveurs m'a dit qu'il s'agissait du « professeur Jackson » et j'ai été tourmenté par le soupçon qu'en refusant une introduction qui m'était proposée, j'avais raté une occasion de faire la connaissance de l'homme aux murs de pierre de Winchester. Mais, dans l'ensemble, j'ai eu la chance de rencontrer nombre de soldats et d'hommes d'État qui se sont distingués dans cette malheureuse guerre.

Bien que je n'ai jamais vu un seul instant de raison de changer l'opinion que j'ai exprimée dans la première lettre que j'ai écrite des États-Unis, selon laquelle l'Union telle qu'elle était ne pourrait jamais être restaurée, je suis convaincu que les États libres du Nord conserveront et gagneront beaucoup les avantages de la lutte, s'ils veulent seulement se mettre au travail pour accomplir leur destinée, sans perdre leur temps à soupirer sur un empire disparu ou à se livrer à des rêves avortés de conquête et à des projets de vengeance ; mais mes lecteurs n'ont pas besoin d'attendre de moi aucune dissertation sur le présent ou l'avenir des grandes républiques, qui ont été si vaguement unies par la bande fédérale, ni aucune description du système politique, de la vie sociale, des mœurs ou des coutumes du peuple, au-delà ceux qui peuvent être incidemment recueillis à partir de ces pages.

Mon destin a été de voir les Américains sous leur aspect le plus défavorable ; avec tous leurs sentiments nationaux, ainsi que les vices de notre humanité commune, exagérés et développés par les terribles angoisses d'une guerre civile et les affres de la révolution politique. Au lieu du bourdonnement de l'industrie, j'entendais le bruit des canons à travers le pays. La société convulsée par des passions et des appréhensions cruelles, et brisée par la violence, présenta ses angles brisés à l'étranger, et je peux facilement concevoir que l'Amérique que j'ai vue ne ressemblait pas plus au pays dont son peuple se vante si haut, que le Saint-Laurent. Lawrence, lorsque la glace se brise, précipitant la dérive accidentée et sa croûte enneigée de rochers, avec un rugissement rauque et s'écrasant avec une force et une fureur irrésistibles sur la mer, ressemble au cours calme du fleuve majestueux un jour d'été.

Il m'a été refusé d'être témoin des communautés grouillantes et des foyers heureux des États de la Nouvelle-Angleterre – l'exposition la plus complète des meilleurs résultats du système américain ; mais si j'étais privé de la satisfaction d'adorer l'intellectualisme glacial de Boston, j'ai vu les effets sur le terrain, parmi les hommes que j'ai rencontrés, des enseignements et des théories des professeurs politiques, moraux et religieux, qui sont les chefs de cette nation universelle des Yankees, comme ils se plaisent à s'appeler eux-mêmes, et y reconnurent les différences radicales qui devaient les séparer à jamais d'une véritable union avec les États du Sud.

La lutte, dont personne ne peut prédire la fin ou le résultat, fait toujours rage, mais malgré les ténèbres et les nuages qui recouvrent la scène, je compte tellement sur les bonnes qualités innées des grandes nations établies sur le continent de L'Amérique du Nord, au point de croire qu'elle s'en sortira d'autant mieux grâce aux douces utilisations de l'adversité ; apprendre à vivre en paix avec leurs voisins, adapter leurs institutions à leurs nécessités et réaliser, non dans leur ancienne arrogance et leur insolence - prenant la prospérité matérielle pour un bon gouvernement - mais dans la peur et le tremblement, l'expérience sur laquelle ils ont tant misé le discrédit et la carrière glorieuse que le malheur et la folie ne peuvent arrêter que pour un temps.

WH RUSSELL.

Londres, 8 décembre 1862.

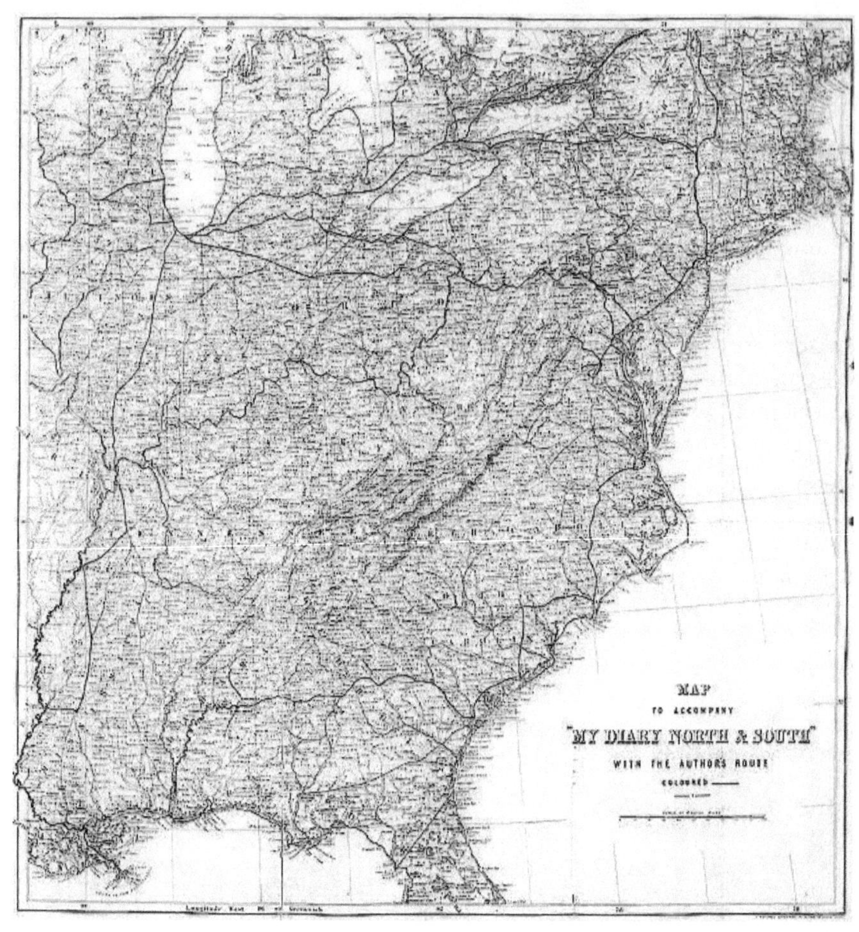

CARTE POUR ACCOMPAGNER « MON JOURNAL NORD & SUD »
AVEC L'ITINÉRAIRE DE L'AUTEUR EN COULEUR

CHAPITRE I.

Départ de Cork. — L'Atlantique en mars. — Compagnons de voyage. — Politique et partis américains. — Les Irlandais à New York. — Approche de New York.

Le soir du 3 mars 1861, je fus transféré du petit bateau à vapeur qui fait la navette entre Cork et le mouillage des paquebots Cunard à l'entrée du port, sur le pont du bon vapeur Arabia, capitaine Stone ; et à la tombée de la nuit, nous affrontions les longues vagues ondulantes de l'Atlantique.

La traversée de l'Atlantique a été effectuée par tant de personnes compétentes qu'il serait superflu de décrire la mienne, bien qu'il soit certain qu'aucun passage n'a jamais ressemblé à un autre, et qu'aucun équipage ou groupe de passagers d'un navire n'a jamais été identique à ceux du navire. tout autre. Pendant treize jours, l'Atlantique suivit son cours habituel au mois de mars, et resta fidèle aux traditions qui lui confèrent, ce mois-là, un caractère de violence et de changements d'humeur, du mal au pire et vice-versa. Le vent était parfois violent contre nous, et alors l'Infelix Arabia, avec une énergie de fer, se mettait au travail, prenant d'assaut de grands Malakhofs d'eau, qui s'élevaient au-dessus d'elle comme le flanc d'une colline recouverte d'herbe et surmontée de congères ; et après avoir atteint le sommet et s'être installé un instant parmi les hippocampes sifflants, il courut tête baissée jusqu'à la rencontre d'une autre vague, et continua ainsi à lutter avec un cœur de feu et un souffle de flamme - *igneus est ollis vigueur* - heure après heure.

Le voyageur d'agrément aurait intérêt à éviter l'Atlantique au mois de mars. Le vent était parfois avec nous, et alors les sensations des passagers et la conduite du navire étaient à peu près telles qu'elles l'avaient été lors des brises contraires précédentes, variées par l'exécution d'un « lacet » très violent d'un côté à l'autre, et certains écrasements des boîtes à pagaies dans les eaux levurées, qui faisaient maintenant une course avec nous et entre eux, comme s'ils étaient déterminés à nous poursuivre, et à faire rouler leurs équipes d'abordage avec des crêtes écumantes sur nos ponts. Le patron, que nous représentions dans le bouclier orageux qui nous entourait, avançait toujours ; jour après jour, notre microcosme changeait de position dans le cercle en constante évolution dont il était le centre, tout autour et à l'intérieur de lui subissant toujours un changement radical.

Les Américains à bord étaient, bien entendu, les passagers les plus intéressants pour quelqu'un comme moi, qui partait visiter la grande République dans des circonstances très particulières. Il y avait d'abord le major Garnett, un Virginien, qui retournait dans son État pour suivre sa fortune. C'était un officier de l'armée régulière des États-Unis, qui avait servi avec distinction au Mexique ; un homme accompli et instruit; réservé et plutôt sombre; plein de la doctrine des droits des États et animé d'un sentiment considérable de mépris pour les habitants de la Nouvelle-Angleterre et des préjugés les plus forts en faveur de l'institution de l'esclavage. Il a ri en méprisant la doctrine selon laquelle tous les hommes naissent égaux dans le sens où tous les hommes ont des droits égaux. Certains sont nés pour être esclaves, certains pour travailler dans les couches inférieures au-dessus des esclaves, d'autres pour pratiquer des arts mécaniques utiles, le reste est né pour gouverner et posséder ses semblables. Il y avait ensuite un jeune Carolinien qui avait quitté son poste d'attaché à Saint-Pétersbourg pour retourner dans son État : évitant ainsi, selon toute probabilité, l'inévitable remplacement qui l'attendait de la part du nouveau gouvernement de Washington. Il représentait, sous une forme intensifiée, toutes les opinions des Virginiens et estimait que l'interprétation de la Constitution donnée par M. Calhoun était incontestablement juste. Il y avait des difficultés sur le chemin de la souveraineté des États, a-t-il reconnu ; mais ce n'étaient que des détails : le principe était inattaquable.

Pour M. Mitchell, la Caroline du Sud représentait une puissance tout à fait suffisante pour affronter tous les États du Nord par les armes. « Le Nord tentera de bloquer notre côte », dit-il ; « et dans ce cas, le Sud devra marcher à l'attaque par voie terrestre et agira probablement en Virginie. » « Mais si le Nord tente de faire plus qu'instaurer un blocus ? – par exemple, si sa flotte attaque vos villes portuaires et débarque des hommes pour les occuper ? "Oh, dans ce cas, nous sommes tout à fait certains de les battre." M. Julian Mitchell était indigné à l'idée de se soumettre au règne d'un « diviseur de rails » et d'hommes tels que Seward et Cameron. "Aucun gentleman ne pourrait tolérer un tel gouvernement."

Une famille américaine de Nashville, composée d'une dame, de son fils et de sa fille, était de fervents défenseurs d'un gouvernement « gentleman » et se moquait des Yankees avec une grande amertume. Mais ils n'étaient en aucun cas aussi prêts à affronter les maux de la guerre ou à briser l'Union que les Caroliniens du Sud ou les Virginiens ; et à cet égard, ils représentaient, m'a-t-on dit, les sentiments négatifs des États frontaliers, qui sont enclins à une ligne d'action temporisée et modérée, très désagréable pour les sécessionnistes passionnés.

Il y avait aussi à bord deux planteurs de sucre de Louisiane, l'un possédant 500 esclaves, l'autre riche de quelques milliers d'acres ; ils semblaient se soucier très peu des aspects politiques de la question de la Sécession et la considéraient simplement en référence à ses conséquences sur la récolte du sucre et la sécurité de la propriété des esclaves. La sécession était considérée par eux comme une mesure très extrême et violente, à laquelle l'État avait eu recours à contrecœur ; mais il était évident, en même temps, que, en cas de sécession générale des États esclavagistes du Nord, la Louisiane n'aurait pu ni maintenir ses liens avec le Nord, ni rester isolée de ses États frères.

Tous ceux-là, et quelques autres qui étaient des compagnons de voyage, pourraient être qualifiés d'Américains – *pur sang* . Garnett appartenait à une très vieille famille de Virginie. Mitchell était issu d'une famille de plusieurs générations résidant en Caroline du Sud. La famille Tennessee était, dans son discours et dans sa pensée, un type de ce que les Européens considèrent comme de vrais Américains. Maintenant, prenez l'autre côté. Il y avait d'abord un jeune marchand extrêmement intelligent et bien informé de New York, neveu d'un membre du comté anglais, connu pour sa richesse, sa libéralité et sa munificence. Formé dans une université des États du Nord, il avait beaucoup vécu en Angleterre et revenait chez son père après avoir suivi un cours de comptabilité dans la maison de l'entreprise de son oncle à Liverpool. Son père et son oncle étaient nés près de Coleraine, et il venait de visiter l'humble demeure, près de la Chaussée des Géants, qui abritait leur jeunesse et où était bercée leur race. Pendant la guerre de 1812, les frères étaient sur le point de naviguer sur un corsaire aménagé pour affronter les Britanniques, quand un accident fixa l'un d'eux à Liverpool, où il fonda la maison qui s'est tant développée avec le développement du commerce entre New York et Lancashire, tandis que l'autre s'installe aux États-Unis. Sans être violent dans le ton, le jeune Nordiste était d'un caractère très résolu et déterminé à faire tout ce qui était en son pouvoir pour empêcher la rupture de la « glorieuse Union ».

L'« Union » a ainsi fondé sur deux continents une famille de richesse princière, dont les originaux avaient probablement combattu avec acharnement dans leur prime jeunesse contre l'union de la Grande-Bretagne et de l'Irlande. Mais M. Brown, ou les autres Américains qui partageaient ses vues, approuvaient-ils sans réserve les institutions américaines et les considéraient-ils irréprochables ? En aucun cas. Les New-Yorkais surtout furent éloquents sur les maux du suffrage et de la licence de la presse dans leur propre ville ; et montra beaucoup d'irritation au sujet de la naturalisation. Les Irlandais étaient utiles, à leur manière, en construisant des routes et en travaillant dur, car rares étaient les Américains qui condescendaient au travail manuel, ou qui ne pouvaient pas gagner beaucoup plus d'argent dans des travaux supérieurs ; mais il était absurde de donner aux Irlandais des voix qu'ils utilisaient pour détruire l'influence des citoyens nés dans le pays et pour soutenir une corporation et des organismes locaux d'une turpitude, d'une corruption et d'une inefficacité insurpassables.

Un autre jeune marchand, ami d'université du premier, revenait tout juste d'un voyage en Europe avec son aimable sœur. Son père était le fils d'un immigrant irlandais, mais il ne différait pas du tout des autres messieurs de sa ville dans l'appréciation dans laquelle il tenait l'élément irlandais ; et bien qu'il n'ait aucun parti pris marqué dans un sens ou dans un autre, il était tout à fait résolu à soutenir l'abstraction appelée l'Union et son fait représentatif : le gouvernement fédéral. Ainsi, l'agriculteur et le commerçant – le producteur de produits bruts et le commerçant qui les vendait – se trouvaient dans des positions opposées sur la question, aussi éloignées que les pôles Nord et Sud. Ils s'asseyaient séparément, mangeaient séparément, parlaient séparément : deux nations distinctes, avec d'intenses antipathies de la part du Sud, actif et agressif dans toutes ses manifestations.

Les Sudistes ont une étrange charge de plus contre les Irlandais. Il apparaît que l'armée régulière des États-Unis est principalement composée d'Irlandais et d'Allemands ; très peu d'Américains sont en effet assez bas, ou suffisamment disposés au combat, pour « prendre le shilling ». En cas de conflit, que ces messieurs jugent inévitable, « de bas mercenaires irlandais », disent-ils, « seraient opposés aux messieurs du Sud, et le meilleur sang des États serait versé par des hommes dont la vie ne vaut rien. .» Le pauvre Paddy est considéré comme une simple machine en état de marche, apte, au mieux, à servir contre les Choctaws et les Séminoles. Sa facilité de reproduction doit compenser le gaspillage provoqué par le développement dans sa malheureuse tête des organes de combativité et de destructivité. Certes, si la guerre doit être menée par les troupes régulières des États-Unis, les États du Sud en disposeront bientôt, car ils ne comptent pas 20 000 hommes et leurs officiers ne sont pas très amoureux du nouveau gouvernement. Mais peut-il y avoir une guerre ? M. Mitchell m'assure que je verrai des « combats assez intenses ».

Les Nordistes les plus véhéments à bord du paquebot sont des Allemands qui se rendent aux États-Unis pour la première fois ou qui y reviennent. Ils sont sans doute convaincus, après un long processus de raisonnement, qu'il y a quelque anomalie dans la condition d'un pays qui se dit le pays de la liberté et qui est en même temps le puissant palladium du servage et de la propriété humaine. Lorsqu'ils n'ont pas le mal de mer, ce qui est rare, les Teutons se lèvent dans toute la puissance de leur misère et de leur saleté, et, faisant des efforts spasmodiques pour fumer, laissent échapper entre les bouffées ou à intervalles maussades, diverses remarques sur la politique américaine. . « Ce sont les porcs », dit Garnett, « qui sont balayés des caniveaux allemands parce qu'ils sont trop immondes pour eux, et qui viennent aux États-Unis et prétendent contrôler le sort et les souhaits de notre peuple. Dans leur propre pays, ils se sont montrés incapables ni de gagner leur vie, ni d'exercer les devoirs de citoyen ; et ils cherchent dans notre pays une licence qui leur est refusée dans le leur, et des moyens de subsistance qu'ils ne pourraient acquérir nulle part ailleurs.

Et pour ma part, je peux dire en toute vérité ceci : aucun homme n'a jamais mis le pied sur le sol des États-Unis avec un désir plus fort et plus sincère de découvrir et de dire la vérité telle qu'elle lui apparaissait. Je n'avais aucune théorie à défendre, aucun préjugé à défendre, aucun intérêt à promouvoir, aucune instruction à exécuter ; J'étais un agent libre, tenu de communiquer au puissant organe de l'opinion publique que je représentais, mes propres impressions quotidiennes sur les hommes, les scènes et les actions autour de moi, sans crainte, faveur ou affection pour autre chose que ce qui semblait je dois être la vérité. Quant aux questions qui distrayaient les États, j'avais l'esprit *tabula rasa*, ou plutôt *tabula non scripta*. Je ne me sentais pas disposé à considérer avec faveur une rébellion contre l'un des gouvernements établis et reconnus du monde, qui, bien que peu amical envers la Grande-Bretagne, ni opposé à l'esclavage, était sans, autant que je pouvais le voir, aucune cause légitime de révolte. , ou tout préjudice ou grief, perpétré ou imminent, attaqué par des États encore moins amis envers nous, que les États esclavagistes, purs et simples, étaient certainement et sont probablement. En même temps, je savais que c'étaient là des arguments que je pouvais à juste titre adopter, même s'ils ne seraient pas défendables par un Américain qui, par la théorie sur laquelle il s'est révolté contre nous et a créé son propre système de gouvernement, est tenu de reconnaître le Le principe selon lequel le mécontentement de la majorité populaire à l'égard de ses dirigeants constitue un motif et une justification suffisants pour la révolution.

C'est le matin du quatorzième jour que les côtes de New York se profilèrent à travers la dérive d'une mer froide et hivernale, gris plomb et sans confort, et peu de temps après, la côte, couverte de neige, apparut. Vers l'après-midi, le soleil s'est levé et a égayé les eaux et les voiles des jolies goélettes et caboteurs qui dansaient autour de nous. Comme les navires gracieux, aux gréements tendus, propres et aux voiles blanches sont différents des Billyboys à poupe ronde et bosselés et des indescriptibles de la côte orientale de notre île ! Bientôt, une petite goélette-yacht animée s'approcha de nous, très semblable à l'autrefois célèbre «America», peinte de couleurs vives en vert, avec des voiles d'un blanc éblouissant, des mâts hauts et lourds, sans toit. À mesure qu'elle s'approchait, nous vîmes qu'elle était remplie d'hommes portant des chapeaux noirs en forme de cheminée, des manteaux et autres, peut-être un groupe de citoyens en vacances, malgré le froid de la journée. Rien de la sorte. L'embarcation était notre bateau-pilote, et les chapeaux et les manteaux appartenaient aux robustes marins qui nous servent de guides dans le port de New York. Leur bateau fut abaissé et fut bientôt sous nos chaînes principales ; et un chapeau de cheminée, dûment passé par-dessus bord, remit au capitaine une masse de journaux qui furent distribués parmi les passagers enthousiastes, lorsque chacun devint aussitôt le centre d'un cercle envoûté.

CHAPITRE II.

Arrivée à New York. — Douane. — Impressions générales sur le nord et le sud. — Rue de New York. — Hôtel. — Petit déjeuner. — Femmes et hommes américains. — Visite à M. Bancroft. — Chemins de fer de rue.

L'entrée de New York, telle que nous l'avons vue le 16 mars, n'est pas remarquable par sa beauté ou son paysage pittoresque, et j'ai suscité la colère de plusieurs passagers, parce que je ne pouvais pas toujours dire qu'elle était très jolie. Il était difficile de distinguer, à travers la neige, les villas et les bastides, dont on dit qu'elles sont si charmantes en été. Mais au-delà s'élevait une forêt de mâts, près d'un rivage bas de maisons de briques et de toits bleus, au-dessus desquels encore des flèches d'églises, des dômes et des coupoles annonçaient une grande ville. A notre gauche, à la partie la plus étroite de l'entrée, il y avait un très puissant ouvrage de pierre fine et serrée, à trois étages, un peu comme le fort Paul à Sébastopol, bâti près du bord de l'eau, et armé sur toutes les faces. — apparemment un tétragon avec des bastions. De vastes travaux étaient en cours sur le sol au-dessus, qui s'élève rapidement de l'eau à une hauteur de plus de cent pieds, et les rudiments d'un ouvrage de grande envergure et des parapets en terre lourdement armés pouvaient être vus depuis le canal. A droite, croisant son feu avec celui des batteries et des ouvrages à notre gauche, il y avait un autre fort régulier en pierre avec enceinte fortifiée, et plus haut dans le canal, à mesure qu'il s'élargit vers la ville du même côté, je distinguais un petit fort au bord de l'eau. La situation de la ville la rend susceptible d'une défense puissante depuis le bord de mer, et même maintenant, il serait dangereux de relever le défi des batteries, à moins de disposer de puissants navires blindés favorisés par le vent et la marée, qui pourraient tenir la place à leur miséricorde. Contre une flotte en bois, New York est désormais pratiquement en sécurité, sauf circonstances exceptionnelles en faveur des assaillants.

Il faisait sombre lorsque le bateau à vapeur s'arrêta le long du quai du côté du New Jersey ; mais avant le coucher du soleil, je pouvais me faire une idée de l'activité et de l'industrie des gens grâce aux énormes bacs qui allaient et avançaient comme des arches sur l'eau, poussés par les grands moteurs à balancier, au cours d'eau bondé et plein de navires marchands, les vapeurs et les petites embarcations, la fumée des usines, les hautes cheminées, le réseau de bateaux et de radeaux, tous les témoignages d'une vie commerciale en plein développement. Quelle foule grouillante et enthousiaste sur le mur du quai ! quel merveilleux régiment d'ouvriers et de porteurs en haillons, nous hélant dans un anglais approximatif ou hibernianisé ! « Ce sont tous des Irlandais et des Allemands », explique anxieusement un New-Yorkais. "Je

parie cinquante dollars qu'il n'y a pas un seul Américain de naissance parmi
eux."

Au mépris des insignes officiels des Anglo-Saxons, les agents des douanes
américaines s'habillent de manière très semblable à leurs frères britanniques,
sans aucun signe d' autorité aussi faible que le bouton de cuivre et la
couronne, de sorte que l'étranger est quelque peu inquiet lorsqu'il voit des
personnes à l'apparence non autorisée. prendre des libertés avec son pillage,
surtout après les avertissements qu'il a reçus à bord du navire de faire
attention à ses affaires dès son atterrissage. J'ai été présenté à l'un des
principaux officiers, et il a facilité ma sortie, et finalement j'ai été emmené par
une porte dans une ruelle sombre, enfoncé jusqu'aux chevilles dans la neige
fondue et la boue, où j'ai été immédiatement engagé dans une J'ai rencontré
rapidement mon porteur irlandais et, après une longue lutte, j'ai réussi à
ranger mes effets dans et autour d'un spécimen remarquable de fiacre du
siècle dernier, très haut dans l'essieu et faible dans les ressorts, qui se sont
précipités vers la rivière à travers une foule d'hommes criant : « Vous ne
m'avez pas encore payé, votre honneur. Vous n'avez rien donné à votre
propre homme qui attend ici depuis six mois votre honneur ! « *C'est moi* qui
ai monté le bagage, monsieur », etc., etc. L'autocar s'élança à bord d'un grand
ferry-boat à vapeur, qui avait sur le pont un certain nombre de véhicules
similaires et d'omnibus, et les lumières glissantes et changeantes, et la
respiration profonde et forte du moteur, m'indiquèrent que j'étais en
mouvement et à flot avant Par ailleurs, j'en étais conscient. Quelques minutes
nous ont amenés aux lumières du côté de New York – une ou deux secousses
sur une pente raide – et nous roulions sur un trottoir des plus abominables,
plongeant dans des trous de boue, écrasant des tas de neige dans un
environnement mal éclairé. des rues étroites de maisons en bois basses et
mesquines, dont une proportion inhabituelle semblait être des salons de bière
blonde, des magasins de whisky, des huîtres et des établissements de billard
et de fumage.

La foule sur le trottoir ressemblait tout à fait à ce qu'un étranger serait
susceptible de voir dans un très mauvais quartier de Londres, d'Anvers ou de
Hambourg, avec un soupçon de l'exubérance bruyante qui vient des esprits
élevés des animaux qui défient les règlements de police et sont supérieurs.
aux forces de police, appelé « chahut ». Le trajet fut long et tortueux ; mais
peu à peu le caractère des voies et des rues s'améliora. Enfin, nous nous
engageâmes dans une large rue avec des maisons très hautes, alternant avec
des constructions beaucoup plus modestes, flamboyantes de lumières, gaies
de vitrines, remplies malgré la boue de gens bien habillés et envahies par des
chaînes d'omnibus - Oxford Street. ce n'était rien de long. Par intervalles, se
dressait un bloc de briques et de stuc avec de longues rangées de fenêtres
éclairées étage par étage, et une foule grouillante entrant et sortant des

portails, reconnus comme la gloire de la civilisation américaine, semblable à une caserne, un monstre de Broadway. hôtel. Encore des marchands d'huîtres, des salons de bière blonde, des salles de concert aux dénominations étonnantes, avec des décorations extérieures très dans le style des stands de la Foire de Saint-Barthélemy : églises, restaurants, confiseurs, maisons particulières ! encore une autre série – elles ne peuvent pas continuer à s'étendre indéfiniment. L'autocar entre enfin sur une grande place et me dépose à l'hôtel Clarendon.

Pendant que je traversais la mer, le message inaugural du président, dont la composition est généralement attribuée à M. Seward, avait été délivré et était parvenu en Europe, et les causes qui étaient à l'œuvre dans la destruction de la cohésion de l'Union avaient acquis plus de force et de violence.

Quelle que soit la force que « la déclaration des causes qui ont provoqué la sécession de la Caroline du Sud » puisse avoir pour les Caroliniens, elle ne pouvait pas influencer un étranger qui ne connaissait rien du tout des droits, de la souveraineté et de l'indépendance individuelle d'un État, qui, cependant, n'avait aucune droit de faire la guerre ou la paix, de frapper de la monnaie ou de conclure des obligations conventionnelles avec tout autre pays. Le Caroline du Sud n'était rien pour nous, *quant à* la Caroline du Sud ; il était simplement un citoyen des États-Unis, et nous ne le connaissions pas plus à un autre titre qu'une autorité française ne connaîtrait un sujet britannique comme un Yorkshire ou un Munster.

Mais la force motrice de la révolution n'est ni la raison ni la justice : c'est le plus souvent la passion, c'est souvent l'intérêt. L'Américain, lorsqu'il cherche à prouver que les États du Sud n'ont pas le droit de se révolter contre une confédération d'États créée par la révolte, a, par les principes sur lesquels il justifie sa propre révolution, placé entre lui et l'Européen un grand fossé au niveau du niveau. d'argumentation. D'après les actes et les paroles des Américains, il est difficile de comprendre pourquoi la Caroline du Sud ne devrait pas utiliser les droits revendiqués pour chacune des treize colonies, « pour modifier et abolir une forme de gouvernement lorsqu'elle devient destructrice des fins pour lesquelles elle est établie ». établi et d'en instituer un nouveau. Et il faut laisser le peuple décider lui-même de la question de son propre gouvernement, sinon le principe ne vaut rien. Mais les débats actuels tendent rapidement vers l' *ultima ratio regum* . À l'heure actuelle, je constate que l'attention du public est concentrée sur les deux forts fédéraux, Pickens et Sumter, qui portent le nom de deux officiers des armées révolutionnaires de l'ancienne guerre. L'Alabama et la Caroline du Sud étant sorties, ils réclament maintenant la possession de ces forts, comme du sol de leurs divers États et attachés à leur souveraineté. D'un autre côté, le gouvernement de M. Lincoln considère qu'il n'a pas le droit de céder quoi que ce soit appartenant au gouvernement fédéral, mais il désire évidemment temporiser et éluder toute décision qui pourrait précipiter une attaque contre les forts par les batteries et les forces préparées. pour agir contre eux. Il n'y a pas de garnison suffisante dans l'un ou l'autre pour une défense adéquate, et la difficulté de se procurer des approvisionnements est très grande. Dans ces circonstances, tout le monde se demande ce que va faire le gouvernement ? Les peuples du Sud ont déclaré qu'ils résisteraient à toute tentative de ravitaillement ou de renforcement des garnisons et, à Charleston, au moins, ils ont montré qu'ils entendaient tenir parole. C'est une situation étrange. Le gouvernement fédéral, effrayé de parler et incapable d'agir, laisse ses soldats faire ce qu'ils veulent. Dans certains cas, des officiers de haut rang, comme le général Twiggs, ont tout abandonné aux autorités de l'État, et la trahison et la sécession de nombreux officiers de l'armée et de la marine paralysent et intimident sans aucun doute les civils à la tête des affaires.

Dimanche 17 mars. — La première chose que j'ai vue ce matin, après que s'était évanouie la vision d'un garçon faisant semblant de brosser mes vêtements avec un faible tic composé de fibres fines, c'était un cortège d'hommes, quarante ou cinquante peut-être, précédés d'une petite bande (non excès de compliment, puis-je dire, de musique), marchant péniblement dans le froid et la neige fondante deux et deux : ils portaient des trèfles, ou la meilleure ressemblance avec ceux-ci que le sol américain puisse produire, dans leurs chapeaux, et des ceintures de soie verte ornées d'une harpe sans couronne sur leurs chapeaux. leurs manteaux, mais il n'était pas nécessaire que ces insignes indiquent qu'ils étaient Irlandais, et leur air solennel indiquait qu'ils allaient à la messe. Il était agréable de les voir si bien vêtus et d'apparence respectable, même si, de temps à autre, ils portaient des chapeaux comme s'ils venaient tout juste de se remettre de graves contusions, et d'autres avaient la pittoresque irrégularité de silhouette qu'on pouvait parfois observer dans le vieux pays. L'aspect de la rue était irrégulier, et son aspect anormal était augmenté par l'air des passants, qui à cette heure étaient des domestiques, des nègres très finement vêtus, irlandais ou allemands. Les dames de couleur fabriquaient des toilettes très élaborées et, lorsqu'elles brandissaient leurs larges crinolines au-dessus de la boue, elles ressemblaient à des champignons à double tige. « Ce sont de pauvres craythures concayés, ces nègres, mâles et faymales », fut la remarque du serveur en me voyant les regarder. « Il semble qu'il n'y ait pas de moineaux dans les rues », dis-je. « Sparras ! il s'est excalmé; "Et alors, comment pensais-tu qu'un petit arroseur de sparra pourrait voler à travers l'océan ?" J'avais plutôt honte de moi.

Et donc en bas où il y avait une salle *de table d'hôte* , avec de grandes et longues tables couvertes de nappes, d'assiettes et d'appareils pour le petit-déjeuner, et une salle plus petite à l'intérieur, vers laquelle je fus dirigé par l'un des serveurs en veste blanche. Le petit-déjeuner terminé, les visiteurs ont commencé à affluer. Au « bureau » de l'hôtel, comme son nom l'indique, il y a un plateau de cartes vierges et un gros crayon, grâce auquel l'homme sans carte qui vous rend visite peut vous envoyer son nom et titre. Il y a une « salle de réception » confortable dans laquelle il peut rester et lire les journaux, si vous êtes fiancés, de sorte qu'il y a peu de chances que vous finissiez par lui échapper. Et en effet, aucun de ceux qui sont venus n'avait d'intentions autres que les plus hospitalières.

Dehors, le temps n'était pas alléchant. La neige s'étendait en couches irrégulières et en monticules décolorés le long des rues, et les gouttières remplies de « brise-neige » inondaient le trottoir brisé. Mais après un certain temps, la foule commença à sortir des églises, et il fut annoncé que, comme la nécessité du jour, nous devions parcourir la Cinquième Avenue et nous regarder les uns les autres. C'est l'extrémité ouest de Londres, avec ses Belgravia et Grosvenoria représentées dans une longue rue, avec des ramifications de dignité inférieure à angle droit. Certaines maisons sont belles, mais la plupart ont un aspect comprimé, resserré, qui vient de l'étroitesse obligatoire de la façade en proportion de la hauteur du bâtiment, et toutes sont claires et neuves, comme si elles étaient vient de terminer sur commande, preuve la plus étonnante du développement rapide de la ville. La porte du hall étant un élément important de la résidence, le salon de devant est généralement un appartement étroit et élancé, luttant pour survivre entre le hall et la cloison de la maison voisine. La porte extérieure, qui est toujours munie de beaux panneaux et moulures sculptés, est en bois richement verni et semble bien meilleure que nos portes peintes. Elle est généreusement ouverte pour laisser apparaître une porte intérieure avec des rideaux et des vitres. Les fenêtres, qui sont doubles en raison du climat, sont souvent également en verre plat. Certaines portes sont au même niveau que la rue, avec un sous-sol en dessous ; d'autres sont accessibles par des volées de marches, le sous-sol pour les domestiques ayant l'entrée au-dessous des marches, et c'est, je crois, la vieille mode hollandaise, et le nom de « perron » est encore retenu pour cela.

Aucun domestique en livrée ne doit être vu dans les rues, aux portes ou sur les marches du quartier. Des visages noirs coiffés de casquettes voyantes ou un inimitable « Biddy » en crinoline sont leurs substituts. Le charme principal de la rue était la nature vivante qui montait et descendait les *trottoirs* . Les costumes de Paris, adaptés à la rigueur de ce temps hivernal, étaient drapés autour de jolies et gracieuses figures qui, si elles manquaient quelque peu de la rondeur de la Vénus médicéenne ou de la hauteur, étaient *sveltes* et bien posées. La botte française a été chassée du terrain par la Balmoral, mieux adaptée à la neige ; et il faut admettre immédiatement, malgré tous les préjugés, que la femme américaine est non seulement bien chaussée et bien gantée, mais qu'elle n'a aucune raison de craindre des comparaisons de pieds ou de mains avec aucune fille d'Ève, sauf peut-être l'Hindoue.

Le défaut le plus grand et le plus fréquent de l'étranger dans n'importe quel pays est de généraliser à partir de quelques faits. Chacun doit sentir qu'il y a de « jolis jours » et des « jours laids » dans le monde, et que son expérience sur l'un le conduirait à des conclusions très différentes de celles auxquelles il arriverait sur l'autre. Aujourd'hui, je suis bien convaincu que si les femmes américaines manquent de stature et de ce qui fait dire : « Voilà une belle femme », elles sont faciles, bien faites, pleines de grâce et de joliesse. En admettant une certaine pâleur, que les Russes, d'ailleurs, admiraient tellement qu'ils prenaient du vinaigre pour la produire, le visage est non seulement joli, mais parfois d'une beauté extraordinaire, les traits fins, délicats, bien définis. . Les lèvres rubis, en effet, sont rarement visibles, mais de temps en temps, l'éclat des dents d'ivoire, d'un blanc comme neige, uniformément implantées, dissipe l'illusion selon laquelle les Américains sont - même si l'excellence de leurs dentistes est reconnue - naturellement malades pourvus de ce qu'ils prennent. tant de peine, en mangeant des bonbons et des confiseries, de les priver de leur pureté et de leur couleur.

Mon ami R..., avec qui je me promenais, connaissait tout le monde dans la Cinquième Avenue, et nous nous frayâmes un chemin à travers une succession de bavardages presque jusqu'au bout de la rue qui s'étend entre divers endroits de l'État de New York, à travers un *débris* de conceptions inachevées en maçonnerie. La transition abrupte de la ville vers la campagne n'est pas défavorable à l'idée que la Cinquième Avenue aurait pu être transportée de quelque grand atelier, où elle avait été construite sur ordre d'un despote, et abandonnée parmi les hommes rouges : en effet, l'immense La croissance de New York dans cette direction, bien que bien inférieure à celle de nombreuses parties de Londres, est remarquable en tant que travail de dix-huit ou vingt ans, et est rendue plus visible par le développement de cette rue allongée et de ses contingents. J'ai été présenté à de nombreuses personnes aujourd'hui, et on ne m'a demandé qu'une ou deux fois si j'aimais New York ; peut-être ai-je anticipé la question en exprimant ma haute opinion de la Cinquième Avenue. Ceux à qui j'ai parlé avaient généralement quelque chose à dire sur la situation troublée du pays, mais c'était principalement par complaisance. "Je suppose, monsieur, que vous êtes plutôt surpris, venant d'Europe, de nous trouver si calmes ici à New York : nous sommes un peuple particulier, et vous ne nous comprenez pas en Europe."

Dans l'après-midi, j'ai rendu visite à M. Bancroft, ancien ministre en Angleterre, dont le travail sur l'Amérique doit être assez brutalement interrompu par cette crise. Tout ce qui porte un « ex » en Amérique n'a que peu de poids : les ex-présidents ne sont rien, même s'ils ont eu l'avantage, au cours de leurs quatre années de mandat, de pouvoir prier pour toute leur vie.

Il en va de même pour les anciens ministres, pour lesquels personne ne prie. M. Bancroft conversa quelque temps sur l'aspect des affaires, mais il parut incapable d'arriver à une conclusion définitive, si ce n'est que la république, bien qu'en danger, était la forme de gouvernement la plus stable et la plus bénéfique au monde, et que en tant que gouvernement, il n'avait aucun pouvoir pour contraindre les peuples du Sud ou pour se sauver du danger. J'ai été en effet étonné d'entendre de lui et d'autres tant de raisonnements philosophiques abstraits sur le droit de sécession, ou, ce qui est voisin, sur l'absence de tout pouvoir dans le gouvernement pour l'empêcher.

De retour chez moi pour m'habiller pour le dîner, je montai dans un tramway, un long omnibus bas tiré par des chevaux sur une *strada ferrata* au milieu de la rue. Il était rempli de gens de toutes classes, et à chaque passage à niveau, quelqu'un sonnait la cloche, et le conducteur s'arrêtait pour laisser sortir ou prendre des passagers, ce qui faisait que le voyageur inoffensif se retrouvait possédé de beaucoup de crottes de neige et de boue sur ses bottes et vêtements. J'ai constaté qu'un inconvénient bien plus grand causé par ces chemins de fer urbains était la destruction de tout confort et de toute rapidité dans les voitures ordinaires.

J'ai dîné chez un banquier de New York, qui m'a donné un dîner semblable à celui que donnent généralement les banquiers dans le monde entier. C'est un homme encore jeune, très gentil, hospitalier, bien informé, avec une maison des plus charmantes, américain par théorie, anglais par instincts et par goûts, élevé en Europe et issu de souche britannique. Considérant les intérêts énormes qu'il a en jeu, j'ai été étonné de constater avec quel calme il parlait des troubles imminents. Ses amis, tous des hommes haut placés dans la société new-yorkaise, avaient le même ton dilettante et étaient aussi peu inquiets pour l'avenir, ou excités par le présent, qu'un groupe de *savants* chroniqueurs des mouvements d'une « tempête magnétique ».

En rentrant à l'hôtel, j'appris que le juge Daly et quelques messieurs m'avaient appelé pour me demander de dîner demain avec la Friendly Society of St. Patrick à Astor House. Dans ce qu'on appelle « le bar », j'ai rencontré plusieurs messieurs, dont l'un a dit : « la majorité des habitants de New York, et toutes les personnes respectables, étaient dégoûtées par l'élection d'un homme tel que Lincoln à la présidence. et soutiendrait les États du Sud en cas de scission.

CHAPITRE III.

Lundi 18. -"St. Le jour de la Saint-Patrick, le matin, étant le 17, était célébré aujourd'hui par les Irlandais. Tôt le matin, les sons des tambours, des fifres et des clairons sont venus avec l'eau chaude et mon accompagnateur irlandais est entré dans la chambre. Il m'a dit : « Nous aurons une journée plutôt agréable. Le temps est souvent défavorable le jour de la Saint-Patrick. A l'angle de la place, à l'extérieur, j'ai vu une compagnie de volontaires se rassembler. Ils portaient des casquettes en peau d'ours, certaines devenues brunes, et des manteaux vert rouille, avec des parements et des ceintures croisées blanches, beaucoup de dentelles d'or et de lourdes épaulettes en laine peignée, et étaient armés de mousquets ordinaires, certains d'entre eux avec des silex. Au-dessus de leurs têtes flottait un drapeau vert et or avec des emblèmes mystiques, une harpe et des rayons de soleil. Un gentleman, avec une assise imparfaite à cheval, ce qui justifiait le soupçon qu'il n'était pas à la manière de Squire ou de Squireen, les mettait en ligne avec beaucoup de difficulté et mettait en danger sa sécurité personnelle avec une grande épée d'infanterie, la poignée ce qui était compliqué avec la bride de son destrier d'une manière inexplicable. Ce gentleman était l'officier commandant le corps martial, qui se rassemblait pour faire honneur à la fête du vieux pays, et le vacarme et la clameur dans les rues, les accords de la musique et le piétinement des pieds au dehors annonçaient que des associations similaires étaient en route pour le rendez-vous. Les serveurs de l'hôtel, tous irlandais, étaient sur leurs plus beaux atours et arboraient un air d'importance et de satisfaction. Beaucoup de leurs compatriotes exhibaient sur le trottoir de très grandes décorations, des plaques de métal et des insignes attachés à de larges rubans sur leur poitrine gauche.

Après le petit-déjeuner, je me suis battu avec un ami à travers la foule qui se pressait à Union Square. Bénis-les ! Ils étaient tous irlandais, à en juger par leurs paroles, leurs gestes et leur apparence ; pour la plupart décemment vêtus et confortables, visiblement déterminés à profiter de la journée malgré le froid, et fiers du privilège d'interrompre pour la journée tout le commerce des rues principales, dans lesquelles les Yankees se rassemblent le plus. Ils étaient sur le pas des portes et sur le trottoir, hommes, femmes et enfants, admirant les grands policiers – dont beaucoup étaient des compatriotes – et ils se pressaient aux coins, acclamant les conseillers municipaux populaires ou les célébrités locales. Broadway était également plein. Des drapeaux flottaient aux fenêtres et aux clochers, et la brise froide accompagnait le martèlement des tambours et le son de nombreux instruments à vent. La manifestation, telle qu'elle était, avait un caractère militaire, quoique pas beaucoup plus formidable en ce sens que la marche des syndicats ou des sociétés de tempérance. Imaginez Broadway bordé sur les longs kilomètres de son parcours par des spectateurs pour la plupart Hiberniens, et les grandes étoiles et rayures criardes, ou comme l'un des journaux de Sécession que je vois le décrit, le « Sanguinary United States Gridiron » — agitant dans toutes les directions, tandis qu'il se lève. son centre dans la boue défile les enfants d'Erin.

Vinrent d'abord le général de brigade par intérim et son état-major, escortés par 40 lanciers, très mal habillés et moins bien montés ; chevaux sales, accoutrements dans le même état, mors, brides et boutons rouillés et ternis ; des uniformes mal ajustés et mal mis. Mais les drapeaux rouges et le spectacle ont plu à la foule, qui a acclamé très fort « bould Nugent ». Un groupe a suivi, dont certains membres se « souriaient » manifestement ; puis marcha un corps de tambours en uniforme militaire, jouant à la mode française. Voici le 69e régiment de milice de l'État de New York, le bataillon qui ne se présenterait pas lorsque le prince de Galles était à New York, et dont le colonel Corcoran est toujours en cour martiale pour son refus. Eh bien, le prince n'a subi aucune perte, et le colonel avait peut-être d'autres raisons que politiques pour expliquer son refus de faire défiler ses hommes.

Le régiment ne comptait, je pense, que 200 ou 220 hommes, des gens assez braves, mais qui n'avaient rien à voir avec des soldats ou des miliciens. L'uniforme des États-Unis, que portaient la plupart des corps militaires, se compose d'une tunique et d'un pantalon bleus, ainsi que d'une casquette en forme de képi, avec « US » devant pour se déshabiller. En grande tenue, les officiers portent de grandes épaulettes dorées, et les officiers et les hommes une sorte de chapeau de feutre de bandit bouclé sur un côté et décoré d'un panache de plumes d'autruche noires et de cordons de soie. L'absence de parements et le manque de quelque chose pour finir le col et les poignets rendent la tunique très chauve et inesthétique. Une autre bande ferma l'arrière du 69e, et pour prolonger le spectacle militaire, qui était au total de moins de 1 200 hommes, quelques compagnies furent empruntées à un autre régiment de milice d'État, et une troupe de cavalerie très pauvre ouvrit la voie au Napper. -Tandy Artillery, qui avait en fait trois canons entiers avec eux ! Il était étrange de s'attarder sur certains noms des sociétés qui suivirent. Par exemple, il y avait les « Volontaires de Dungannon de 1982 », prêts bien sûr à défendre la célèbre déclaration selon laquelle personne ne devrait faire de lois pour l'Irlande, si ce n'est la Reine, les Lords et les Communes d'Irlande ! Tous les catholiques honnêtes parmi eux ignoraient le fait que les Volontaires de 1982 étaient tous protestants. Ensuite, il y a eu la « Garde de Sarsfield ! » On ne peut rien concevoir de plus odieux pour le fougueux cavalier que la forme républicaine de gouvernement, que ces pauvres Irlandais aiment tant, pensent-ils. Une grande partie de ce qui passe pour du sentiment national est en réalité de l'aversion pour l'Angleterre et de l'animosité religieuse.

Il était bien plus intéressant de voir la longue chaîne de sociétés de bienfaisance, d'amitié et de prévoyance, avec des fanfares, au nombre de plusieurs milliers, toutes décemment vêtues et marchant dans l'ordre avec des bannières, des insignes, des insignes et des rubans, et le drapeau irlandais flottant aux côtés du « étoiles et rayures." Je ne peux pas les féliciter pour le goût ou le bon effet de leurs accessoires, pour leurs étendards symboliques et pour leurs vieux harpistes ridicules, portés sur scène en « costume de barde », très semblables à des perruques blanches artificielles et à des robes de chambre en coton blanc, mais le bien fait est réel. par ces sociétés, est, me dit-on, très grande, et leur charité couvrirait des péchés bien plus graves qu'une tenue vestimentaire incorrecte et une propension à « jouer du cornemuse sur la cornemuse nationale ». Les différentes sociétés rassemblaient plus de 10 000 hommes, certains en uniforme et armés, d'autres vêtus de vêtements pittoresques, et tous aussi bruyants que la musique et les conversations pouvaient les rendre. Les Américains semblaient considérer tout cela comme un ancien Romain aurait pu considérer les Saturnales ; mais Paddy était dans l'ascendant et on ne pouvait pas ouvertement prendre à la légère.

La foule est restée dans les rues longtemps après le passage du cortège, et j'ai vu divers pickpockets capturés par les gros policiers et conduits dans des réceptacles appropriés. «Y avait-il un homme éminent dans ce cortège», ai-je demandé. "Non; quelques petits politiciens locaux, quelques riches commerçants et propriétaires de bars à bière peut-être ; mais la masse était celle de la petite bourgeoisie. Un homme tel que M. O'Conor, qui peut être considéré comme le chef du barreau de New York par exemple, n'y participerait pas.

Le soir, je me rendis, conformément à mon invitation, à l'Astor House, un grand hôtel avec une façade semblable à celle d'un terminus de chemin de fer, de style américano-classique, avec de grandes colonnes doriques et un portique, et constatai, à ma grande surprise, que le la fête amicale devait être un grand dîner public. Les salles étaient remplies de monde, peu ou pas du tout en tenue de soirée ; et en quelques minutes je fus présenté à au moins vingt-quatre messieurs, dont je n'entendis même pas les noms. L'usage d'insignes, de médailles et de rubans pouvait, au premier abord, faire croire à un étranger qu'il appartenait à une société militaire très distinguée ; mais il apprendra bientôt que ces insignes étaient les décorations d'associations bienveillantes ou conviviales. Il y a un goût latent pour ces choses, malgré le pur républicanisme. Au dîner, il y avait des Américains d'origine hollandaise et anglaise, des « Yankees », un ou deux Anglais, des Écossais, and

<u>Welshmen</u>etc. Le président, le juge Daly, était en effet un véritable fils du terroir, et ses discours étaient pleins de bonne humeur, de fluidité et d'esprit ; mais son plus grand effet fut l'exposition d'une touffe de trèfles dans un pot de fleurs, envoyé d'Irlande pour l'occasion. Cela se fait chaque année, mais, comme le miracle de saint Janvier, il ne perd jamais son effet et touche toujours le cœur.

J'avoue que c'est dans une certaine mesure la curiosité d'observer le sentiment de la réunion et le désir de voir comment les Irlandais étaient affectés par le changement de leur climat qui m'ont conduit à la salle. J'en suis reparti en regrettant profondément que tant d'indigènes des îles britanniques soient animés d'un sentiment hostile à l'égard de l'Angleterre, et qu'aucun homme d'État ne se soit encore levé qui puisse inventer une panacée aux maux de ces différences passionnées et insignifiantes entre les races et les religions. Leur forte antipathie n'est pas diminuée par l' impossibilité de la satisfaire. Ils vivent dans l'espoir, et il est certain que l'existence de ces sentiments est non seulement gênante pour les hommes d'État américains, mais aussi nuisible pour les Irlandais eux-mêmes, dans la mesure où ils deviennent avec une promptitude inhabituelle les victimes d'agitateurs ou d'intrigants politiques. L'élément irlandais, comme on l'appelle, est très apprécié lors des élections, en suffragant les évêques et autres ; à d'autres moments, il est abandonné à son travail et à son labeur. Seward et Mgr Hughes sont censés en être les maîtres actuels. Sans aucun doute, la masse de ceux que j'ai vus aujourd'hui étaient mieux habillés qu'ils ne l'auraient été s'ils étaient restés chez eux. Comme je l'ai dit dans le discours que j'ai été forcé de prononcer contre mon gré, par la douce violence de mes compagnons, je n'ai jamais vu autant de bons chapeaux et manteaux dans une assemblée d'Irlandais dans aucune autre partie du monde.

19 mars. Les journaux du matin contiennent des rapports sur les discours d'hier soir qui sont amusants à un certain égard, en tout cas, car ils fournissent des échantillons des différentes versions qui peuvent être données sur le même sujet. Un « citoyen » qui eut la gentillesse de venir me raser, me fit quelques compliments faciles, à la manière du « Barbier de Séville », sur ce qu'il appelait le « discours » de la veille, puis se mit à donner ses notions des mérites et des défauts de la Constitution américaine. « Il ne se souciait pas beaucoup de la franchise – elle était donnée à trop de personnes, pensait-il. Un homme doit résider à New York depuis cinq ans avant d'être admis au droit de vote. Lorsqu'un émigré arrivait, on lui délivrait un papier pour certifier le fait, qu'il produisait au bout de cinq ans, lorsqu'il pouvait être inscrit sur les listes électorales ; s'il omettait de s'inscrire, il pourrait cependant voter s'il était identifié par deux chefs de famille et un petit nombre, observa le barbier, qu'ils sont irlandais et autres. Je ne veux aucun de leurs votes.

Dans l'après-midi, un certain nombre de messieurs sont venus et ont fait les offres de service les plus aimables ; lettres d'introduction dans toutes les régions des États; installations de toutes sortes, toutes offertes avec franchise.

J'ai été étonné de constater peu de sympathie et aucun respect pour le gouvernement nouvellement installé. Ils étaient considérés comme des hommes obscurs ou sans distinction. J'ai fait allusion au fait qu'un des journaux continuait à parler du « Président » de la manière la plus méprisante et à le désigner comme le grand « Rail-Splitter ». "Oh oui," dit le monsieur avec qui je causais, "cela doit vous paraître une façon étrange de mentionner le premier magistrat de notre grande République, mais le fait est que personne ne se soucie de ce que l'homme écrit de quelqu'un, de son Le jeu est d'insulter tous les hommes respectables du pays afin de se venger de leur exclusion sociale, et en même temps de plaire aux masses ignorantes qui se plaisent aux vitupérations et au scandale.

Le soir, en dînant de nouveau avec mon ami le banquier, j'eus une occasion favorable d'entendre davantage les plaidoiries spéciales qui s'appliquent à la solution des questions politiques les plus graves. Il semblerait qu'un conseil de médecins se disputait sur des dogmes abstraits concernant la vie et la santé, tandis que leur patient se débattait devant eux dans les angoisses de la mort ! Dans la maison confortable et bien aménagée où je rencontrai plusieurs hommes de position, de connaissances et de sagacité naturelle, il n'y avait pas le moindre signe d'inquiétude à cause de circonstances qui, aux yeux d'un étranger, annonçaient une crise terrible, sinon la dissolution imminente de la société elle-même. Plus étrange encore, les actes qui provoquent une telle calamité ne sont pas considérés avec défaveur, ou, du moins, ne sont pas considérés comme injustifiables.

Parmi les invités figuraient l'hon. Horatio Seymour, ancien gouverneur de l'État de New York ; M. Tylden, un avocat avisé ; et M. Bancroft; le résultat que m'ont laissé leur conversation et leurs arguments était que, selon la Constitution, le gouvernement ne pouvait pas employer la force pour empêcher la sécession, ou pour contraindre les États qui avaient fait sécession par la volonté du peuple à reconnaître le pouvoir fédéral. En fait, selon eux, le Gouvernement fédéral n'était qu'une simple machine proposée par une Société d'États souverains, comme instrument commun pour certains actes ministériels, plus particulièrement ceux qui affectaient les relations extérieures de la Confédération. Je ne pense pas qu'aucun des invités ait cherché à tourner le discours vers la politique, mais l'occasion s'est offerte à M. Horatio Seymour de me donner son point de vue sur la Constitution des États-Unis, et peu à peu le thème s'est répandu dans le monde entier. tableau. J'avais acheté la « Constitution » pour trois cents à Broadway dans la matinée et je l'avais lu attentivement, mais je n'avais pas trouvé qu'elle s'expliquait d'elle-même ; il s'en remettait à la Cour suprême, mais qu'est-ce qui pouvait soutenir la Cour suprême dans une lutte contre le pouvoir armé, soit du gouvernement, soit du peuple ? Personne n'a soutenu que le gouvernement avait le pouvoir de contraindre le peuple d'un État, ou de forcer un État à rester dans l'Union, ou sous l'action du gouvernement fédéral ; en d'autres termes, le symbole du pouvoir à Washington n'est pas du tout analogue à celui que représente un gouvernement établi dans d'autres pays. *Quid prosunt leges sine armis ?* Bien qu'ils aient admis que les dirigeants du Sud avaient médité « la trahison contre l'Union » il y a des années, ils n'ont pas pu se résoudre à permettre à leurs anciens opposants, les Républicains aujourd'hui au pouvoir, de disposer de la force armée de l'Union contre leurs frères démocrates dans le pays. Les États du Sud.

M. Seymour est un homme de compromis, mais ses opinions vont plus loin que celles défendues par son parti il y a dix ans. Même si la sécession devait produire une révolution, il s'agissait néanmoins d'un « droit » fondé sur des principes abstraits, qui pouvait difficilement être abrogé de manière cohérente dans le respect du pacte initial. Un membre de la société a fait une remarque qui était assez vraie, j'ose le dire. Nous parlions tout à l'heure de la difficulté de relever Fort Sumter, sujet infaillible. « Si les Britanniques ou toute puissance étrangère menaçaient le fort, dit-il, notre gouvernement trouverait le moyen de le dégager assez rapidement. » En fait, le gouvernement fédéral tâtonne dans le noir ; et tandis que ses amis lui disent d'avancer hardiment, des myriades de voix crient à ses oreilles : « Si vous avancez un pied, vous êtes perdu. » Il n'y a ni armée ni marine disponible, et les ministres ne disposent d'aucun mécanisme de récompenses, ni de moyens d'intrigues, ni de méthodes pour gagner des adhérents connues des administrations européennes. Les démocrates voient avec une silencieuse satisfaction les troubles dans lesquels le triomphe républicain a plongé le pays, et ne sont pas du tout disposés à les tirer d'affaire. La manière la plus notable d'entraver leurs efforts est de les renverser avec la « Constitution » chaque fois qu'ils remontent à la surface et commencent à nager.

La société new-yorkaise, cependant, a l'esprit tranquille en ce moment, et le monde supérieur des marchands millionnaires, des banquiers, des entrepreneurs et des grands commerçants est heureux que les républicains vulgaires souffrent pour leur succès. Pas un homme là-bas n'était mécontent de l'influence donnée par le suffrage universel à la foule de la ville et ne se plaignait des effets intolérables de son ascendant, de la corruption des corps municipaux, de la vénalité des électeurs et des élus, des abus, du gaspillage, et des dépenses dispendieuses des fonds publics. De celles-ci, de nombreuses illustrations m'ont été données, garnies d'histoires de quelques-uns des dignitaires civiques et de leurs coadjuteurs dans la presse ; mais il n'était pas nécessaire de prouver que le suffrage universel, dans une ville dont peut-être les trois quarts des électeurs étaient nés à l'étranger ou de parents étrangers, et dont beaucoup étaient la racaille balayée par les populations européennes en ébullition, devait avoir les effets les plus préjudiciables sur la propriété. et des capitaux. J'avoue qu'il est très étonnant que les conséquences ne soient pas plus néfastes ; mais il ne fait aucun doute que le temps vient où le mal ne pourra plus être supporté, et où une réforme sociale et une révolution seront inévitables.

A seulement quelques centaines de mètres de la maison et de la galerie de tableaux de Mons. B———, le représentant de millions d'Européens, sont les masures et les logements de ses égaux au pouvoir politique. Ce soir, j'ai visité la maison de Mons. B———, où sa femme donna une réception à laquelle se rendit presque tout le monde. Lorsqu'un homme regarde une armure fabriquée sur commande par le premier forgeron d'Europe, il constate que la finition des articulations et des charnières est beaucoup plus soignée que celle des vieux vêtements en fer d'autrefois. Peut-être que le métal est meilleur, et les ciselures et garnitures aussi bonnes que celles de Milan, mais l'observateur n'est pas un instant amené à imaginer que le tissu a résisté aux coups, ou qu'il sent le feu de montre ancien. Si on lui demandait pourquoi il en était ainsi, il ne pourrait pas le dire ; pas plus peut-être qu'il ne pouvait définir exactement la différence entre l'Achéen de New York, brillant, richement bijoux et bien habillé, et la créature bien moins efficace et voyante qui, dans toutes les sociétés du monde, passera pour un gentleman. C'était une maison élégante, j'emploie le mot dans son vrai sens, avec de jolies statues, de riches tapis, de beaux meubles, et une galerie de charmants Meissonniers et de pièces de genre ; les salons admirablement éclairés – une assez belle et grande suite, remplie des plus jolies femmes dans les toilettes les plus délicieuses, avec une frange appropriée de jeunes hommes, ordonnés, soignés et bien habillés, s'irritant contre les postes avancés habituels de turbans et de bijoux. les douairières, et pourvus de, *every accessory to*font toute la bonne société ; car il y avait de l'esprit, du sens, de l'intelligence, de la vivacité ; et pourtant il manquait quelque chose – ni hôte, ni hôtesse, ni compagnie, ni maison – où était-il ? – qui brillait par son absence. M. Bancroft a eu la gentillesse de me présenter les plus beaux visages et les plus belles figures, et m'a jusqu'ici permis de juger que rien ne pouvait être plus beau, plus facile ou plus naturel que la féminité ou l'enfance de New York. C'est de la joliesse plutôt que de la finesse ; des visages de cire réguliers, intelligents, de petites figures gracieuses ; rien du type romain grandiose que Von Raumer reconnaissait à Londres, comme dans la Ville sainte, il y a un quart de siècle. Néanmoins, les jeunes hommes de New York devraient être reconnaissants et reconnaissants, et essayer d'en être dignes. Tard dans la soirée, j'ai vu ces mêmes jeunes gens, Novi Eboracenses , dans leur club, se précipitant pour un verre et jurant pour rien, et tous très amicaux et hospitaliers.

Le club-house est remarquable comme demeure d'un homme heureux qui a inventé ou breveté une doublure de chapeau imperméable, grâce à laquelle il a construit une sorte de villa sallustienne, avec une cour centrale, à l'Alhambra , avec des fontaines et des fleurs, aujourd'hui est décédé au New York Club. Ici, il y avait Pratt's, ou le défunt Fielding, ou les vieux CCC au mépris du temps et des boissons - et rien de plus.

CHAPITRE IV.

Rues et magasins de New York.—Littérature.—Un enterrement.—Dîner chez M. H.——— Dîner chez M. Bancroft.—Caractéristiques politiques et sociales.—Déjeuner littéraire. Heenan et Sayers.

20 mars. — Les journaux sont encore pleins de Sumter et de Pickens. Les rapports selon lesquels ils doivent ou non être relevés sont énoncés et contredits dans chaque article sans aucun souci de cohérence individuelle. La « Tribune » a publié un article sur mon discours au dîner de la Saint-Patrick, auquel il se plaît à attribuer des raisons et des motifs que l'orateur, en tout cas, n'a jamais eus pour le faire.

J'ai reçu plusieurs lettres de mendicité, certaines d'entre elles avec apparemment trop de cachet de réalité dans leurs récits de déception, de détresse et de souffrance. Dans l'après-midi, nous descendîmes Broadway, qui était bondé, malgré les tas de neige noircie près des bordures, les mares de boue et les mares à moitié gelées aux carrefours. J'ai visité plusieurs grands magasins ou boutiques, certains rivalisent avec les meilleurs établissements de Paris ou de Londres en richesse et en valeur, et les dépassent de loin en taille et en splendeur extérieure. Certaines à Broadway, construites en marbre ou en pierre de taille fine, coûtent à partir de 6 000 *l.* à 8000 *l.* un an en simple loyer. Ici, depuis la base jusqu'au quatrième ou cinquième étage, s'entassent des collections de tout ce que le monde peut produire, souvent au-delà de toutes les exigences possibles du pays ; en effet, on m'a dit que les États-Unis ont toujours importé plus de marchandises qu'ils ne pouvaient se permettre. Les bijouteries ne sont pas nombreuses, mais il y en a deux à Broadway qui possèdent de splendides collections de bijoux et d'ouvrages d'or et d'argent, exposées avec le plus grand avantage dans de beaux appartements décorés de marbre noir, de statues et de verres plats.

New York a certainement tous les airs d'un « nouveau riche ». Il y a chez lui une absence totale de toute apparence de grand-père – on ne voit même pas de telles preuves de goût excentrique que celles que l'on trouve à Paris et à Londres, par l'existence de boutiques où les vieilles familles d'un pays jettent leurs « exuvies ». qui sont recherchés par les nouveaux, afin qu'ils puissent persuader le monde qu'ils sont vieux ; il n'y a pas de magasin de curiosités, encore moins de Wardour Street, et les efforts déployés pour combler le déficit révèlent une énorme quantité d'ignorance ou de mauvais goût. Cependant les arts nouveaux fleurissent ; le fléau de la photographie s'est répandu dans tous les coins de la ville, et les vitrines des magasins brillent d'étalages flagrants de l'art le plus sordide. Dans certaines grandes librairies, Appleton par exemple, on trouve des preuves éclatantes de l'activité de la presse américaine, sinon de la vigueur et de l'originalité de l'intellect américain. J'ai parcouru de longues rangées d'étagères chargées d'œuvres d'auteurs européens, pour la plupart, oh dommage ! volé et traduit en caractères américains sans le moindre scrupule ni le moindre scrupule, et sans la moindre intention de jamais céder le déodand le plus pitoyable aux auteurs. M. Appleton ne vend pas moins d'un million et demi de livres d'orthographe de Webster par an ; ses tables sont couvertes d'un flot de brochures, les unes pour, les autres contre la coercition ; certains pour, d'autres contre l'esclavage, mais lorsque j'ai demandé un seul ouvrage solide et substantiel sur la difficulté actuelle, on m'a répondu qu'il n'y en avait pas un seul qui vaille un centime. Avec des hommes comme Audubon et Wilson en histoire naturelle, Prescott et Motley en histoire, Washington Irving et Cooper en fiction, Longfellow et Edgar Poe en poésie, même Bryant et les respectabilités en rimes, et Emerson en essayiste, il n'y a aucune raison pour que New York ne serait qu'une piètre imitation de Leipzig, sans la bonne foi de Tauchnitz.

J'ai dîné avec un littérateur bien connu de beaucoup de gens en Angleterre il y a un an ou deux – vif, bavard et bien informé, bien qu'il ne soit ni spirituel ni profond – aujourd'hui un homme du Sud avec des penchants sudistes, comme disent les Américains ; Autrefois un homme du Sud avec des convictions anti-esclavagistes si fortes que son expression dans un trimestriel anglais lui avait valu l'hostilité de son propre peuple - une des émanations de la vie littéraire américaine pour laquelle leur propre pays ne trouve pas de récepteur approprié. Meilleure preuve de sa sincérité, il vient de renoncer à ses relations avec l'un des journaux new-yorkais du côté républicain, car il croyait que le cours du journal était dicté par un fanatisme anti-sudiste. Il est en fait persuadé qu'il y aura une guerre civile et que le Sud aura une grande partie de la droite de son côté dans la lutte. Dans ses appartements se trouvait Mons. B——, le Dr Gwin, un ancien sénateur californien, M. Barlow et plusieurs des hommes dirigeants d'une certaine clique de New York. Les Américains se plaignent, ou affirment, que nous ne les comprenons pas, et j'avoue que le reproche, ou la déclaration, m'a semblé en tout cas bien fondé, lorsque je l'ai entendu déclarer et admettre que « si Mgr. Belmont n'était pas allé à la Convention de Charleston, la crise actuelle ne se serait jamais produite. »

22 mars. — Une tempête de neige digne de Moscou ou de Riga a traversé New York toute la journée, déposant davantage de nourriture pour la boue. J'ai rendu visite à M. Horace Greeley et j'ai eu une longue conversation avec lui. Il a exprimé un grand plaisir en apprenant que j'allais visiter les États du Sud. « Assurez-vous d'examiner les enclos des esclaves. *Ils* auront peur de vous refuser et vous pourrez dire la vérité. Alors que la capitale et le Sud constituent actuellement les principales attractions, je me prépare à échapper au « calme divin » et aux neiges de New York. On m'a recommandé de visiter de nombreux endroits avant de quitter New York, principalement des hôpitaux et des prisons. Sing-Sing, le pénitencîer d'État, est « prétendument », comme disent les Américains, être la première « institution » de ce type au monde. Mais le temps presse et Sing-Sing est loin. On me dit qu'il y règne un système de torture pour les endurcis ou obdurate offenders— torture par chute d'eau froide sur eux, torture par vis à pouce, etc. — plutôt opposé aux vues des philanthropes des prisons des temps modernes.

23 mars. — Il est annoncé positivement que les autorités de Pensacola et de Charleston ont refusé que d'autres fournitures soient envoyées à Fort Pickens, à la flotte américaine dans le Golfe et à Fort Sumter. Partout, les dirigeants du Sud imposent une solution avec détermination et énergie, tandis que le gouvernement semble dériver, impuissant, au gré du courant des événements, n'ayant ni proue ni poupe, ni quille ni pont, ni gouvernail, ni compas, ni voiles, ni vapeur. M. Seward a refusé de recevoir ou d'avoir des relations sexuelles avec les trois messieurs appelés commissaires du Sud, qui se sont rendus à Washington accrédités par le gouvernement et le Congrès des États sécessionnistes siégeant actuellement à Montgomery, de sorte qu'il n'y a aucun canal de médiation ou moyen d'ajustement. laissé ouvert. J'entends, en effet, que le gouvernement prépare secrètement toutes les forces qu'il peut pour renforcer la garnison de Pickens et pour renforcer Sumter à tout hasard ; mais que son manque d'hommes, de navires et d'argent l'oblige à temporiser, de peur que les autorités du Sud ne devancent leurs desseins par une attaque vigoureuse contre les forts affaiblis.

En réalité, New York fait très peu de choses pour soutenir ou encourager le gouvernement dans une quelconque politique décidée, et les journaux sont désormais plus occupés à s'abuser les uns les autres et à mener une guerre d'agression en petits partis qu'à s'acquitter de leurs fonctions de secrétaire d'État. une presse patriotique, dont la mission en pareille époque est sans aucun doute la résignation des petites divergences pour le bien du pays tout entier, et un dévouement total à sa sécurité, son honneur et son intégrité. Mais les New-Yorkais doivent s'adonner à leurs drames intellectuels tous les matins, et peu importe la direction que prendra le gouvernement, tant que le démocrate aristocratique peut être amusé par le ridicule du Great Rail Splitter ou par un portrait saisissant de M. Horace. Le vieux manteau, le chapeau, la culotte et le parapluie de Greeley. Les personnalités les plus grossières sont lues avec enthousiasme, et des attaques d'un type qui n'auraient pas été admises dans « l'Age » ou dans « Satirist » dans leurs pires jours, constituent les principaux articles de base d'un ou deux des journaux les plus largement diffusés dans le monde. ville. L'« argot », dans sa pire forme américanisée, est librement utilisé dans les titres et les titres à sensation, et une classe de publicités qui ne sont pas autorisées à paraître dans les journaux anglais respectables, possèdent les colonnes des principaux journaux, rares en fait, qui les excluent. Il est étrange aussi de voir dans des journaux qui prétendent représenter la civilisation et l'intelligence des peuples les plus éclairés et les plus instruits de la planète, des publicités de sorciers, de sorciers et de diseurs de bonne aventure par partitions : « de merveilleux clairvoyants ». », « le septième enfant d'un septième enfant », « les nécromanciens hypnotiques » et autres, qui peuvent exprimer vos pensées dès que vous entrez dans la pièce, peuvent obtenir les affections que vous appréciez, donner des numéros porte-bonheur aux loteries et faire gagner l'attention de tout le monde. fortunes mais la leur. Il y a ensuite les programmes de charlatan les plus impudents – des « rencontres » très douteuses adressées à « la jeune femme aux cheveux noirs et aux yeux bleus, qui est descendue de l'omnibus au coin de la 7e rue » – les appels d'une « dame sur le point d'être accouchée ». » à toute « personne respectable qui désire adopter un enfant » : autant de lectures plutôt curieuses pour un étranger, ou pour une famille.

Il ne faut évidemment pas s'attendre à ce que New York soit une ville très pure, car plus que Londres ou Paris, elle est l'égout des nations. C'est aussi une ville de luxe : des cuisiniers et des modistes français et italiens, des musiciens allemands et italiens, des prix élevés, des goûts et des vêtements extravagants, de l'argent facilement gagné, une vie dans les hôtels, les bars, le jeu intense, le sport et les combats de prix. prospèrent ici et s'unissent pour abaisser en tout cas le niveau de la *bourgeoisie* . Là où la richesse est la seule aristocratie, le danger est grand de prendre l'excès et la profusion pour l'élégance et le bon goût. Aujourd'hui, alors que je descendais Broadway, on m'a montré une douzaine ou plus d'hommes les plus habillés que j'aie jamais vus comme étant des « sportifs » ; c'est-à-dire des hommes qui vivaient dans des maisons de jeu et pariaient sur des courses ; et la classe est si nombreuse qu'elle a sa propre influence, en particulier lors des élections, lorsque le pouvoir d'un combattant percutant et suivi par des partisans se fait indéniablement sentir. La jeune Amérique essaie de ressembler à la France martiale en mufti, mais le chapeau et le manteau qui conviennent au colonel des carabiniers *en retraite* ne correspondent pas du tout aux gentlemen minces, grands et au visage plutôt long qu'on voit se prélasser à Broadway. Il est vrai que le type, même s'il n'est pas français, n'est pas anglais. Les caractéristiques de l'Américain sont des cheveux raides, des yeux vifs, brillants et pénétrants et un manque de couleur sur les joues.

25 mars. — J'ai reçu une invitation à rencontrer plusieurs membres de l'association de la presse new-yorkaise au petit-déjeuner. Parmi la compagnie se trouvaient—M. Bayard Taylor, dont ses compatriotes connaissent bien les nombreuses notes de voyage - une sorte d'Inglis agrandi, plein de cet esprit génial qui rend les voyages en compagnie si agréables, mais il est revenu comme le font généralement les voyageurs, satisfait qu'il n'y a pas de pays comme le sien. propre—le prince Leeboo aimait le plus sa propre île après tout—M. Raymond, du « New York Times » (ancien lieutenant-gouverneur de l'État) ; M. Olmsted, l'écrivain infatigable, compétent et sérieux, que décrire simplement comme un abolitionniste serait confondre avec des hommes ignorants bien que zélés, peu philosophiques et impraticables ; M. Dana, de la « Tribune » ; M. Hurlbert, du « Times » ; le rédacteur en chef du « Courrier des Etats Unis » ; M. Young, de « Albion », qui est le seul journal anglais publié aux États-Unis ; et d'autres. Il y avait beaucoup de conversations agréables, même si chacun différait naturellement avec son voisin dès qu'il abordait la politique. On parlait *de omnibus rebus et quibusdam aliis* , comme Heenan et Sayers, Secession et Sumter, la presse, les hommes politiques, la vie new-yorkaise, etc. Le premier sujet occupait une place plus large qu'il n'en avait le droit, car, selon toute vraisemblance, le rédacteur sportif d'un des journaux présents exprimait peut-être un sentiment légitime à propos du refus de la ceinture à l'Américain. Tous admettaient le courage et la grande endurance de son adversaire, mais semblaient convaincus que Heenan, sinon le meilleur homme, était du moins le vainqueur dans cette lutte particulière. Il serait étrange de constater la grande tendance des Américains à établir des comparaisons avec des normes anciennes et reconnues, s'ils n'adoptaient pas la manière naturelle de juger de leurs propres capacités. La nation est comme un garçon en pleine croissance qui teste constamment ses capacités en compétition avec ses aînés. Il est dans sa jeunesse et dans sa jeunesse, et il appelle tous les arrivants dans les ruelles et les ruelles pour examiner ses muscles, courir contre lui ou le combattre. C'est un signe de jeunesse, non une preuve de faiblesse, même si cela offense les anciens et contrarie les vétérans.

Ensuite, on découvre que la Grande-Bretagne est souvent traitée comme un vieil homme de la péninsule par un groupe de jeunes soldats dans un club. C'est sans doute un homme très vaillant, qui a fait de très belles choses en son temps, et on l'écoute avec une endurance respectueuse, mais on croit secrètement qu'il ne fera plus jamais quelque chose de très grand.

L'un des messieurs présents a déclaré que l'Angleterre pourrait contester le droit du gouvernement des États-Unis de bloquer les ports de ses propres États, auxquels elle a droit d'accès en vertu d'un traité, et pourrait faire valoir qu'un tel blocus n'est pas justifiable ; mais ensuite, a-t-on soutenu, le président pouvait ouvrir et fermer les ports à sa guise ; et qu'il pourrait fermer les ports du Sud par une proclamation ayant la forme d'un ordre du conseil. Il était tenu pour acquis que la Grande-Bretagne n'agirait que pour des motifs sordides, mais que l'affection bien connue de la France pour les États-Unis était destinée à freiner l'égoïsme de son rival et à empêcher une reconnaissance rapide.

CHAPITRE V.

En route pour la gare. Wagons de chemin de fer. Philadelphie. Washington. Hôtel Willard. M. Seward — Nord et Sud — Le « Département d'État » à Washington — Président Lincoln — Dîner chez M. Seward.

Après notre agréable petit-déjeuner est venue cette nécessité d'activité qui fait que de tels repas déguisés en simples repas légers du matin se vengent. J'ai dû faire mes bagages, et je dois dire que l'aide morale que m'a apportée le serveur, qui se tenait debout avec une expression de sympathie et qui m'a regardé lutter avec des bottes, des livres et des manteaux, a été des plus complètes. personnage. Finalement, j'ai vaincu, et à six heures DE L'APRÈS-MIDI, j'ai quitté le Clarendon et j'ai été transporté sur les trottoirs les plus rugueux et les plus exécrables à travers plusieurs kilomètres de rues antipathiques, sombres et sales, et d'artères bondées, sur des voies ferrées déchirantes. , jusqu'à un grand hangar en bois couvert d'inscriptions concernant les itinéraires et les destinations, au bord du fleuve, qui, à perte de vue, était bordé par des établissements similaires, où mes bagages étaient déposés dans la boue. Il n'y avait pas de porteurs, aucun des aides à la locomotion reconnus et établis auxquels nous sommes habitués en Europe, mais un certain nombre d'amateurs se partageaient le butin et le transportaient dans les bureaux, tandis que j'étais chargé de lutter pour mon billet dans un autre petit boîte en bois, de laquelle je reçus bientôt le document nécessaire, plein des terribles avertissements et conditions que les compagnies de chemin de fer imposent au public dans tous les pays libres.

Tous mes bagages, à l'exception d'un gros sac, ont été pris en charge par un homme du côté new-yorkais du ferry, qui les a « enregistrés » jusqu'à la capitale en me remettant un billet de cuivre avec un numéro correspondant à un laiton. ticket pour chaque pièce. Lorsque le bateau est arrivé à l'embarcadère de l'autre côté de l'Hudson, dans mon innocence, j'ai appelé un porteur pour prendre mon sac. Les passagers quittaient le grand ferry-boat en un flot continu, et la vapeur et la cloche de la machine retentissaient pendant que je cherchais mon porteur ; mais finalement un gentleman qui passait me dit : « Je suppose que vous allez rester ici un temps considérable avant que quelqu'un vienne chercher votre sac », et comprenant l'allusion, je suis descendu à temps pour tomber sur une longue boîte sur roues, avec une double rangée de sièges des plus inconfortables, et un passage au milieu, où j'ai trouvé une place à côté de M. Sanford, le nouveau ministre des États-Unis en Belgique, qui a eu la gentillesse de me prendre sous ses ordres. sa charge à Washington.

La nuit approchait très vite au moment où le train démarrait, mais les aperçus que j'avais de la ligne continue de jolis villages de maisons en bois, hautes de deux étages, peintes en blanc, chacune avec son portique corinthien, donnaient une impression des plus favorables. le confort et la prospérité du peuple. Le chemin de fer traversait la rue principale de la plupart de ces hameaux et villages, et la cloche de la locomotive sonnait pour avertir les habitants, qui s'arrêtaient sur les trottoirs et nous laissaient passer. Bientôt, les maisons blanches disparaissaient en de légères marques floues sur le fond noir du paysage, ou scintillaient de lumières semblables à des étoiles, et il n'y avait plus rien à voir. Les passagers étaient entassés aussi près qu'ils pouvaient, et comme il y avait un immense poêle en fer au centre de la voiture, la chaleur et l'étouffement devenaient des plus pénibles, même si j'avais subi l'épreuve des maisons new-yorkaises chauffées au poêle depuis longtemps. près d'une semaine. Une fois par minute au moins, les portes des deux extrémités de la voiture s'ouvraient, puis se refermaient avec un bruit sec qui secouait les nerfs et empêchait efficacement de dormir. C'était généralement fait par un homme dont le seul objectif semblait être de remonter au centre de la voiture pour sortir par la porte opposée - parfois c'était l'œuvre du livreur de journaux, avec une liasse de journaux et de papiers illustrés trash. sous son bras. De temps en temps, c'était le chef d'orchestre ; mais le visiteur périodique était un jeune gentleman avec une chaîne et des bagues, qui portait un plateau devant lui et sollicitait des commandes de « gum drops » et de « lemon drops », qui, avec du tabac, des pommes et des gâteaux, étaient consommés en grande quantité. quantités par les passagers.

A 22 heures , nous traversâmes le fleuve en ferry pour Philadelphie, et traversâmes les rues, nous arrêtant quelques instants pour dîner à l'hôtel La Pierre. À en juger par la vaste étendue des rues, des petites maisons basses, mais d'apparence douillette, que nous avons traversées, Philadelphie doit contenir dans le confort le plus grand nombre de petits propriétaires de toutes les villes du monde. A l'autre terminus du chemin de fer, où nous nous rendîmes en voiture, nous nous procurâmes pour une petite somme, un dollar je crois, des couchettes dans un wagon-lits, une institution américaine d'un mérite considérable. Malheureusement, un groupe de combattants a eu envie de se mettre à l'aise, et le résultat a été tout sauf propice au sommeil. Ils avaient beaucoup de whisky, étaient pleins de chants et de disputes, et il n'était pas non plus possible d'échapper à leurs sollicitations urgentes de « prendre un verre » en feignant le sommeil le plus profond. L'un d'eux, un grand homme, avec un nez cassé, un œil doux et un très grand étalage de bagues, de bijoux, de chaînes et d'épingles, était de très bonne humeur et nous a informé qu'il « allait à Washington pour obtenir un étranger ». mission de Bill Seward. Il ne prendrait pas Paris, car il ne se souciait pas beaucoup des Français ou des Français ; mais il aimerait juste montrer à John Bull comment procéder ; ou il prendrait le Japon s'ils étaient très pressés. Un autre nous a dit qu'il « se rendait dans le sein de l'oncle Abe » (c'est-à-dire le président) – « qu'il le connaissait bien dans le Kentucky il y a des années et qu'il était un gentleman haut de gamme ». Toutes les tentatives faites par les conducteurs pour les persuader de se reposer étaient traitées avec un mépris souverain, mais finalement le whisky affirma sa suprématie, et après avoir établi qu'ils « ne dormiraient pas à moins qu'ils ne le veuillent », ils dormirent et ronflèrent.

A six heures DU MATIN , nous fûmes réveillés par l'arrivée du train à Washington, après avoir traversé de grands fleuves et traversé des villes sans le savoir pendant la nuit. Je regardai dehors et vis une vaste masse de marbre blanc qui s'élevait au-dessus de nous sur la gauche, s'étendant en portiques à colonnades et en longs flancs de maçonnerie vitrée, et surmontée d'une coupole inachevée d'où des échafaudages et des grues levaient leurs bras noirs. C'était le Capitole. À droite, il y avait un espace dégagé de boue, de sable et de champs parsemés de hangars et de cabanes en bois, au-delà desquels on apercevait encore des rues rudimentaires de petites maisons en briques rouges et quelques clochers d'église au-dessus d'elles.

En sortant de la gare, nous trouvâmes une foule bruyante de noirs, qui étaient les fiacres de la place ; mais M. Sanford avait sa voiture en attente et me conduisit directement à l'hôtel Willard où il me confia au propriétaire du bar. Notre route passait par Pennsylvania Avenue, une rue très large et longue, bordée d'ælanthus, chacun dans une guérite en bois blanchi à la chaux, et par les maisons les plus irrégulières construites dans toutes sortes de matériaux, depuis les planches de sapin jusqu'au marbre, de tous. les hauteurs et toutes sortes de commerces. Peu de vitrines étaient ouvertes et la population principale était constituée de Noirs, qui se déplaçaient pour les affaires intérieures. À une extrémité de la longue perspective se trouve le Capitole ; et de l'autre, les bâtiments du Trésor, un beau bloc de marbre, avec les colonnades classiques américaines habituelles.

Près de ceux-ci s'élève le grand immeuble de l'hôtel Willard, maintenant occupé par les candidats aux élections et par les membres du Congrès nouvellement assemblé. C'est une masse quadrangulaire de pièces, haute de six étages et faisant quelques centaines de mètres carrés ; et il contient probablement en ce moment plus de têtes intrigantes, de comploteurs, de planificateurs, de cœurs plus douloureux et plus joyeux, qu'aucun bâtiment de même taille n'a jamais abrité dans le monde. J'ai été introduit dans une chambre qui venait d'être libérée par un candidat - s'il a réussi ou non, je ne peux pas le dire, mais si ses témoignages disaient vrai, il aurait dû être choisi immédiatement pour la plus haute fonction. La pièce était jonchée de copies imprimées de lettres témoignant que J. Smith, de Hartford, Connecticut, était l'homme le plus compétent, le plus honnête, le plus intelligent et le meilleur que les écrivains aient jamais connu. De haut en bas, dans les longs couloirs, les portes s'ouvraient et se fermaient pour des hommes aux papiers débordant de leurs poches, qui se hâtaient comme pour leur vie d'entrer et de sortir, et le bâtiment tremblait presque sous le pas de la candidature, qui n'était pas toujours dans son sens. l'aspect actuel justifie l'exactitude de l'appellation originale.

C'était un spectacle remarquable et difficile à comprendre à moins d'être vu. Depuis la Californie, le Texas, depuis les réserves indiennes et le territoire mormon, depuis le Nebraska, comme depuis les régions les plus reculées borders of Minnesota, depuis toutes les parties des vastes territoires de l'Union, à l'exception des États sécessionnistes, les républicains triomphants s'étaient frayé un chemin vers la proie. .

Il y avait une foule dans la salle à travers laquelle on pouvait à peine se frayer un chemin - le bureau était bondé et le bruissement des plumes se transformait en une petite brise - le fumoir, le bar, les barbiers, la salle de réception, le salon. le salon des dames était bondé. Actuellement, pas moins de 2 500 personnes dînent chaque jour dans la salle publique. Sur le sol de la cuisine, il y a un vaste appartement, une salle sans tapis ni aucun meuble, mais des chaises et des tables simples, rangées en rangées serrées, devant lesquelles des troupeaux de gens se nourrissent, ou discutent, ou d'où ils s'enfuient. Les domestiques ne cessent de pousser les chaises d'avant en arrière avec un bruit strident sur le sol, de sorte qu'on entend à peine parler son voisin. S'il le faisait, il entendrait probablement comme moi, dans cet hôtel même, un homme qui commande un petit-déjeuner : « Thé noir et pain grillé, œufs brouillés, alose printanière fraîche, pigeon sauvage, pattes de porc, deux merles sur du pain grillé, huîtres. » et une quantité de pains et de gâteaux de diverses dénominations. Le gaspillage résultant de telles commandes est énorme — et la capacité requise pour diriger avec succès ces énormes établissements est exprimée par la phrase courante aux États-Unis : « Brown est un homme intelligent, mais il ne peut pas gérer un hôtel. » Le tumulte, la diversité de la société - mes amis les boxeurs sont déjà en possession de la porte - les salles chauffées et lourdes, sans parler de la grande abominabilité des couloirs et des salles, malgré une disposition des plus généreuses en crachoirs. , conduisent à rendre ces institutions nullement agréables à un Européen. Tard dans la journée, je réussis à obtenir un salon avec une petite chambre à coucher attenante, ce qui me rendit un peu plus indépendant et plus confortable — mais il faut payer très cher toute rupture avec la vie quotidienne des indigènes. Les dames profitent d'un beau salon, avec un piano, des canapés et des fauteuils, pour elles toutes seules.

J'ai dîné chez M. Sanford, où j'ai été présenté à M. Seward, secrétaire d'État ; M. Truman Smith, un ancien sénateur très respecté au sein du parti républicain ; M. Anthony, sénateur des États-Unis, journaliste, homme d'apparence très intelligente, avec un visage israélite ; le colonel Foster, du chemin de fer de l'Illinois, réputé aux États-Unis comme géologue ; et un ou deux autres messieurs. M. Seward est un homme élancé, de taille moyenne, de constitution faible, avec une courbure contractée à cause de ses habitudes sédentaires et de son application au bureau, et qui a une attitude particulière lorsqu'il est assis, qui attire immédiatement l'attention. Une tête bien formée et large est posée sur un cou long et mince et se projette sur la poitrine d'une manière argumentative, comme si les yeux perçants cherchaient un adversaire ; la bouche est remarquablement flexible, grande mais bien formée, le nez proéminent et aquilin, les yeux secrets, mais pénétrants, et vifs d'une sorte d'humour scintillant autour d'eux ; le front audacieux et large, mais pas remarquablement élevé ; les cheveux blancs argentés et fins - un homme subtil et rapide, se réjouissant du pouvoir, adonné au péroratisme et aux paroles oraculaires, friand de badinage, débordant de l'importance des mystères d'État et avec la dignité de diriger la politique étrangère du plus grand pays. – comme le pensent tous les Américains – dans le monde. Après le dîner, il raconta quelques histoires sur les pressions exercées sur le président pour obtenir une place, ce qui amusa beaucoup les invités qui connaissaient les hommes, et parla librement et agréablement de beaucoup de choses, en énonçant cependant peu de faits de manière positive. En référence à une affirmation parue dans un journal de New York, selon laquelle des ordres avaient été donnés pour évacuer Sumter, « Cela, » dit-il, « est un mensonge flagrant : aucun ordre de ce type n'a été donné. Nous n'abandonnerons rien de ce que nous avons, n'abandonnerons rien de ce qui nous a été confié. Si les gens lisaient ces déclarations à la lumière de l'investiture du président, ils ne seraient pas trompés.» Il ne voulait pas de session supplémentaire du Congrès. "L'histoire nous dit que les rois qui convoquent des parlements supplémentaires perdent la tête", et il a déclaré à l'agence qu'il avait impressionné le président avec ses parallèles historiques.

Tout au long de cette conversation, son ton fut celui d'un homme très optimiste et avec un mépris suprême pour ceux qui pensaient qu'il y avait quelque chose de sérieux dans la sécession. « Eh bien, dit-il, moi-même, mes frères et sœurs avons été tous sécessionnistes : nous avons quitté notre foyer quand nous étions jeunes, mais nous y sommes tous revenus tôt ou tard. Ces États reviendront tous de la même manière. » Je doute qu'il ait jamais été dans le Sud ; mais il affirmait que l'état de la vie et de la société était à peu près semblable à celui de l'État de New York il y a soixante ou soixante-dix ans. Dans le Nord, tout était vie, entreprise, industrie, savoir-faire mécanique. Dans le Sud, il y avait une dépendance à l'égard du travail noir et une extravagance vaine qui était prise pour un luxe élégant : de vieux fiacres en ruine, comme on n'en avait pas vu au nord du Potomac depuis un demi-siècle, des harnais jamais nettoyés, des chevaux non entretenus. , travaillait au moulin un jour et envoyait en ville le lendemain, maisons mal meublées, mauvaise cuisine, éducation imparfaite. Aucun parallèle ne pouvait être établi entre eux et les États du Nord. « Vous êtes tous très en colère, dit-il, à propos du tarif Morrill. Vous devez cependant nous laisser être les meilleurs juges de nos propres affaires. Si nous jugeons bien, vous n'avez pas le droit de vous plaindre ; si nous jugeons mal, nous serons bientôt instruits par les résultats et corrigerons notre erreur. Il est évident que si le tarif Morrill répond aux attentes et génère des revenus, les fabricants britanniques ne souffriront rien, et nous ne souffrirons rien, car les revenus sont augmentés ici et le commerce n'est pas lésé. Si le tarif ne parvient pas à générer des revenus, nous serons amenés à le modifier ou à l'abroger.

La société l'appelait « Gouverneur », ce qui a amené M. Seward à mentionner que lorsqu'il était en Angleterre, il avait été incité à inscrire son nom avec ce préfixe dans un livre d'hôtel, et a provoqué une discussion parmi les serveurs pour savoir s'il était le « Gouverneur » d'une prison ou d'une entreprise publique. J'espère que le grand peuple d'Angleterre a traité M. Seward avec l'attention due à sa position, car il ressentirait et ressentirait certainement beaucoup de ressentiment de la part de ceux qui occupent des positions élevées. Cependant, de ce qu'il a dit, je déduis qu'il était satisfait de l'accueil qu'il avait reçu à Londres. Comme la plupart des Américains qui peuvent se le permettre, il a remonté le Nil. Ce vieux ruisseau étrange exerce une grande fascination sur les habitants du Mississippi, au moins jusqu'à la première cataracte.

27 mars. — Ce matin, après le petit-déjeuner, M. Sanford a appelé, comme promis, et m'a emmené au Département d'État. C'est une demeure très humble, en fait crasseuse, haute de deux étages et située au bout de la magnifique ligne de colonnades en marbre blanc, appelée Trésor, qui fera désormais office de quartier général de presque tous les citoyens. les services publics. Les gens familiers de Downing Street ne peuvent cependant pas s'opposer à la misère des bureaux dans lesquels se traitent les affaires étrangères et étatiques de la République américaine. Un escalier mène à la porte du hall, sur laquelle est apposée une annonce écrite indiquant les jours de réception des diverses catégories de personnes qui ont affaire avec le secrétaire d'État ; dans le hall, à droite et à gauche, se trouvent de petites pièces, avec sur les portes les noms des différents officiers, pour la plupart des personnages importants ; à mi-chemin dans le hall, un escalier nous conduit à un couloir similaire, assez sombre, avec des portes de chaque côté ouvrant sur les bureaux des commis en chef. Tous les rendez-vous étaient très calmes, et on verrait bien plus d'agitation dans les passages d'un Poor Law Board ou d'une sacristie paroissiale.

Dans un appartement de dimensions moyennes, mais très confortable, entouré de bibliothèques et orné de quelques gravures, nous trouvâmes le secrétaire d'État assis à sa table et dégustant un cigare ; il me reçut avec beaucoup de courtoisie et de bonté, et me dit au bout d'un moment qu'il profiterait de l'occasion pour me présenter au président, qui devait donner audience ce jour-là au ministre du nouveau royaume d'Italie, qui n'avait jusqu'alors représenté que le royaume d'Italie. Sardaigne.

J'ai déjà décrit l'apparence personnelle de M. Seward ; son fils, à qui il m'a présenté, est secrétaire d'État adjoint et rédacteur ou propriétaire d'un journal de l'État de New York, réputé pour son habileté et son équité. M. Frederick Seward est un homme léger, d'apparence délicate, avec un front haut, un front pensif, des yeux sombres et une expression aimable ; ses manières sont très placides et modestes, et, s'il n'est pas réservé, il n'est en aucun cas bavard. Pendant que nous parlions, une voiture s'approchait de la porte, et M. Seward s'écria à son père, avec quelque chose comme de la consternation dans la voix : « Voici le chevalier en grand uniforme ! » - et en quelques secondes en effet le chevalier Bertinatti parut, en bicorne, gants blancs, costume diplomatique de dentelles bleues et argentées, épée, ceinture et ruban de la croix de Savoie. Je pensais qu'il y avait un sourire tranquille sur le visage de M. Seward en voyant son brillant compagnon, qui contrastait si fortement avec la simplicité plus que républicaine de sa propre tenue vestimentaire. « Fred, emmenez-vous M. Russell chez le président, pendant que j'accompagne le Chevalier. Nous nous rencontrerons à la Maison Blanche. Nous avons donc franchi une porte privée menant au parc et sommes entrés en quelques secondes dans le hall de la modeste demeure de la Maison Blanche, qui a beaucoup l'air d'une partie d'une banque ou d'un bureau public, étant munie de portes vitrées. et des chaises et des formes simples et lourdes. Le domestique qui était présent était habillé comme n'importe quel citoyen ordinaire, et semblait parfaitement indifférent à la haute position du grand personnage avec lequel il conversait, lorsque M. Seward lui demanda : « Où est le président ? Après avoir franchi une des portes de gauche, nous entrâmes dans une belle chambre spacieuse, richement et assez somptueusement meublée, et nous réjouissant d'une sorte de « *demi-jour* » qui faisait ressortir les chaises dorées et les ornements en bronze doré. M. Seward et le chevalier se tenaient au centre de la pièce, tandis que son fils et moi restions un peu à l'écart : « Car, dit M. Seward, vous n'êtes pas censé être ici.

Peu de temps après, entra, d'une démarche traînante, lâche, irrégulière, presque instable, un homme grand, élancé et maigre, mesurant considérablement plus de six pieds, avec des épaules voûtées, de longs bras pendants, terminés par des mains de dimensions extraordinaires, qui, cependant, , étaient largement dépassés proportionnellement par ses pieds. Il était vêtu d'un costume noir froissé et mal ajusté, qui faisait penser à l'uniforme d'un croque-mort lors d'un enterrement ; autour de son cou, une corde de soie noire était nouée en forme de gros bulbe, dont les extrémités volantes dépassaient du col de son habit ; son col de chemise rabattu découvrait un cou jaune, nerveux et musclé, et au-dessus, niché dans une grande masse de cheveux noirs, hérissés et compacts comme une collerette d'épingles de deuil, se dressait l'étrange visage et la tête pittoresques, recouverts de son chaume de cheveux républicains sauvages, du président Lincoln. L'impression produite par la grandeur de ses extrémités et par ses oreilles battantes et largement saillantes peut être effacée par l'apparence de bonté, de sagacité et la bonhommie maladroite de son visage ; la bouche est absolument prodigieuse ; les lèvres, éparses et s'étendant presque d'une ligne de barbe noire à l'autre, ne sont tenues en ordre que par deux sillons profonds depuis la narine jusqu'au menton ; le nez lui-même, organe proéminent, se détache du visage, avec un air interrogateur et anxieux, comme s'il reniflait quelque bonne chose dans le vent ; les yeux sombres, pleins et profondément enfoncés, sont pénétrants, mais pleins d'une expression qui tient presque de la tendresse ; et au-dessus d'eux se projette le front hirsute, qui se prolonge dans le petit espace frontal dur, dont le développement peut difficilement être estimé avec précision, à cause des touffes irrégulières de cheveux épais qui le traversent négligemment. On dirait que, bien que la bouche soit faite pour apprécier une plaisanterie, elle pourrait aussi prononcer la sentence la plus sévère que le chef puisse dicter, mais que M. Lincoln serait toujours plus disposé à tempérer la justice avec miséricorde et à jouir de ce qu'il considère les commodités de la vie, plutôt que d'avoir une vision dure de la nature des hommes et du monde, et d'évaluer les choses dans un esprit ascétique ou puritain. Une personne qui rencontrerait M. Lincoln dans la rue ne le prendrait pas pour ce que, selon les usages de la société européenne, on appelle un « gentleman » ; et, en effet, depuis que je suis arrivé aux États-Unis, j'ai entendu des Américains lui faire à ce sujet des allusions plus désobligeantes que je n'aurais pu m'attendre parmi de simples républicains, où tous devraient être égaux ; mais, en même temps, il ne serait pas possible à l'observateur le plus indifférent de le croiser dans la rue sans le remarquer.

À mesure qu'il avançait dans la pièce, il contrôlait évidemment son désir de serrer la main de tout le monde et souriait avec bonne humeur jusqu'à ce qu'il soit soudainement élevé par le comportement posé de M. Seward et par les profondes révérences diplomatiques du chevalier Bertinatti. . Puis, en effet, il se redressa brusquement et se plaça devant les deux ministres, le corps légèrement penché en avant, les mains derrière le dos, les genoux touchés et les pieds écartés. M. Seward présenta formellement le ministre, sur quoi le président fit une démonstration prodigieusement violente de son corps dans un arc qui eut presque l'effet d'une claque par sa rapidité et sa brusquerie, et, se reprenant, se mit à accorder la plus grande attention, tandis que le Chevalier, avec un autre salut, lut dans un journal une longue adresse en présentant la lettre royale l'accréditant comme « ministre résident » ; et lorsqu'il dit que « le roi voulait donner, sous votre administration éclairée, toute la force et l'étendue possibles à ces sentiments de franche sympathie qui ne cessent de s'exprimer à chaque instant entre les deux peuples, et dont l'origine remonte aussi loin qu'il y a 1000 ans. les efforts qui ont présidé à leur destinée commune en tant que nations autonomes et libres », le président s'inclina de nouveau plus violemment, autant qu'il accepta l'allusion.

Le ministre remit aussitôt sa lettre au président, qui la confia à la garde de M. Seward, puis, plongeant sa main dans la poche de son manteau, M. Lincoln en sortit une feuille de papier sur laquelle il lut sa réponse : dont la partie la plus remarquable était sa doctrine « selon laquelle les États-Unis étaient tenus par le devoir de ne pas s'immiscer dans les différends des gouvernements et des pays étrangers ». Après quelques compliments, le Président serra la main du ministre, qui peu après se retira. M. Seward m'a alors pris par la main et a dit : « M. Monsieur le Président, permettez-moi de vous présenter M. Russell, du Times de Londres. » Sur quoi M. Lincoln a tendu la main d'une manière très amicale et a dit : « M. Russell, je suis très heureux de faire votre connaissance et de vous voir dans ce pays. Le « Times » de Londres est l'une des plus grandes puissances du monde – en fait, je ne connais rien qui ait beaucoup plus de pouvoir – à l'exception peut-être du Mississippi. Je suis heureux de vous connaître en tant que ministre. La conversation s'ensuivit pendant quelques minutes, que le président égaya par deux ou trois petites saillies singulières, et je restai agréablement impressionné par son astuce, son humour et sa sagacité naturelle.

Le soir, je dînai avec M. Seward, en compagnie de son fils, M. Seward junior, M. Sanford, et d'un spécimen pittoresque et naturel d'avocat rustique américain, qui se rendait à Bruxelles comme secrétaire de légation. Son chef, M. Sanford, ne parut pas tout à fait heureux lorsqu'on le présenta à son secrétaire, car il constata qu'il avait une connaissance très limitée (voire aucune) du français et d'autres choses qu'il est généralement considéré souhaitable que les secrétaires connaissent.

Très naturellement, la conversation s'est tournée vers la politique. Bien que personne ne puisse prévoir la nature de la crise à venir, ni la manière dont elle sera affrontée, la foi d'hommes comme M. Sanford et M. Seward dans le succès ultime de leurs principes et dans l'intégrité de la République, est très remarquable ; et l'audace de leur langage à l'égard des puissances étrangères équivaut presque à de l'arrogance et à de la menace, sinon à de la témérité. M. Seward affirmait que les ministres d'Angleterre ou de France n'avaient pas le droit de faire aucune allusion à la guerre civile qui paraissait imminente ; et que les commissaires du Sud qui avaient été envoyés à l'étranger ne pouvaient être reçus par le gouvernement d'aucune puissance étrangère, officiellement ou autrement, même pour remettre un document ou faire une représentation, sans encourir le risque de rompre les relations avec le gouvernement de les États Unis. En ce qui concerne le grand objet de curiosité publique, le relief de Fort Sumter, M. Seward garde un profond silence, au-delà de la simple déclaration, faite avec un clin d'œil agréable, que « toute la politique du gouvernement, à ce sujet et sur d'autres questions, est présenté lors de l'investiture du président, à laquelle il n'y aura aucune déviation. En ce qui concerne le message inaugural, cependant, il n'y a aucune indication aussi certaine, comme M. Seward prétend le découvrir, de la voie que suivront M. Lincoln et le cabinet. Pour un observateur extérieur, comme moi, il semble qu'ils attendaient que les événements se développent d'eux-mêmes et qu'ils fondaient leur politique plutôt sur des actes qui se sont produits que sur un principe précis conçu pour contrôler ou diriger l'avenir.

Je dois ici ajouter que M. Seward a parlé en termes élevés de la capacité, de la dextérité et des qualités personnelles de M. Jefferson Davis, et a déclaré sa conviction que sans lui, le mouvement de Sécession n'aurait jamais pu réussir aussi loin qu'il est allé, et Selon toute vraisemblance, cela n'aurait jamais eu lieu. Après le dîner, les cigares furent introduits, suivis d'un petit coup de whist. Le secrétaire est habitué aux expatriés et nous a raconté de nombreuses anecdotes de voyages à l'étranger ; si je ne lui fais pas injustice, je dirais en outre qu'il se souvient de sa visite en Angleterre et de l'attention qu'il y a reçue, avec une satisfaction particulière. . On ne peut lui reprocher de s'être forgé une idée très exaltée de l'intelligence, de la vertu, du bonheur et de la prospérité supérieurs de son propre peuple. Il a déclaré qu'il ne serait pas approprié pour lui d'avoir des communications avec les commissaires du Sud alors à Washington ; ce qui m'a plutôt surpris, après ce que j'avais entendu de leur ami, M. Banks. En rentrant à mon hôtel, je trouve une carte du Président m'invitant à dîner le lendemain.

CHAPITRE VI.

Un dîner d'État à la Maison Blanche - Mme. Lincoln—Les ministres du Cabinet—Un correspondant de journal—Le Vendredi saint à Washington.

28 mars. — J'ai eu l'honneur aujourd'hui de recevoir la visite d'un grand nombre de membres du Congrès, de journalistes et d'autres. À en juger par les expressions de la plupart des habitants de Washington, ils verraient volontiers un Cabinet du Sud installé dans leur ville. L'épaule froide est accordée à M. Lincoln, et toutes sortes d'histoires et de blagues circulent à ses dépens. On prend un plaisir particulier à raconter comment il s'est rendu au siège de son gouvernement, vêtu d'une casquette et d'un manteau écossais, quoi que cela puisse signifier.

Le soir, je me rendis à la Maison Blanche. Le domestique qui prit mon chapeau et mon manteau fut particulièrement curieux de connaître mon nom et ma situation dans la vie ; et lorsqu'il apprit que je n'étais pas ministre, il parut enclin à mettre en doute mon droit d'être là : « car, dit-il, il n'y a que des membres du cabinet, leurs femmes et leurs filles, qui dînent ici pour... jour." Finalement, il se détendit, m'expliqua comment placer mon chapeau de manière à ce qu'il ne soit exposé à aucune indignité, et m'informa que j'étais sur le point de participer à une jouissance prandiale sans caractère ordinaire. Il n'y avait ni défilé, ni parade, ni annonce, ni escalier doré, avec ses hérauts en livrée, transmettant et traduisant son nom de palier en palier. De l'antichambre sans prétention, une promenade à travers le hall élevé nous conduisit à la salle de réception, qui était la même que celle où le Président avait tenu hier son entrevue.

Mme Lincoln était déjà assise pour recevoir ses invités. Elle est d'âge et de taille moyenne, d'une rondeur dégénérant jusqu'à l' *embonpoint* naturel de son âge ; ses traits sont simples, son nez et sa bouche d'un type ordinaire, et ses manières et son apparence simples, raidies cependant par la conscience que sa position exige d'elle qu'elle soit quelque chose de plus que la simple Mme Lincoln, l'épouse de l'avocat de l'Illinois ; elle introduit à profusion le mot « monsieur » dans chaque phrase, ce qui est maintenant presque un américanisme confiné à certaines classes, bien qu'il fût autrefois aussi courant en Angleterre. Sa robe, je n'essaierai pas de la décrire, bien qu'elle soit très belle et très colorée. Elle maniait avec beaucoup d'énergie un éventail, dévoilant un bras rond et bien proportionné, et était parée de quelques bijoux simples. Mme Lincoln me parut désireuse de se rendre agréable ; et j'avoue que j'ai été agréablement déçu, car les dames sécessionnistes de Washington s'étaient amusées avec des anecdotes qui pouvaient difficilement être fondées sur des faits.

Plusieurs ministres étaient déjà arrivés ; peu à peu, tout le monde était venu, et le groupe n'attendait que le général Scott, qui semblait être l'homme représentatif à Washington de l'idée monarchique, et pour absorber une partie du sentiment qui est prodigué aux images et à la mémoire, sinon sur le monument, de Washington. Pendant que nous attendions, M. Seward m'a fait visiter et m'a présenté aux ministres, ainsi qu'à leurs femmes et filles, parmi ces dernières, Miss Chase, qui est très attirante, agréable et vive. Son père, le ministre des Finances, m'a paru comme l'un des personnages les plus intelligents et les plus distingués de toute l'assemblée ; grand, de bonne présence, avec une tête bien formée, un front fin et un visage indiquant l'énergie et la puissance. Il y a un affaissement et un mouvement particuliers de la paupière d'un œil, qui semble avoir souffert de quelque blessure, qui nuise à l'effet agréable de son visage ; mais, dans l'ensemble, c'est quelqu'un qui ne passerait pas tout à fait inaperçu dans une foule européenne de même nature.

Dans toute l'assemblée, il n'y avait pas un bout de dentelle ni un morceau de ruban, à l'exception des magnifiques épaulettes d'un vieil officier de marine qui avait servi contre nous lors de la dernière guerre et qui représentait quelque branche du département naval. Les ministres n'étaient pas non plus remarquables par leur apparence personnelle.

M. Cameron, le secrétaire à la Guerre, un homme mince, de taille moyenne, avec des cheveux gris, des yeux gris perçants et profondément enfoncés et une bouche mince, m'a donné l'idée d'une personne capable et adroite. Son collègue, le secrétaire de la Marine, un petit homme, avec une longue barbe grise et des lunettes, ne paraissait pas très original ni très habile ; but people whosavent que M. Welles déclare qu'il possède un pouvoir administratif, bien qu'ils admettent qu'il ne connaît pas la proue de la poupe d'un navire, et qu'ils doutent qu'il ait jamais vu la mer de sa vie. M. Smith, le ministre de l'Intérieur, est un gentleman aux yeux brillants et intelligents (j'utilise le mot dans le sens anglais), avec la réputation d'être l'un des membres les plus conservateurs du cabinet. M. Blair, le ministre des Postes, est une personne d'une influence bien plus grande que sa position ne l'indique. Il a la réputation d'être l'un des républicains les plus déterminés du ministère ; mais il avait des idées particulières concernant les races noires et blanches, qui, si elles étaient appliquées, ne contribueraient en aucun cas au confort ou au bonheur des nègres libres aux États-Unis. C'est un homme grand et mince, avec une tête dure, écossaise et pratique, une enclume sur laquelle marteler des idées. Ses yeux sont petits et profondément enfoncés, et ont une expression semblable à celle d'un rat ; et il parle avec prudence, comme s'il pesait chaque mot avant de le prononcer. Le dernier des ministres est M. Bates, un homme gros, trapu, d'apparence ordinaire, avec une grande barbe, qui remplit la charge de procureur général. Certains messieurs étaient en tenue de soirée ; d'autres portaient des redingotes noires qui, semble-t-il, comme en Turquie, sont considérées comme étant *en règle* lors d'un dîner ministériel républicain.

Dans la conversation qui a eu lieu avant le dîner, j'ai été amusé d'observer la manière dont M. Lincoln utilisait les anecdotes pour lesquelles il est célèbre. Là où des hommes élevés dans les tribunaux, habitués au monde ou versés en diplomatie, utiliseraient quelque subterfuge, ou prononceraient un discours poli, ou hausseraient les épaules pour se sortir d'une position embarrassante, M. Lincoln soulève un rire d'une anecdote audacieuse de l'ouest du pays, et s'éloigne dans le nuage de gaieté produit par sa plaisanterie. Ainsi, alors que M. Bates protestait apparemment contre la nomination d'un avocat indifférent à un poste d'importance judiciaire, le président est intervenu en disant : « Allons, Bates, il n'est pas aussi mauvais que vous le pensez. En plus de cela, je dois vous le dire, il m'a rendu un bon service il y a longtemps. Quand je me suis adressé à la justice, j'allais au tribunal un matin, avec dix ou douze milles de mauvaise route devant moi, et je n'avais pas de cheval. Le juge m'a rattrapé dans son chariot. « Bonjour, Lincoln ! Vous n'allez pas au tribunal ? Entrez et je vais vous donner une place. Eh bien, je suis entré et le juge a continué à lire ses papiers. Bientôt, le chariot heurta une souche sur un côté de la route ; puis il est passé à l'autre. J'ai regardé dehors et j'ai vu que le conducteur se balançait d'un côté à l'autre sur son siège ; alors je dis : « Juge, je pense que votre cocher a pris une petite goutte de trop ce matin. « Eh bien, je le déclare, Lincoln, dit-il, je ne devrais pas vraiment me demander si vous avez raison, car il m'a presque bouleversé une demi-douzaine de fois depuis le début. Alors, passant la tête par la fenêtre, il s'écria : « Eh bien, espèce de canaille infernale, tu es ivre ! Sur quoi, arrêtant ses chevaux et se retournant avec une grande gravité, le cocher dit : « Par gorra ! c'est la première décision légitime que vous avez rendue au cours des douze derniers mois. » Pendant que la société riait, le président s'est retiré tranquillement du quartier du procureur général.

On annonça enfin que le général Scott ne pouvait être présent et que, bien qu'actuellement dans la maison, il avait été contraint de se retirer en raison d'une indisposition, et nous nous dirigeâmes vers la salle de banquet. Le premier « dîner d'État », comme on l'appelle, du président n'était pas remarquable par son ostentation. Aucun serviteur en livrée, aucune splendeur perse de l'assiette antique, ni *aucun chef d'œuvre* d'art ne brillaient autour du plateau. Des vases de fleurs décoraient la table, alliés à des plats de style que l'on pourrait appeler « gallo-américain », à des vins qui devaient leur filiation à la France, et leur élevage et leur éducation aux États-Unis, qui regorgent d'infirmières rusées pour de telles productions. . La conversation convenait au dîner d'État d'un cabinet auquel assistaient des femmes et des étrangers. J'étais assis à côté de M. Bates et du très aimable et vif secrétaire du président, M. Hay, et, sauf lorsqu'il y avait un silence attentif provoqué par l'une des histoires du président, il y avait une Babel de bavardages autour de la table, dans et j'ai été surpris de trouver une diversité d'accents presque aussi grande que si un certain nombre d'étrangers avaient parlé anglais. J'ai omis le nom de M. Hamlin, le vice-président, ainsi que ceux des personnes moins remarquables qui étaient présentes ; mais il ne conviendrait pas de passer sous silence un homme qui ne se distinguait pas tant que par son adhésion persistante et invariable à une doctrine politique, qui a fait de lui, en combinaison avec la croyance en son honnêteté, l'occupant d'un poste qui mène au Présidence, en cas d'événement susceptible de destituer M. Lincoln.

Après le dîner, les dames et messieurs se retirèrent au salon, et le cercle s'agrandit de plusieurs hommes politiques. J'ai eu l'occasion de m'entretenir de temps en temps avec certains des ministres, sinon avec tous, et j'ai été frappé par la tendance uniforme de leurs remarques à l'égard de la politique de la Grande-Bretagne. Ils semblaient penser que l'Angleterre était obligée, par ses antécédents anti-esclavagistes, de décourager au maximum toute tentative du Sud d'établir son indépendance sur la base de l'esclavage, et de supposer qu'ils étaient les représentants d'une guerre d'émancipation active. Alors que le vétéran commodore Stewart passait devant la chaise de la jeune femme à qui je parlais, elle a dit : « Je suppose, M. Russell, que vous n'admirez pas cet officier ? "Au contraire," dis-je, "je pense que c'est un vieil homme très beau." «Je ne veux pas dire ça», répondit-elle; mais vous savez qu'il ne peut pas vous plaire beaucoup, parce qu'il s'est battu si vaillamment contre vous lors de la dernière guerre, comme vous devez le savoir. Je n'eus pas le courage d'avouer mon ignorance des antécédents du capitaine. Il y a une illusion parmi d'autres que le bel Américain qui m'a parlé, selon laquelle nous entretenons en Angleterre le genre de sentiment, aussi morbide ou sain qu'il puisse être, en référence à nos revers à la Nouvelle-Orléans et ailleurs, qui est attribué aux Français concernant Waterloo.

De retour à l'hôtel Willard, j'ai été abordé par un monsieur qui sortait de la foule devant le bureau. "Monsieur," dit-il, "vous avez dîné avec notre président ce soir." Je me suis incliné. « Était-ce une fête agréable ? a-t-il dit. « Que pensez-vous de M. Lincoln ? « Puis-je demander à qui j'ai le plaisir de parler ? "Je m'appelle M. ——— et je suis le correspondant du New York ———." « Alors, monsieur, répondis-je, cela me fait plaisir de vous dire que j'ai une grande estime pour M. Lincoln et que je suis également satisfait de mon dîner. J'ai l'honneur de vous souhaiter le bonsoir. Le même monsieur m'a informé par la suite qu'il avait créé le bureau de correspondant à Washington pour les journaux de New York. « Au début, dit-il, j'écrivais simplement des nouvelles, et personne ne s'en souciait beaucoup ; puis j'ai pimenté le tout, j'ai craché un peu et j'ai raconté mes propres histoires. Les membres du Congrès m'ont contredit – ils m'ont distribué des cartes – en disant qu'il ne s'agissait pas de faits. L'attention du public fut attirée et on me dit de continuer ; et ainsi la correspondance de Washington est devenue progressivement un article dans tous les journaux de New York. Le bourdonnement et l'agitation qui régnaient dans l'hôtel ce soir étaient merveilleux. Tous les demandeurs d'emploi étaient dans les couloirs, affamés de sénateurs et de représentants, et les dames, d'une manière ou d'une autre, liées à des personnes influentes, avaient un *entourage* de courtisans qui leur rendaient assidûment leurs respects. Miss Chase, en effet, m'a dit en riant qu'elle était harcelée par des candidats aux bons offices de son père et par des personnes cherchant à la présenter pour faire valoir ses exigences auprès de « l'Oncle Sam ».

Alors que je visitais une librairie aujourd'hui, un jeune homme souriant et souriant, de silhouette légère et d'apparence enfantine, est venu et s'est présenté à moi comme un artiste qui avait contribué à un journal illustré de Londres pendant la tournée du prince de Galles. et qui avait fait la connaissance de certains de mes amis ; et il demanda la permission de me rendre visite, ce que je lui accordai sans difficulté ni hésitation. Il m'a rendu visite ce soir, le pauvre garçon ! et m'a raconté une triste histoire de ses luttes et de la dépendance de sa famille à l'égard de ses efforts, en prélude à une demande visant à ce que je lui permette d'aller dans le Sud pendant que j'y ferais la tournée dont il avait entendu parler. Il était engagé par le journal de Londres et ne doutait pas que s'il était avec moi, ses croquis seraient tous reçus comme des illustrations des lieux pour lesquels mes lettres attiraient alors l'intérêt du public en Angleterre. Il n'y avait aucune raison pour que je sois opposé à ce qu'il voyage avec moi dans le même train. Il pourrait certainement y aller s'il le voulait. En même temps, j'ai laissé entendre que je n'étais en aucun cas lié à lui ou responsable de lui.

29 mars, Vendredi Saint. — L'observance religieuse de cette journée n'était pas aussi stricte qu'elle le serait en Angleterre. L'aversion puritaine pour les cérémonies et les observances des formulaires a apparemment affecté le monde américain, même aussi loin au sud que nous. Les gens de couleur étaient dans les rues habillés de leurs plus beaux atours. La première impression produite par les beaux bonnets, les châles gais, les robes aux couleurs vives et les brodequins de soie, sur des visages noirs, des figures plates et des pieds assortis, est singulière ; mais, pour rendre justice au dos de beaucoup de femmes habillées de façon criarde, qui, par petits groupes, allaient à l'église ou à la chapelle, il faut admettre que cette surprise ne survenait qu'une fois vue de face. Les hommes portaient généralement des manteaux noirs, des gilets de soie ou de satin et des pantalons bariolés. Ils portaient un missel ou un livre de prières, un mouchoir de poche, une canne ou une ombrelle, avec une infinie affectation de justesse.

Tandis que je regardais par la fenêtre, passa par là un jeune nègre très beau et grand, vêtu de façon irréprochable, sauf son chapeau et ses bottes. "Je me demande ce qu'il est?" M'exclamai-je d'un air interrogateur à un monsieur qui se tenait à côté de moi. «Eh bien», dit-il, «ce type n'est pas un nègre libre; il a l'air trop respectable. J'ose dire que vous pourriez l'avoir pour 1 500 dollars, sans ses vêtements. Vous savez, continua-t-il, ce que notre ministre a dit lorsqu'il a vu un nègre dans une cour d'Europe et qu'on lui a demandé ce qu'il pensait de lui : « Eh bien, je suppose, dit-il, si vous lui enlevez ses fixations, il vaut peut-être 1 000 dollars d'acompte. » Au cours de la journée, M. Banks, un jeune Virginien corpulent et énergique, aux fortes opinions sudistes, m'a de nouveau rendu visite. En tant qu'ami des commissaires du Sud, il se plaignit avec véhémence du refus de M. Seward d'avoir des relations sexuelles avec lui. « Ces types veulent trahir, mais nous allons les rechigner. » En réponse à une de mes remarques, selon laquelle le ministre anglais refuserait certainement de recevoir des commissaires de toute partie des domaines de la reine qui s'étaient emparés des forts et des arsenaux de l'empire et menaçaient la guerre, il répondit : « Le cas est tout à fait différent. La Couronne revendique le droit de gouverner l'ensemble de votre empire ; mais le gouvernement autrichien ne pouvait refuser de recevoir une députation de la Hongrie pour un règlement des griefs ; aucun État appartenant à la Diète allemande ne pouvait non plus tenter de revendiquer la souveraineté sur un autre, parce qu'ils étaient membres de la même Confédération. J'ai remarqué « que ses vues sur les obligations de chaque État de l'Union étaient parfaitement nouvelles pour moi, en tant qu'étranger ignorant les controverses qui les distrayaient. Un Anglais n'avait rien à voir avec un Virginien et un New-Yorkais, ni avec un Carolinien du Sud – il ne connaissait presque rien d'un Texan ou d'un Arkansasien ; nous ne connaissions que les États-Unis en tant qu'entité ; et toutes nos relations se faisaient avec des citoyens des États-Unis d'Amérique du Nord. Mais cela n'a fait que provoquer, en toute logique, des dissertations diffuses sur les articles de la Constitution et sur l'esprit du Pacte fédéral.

Plus tard dans la journée, j'ai eu l'avantage d'une conversation avec M. Truman Smith, un ancien et respecté représentant d'autrefois, qui m'a donné une version très différente de la question ; et qui soutenait que par le Pacte fédéral, chaque État avait irrévocablement délégué l'essence de sa souveraineté à un gouvernement devant être établi à perpétuité pour le bénéfice de l'ensemble du corps. Les États esclavagistes, voyant que les progrès des idées libres et la puissance matérielle du Nord obtenaient une influence qui devait être subversive par rapport à la suprématie qu'ils avaient si longtemps exercée à leur propre avantage dans le gouvernement fédéral, avaient développé cette doctrine de Les droits des États servent de masque à la trahison, préférant les avantages matériels résultant de l'extension de leur système à la grande position morale qu'ils occuperaient en tant que partie des États-Unis face au monde entier.

C'est sur des divergences d'idées aussi radicales que se fonde toute la querelle, qui s'élargit chaque jour. Le Pacte fédéral, dès le début, a été écrit sur une feuille de papier déchirée, et le temps a usé le ciment artificiel qui le maintenait ensemble. La pierre angulaire de la Constitution présentait une fissure que la chaleur et la fureur des factions ont élargie en une fissure de haut en bas, qui ne se refermera plus jamais.

Le soir, j'ai eu le plaisir de dîner avec un gentleman américain qui a parcouru une grande partie du monde, voyagé très loin, qui a beaucoup lu et vu davantage, un érudit, un homme politique, à sa manière, un poète et un ologue. — un de ces Grœculi modernes, qui ne diffère de son prototype de Juvénal que par le fait qu'il n'a pas faim et qu'il n'ira pas au ciel si vous le lui ordonnez.

De tels hommes ne réussissent jamais et ne peuvent jamais réussir aux États-Unis ; ils sont beaucoup trop raffinés, philosophiques et cosmopolites. D'après ce que je vois, le succès ici peut être obtenu par des hommes raffinés, s'ils sont malhonnêtes, jamais par des hommes philosophes, à moins qu'ils ne soient corrompus – ni par des hommes cosmopolites, en aucune circonstance ; car avoir des sympathies avec n'importe quel peuple, ou avec n'importe quelle nation du monde, à l'exception de la sienne, c'est condamner un homme d'État auprès du public américain, à moins que ce ne soit sous la forme d'une affectation de pitié ou de bonne volonté, conçue en réalité comme une offense. à certains alliés. Au dîner, il y avait le plus grand officier de marine que j'aie jamais vu en compagnie, bien que je dois avouer que notre propre service ne manque pas de quelques bons spécimens, et j'ai vu un amiral autrichien à Pola et le surintendant de l'Arsenal à Tophaneh. , qui n'étaient pas inaptes à être maréchaux de France. Ce lieutenant, nommé Nelson, était certainement plus grand dans un sens que son homonyme britannique, car il pesait 260 livres.

On peut remarquer ici, *passim* et *incident* , que les Américains sont beaucoup plus précis que nous dans l'énumération des poids et des matières de ce genre. Ils parlent de pièces d'artillerie, par exemple, comme étant d'un poids de plusieurs livres et d'une longueur de plusieurs pouces, alors que nous utiliserions des quintaux. et les pieds. Avec un peuple accro à l'extension verticale plutôt que latérale dans tout ce qui n'est pas la politique et la morale, la précision est une question d'importance. J'ai été amusé par la description d'un personnage populaire que j'ai vue dans l'un des journaux l'autre jour, et qui, après une énumération de nombreux attributs mentaux et physiques élevés, se terminait ainsi : « En fait, c'est un gentleman remarquablement bien et haut en couleur, et pèse 210 livres.

Le lieutenant était un homme fort de l'Union, et il s'insurgeait avec férocité, et même grossièrement, contre les membres de sa profession qui avaient renoncé à leurs commissions. Le surintendant du Washington Navy Yard est censé être très peu disposé en faveur du gouvernement actuel ; en fait, le capitaine Buchanan peut être qualifié de sécessionniste, néanmoins, je suis invité au mariage de sa fille, afin de voir le président offrir la mariée. M. Nelson dit que Sumter et Pickens doivent être renforcés. Charleston doit être réduit à l'ordre et tous les traîtres pendus, ou il en saura la raison ; et, dit-il, « j'ai du poids dans le pays ». Le soir, comme nous rentrions chez nous, malgré le froid, nous vîmes un certain nombre de dames assises sur le seuil de la porte, en robes blanches. Les rues étaient remarquablement calmes et désertes ; toute la population de couleur était couchée depuis longtemps. La cloche d'incendie, comme d'habitude, a déclenché une ou deux alarmes vers minuit.

CHAPITRE VII.

Barbiers. — Chasse aux places. — Le Navy Yard. — Dîner chez Lord Lyons. — Estimation de Washington parmi ses compatriotes. — Maison et tombeau de Washington. — Les commissaires du Sud. — Dîner avec les commissaires du Sud. — Sentiment envers l'Angleterre parmi les Sudistes. et le Sud.

30 mars. — Descendu dans le salon de coiffure à côté du hall de l'hôtel ; tous les opérateurs, des hommes de couleur, pour la plupart des mulâtres, ou des garçons jaunes, beaux, vêtus de vestes et de tabliers blancs immaculés, étaient intelligents, rapides et attentifs. Sept ou huit fauteuils de rasage étaient occupés par des messieurs désireux de téléphoner tôt le matin. Le rasage est porté, dans tous ses accessoires, à un haut degré de publicité, sinon de perfection, en Amérique ; et de même que les plus pauvres, ou comme je peux les appeler sans offense, les ordres les plus bas en Angleterre se rasent facilement pour un sou, de même les plus élevés, s'il y en a en Amérique, se soumettent en public aux opérations peu coûteuses du barbier nègre. . Il faut avouer que les chaises sont faciles et bien disposées, les doigts agiles, sûrs et légers ; mais l'affectation des noms français et la corruption des langues étrangères, dont the hairdressers andse plaisent les barbiers, sont extrêmement amusantes. En descendant une petite rue près du Capitole, j'ai observé dans une vitrine « Rowland's Make Easy Paste », ce que j'attribue à une vision imparfaite de l'étymologie du grand « Macassar » ; à une autre occasion, on m'a proposé d'essayer « Curious Elison » de Somebody, qui, je le crains, n'était qu'une tentative d'adaptation à une pâte à raser, une adresse peu adaptée aux usages profanes. Il semble que le métier de barbier soit presque un droit de naissance du nègre libre ou de l'homme de couleur aux États-Unis. Il y a un exemple frappant d'égalité naturelle dans l'usage des pinceaux, et le sénateur se laisse tomber sur le siège, et son noble nez est saisi par les mêmes doigts qui, l'instant d'avant, étaient occupés par la personne et le menton d'un tapageur incomparable.

Au milieu du calme divin produit par le frottement dur de ma tête avec les mains, j'ai été excité par un gros monsieur qui était assis sur une chaise juste en face. Par la porte qui donnait sur le hall de l'hôtel, on apercevait la grande foule qui allait et venait, se pressant dans le couloir comme si c'eût été l'entrée du Forum ou de la « Salle des pas perdus ». J'avais observé l'œil de mon ami regardant fixement à travers l'ouverture sur le monde extérieur. Soudain, le visage à moitié couvert de mousse et un bavoir rentré sous le menton, il se leva de son siège en criant : « Sénateur ! Sénateur! Bonjour!" et s'enfonça dans le passage. S'il reçut une sévère réprimande ou s'il se rendit compte de son inconvenance, je ne le sais pas, mais en un instant il revint et se soumit tranquillement, jusqu'à ce que le travail du barbier soit terminé.

La principale activité des quatre cinquièmes des gens de Willard semble actuellement être de chasser les sénateurs et les membres du Congrès dans les halls. Tout homme est lourd de documents, de ceux qu'il ne peut pas porter dans ses poches et son chapeau, ni occuper ses mains, ni qu'on lui fourre sous les bras. Dans le hall, des publicités annoncent que les certificats, les lettres de témoignage et les documents similaires sont imprimés avec rapidité et propreté. Des colliers en papier aux cartes d'adresse en passant par les voitures, les nouveaux vêtements et les longues factures d'hôtel, rien n'est laissé au hasard ou sans revigoration. La ville entière est placardée d'annonces de possibilités d'assaut contre les pouvoirs en place, parmi lesquelles il ne faut pas oublier les affirmations de « l'écrivain de cartes excelsior », chez Willard, qui prépare les noms, les adresses, les styles et les titres avec une écriture supérieure. Les hommes qui ont obtenu des places, ayant été élus par le peuple, doivent se soumettre au peuple, qui croit avoir établi un droit sur eux par ses faveurs. La majorité confère le pouvoir, mais elle semble oublier que seule la minorité peut bénéficier des premiers fruits du succès. C'est comme si l'ensemble de la circonscription de Marylebone insistait pour obtenir une charge sous la Couronne dès qu'un député revenait au Parlement. Il y a des hommes chez Willard qui ont parcouru littéralement des milliers de kilomètres pour chercher des endroits qui ne peuvent être les leurs que pendant quatre ans, et qui, avec une véritable facilité américaine, ont abandonné la vocation et les poursuites de leur vie pour cette toile douteuse ; et on m'a parlé d'un gentleman qui, ayant été informé qu'il ne pouvait pas obtenir de poste de juge, a daigné chercher une place au bureau de poste et a finalement demandé à M. Chase d'être nommé gardien d'un « phare ». particulier où. Dans la matinée, je me suis rendu au Washington Navy Yard, en compagnie du lieutenant Nelson et de deux amis. Il est à environ deux milles de la ville, situé sur une fourche de terrain s'avançant entre un ruisseau et la rivière Potomac, qui a ici trois quarts de mille de large. Si les Français avaient un chantier naval à Paris, on ne pourrait guère prétendre que les Anglais, les Russes ou les Autrichiens n'auraient pas eu le droit de le détruire s'ils prenaient possession de la ville par la force des armes, après une bataille rangée livrée devant ses portes. . J'avoue que je ne donnerais pas grand-chose pour Deptford et Woolwich si une flotte américaine réussissait à remonter la Tamise ; mais nos cousins américains, — un peu plus que parents et moins que gentils, qui parlent avec fierté de Paul Jones et de leurs exploits sur les Lacs — affectent de considérer l'incendie du Washington Navy Yard par nous, au cours de la dernière guerre, comme un outrage impardonnable au droit des gens et un atroce exercice du pouvoir. Malgré tout le bien que cela a fait, pour ma part, je pense que cela aurait été mieux si cela ne s'était jamais produit, mais aucun jurisconsulte ne niera un seul instant qu'il s'agissait d'un exercice légitime, même s'il est extrême, d'un droit belligérant dans le cas de un ennemi qui n'a pas demandé de conditions au conquérant ; et qui, après une bataille perdue, s'enfuirent et abandonnèrent au pouvoir du vainqueur les biens de leur État, qui pouvaient leur être utiles dans la guerre. Malgré tout le caractère déraisonnable du peuple américain en ce qui concerne ses relations avec les puissances étrangères, il est déplorable que de telles scènes aient jamais pu se dérouler entre des membres de la famille humaine si étroitement alliés par tout ce qui les fait appartenir à la même maison.

Le Navy Yard est entouré de hauts murs de briques ; dans la porte se tenaient deux sentinelles en tunique bleu foncé, parements jaunes, avec des boutons d'aigle, des bras brillamment polis et des gants blancs de Berlin, portant une casquette quelque chose comme un képi français, le tout très propre et honorable. À l'intérieur se trouvent quelques trophées d'armes prises chez nous à York Town et aux Mexicains au pays de Cortez. L'enceinte intérieure est entourée de maisons en briques rouges, de magasins et de magazines, rehaussés de pierre blanche ; et deux ou trois parcelles d'herbe verte, clôturées de piliers et de chaînes et bordées d'arbres, donnent à l'endroit un air de fraîcheur agréable. Près de la rivière se trouvent les ateliers : bien sûr il y a de la fumée et du bruit de vapeur et de machines. Dans un modeste bureau, entouré de livres, de papiers, de dessins et de modèles, ainsi que d'obus, de balles et de supports d'armes de différentes descriptions, nous trouvâmes le capitaine Dahlgren, surintendant par intérim du chantier, et inventeur du célèbre canon qui porte son nom, et est l'armement favori de la marine américaine. Nos propres marins les appellent irrévérencieusement « bouteilles d'eau gazeuse », en raison de leur forme. Le capitaine Dahlgren soutient que les armes capables de lancer le coup le plus lourd peuvent être construites en fonte, soigneusement préparées et moulées de manière à ce que la plus grande épaisseur de métal puisse être placée aux points de résistance, à la base de l'arme, à la bouche et les parties avant étant d'épaisseur très modérée.

Tous les inventeurs, ou même les adapteurs de systèmes, doivent être des personnes sérieuses, autonomes, pleines de confiance et, surtout, impressionnantes, sinon ils ne progresseront pas dans un monde conservateur et épris *de statu quo* . Le capitaine Dahlgren possède certainement la plupart de ces caractéristiques, mais il doit se battre avec son département de la marine, avec l'armée, avec les conseils d'administration et avec les commissaires, en fait avec toutes sortes d'obstructions. Lorsque je parcourais la cour, il déplora la parcimonie du département, qui refusa de céder à ses pressantes demandes de fourneaux supplémentaires pour fondre les canons.

Aucun gros canon n'est lancé sur Washington. Les fonderies ne sont capables de fabriquer que des pièces de campagne et des canons de bateau en laiton.

Le capitaine Dahlgren a obligeamment fait venir pour nous un de ces derniers, un obusier de 12 livres, qui peut être transporté dans un bateau, rouler à terre sur son affût muni de roues et si léger que le canon peut être facilement tiré par l'équipage. Il s'est bien entraîné avec des éclats d'obus sur une cible distante de 1 200 mètres, tirant si rapidement qu'il maintenait trois obus en l'air en même temps. Comparé à nos établissements, ce chantier naval n'est qu'un jouet, et peu de bras y sont employés. Un sloop à vapeur, le « Pawnee », était sous les cisailles, presque prêt à prendre la mer : la charpente d'un autre était sous le hangar du bâtiment. Il n'y a aucune installation pour fabriquer des navires en fer ou pour mettre des armures en plaques ici. Tout nous a été montré avec la plus grande franchise. La fusée de l'obus Dahlgren est construite selon le principe *de vis-inertie* et n'est pas sans rappeler celle de l'Armstrong.

En rentrant à l'hôtel, j'ai trouvé un magnifique bouquet de fleurs, auquel était attachée une carte avec les compliments de Mme Lincoln et une autre carte annonçant qu'elle avait une « réception » à 15 heures. Il était assez tard avant que je puisse arriver à la Maison Blanche, et il n'y avait que deux ou trois dames dans le salon lorsque j'arrivai. J'ai été informé par la suite que la participation était très faible. Les dames de Washington ne sont pas encore décidées que Mme Lincoln est à la mode. Leurs amis du Sud leur manquent et font constamment des comparaisons entre eux et les vulgaires Yankees, femmes et hommes, qui sont désormais au pouvoir. Je n'en sais pas assez pour dire si l'affectation de supériorité est justifiée ; mais assurément, si New York est Yankee, il n'y a rien en quoi elle ne surpasse de loin cela preposterous capital. L'impression de convivialité produite par Mme Lincoln à première vue n'est pas diminuée par une connaissance plus étroite. Il y a peu de femmes qui ne sont pas de cette manière, dont la tête ne serait pas dérangée et la circulation perturbée par une transition rapide, presque instantanée, d'un état d'obscurité dans une ville de campagne à celle de maîtresse de la Maison Blanche. Ses sourires et ses froncements de sourcils deviennent une question d'importance pour le monde américain tout entier. En tant qu'épouse d'un avocat de campagne, ou même d'un membre du Congrès, ses déplacements n'avaient aucune conséquence. Les journaux de Springfield n'y auraient pas consacré une seule ligne. Maintenant, si seulement elle descend Pennsylvania Avenue, le fil électrique fait vibrer la nouvelle dans tous les hameaux de l'Union qui ont un journal ; et heureux est le correspondant qui, dans une dépêche spéciale, peut donner des détails authentiques sur sa destination et sur sa tenue. La dame est entourée de flatteurs et d'intrigants, à la recherche d'influence ou de places qu'elle peut offrir. Comme le dit Selden : « Ceux qui souhaitent mettre le feu à une maison commencent par le chaume. »

31 mars, dimanche de Pâques. — J'ai dîné avec Lord Lyons et les membres de la Légation ; le seul étranger présent étant le sénateur Sumner. La politique était bien sûr évitée, car M. Sumner est président de la commission des relations extérieures du Sénat et Lord Lyons est un ministre très discret ; mais il y avait quand même une parole de Pickens et de Sumter, et c'était tout. M. Fox, ancien de la marine des États-Unis et depuis lors capitaine d'un bateau à vapeur dans la marine commerciale, qui est apparenté à M. Blair, a été envoyé en mission à Fort Sumter et a été autorisé à rendre visite au major Anderson par les autorités de Charleston ; mais on ne sait pas quel était l'objet de sa mission. Partout, c'est la résignation à la Sécession, au sens militaire du terme. Les commissaires du Sud déclarent qu'ils se retireront bientôt à Montgomery et que toute tentative de renforcer ou d'approvisionner les forts sera un *casus belli* . Il y a la plus grande anxiété de savoir ce que fera Virginia. Le général Scott appartient à l'État, et l'on craint qu'il ne soit ébranlé si l'État s'en va. Les autorités de Richmond ont déjà laissé entendre qu'elles n'autoriseraient pas la fonderie à fournir des canons aux forts du littoral, comme Munroe et Norfolk en Virginie. Cette concession d'autonomie est en réalité une reconnaissance des droits des Etats. Car si un État peut voter pour entrer ou sortir de l'Union, pourquoi ne peut-il pas faire la guerre ou la paix, et accepter ou refuser le gouvernement fédéral ? En fait, le système fédéral est radicalement défectueux face aux convulsions internes, si excellent qu'il soit ou puisse être aux fins de la politique extérieure. Je suis rentré chez moi à pied avec M. Sumner jusqu'à ses appartements et j'ai entendu certaines de ses opinions, qui n'étaient pas aussi optimistes que celles de M. Seward, et j'ai cru déceler un désir de laisser les États du Sud mettre fin à leur esclavage s'ils le faisaient. le désirais. M. Chase, à propos, a exprimé des sentiments du même genre avec plus de fermeté l'autre jour.

1er avril. —Le lundi de Pâques, après le petit-déjeuner avec M. Olmsted, je suis allé rendre visite au sénateur Douglas. Initialement engagé dans une activité mécanique, par ses capacités et son éloquence, il s'est élevé à la position la plus élevée de l'État, loin de la présidence, qui aurait pu être la sienne sans le succès extraordinaire de son adversaire dans une ruée fortuite pour les suffrages. On l'appelle le Petit Géant, étant *modo bipedali staturâ* , mais sa tête lui donne droit à une certaine reconnaissance de hauteur intellectuelle. Son esquisse des causes qui ont conduit à la perturbation actuelle des partis et au risque de guerre civile était des plus vivantes et des plus compétentes ; et pendant plus d'une heure, il parla avec une vigueur de pensée et une concision de phrase qui, même sur des thèmes aussi mornes et peu engageants que la souveraineté des squatters et la question du Kansas et du Nebraska, intéressèrent un étranger à l'homme et au sujet. Même si ses sympathies semblaient aller du côté du Sud sur la question de l'esclavage et de l'extension territoriale, il condamnait dans l'ensemble la tentative de destruction de l'Union.

2 avril. — Le lendemain, je partais tôt et accomplissais mon pèlerinage au « sanctuaire de Saint-Washington », à Mount Vernon, comme appelait cet endroit un étranger à bord. M. Bancroft a en sa possession une lettre de la mère du général, dans laquelle elle exprime sa satisfaction de son départ de l'armée britannique d'une manière qui implique qu'il a été soit extravagant dans ses dépenses, soit sauvage dans sa manière de vivre. Mais s'il a eu quelques faiblesses humaines après sa vie, elles n'ont ni offensé la moralité de son époque, ni choqué la susceptibilité de ses compatriotes ; et depuis le moment où le tant décrié et le malheureux Braddock a donné libre cours à ses capacités, jusqu'à sa retraite dans la vie privée, après une carrière d'épreuves singulières et de succès extraordinaires, son caractère a acquis chaque jour plus d'altitude, de force et d'éclat. Si son œuvre avait échoué, si la République avait été divisée en petits États anarchiques, nous n'entendrions plus parler de Washington. Mais les principes de liberté fondés dans la Constitution originelle des colonies elles-mêmes, et en aucun cas dérivés ou dépendants de la révolution, combinés aux souffrances de l'Ancien Monde et à la générosité de la nature dans le Nouveau Monde, ont porté à un degré sans précédent la la prospérité matérielle, que les Américains ont confondue avec un bon gouvernement, et le confort physique qui a fait de certains États de l'Union le rapprochement le plus proche de l'utopie. Le gouvernement fédéral avait jusqu'ici « laissé le peuple tranquille », et il a continué son chemin en chantant et en louant son Washington comme l'auteur de tant de grandeur et de bonheur. Douter de sa supériorité sur tout homme né d'une femme, c'est insulter le peuple américain. Ils ne se contentent pas qu'il soit grand – ou même plus grand que les grands : il doit être le plus grand de tous – « premier dans la paix et premier dans la guerre ». Le reste du monde ne peut pas trouver à redire à l'affirmation selon laquelle il est « le premier dans le cœur de ses compatriotes ». Mais il ne possédait pas les plus hautes qualités militaires, si l'on en juge par la plupart des actions régulières dans lesquelles les Britanniques eurent le meilleur ; et le coup final, lorsque Cornwallis se rendit à York Town, fut porté par le bras de la France, par Rochambeau et la flotte française, plutôt que par Washington et ses Américains. Il possédait toutes les qualités pour le travail pour lequel il avait été conçu et a légitimement droit à la position que ses compatriotes lui ont donnée en tant que tsar immortel des États-Unis. Ses tableaux sont visibles partout : dans la plus humble auberge, dans le bureau du ministre, dans la galerie du millionnaire. Il y a bien plus de gravures de Washington en Amérique que de Napoléon en France, et c'est beaucoup dire.

Qu'avons-nous ici ? Le bateau à vapeur, qui a descendu le doux courant du Potomac, ici large d'un mille et plus, bordé par une forêt, à travers laquelle on aperçoit des fermes et des fermes blanches, au milieu de grandes clairières et de champs de maïs. — s'est avancé vers une haute falaise couverte d'arbres, au sommet de laquelle est visible la trace d'une sorte de bâtiment — un pavillon d'été en ruine, un temple rustique — quel qu'il soit ; et la cloche sur le pont se met à sonner solennellement, et quelques pèlerins découvrent un instant la tête. Le bateau s'arrête devant une petite jetée pourrie et en ruine, qui mène à un gaspillage de boue et à un sentier grossièrement tracé à travers le désert de ronces à flanc de colline. Les pèlerins, au nombre de trente ou quarante, des deux sexes, appartenant pour la plupart aux classes inférieures des citoyens, et comprenant quelques étrangers comme moi, se mettent à gravir cette pente qui semblait à l'état de nature couverte de forêt primitive. , et des herbes et des ronces enchevêtrées, jusqu'à atteindre le plateau sur lequel se dresse la maison de Washington et les bureaux domestiques qui l'entourent. C'est une maison oblongue en bois, de deux étages de hauteur, avec une colonnade vers la rivière, et un petit balcon au sommet et au niveau du toit, sur lequel s'élève un petit kiosque dérisoire. Il y a deux fenêtres, une porte vitrée à une extrémité de l'oblong et une alcôve en bois s'étendant vers les quartiers des esclaves, qui sont de très petites huttes de guérite, récemment peintes, et dressées à angle droit par rapport à l'extrémité de l'oblong. maison, avec des niches à chiens et des poulaillers qui y sont attachés. Il n'y a aucune tentative de propreté ou d'ordre dans les lieux ; bien que l'extérieur de la maison soit en réparation, l'herbe est mal entretenue, les arbustes non taillés, la négligence, la misère et les plumes de poulet ont marqué la pelouse. La maison est en bon état et menace de tomber en ruine. J'ai franchi la porte et me suis retrouvé dans une petite salle tachée de jus de tabac. Une rampe en fer traversait l'entrée des escaliers. Ici se tenait un homme à une porte, qui présenta un livre aux visiteurs et leur fit remarquer l'avis qui s'y trouvait, selon lequel « personne n'est autorisé à inscrire son nom dans ce livre s'il ne contribue pas au Fonds de Washington, et que tout nom mis sans argent serait effacé. Malgré l'avertissement, certains patriotes ont réussi à s'inscrire sans aucune contrepartie pécuniaire, et d'autres l'ont fait à un tarif très raisonnable. Après avoir contribué d'une manière qui devait représenter une immense quantité de Washingtoniolâtrie, estimée selon les normes de l'époque, on m'a informé que je ne pouvais pas monter à l'étage car les salles du dessus étaient fermées au public, et donc le plus intéressant Une partie de la maison était fermée aux étrangers. Les pièces inférieures ne présentaient rien de remarquable : des meubles encombrants, poussiéreux et délabrés ; un clavecin cassé, de la poussière, des toiles d'araignées – aucun vestige de l'homme lui-même. Mais au-dessus de la porte d'une chambre était suspendue la clé de la Bastille. [1] Les jardins aussi étaient tabous ; mais à travers la porte, je pouvais voir un désert d'arbres et d'arbustes négligés, non dénués de soupçons d'un terrain de cuisine actuel. Passons au Tombeau, qui est à quelque distance de la maison, à l'ombre de quelques beaux arbres. C'est un mausolée en brique simple, avec un arc en ogive, barré par une grille de fer, à travers lequel la lumière pénètre dans une chambre ou petite pièce contenant deux sarcophages en pierre. Au-dessus de l'arche, sur une dalle encastrée dans la brique, se trouvent les mots : « Dans cette enceinte reposent les restes du général George Washington. » Les feuilles mortes qui avaient dérivé dans la chambre reposaient en masse sur le sol et s'entassaient sur les sarcophages, et il était difficile de déterminer quelle était la tombe du héros sans l'aide d'un expert, mais il n'y avait ni guide ni gardien sur place. place. Quatre ou cinq pierres tombales de divers membres de la famille se dressent dans le sol à l'extérieur du petit mausolée. L'endroit était des plus déprimants. On se sentait en colère contre un peuple dont les paroles étaient accompagnées de si peu de respect réel. Le propriétaire de cette propriété, héritée du « Pater Patriæ », a été maltraité en bons termes parce qu'il en demandait la valeur au pays qui a été si soucieux des services de son ancêtre, et qui construit maintenant par étapes lentes. l'aiguille de Cléopâtre envahie par la végétation qui sera un monument de Washington une fois terminée. M. Everett a donné des conférences, le Ladies' Mount Vernon Association a travaillé, et chacun a exhorté tout le monde à donner généreusement ; mais le résultat si récemment obtenu n'est en aucun cas digne de l'objet. Peut-être les Américains pensent-ils qu'il suffit de dire : « *Si monumentum quæris, circonspice* ». Mais, en tout cas, il y a un Saint-Paul autour de ces mots.

Au retour du paquebot, je visitai le fort Washington, qui est situé sur la rive gauche du Potomac. J'ai trouvé tout dans un état de négligence : les affûts pourris, les piles de plomb rouillées, les fourneaux en ruine. L'endroit pourrait être suffisamment fortifié du côté de la rivière, mais l'arrière est faible, bien qu'il y ait des terres basses et marécageuses à l'arrière. Une compagnie d'habitués était de service. Les sentinelles ne prenaient aucune précaution contre la surprise. Vingt hommes déterminés, armés de revolvers, auraient pu entreprendre l'ensemble des travaux ; et, pour autant que les autorités le savaient, nous aurions pu avoir à bord un tel nombre de Virginiens et le célèbre Ben McCullough lui-même. Plus tard, lorsque j'osai faire une remarque au général Scott sur l'insouciance de la garnison, il dit : « Il y a quelques semaines, elle aurait pu être emportée par une bouteille de whisky. Toute la garnison était composée d'un vieux retraité irlandais. Or, en ce moment même, Washington regorge de rumeurs de descentes désespérées dans la capitale et d'attaques contre le président et son cabinet. Le long pont traversant le Potomac jusqu'en Virginie est gardé, et les milices et les volontaires du District de Columbia doivent être appelés pour résister à McCullough et à ses desperados de Richmond.

3 avril. — J'ai eu aujourd'hui un entretien avec les commissaires du Sud, à leur hôtel. Pendant plus d'une heure, j'ai entendu, de la part d'hommes de position et de différentes sections du Sud, des expressions qui m'ont convaincu que l'Union ne pourrait jamais être rétablie, si elles représentaient vraiment les sentiments et les opinions de leurs concitoyens. Ils ont l'idée qu'ils sont les ministres d'une puissance étrangère traitant avec le

Yankeedom, et leur indignation est émue par le refus du gouvernement de négocier avec eux, armés qu'ils sont de la pleine autorité pour régler toutes les questions découlant d'une séparation à l'amiable, telles que l'ajustement des créances fédérales concernant les propriétés, les forts, les magasins, les travaux publics, les dettes, les achats de terres, etc. Un des juges de la Cour suprême des États-Unis, M. Campbell, est leur intermédiaire, et on ne sait naturellement pas quels espoirs M. Seward lui a confiés ; mais il y a une certaine imputation de foi punique contre le gouvernement en raison d'actes récents, et il ne fait aucun doute que les commissaires entendent, comme moi, qu'il y a des préparatifs au Navy Yard et à New York pour relever Sumter, en tout cas. avec des provisions, et que Pickens a en fait été renforcé par la mer. Le soir, je dînai à la légation britannique et, le soir, je me rendis chez le ministre russe, M. de Stoeckl. Le corps diplomatique de Washington constitue une petite société très agréable, dans laquelle peu d'Américains se mêlent sauf aux réceptions et aux grandes assemblées du soir. Comme les gens actuellement au pouvoir sont *des novi homines*, les épouses et les filles des ministres et des attachés sont privées de leurs amis qui appartenaient à l'ancienne société de Washington, et qui soit sont partis en sécession, soit sympathisent si profondément avec les États du Sud qu'ils il ne convient guère d'entretenir avec eux des relations très intimes en face du gouvernement. De chez M. de Stoeckl, je me rendis à une soirée chez M. Tassara, ministre d'Espagne, où se trouvait une foule de diplomates, jeunes et vieux. Les diplomates parlent rarement, voire jamais, de politique, et Pickens et Sumter étaient donc inconnus ; mais on affirme néanmoins que la Virginie est à la veille de la sécession, et qu'elle partira certainement si le président tente d'employer la force pour soulager et renforcer les forts fédéraux.

4 avril. — J'ai eu aujourd'hui un long entretien avec M. Seward au Département d'État. Il exposa longuement l'état d'impuissance dans lequel se trouvaient le président et le cabinet lorsqu'ils commencèrent à diriger les affaires publiques à Washington. Le dernier cabinet avait trafiqué la trahison et renfermé des traîtres ; une misérable imbécillité avait encouragé les dirigeants du Sud à mûrir leurs projets et leur avait fourni les moyens de réaliser leur dessein. Un ministre avait volontairement envoyé la marine des États-Unis vers des stations éloignées et dispersées ; un autre avait délibérément placé les armes, les munitions et les munitions de guerre dans des proportions indues dans les États du Sud, et avait affaibli le gouvernement fédéral afin qu'il puisse facilement tomber entre les mains des traîtres et leur permettre de s'assurer du *matériel de guerre* de l'Union. ; un ministre avait volé les deniers publics à des fins traîtres ; dans chaque port, dans chaque département de l'État, au pays et à l'étranger, sur mer et sur terre, on plaçait des hommes qui étaient engagés dans cette profonde conspiration ; et quand la voix du les gens ont déclaré M. Lincoln président des États-Unis, ils se sont mis au travail comme un seul homme pour détruire l'Union sous les prétextes les plus fragiles. Le devoir du Président était clairement défini par la Constitution. Il devait garder ce qu'il avait et regagner, si possible, ce qu'il avait perdu. Il ne consentirait à aucun démembrement de l'Union ni à l'abandon d'un iota de propriété fédérale – et il ne pourrait pas non plus le faire s'il le souhaitait.

Ces sujets et bien d'autres m'ont été présentés pour montrer que le Cabinet n'était pas responsable de la politique d'inaction temporisatrice, qui lui a été imposée par les circonstances, et qu'il s'attaquerait vigoureusement au mouvement de Sécession – aussi vigoureusement que Jackson l'a fait avec l'annulation. en Caroline du Sud, s'ils en avaient les moyens. Mais que pouvaient-ils faire lorsque des hommes comme Twiggs abandonnaient leur confiance et sacrifiaient leurs troupes à une foule de Texans ? ou lorsque les officiers navals et militaires ont démissionné *en masse*, pour pouvoir accepter de servir dans les forces rebelles ? Toute cette excitation surviendrait en très peu de temps – c'était une folie brève, qui disparaîtrait lorsque les gens auraient l'occasion de réfléchir. En attendant, le danger était que les puissances étrangères soient amenées à croire que le gouvernement fédéral était trop faible pour défendre ses droits et que la tentative de détruire l'Union et de créer une Confédération du Sud avait réussi. En d'autres termes, encore une fois, M. Seward craint que, dans cet état de transition entre son inaction forcée et le *coup d'État* par lequel elle entend anéantir la Sécession, la Grande-Bretagne puisse reconnaître le gouvernement établi à Montgomery et est prête, si nécessaire, à menacer la Grande-Bretagne de guerre comme conséquence d'une telle reconnaissance. Mais il a certainement supposé l'existence de forts sentiments d'Union dans de nombreux États ayant fait sécession, comme base de ses remarques, et a admis qu'il ne serait pas dans l'esprit du gouvernement américain, ni du système fédéral, d'utiliser la force armée pour soumettre les États du Sud contre la volonté de la majorité du peuple. Par conséquent, si la majorité désire la sécession, M. Seward la laisserait faire – mais il ne peut croire à rien d'aussi monstrueux, car pour lui le gouvernement fédéral et la Constitution, tels qu'interprétés par son parti, sont divins, nés du ciel. Il aime répéter que le gouvernement fédéral n'a encore jamais sacrifié la vie d'aucun homme en raison de ses opinions politiques, mais que si cette lutte continue, il en sacrifiera des milliers, des dizaines de milliers, à l'idée d'une Union fédérale. « Toute tentative contre nous, dit-il, révolterait les bons hommes du Sud et armerait tous les hommes du Nord pour défendre leur gouvernement. »

Mais j'avais vu ce jour-là un rassemblement d'hommes marchant au pas de l'oie, vêtus de tuniques bleues et de pantalons gris, de shakoes et de ceintures croisées, armés de mousquets et de baïonnettes, applaudissant et hurlant sur la place devant le ministère de la Guerre, qui étaient , me dit-on, les volontaires et la milice du District de Columbia. Ils avaient en effet été vus sous diverses formes défilant, marchant et claironnant à travers la ville avec une mauvaise imitation du *pas* et de *l'élan français*, mais ils ne donnaient, à l'œil d'un soldat, aucune apparence d'efficacité militaire, ni à l'œil d'un soldat. de l'homme d'État anxieux toute indication de l' *animus pugnandi* . Des créatures affamées et délavées pour la plupart, interpolées avec des Irlandais et des Allemands aux pieds plats et trapus. Il était étonnant que le ministre des Affaires étrangères d'un pays qui se trouvait en danger si imminent dans sa capitale même et qui, avec son chef et son cabinet, était presque à la merci de l'ennemi, ait tenu le langage que je savais qu'il avait transmis aux nations les plus puissantes d'Europe. Était-ce la conscience de la force d'un grand peuple, qui serait uni à la première appréhension d'une ingérence étrangère, ou était-ce le vide particulier d'un grandiloquence qu'on appelle Buncombe ? En toute sincérité, je pense que M. Seward le pensait tel qu'il était écrit.

En arrivant à l'hôtel, je trouvai notre jeune artiste qui m'attendait pour me supplier de lui permettre de m'accompagner dans le Sud. J'avais été ennuyé par un paragraphe paru dans plusieurs journaux, selon lequel « Le jeune artiste talentueux, notre talentueux compatriote, M. Deodore F. Moses, était sur le point d'accompagner M. &c. &c., dans sa tournée à travers le Sud. J'avais informé le jeune monsieur que je ne pouvais pas approuver une telle annonce, sur quoi il m'a assuré qu'il ne l'avait en aucune façon autorisée, mais ayant mentionné incidemment à une personne liée à la presse qu'il allait voyager vers le sud avec moi, le le zèle peu judicieux de son ami l'avait amené à croire qu'il rendrait service à la jeunesse en tirant le meilleur parti d'une circonstance insignifiante.

J'ai dîné avec le sénateur Douglas, où se trouvait un grand groupe, parmi lequel se trouvaient M. Chase, secrétaire au Trésor ; M. Smith, secrétaire de l'Intérieur ; M. Forsyth, commissaire du Sud ; et plusieurs membres du Sénat et du Congrès. Mme Douglas faisait les honneurs de sa maison avec grâce et avec une charmante bonhomie. J'observe une grande tendance à la spéculation et à la théorie abstraites chez les Américains, et leur conversation après le dîner a tendance à devenir didactique et sentencieuse. Peu d'hommes parlent mieux que le sénateur Douglas : ses mots sont bien choisis, le flux de ses idées est uniforme et constant, son intellect vigoureux et ses pensées bien tranchées, précises et vigoureuses - il semble être un homme d'une grande ambition, et il m'a dit qu'il est engagé dans la préparation d'une sorte de projet Zollverein pour le continent nord-américain, y compris le Canada, qui attirera l'attention du public partout et pourrait conduire à un règlement des controverses du Nord et du Sud. Pour son esprit, comme pour celui de nombreux Américains, l'idée aristocratique incarnée en Russie est très séduisante ; et il s'attardait avec plaisir sur les courtoisies qu'il avait reçues à la cour du tsar, laissant entendre qu'il avait été traité différemment en

Angleterre et peut-être en France. Et pourtant, si M. Douglas était devenu président des États-Unis, sa bonne volonté envers la Grande-Bretagne aurait pu être inestimable, et elle aurait sûrement été achetée à bon marché par un peu de courtoisie et d'attention envers un citoyen et homme d'État distingué de la République. Nos Galleos ne se soucient très souvent d'aucune de ces choses.

5 avril. — Dîner avec les commissaires du Sud et petite fête chez Gautier, un restaurateur français de Pennsylvania Avenue. Les messieurs présents étaient, je n'ai pas besoin de le dire, tous du même avis ; mais comme ces feuilles verront le jour avant la fin de la guerre civile, il convient de ne pas donner leurs noms, car cela exposerait des personnes résidant à Washington, qui ne peuvent être soupçonnées par le gouvernement, aux marques d'attention que ils n'ont pas encore cessé de payer leurs ennemis politiques. Bien que j'avoue qu'à mon avis on a trop insisté en Angleterre sur la sévérité avec laquelle les autorités fédérales ont agi envers leurs ennemis politiques, qui cherchaient à les détruire, on peut franchement admettre qu'elles ont renoncé à tout droit au pouvoir. position élevée qu'ils occupaient autrefois en tant que gouvernement existant par la force morale et par le consentement des gouvernés, auquel les Bastilles et les *lettres de cachet*, les arrestations arbitraires et la suspension douteuse, illégale, sinon tout à fait inconstitutionnelle, de *l'habeas corpus* et du procès par Le jury était inconnu.

Comme le colonel Pickett et M. Banks sont des sécessionnistes notoires et que M. Phillips est depuis parti vers le Sud après l'arrestation de sa femme en raison de ses tendances anti-fédérales, il peut être permis de mentionner qu'ils étaient parmi les invités. J'ai eu plaisir à faire la connaissance du gouverneur Roman. M. Crawford, son frère commissaire, est un homme beaucoup plus jeune, doté d'une énergie et d'une détermination considérablement plus grandes, mais probablement de moins de jugement. Le troisième commissaire, M. Forsyth, est fanatique dans son opposition à toute suggestion de compromis ou de reconstruction ; mais, en effet, sur ce point, il y a peu de divergences d'opinion parmi les véritables partisans du Sud. Ils parlaient de M. Lincoln avec mépris ; Ils considéraient évidemment M. Seward comme le plus compétent et le plus sans scrupules de leurs ennemis ; mais le ton avec lequel ils faisaient allusion à l'ensemble des peuples du Nord indiquait la claire conviction que le commerce, le commerce, la recherche du gain, l'industrie et les arts mécaniques vils avaient tellement dégradé la race entière qu'ils n'essaieraient jamais de trouver un accord. un combat loyal pour ce qu'ils appréciaient tant en théorie et en paroles. Que ce soit en raison de quelque influence secrète que l'esclavage exerce sur l'esprit des hommes, ou que l'agression du Nord contre leurs institutions ait été de nature à exciter l'animosité la plus profonde et la haine la plus vindicative, il est certain qu'il existe un degré de quelque chose comme une férocité dans l'esprit du Sud envers la Nouvelle-Angleterre qui dépasse toute croyance. Je suis persuadé que ces sentiments de mépris s'étendent à l'Angleterre. Ils croient que nous aussi avons subi le fléau de la paix. Une preuve en est, selon les hommes du Sud, l'abolition des duels. Cette pratique, selon eux, est hautement saine et méritoire ; et, en effet, on peut admettre que, dans l'état de la société qui existe dans les États du Sud, c'est un contrôle utile contre les hommes comme cela a été le cas dans nos propres îles au siècle dernier. Au cours d'une conversation, un monsieur remarqua qu'il considérait comme honteux qu'un homme prenne de l'argent pour le déshonneur de sa femme ou de sa fille. « Chez nous, dit-il, il n'y a qu'une seule façon de traiter. L'homme qui ose toucher à l'honneur d'une femme blanche sait à quoi il doit s'attendre. Nous l'abattons comme un chien, et aucun jury du Sud ne déclarera jamais un homme coupable de meurtre pour avoir puni un tel scélérat. Ils ont utilisé un argument auquel on ne peut guère faire allusion pour montrer que ces délits dans les États esclavagistes n'avaient pas l'excuse qu'on pourrait invoquer pour diminuer leur gravité lorsqu'ils se produisaient dans des États où toute la population était blanche. En fait, dans ce domaine comme dans d'autres, l'esclavage est le *summum* de la moralité, de l'excellence physique et de la pureté sociale. J'étais enclin à mettre en doute la justesse de l'étendard qu'ils avaient établi, et à me demander si la vertu qui nécessitait cet usage meurtrier du pistolet et du poignard pour se défendre n'était pas sujette à quelque doute ; mais j'ai constaté qu'il y avait très peu de sympathie pour mes opinions au sein de l'entreprise.

Les messieurs autour de la table ont affirmé que les hommes blancs des États esclavagistes sont physiquement supérieurs aux hommes des États libres ; et je me livrais à de curieuses théories de morale et de physique auxquelles j'étais étranger. L'incrédulité envers tout ce qu'un homme du Nord – c'est-à-dire un républicain – peut dire est un principe bien ancré dans leur esprit. Je n'ai pu m'empêcher de remarquer, lorsque la conversation tournait sur la duplicité de M. Seward et sur la méchanceté du gouvernement fédéral en refusant de donner l'assurance que Sumter ne serait pas secouru par la force des armes, que cela devait avoir très peu d'importance. promesses faites par M. Seward, car, selon eux, il ne fallait pas se fier le moins du monde à sa parole. L'idée selon laquelle les hommes du Nord sont des lâches est justifiée par des cas dans lesquels des membres du Congrès ont été insultés par des hommes du Sud sans les dénoncer, et le cas de M. Sumner a été cité comme le type d'affaires de ce genre entre les deux parties.

Il m'est arrivé de dire que j'avais toujours compris que M. Sumner avait été attaqué soudainement et de manière inattendue, et abattu avant qu'il ait pu se lever de son bureau pour se défendre ; sur quoi une chaleureuse réfutation de cette version de l'histoire fut donnée, et on m'assura que M. Brooks, qui était un homme très léger et de taille bien inférieure à M. Sumner, lui avait d'abord porté un léger coup, et ne lui avait infligé qu'un léger coup. les coups les plus violents lorsqu'il était irrité par l'attitude lâche du sénateur. En référence à une remarque faite sur les cavaliers et leurs liens avec le Sud, j'ai rappelé à ces messieurs qu'après tout, les descendants des puritains ne devaient pas être méprisés au combat et que la meilleure noblesse d'Angleterre fut finalement vaincue par les fanfares de Londres et la « populace » des indépendants de Cromwell.

M., ou colonel, Pickett, est un grand et bel homme, aux manières agréables et bien instruit. Mais ce gentleman était un boucanier déclaré, un ami de Walker, l'homme du destin aux yeux gris, son camarade dans son razzie le plus dangereux. C'était un journaliste, un soldat, un flibustier ; et il se jeta maintenant avec véhémence dans la cause du Sud ; il n'était pas difficile d'imaginer qu'il voyait dans cette cause la réalisation des rêves d'empire dans le sud du Golfe et de conquête dans les îles de la mer, qui ont une influence si fascinante sur l'imagination d'une grande partie du monde. Les Américains. Il évoque le sort de Walker avec beaucoup d'amertume et insinue qu'il a été trahi par l'officier britannique qui aurait dû le protéger.

Les actes de M. Floyd et de M. Howell Cobb, qui doivent être considérés comme d'une moralité douteuse, sont ici justifiés par la doctrine des droits des États. Si les États avaient le droit de sortir, ils avaient tout à fait raison d'obtenir leur part des biens nationaux qui ne leur aurait pas été donnée par les Lincolnites. Leurs amis ne devaient donc pas être blâmés parce qu'ils avaient envoyé des armes et de l'argent vers le Sud.

Dans l'ensemble, la soirée, malgré la chaleur occasionnelle de la controverse, fut extrêmement instructive ; on pouvait comprendre, à la véhémence et à la force des orateurs, tout le sens de l'expression « enflammer le cœur du Sud », si souvent citée pour illustrer la force particulière de la passion politique à exercer contre les Républicains dans la lutte pour la Sécession. . M. Forsyth m'a semblé être le plus astucieux, et peut-être le plus capable, des messieurs dont la mission à Washington semble si avortée. Son nom est historique en Amérique : son père a occupé de hautes fonctions et son fils a également exercé des fonctions diplomatiques. Les despotismes et les républiques du modèle américain se rapprochent étroitement. En Turquie, le Pacha au chômage sombre dans l'insignifiance, et le fils du Pacha décédé n'est littéralement personne. M. Forsyth n'a pas été choisi comme commissaire du Sud en raison du statut politique acquis par son père ; mais la position acquise grâce à ses propres capacités, en tant que rédacteur en chef de « The Mobile Register », incita les autorités confédérées à le sélectionner pour ce poste. Il est tout à fait possible que nous nous soyons trompés en pareille matière, mais je suis presque certain que les garçons de couleur qui nous servaient à table avaient l'air aussi amers et mécontents qu'ils pouvaient l'être, et semblaient rendre leur service avec une sorte de protestation. On me dit que les commerçants de Washington sont fortement enclins à favoriser le côté sud.

6 avril. — Aujourd'hui, j'ai rendu une seconde visite au général Scott, qui m'a reçu très gentiment et m'a fait de nombreuses enquêtes sur les événements de Crimée ainsi que sur la mutinerie et la rébellion indienne. Il affirmait n'avoir aucune appréhension pour la sécurité de la capitale ; mais en réalité il n'y a que 700 ou 800 soldats réguliers pour la protéger ainsi que le Navy Yard, et deux batteries de campagne, commandées par un officier d'un attachement très douteux à l'Union. Le chef du Navy Yard est ouvertement accusé de sympathies de trahison.

M. Seward a définitivement refusé d'avoir des relations quelconques avec les commissaires du Sud, et ceux-ci se retireront presque immédiatement de la capitale. Comme les choses semblent très menaçantes, je dois aller vers le Sud et voir de mes propres yeux où en sont les choses, avant que les deux sections n'en viennent à ouvrir la rupture. M. Seward, l'autre jour, en parlant du Sud, les a décrits comme étant en retard à tous égards sur leur époque, avec des modes, des habitudes, un niveau de pensée et des modes de vie appartenant à la pire partie du siècle dernier. Mais il n'y est jamais allé lui-même ! Les hommes du Sud se rendent dans les villes et les sources du Nord, mais les Nordistes voyagent rarement vers le sud. En effet, on m'a informé que s'il était un abolitionniste bien connu, il ne serait pas prudent pour lui d'apparaître dans une ville du Sud. Je suis tout à fait d'accord avec mon ami sérieux et réfléchi, Olmsted, que les États-Unis ne pourront jamais être considérés comme un pays libre tant qu'un homme ne pourra pas s'exprimer aussi librement à Charleston qu'à New York ou à Boston.

J'ai dîné avec M. Riggs, le banquier, qui avait une réception agréable pour me rencontrer. M. Corcoran, son ancien associé, qui était présent, érigea à ses frais et présenta à la ville un bel édifice, pour servir de galerie d'art et de musée ; mais jusqu'à présent, les arts que l'on trouve à Washington sont uniquement politiques et féminins. M. Corcoran possède une galerie privée de photos et une collection dans laquelle se trouve l'esclave grec très loué de Hiram Powers. La noblesse de Colombie a des sentiments profondément virginiens et regarde plutôt vers le sud que vers le nord du Potomac pour obtenir des résultats politiques. Le président, d'après ce que j'entends ce soir, craint que la Virginie ne devienne hostile, et sa politique, s'il en a une, est temporisante et timide. Il est tout à fait merveilleux d'entendre des gens utiliser le mot « gouvernement » pour désigner le président et son cabinet — un organisme qui n'a aucun pouvoir « selon la constitution » pour sauver le pays gouverné ou lui-même de la destruction. En fait, compte tenu des circonstances dans lesquelles la Constitution a été élaborée, il était naturel que le principal objectif à garder à l'esprit soit de montrer un front fort face aux puissances étrangères, combiné avec le moins de restriction possible dans les relations internes des différents pays. États.

Dans l'hôtel, le rugissement des demandeurs de bureau ne se dément pas. Train après train, leur nombre augmente. Ils encombrent les passages. La salle est à tel point bondée que l'étouffement pourrait décrire le degré auquel atteint la pression, si la fumée du tabac ne revigore et soutient la constitution. Quant à l'état du sol, il est indescriptible.

CHAPITRE VIII.

New York Press—Rumeurs sur les Sudistes—Visite au Smithsonian Institute—Pythons—Soirée chez M. Seward—Ebauche de dépêche officielle à Lord J. Russell—Estimation de son effet en Europe—L'attitude de Virginie.

7 avril. — Il pleuvait toute la journée, froid et humide. Je suis fatigué et las de ce bavardage perpétuel à propos de Port Sumter. Des hommes ici, qui ne savent absolument rien de ce qui se passe, envoient des lettres aux journaux de New York, qui sont lues avec avidité par les gens de Washington dès que les journaux arrivent dans la ville, et alors toutes ces vagues suppositions sont considérées comme des évangiles et argumentées. comme s'il s'agissait de faits. Le « Herald » entretient le courage et l'esprit de ses amis du Sud en donnant les récits les plus ornés de leurs perspectives et en lançant des attaques continuelles contre M. Lincoln et son gouvernement ; mais la majorité des journaux de New York sont enclins à résister à la sécession et à aider le gouvernement. J'ai dîné avec Lord Lyons le soir et j'ai rencontré M. Sumner, M. Blackwell, le directeur du Grand Trunk Railway of Canada, sa femme et les membres de la légation. Après le dîner, je rendis visite à M. de Stoeckl, ministre de Russie, et à M. Tassara, ministre d'Espagne, qui eurent de petites réceptions. Il y avait peu d'Américains présents. En règle générale, le cercle diplomatique, qui n'a d'ailleurs pas de centre, de rayon ou de circonférence particulière, maintient ses membres à peu près en lui-même. Les grands personnages ici sont pour la plupart les représentants des puissances sud-américaines, qui entretiennent des relations plus intimes avec les familles indigènes de Washington que ne le sont les ministres transatlantiques.

8 avril. — Comme il pleut ! Hier soir, il y avait des torrents d'eau dans les rues d'une profondeur d'un pied. Il coule toujours en ruisseaux boueux et tourbillonnants à travers les canaux, et la pluie tombe sans cesse d'un ciel terne et plombé. L'air est chaud et moite. Il y a toutes sortes de rumeurs à l'étranger, et les salons de coiffure ont tremblé de « rasages » ce matin. Sumter, bien sûr, était le sujet principal. Certains rapportèrent que le président avait promis aux commissaires du Sud, par l'intermédiaire de leur ami M. Campbell, juge à la Cour suprême, de ne pas recourir à la force à l'égard de Pickens ou de Sumter. J'ai écrit à M. Seward pour lui demander s'il pouvait me permettre de faire une déclaration précise sur ces questions importantes. Les Sudistes sont alarmés par les récits qu'ils ont reçus d'une grande activité et de préparatifs in the Brooklynet des chantiers navals de Boston, et déclarent qu'il s'agit d'une « trahison ». Je me trouve tout à fait incapable de comprendre leur position. Comment le Gouvernement des

États-Unis peut-il se rendre coupable de « trahison » à l'égard des sujets d'États qui se préparent à affirmer leur indépendance, à moins que ce gouvernement ne se soit rendu coupable de mensonge ou n'ait reconnu la justesse de la décision à laquelle les États étaient parvenus ?

Dès que j'eus terminé mes lettres, je me rendis en voiture au Smithsonian Institute et fus très aimablement reçu par le professeur Henry, qui me fit visiter la bibliothèque et le musée, et me présenta au professeur Baird, qui est grand en histoire naturelle, et plus particulièrement en ornithologie. J'ai promis aux professeurs quelques peaux de faisans de l'Himalaya, en complément de la collection. Dans la bibliothèque, on nous présenta deux serpents de roche, ou pythons, je crois, très fins et très vifs, longs d'environ six pieds ou plus, qui se déplaçaient avec beaucoup de grâce et d'agilité, sortant leur langue fourchue et sifflant brusquement lorsqu'ils étaient saisis par la main. ou menacé avec un bâton. On m'a dit que certaines personnes doutaient que les serpents sifflent ; Je peux répondre que les serpents des rochers agissent de manière plus audible. Ils ne sont pas venimeux, mais leurs dents sont pointues et ressemblent à des aiguilles. L'œil est brillant et brillant ; la langue rouge fourchue, lorsqu'elle dépasse, a un mouvement vibratoire rapide, comme si elle était mue par les muscles qui produisent le sifflement frémissant. J'ai été très intéressé par les remarques du professeur Henry sur la grande carte du continent nord-américain dans son étude : il a souligné les conditions climatiques qui déterminaient l'utilisation, les profits et la nécessité du travail des esclaves, et a soutenu que la vaste augmentation de la population anticipée dans la vallée du Mississipi, et les prophéties de grandeur impériale qui y étaient attachées, étaient fallacieuses. Il semble être d'avis que la plupart des bonnes terres d'Amérique sont déjà cultivées et que les récoltes qu'elles produisent tendent à les épuiser, de manière à obliger les cultivateurs à les laisser en jachère ou à utiliser du fumier. Le fait est que l'influence de la grande chaîne de montagnes à l'ouest, qui intercepte toutes les pluies du côté du Pacifique, provoque une immense étendue de pays entre le versant oriental de la chaîne et le Mississippi, ainsi que la région ouest. du Minnesota, parfaitement sec et inhabitable ; et, autant que nous le sachions, il ne vaut pas plus qu'une lande, sauf pour le pâturage du bétail sauvage et autres choses semblables.

En rentrant à mon hôtel, j'ai trouvé une note de M. Seward, me demandant de lui rendre visite à neuf heures. En me rendant chez lui, on me conduisit au salon et n'y trouvai que le secrétaire d'État, son fils et Mme Seward. J'ai fait un *parti carré* pour un whist amical, et M. Seward, qui était mon partenaire, parlait tout en jouant, de sorte que le score de la partie n'était pas favorable. Mais son discours était très intéressant. « Tous les préparatifs dont vous entendez parler ne signifient que cela. Le gouvernement, trouvant les propriétés de l'État et des forts fédéraux négligées et laissées sans protection, est déterminé à prendre des mesures pour les relever de cette négligence et les protéger. Mais nous sommes déterminés, ce faisant, à ne commettre aucune agression. L'investiture du président éclipse clairement notre politique. Nous n'irons pas au-delà – nous n'avons pas l'intention de le faire – et nous ne nous en retirerons pas non plus. Au bout d'un moment, M. Seward posa ses cartes et dit à son fils d'aller chercher un portefeuille qu'il trouverait dans un tiroir de sa table. Mme Seward alluma la lampe à gaz et, au retour de son mari avec le journal, quitta la pièce. Le secrétaire alluma alors son cigare, m'en donna un et commença à lire lentement et avec une insistance marquée une dépêche très longue, forte et compétente, qui, me dit-il, devait être lue par M. Adams, le ministre américain à Londres. , à Lord John Russell. J'ai été frappé par le ton hostile du journal, par le fait qu'il y avait un courant de menace sous-jacent et par le fait qu'il contenait des insinuations selon lesquelles la Grande-Bretagne interviendrait pour diviser la République, si elle le pouvait, et elle était satisfaite de la perspective de la dangers qui la menaçaient.

À tous les passages les plus forts, M. Seward éleva la voix et fit une pause à la conclusion, comme pour contester une remarque ou une approbation. Enfin, je ne pus m'empêcher de dire que la dépêche aurait sans aucun doute un excellent effet lorsqu'elle serait révélée au Congrès, et que les Américains auraient une haute opinion de l'écrivain ; mais j'ai osé exprimer l'opinion que cela ne serait pas tout à fait aussi acceptable pour le gouvernement et le peuple de Grande-Bretagne. Ce M. Seward, en tant qu'homme d'État américain, n'avait le droit de faire valoir qu'une considération secondaire. En affectant de considérer la Sécession comme une simple hérésie politique qui peut être facilement réfutée, et en interdisant aux pays étrangers d'y faire allusion, M. Seward pense qu'il peut établir la suprématie de son propre gouvernement et en même temps satisfaire la vanité du peuple. . Même la guerre avec nous ne figure peut-être pas hors de la liste des moyens disponibles pour fondre à nouveau l'union brisée en une masse. Cependant, le secrétaire d'État est confiant dans ce qu'il appelle une « réaction ». « Quand les États du Sud, » dit-il, « voient que nous ne leur faisons aucun tort, que nous n'entendons aucune violence contre les personnes, les droits ou les choses, que le gouvernement fédéral cherche seulement à remplir les obligations qui lui sont imposées en ce qui concerne la propriété nationale. , ils verront leur erreur, et l'un après l'autre ils reviendront dans le syndicat. M. Seward prévoit que ce processus commencera immédiatement et que la Sécession sera terminée dans trois mois – du moins, dit-il. Il était plus de minuit lorsque notre conversation prit fin, dont je ne peux évidemment pas parler en grande partie dans ces pages.

9 avril. —Une tempête de pluie, de tonnerre et d'éclairs. Les rues sont transformées en cours d'eau. De la campagne, nous entendons parler de ponts emportés par les inondations et de routes rendues impraticables. Les récits du Sud sont sombres, mais les *turba Remi* de Willard's sont toujours aussi heureux, au moins aussi bruyants et aussi gourmands de place. Au passage, je remarque que mon ami combattant au nez meurtri a enfin été récompensé de ses efforts. Il a bu partout jusqu'à ce qu'il ne soit plus capable de se tenir debout, et il a exprimé sa détermination à ne jamais oublier toutes les personnes dans le passage. J'ai dîné le soir à la Légation, où il y avait une petite fête, et je suis rentré à l'hôtel sous une pluie torrentielle.

CHAPITRE IX.

Dîner chez le général Scott—Anecdotes sur la jeunesse du général Scott—
L'étonnante dépêche—Insécurité de la capitale.

10 avril. — Aujourd'hui, je me suis consacré à emballer les choses dont je
n'avais pas besoin et à les envoyer à New York. Je reçus une note
caractéristique du général Scott, me demandant de dîner avec lui demain, et
m'excusant de la brièveté de son invitation, qui provenait du fait qu'il venait
seulement d'apprendre que j'allais partir si tôt pour le Sud. Le général est très
admiré par ses compatriotes, bien qu'ils n'épargnent pas quelques « aimables
faiblesses » ; mais, à mon avis, on ne peut lui reprocher qu'un peu de vanité,
qu'on retrouve souvent chez les personnages de haut niveau. Il aime afficher
ses lectures et est troublé par le désir de s'adonner à de belles écrits. Il y a
quelque temps, il a écrit une longue lettre au « National Intelligencer », dans
laquelle il citait Shakspere et Paley pour prouver que le président Buchanan
aurait dû mettre en garnison les forts de Charleston et de Pensacola, comme
il le lui avait conseillé ; et il a été victime d'aspirations poétiques. L'heure du
dîner du général était de bonne heure ; et quand j'arrivai à son modeste
logement, qui se trouvait pourtant dans la maison d'un célèbre cuisinier
français, je trouvai une troupe de volontaires à cheval du quartier, défilant
dans la rue. Ils n'étaient pas mauvais dans leur classe, et les chevaux, bien que
légers, étaient actifs, robustes et fougueux ; mais les hommes portaient mal
leurs uniformes, portaient les cheveux longs, leurs manteaux, leurs boutons
et leurs bottes n'étaient pas brossés, et les manteaux et les accessoires des
chevaux portaient des signes de négligence. Le général, qui portait une
redingote bleue simple, avec des boutons de cuivre recouverts d'aigles, un col
et des poignets en velours, était avec M. Seward et M. Bates, le procureur
général, et m'a reçu très courtoisement. Il fut interrompu par les acclamations
des soldats dans la rue et par les clameurs du « général Scott ». Il se déplace
avec difficulté, à cause d'une chute de cheval et de la pression des années
croissantes ; et il ne serait évidemment pas sorti s'il avait pu l'éviter. Mais il
n'y a pas d'intimité pour les hommes publics en Amérique.

Le général sortit vers eux et adressa à son auditoire quelques mots dans le
style habituel sur le « ralliement », la « mort glorieuse », le « vieux drapeau de
notre pays », et tout ce genre de choses ; après quoi, le groupe a entonné «
Yankee Doodle ». M. Seward a crié : « Général, faites-leur jouer le « Star-
Spangled Banner » et le « Hail Columbia ». Et ainsi j'ai eu droit aux accents
du vieux chant bacchanal, « When Bibo », etc., que le Les Américains ont été
encouragés à faire leur devoir en tant qu'avion national. Puis vint une
tentative de jouer « God save the Queen », que j'appréciai comme un
compliment ; puis vint le dîner, qui fit honneur au cuisinier, et le vin, qui fut

des plus excellents, de France, d'Espagne et de Madère. Le seul ajout à notre groupe était le major Cullum, aide de camp du général Scott, un ingénieur américain formé à West Point. Le général a été quelque peu insulté à propos de l'expression « une assiette de soupe préparée à la hâte », qu'il a utilisée dans l'une de ses dépêches pendant la guerre du Mexique, et il m'a demandé de décider si elle était aussi erronée ou ridicule que l'insistait M. Seward. J'ai dit que je n'étais pas un juge, mais on pourrait certainement trouver un usage libéral similaire d'une figure de prosodie bien connue pour justifier cette expression. Les seuls convives à table étaient le valet de chambre anglais du général et un domestique de couleur ; et l'appareil de table qui contenait de si bonnes choses était simple et sans prétention. Bien sûr, la conversation avait un caractère général, et le général, choisissant évidemment ses mots avec une grande précision, en prenait la direction, racontant des anecdotes très longues, agrémentées de temps à autre d'épisodes et fortifiées par des épisodes tels que : " Patientez un moment, cher monsieur, afin que je puisse ici m'écarter du courant principal de mon histoire et commencer à mentionner un curieux… » etc., et ainsi de suite.

Sa conversation m'a été très intéressante, en particulier la partie qui faisait référence à son rôle dans la dernière guerre, où il a été blessé et fait prisonnier. Il a rendu compte de la bataille de Chippewa, qui s'est déroulée, dit-il, selon de véritables principes scientifiques ; et dans l'ignorance commune à la plupart des Anglais des revers de leurs armes, j'ai été assez peu judicieux, lorsque la bataille était à son paroxysme, et que des masses entières d'hommes se déplaçaient en bataillons et en colonnes au-dessus de la table, pour demander combien étaient engagés. Le général profite de son camp : « Nous avions, monsieur, vingt et un cent soixante-quinze hommes en campagne. » Il nous raconta comment, lorsque les navires de guerre britanniques provoquèrent l'indignation générale en Virginie en recherchant des navires américains à la recherche de déserteurs dans le Chesapeake, l'État de Virginie organisa une force de volontaires pour garder les côtes et, surtout, empêcher l'invasion. les gens de la campagne envoyaient des fournitures aux navires, conformément aux ordres de la législature et du gouverneur. Le jeune Scott, alors étudiant au bar, devint caporal d'une troupe de ces patrouilles. Une nuit, alors qu'ils étaient de service sur les rives du Potomac, ils entendirent un bateau aux rames sourdes descendre rapidement la rivière, et bientôt ils le virent s'approcher tout près du rivage, à l'abri des arbres. Lorsqu'elle était à la hauteur des soldats, Scott a demandé : « De quel bateau s'agit-il ? « C'est le navire de Sa Majesté, le Léopard, et qu'est-ce que ça vous fait ? Cédez, mes gars ! « Je l'ai immédiatement sommé de se rendre, dit le général, et en donnant l'ordre de charger, nous nous sommes précipités à l'eau. Heureusement, il n'était pas profond, et l'aspirant qui le commandait, surpris par une force supérieure, n'essaya pas de nous résister. Nous trouvâmes le bateau tenu par quatre matelots et rempli de légumes et d'autres provisions, et en pris possession ; et je crois que c'est le premier cas où un bateau de guerre est capturé par la cavalerie. La législature de Virginie, cependant, n'a pas approuvé la capture et l'officier a été abandonné en conséquence.

« Plusieurs années après, lorsque je visitai l'Europe, je dînais par hasard dans la demeure hospitalière de Lord Holland, et j'observai pendant le banquet qu'un gentleman à table scrutait mon visage d'une manière révélatrice d'une curiosité particulière. Plusieurs fois, tandis que mon regard se tournait vers lui, je m'aperçus qu'il continuait ses investigations, et enfin je le réprimandai d'un regard continu. Après le dîner, ce monsieur est venu vers moi et m'a dit : « Général Scott, j'espère que vous me pardonnerez ma grossièreté de vous regarder, mais le fait est que vous présentez une ressemblance remarquable avec un grand paysan envahissant et maladroit de la région. même nom, qui m'a fait prisonnier dans mon bateau lorsque j'étais aspirant sur le Chesapeake, à la tête d'un corps d'hommes à cheval. Il s'agissait, je m'en souviens très bien, du caporal Scott. — Ce caporal Scott, monsieur, et la personne qui s'adresse à vous sont identiques l'un à l'autre. L'officier dont j'ai ainsi renoué la connaissance avec tant de bon augure était le capitaine Fox, parent de Lord Holland, et post-capitaine dans la marine britannique.

Pendant qu'il parlait, on arrivait une dépêche télégraphique que le général parcourait avec une inquiétude évidente. Il m'a présenté ses excuses pour l'avoir lu en disant que la dépêche émanait du Président concernant les affaires du Cabinet, puis il l'a remise à M. Seward de l'autre côté de la table. Le secrétaire le lut, devint un peu agité et leva ses yeux interrogateurs vers le visage du général, qui se contenta de secouer la tête. Ensuite, le journal fut remis à M. Bates, qui le lut et poussa pour ainsi dire un grognement de surprise. Le général reprit le journal, le lut deux fois, puis le plia et le mit dans sa poche. « Vous feriez mieux de ne pas le mettre là, général, » intervint M. Seward ; "Il sera perdu ou entre d'autres mains." C'est ce que semblait penser le général, car il le jeta aussitôt au feu, devant lequel certaines bouteilles de bordeaux s'adoucissaient doucement.

La communication était évidemment d'un caractère très désagréable. Afin de donner aux ministres l'occasion de tenir une conférence, j'ai demandé au major Cullum de m'accompagner dans le jardin et j'ai allumé un cigare. Tandis que je me promenais dans le crépuscule, j'observai au fond de la petite enceinte deux silhouettes, debout comme cachées près du mur. Le major Cullum a déclaré : « Les hommes que vous voyez sont des sentinelles que j'ai jugé opportun de placer là pour la protection du général. Les méchants pourraient l'assassiner, et le feraient dans un instant s'ils le pouvaient. Il ne veut pas entendre parler de garde, ni rien de semblable, aussi, à son insu, j'ai des sentinelles postées toute la nuit autour de la maison. C'était un état de choses curieux dans lequel se trouvait placé le commandant de l'armée américaine, au milieu d'une ville peuplée, la capitale de la République libre et éclairée ! A notre retour au salon, la conversation se poursuivit pendant environ une heure. Je me retirai avec M. Seward dans sa voiture. Alors que nous remontions Pennsylvania Avenue, presque sans vie à ce moment-là, je demandai à M. Seward s'il se sentait tout à fait à l'abri d'une irruption venue de Virginie, car on rapportait qu'un certain Ben McCullough, le célèbre desperado texan, avait rassemblé 500 hommes à Richmond. pour une entreprise audacieuse : certains disaient d'enlever le président, le cabinet et tout. Il répondit que, même si la capitale était presque sans défense, il ne fallait pas oublier que les méchants et audacieux qui étaient leurs ennemis n'étaient pas non plus préparés à des mesures d'agression actives.

CHAPITRE X.

Préparatifs de guerre à Charleston. — Mon propre départ pour les États du Sud. — Arrivée à Baltimore. — Début des hostilités au fort Sumter. — Bombardement du fort. — Sentiment général quant au nord et au sud. — Esclavage. — Premières impressions de la ville de Baltimore. — Départ par bateau à vapeur.

12 avril. — Ce matin, j'ai reçu une information selon laquelle le gouvernement était résolu à prendre des mesures décisives qui conduiraient à un développement des événements dans le Sud et mettraient à l'épreuve la sincérité de la Sécession. Le général confédéré de Charleston, Beauregard, a envoyé à l'officier fédéral commandant à Sumter, le major Anderson, pour dire que toute communication entre sa garnison et la ville devait cesser ; et, au même moment, ou probablement avant, le gouvernement de Washington informa les autorités confédérées qu'ils avaient l'intention d'envoyer des fournitures au major Anderson, pacifiquement s'il était autorisé, mais à tout risque de les envoyer. Les habitants de Charleston occupent les batteries qu'ils ont érigées contre Sumter, ont tiré sur un navire battant pavillon américain, s'efforçant de communiquer avec le fort, et ont appelé et organisé une force importante dans les îles en face de l'endroit et dans la ville. de Charleston.

Je résolus donc de partir aujourd'hui vers les États du Sud, en passant par Baltimore jusqu'à Norfolk, au lieu de passer par Richmond, qui était coupé par les inondations. Avant de partir, j'ai rendu visite à Lord Lyons, à M. Seward, aux ministres français et russe ; a laissé des cartes sur le président, Mme Lincoln, le général Scott, M. Douglas, M. Sumner et d'autres. Il n'y avait aucune apparence d'excitation à Washington, mais Lord Lyons mentionna, comme circonstance inhabituelle, qu'il n'avait reçu aucune communication télégraphique de M. Bunch, le consul britannique à Charleston. Certaines dames m'ont dit qu'à mon retour je trouverais des gens sympas à Washington et que le séparateur de rails, sa femme, les Sewards et tous les autres seraient conduits à l'endroit où ils devraient être. : « Varina Davis est une dame, en tout cas, pas comme les autres. Nous ne pouvons pas supporter de tels gens ! Un officier de marine que j'ai rencontré m'a dit : « Si le gouvernement essaie vraiment force at Charleston, vous verrez qu'il sera battu, et nous aurons une guerre entre les gentlemen et les voyous yankees ; s'ils tentent de commettre des violences, vous savez comment cela se terminera. Le gouvernement est si inquiet qu'il a envoyé des soldats dans le Capitole et qu'il prépare sa défense.

À 18 HEURES, je me suis rendu à la gare de Baltimore sous une pluie battante, accompagné de M. Warre, de la légation britannique. Dans le train, il y avait une foule de gens, dont beaucoup étaient des chasseurs de places déçus, et de nombreuses discussions eurent lieu sur l'opportunité de ravitailler Sumter par la force, le poids de l'opinion étant contre l'opportunité d'une telle mesure. Le ton avec lequel le président et son cabinet ont été évoqués était très irrespectueux. Un homme costaud, vêtu d'un manteau de fourrure, qui était assis près de moi, a déclaré : « Eh bien, bon sang, si je ne voulais pas tirer un trait sur le vieux Abe, Seward – oui, ou le général Scott lui-même, même si j'ai un petit peu de mal à l'esprit. C'est une bonne chose de leur part, s'ils essaient d'utiliser leurs soldats et leurs marins pour abattre les droits des États. S'ils veulent y aller, ils ont le droit de le faire. Ce à quoi beaucoup ont répondu : « C'est vrai ! C'est vrai!"

Lorsque nous sommes arrivés à Baltimore, à 20 HEURES , les rues étaient inondées. Un cocher, voyant que j'étais un étranger, me demanda deux dollars, soit 8 *s.* 4 *j.* , pour se rendre à la maison Eutaw, à un quart de mile de distance ; mais je n'ai pas été surpris, car j'avais payé trois dollars et demi et quatre dollars pour aller dîner et retourner à l'hôtel à Washington. A mon arrivée, le propriétaire, qui n'était autre qu'un major ou un colonel, me prit à part et me demanda si j'avais entendu la nouvelle. "Non c'est quoi?" "Le président de la Telegraph Company me dit qu'il a reçu un message de son commis à Charleston indiquant que les batteries ont ouvert le feu sur Sumter parce que le gouvernement a envoyé une flotte pour forcer le ravitaillement." La nouvelle s'était pourtant répandue. Le hall et le bar de l'hôtel étaient pleins et de nombreuses personnes que je n'avais jamais vues de ma vie m'ont demandé quelle était mon opinion quant à l'authenticité de la rumeur. Il n'y avait rien d'étonnant à ce que les habitants de Charleston aient été mécontents de toute tentative visant à renforcer les forts. Comme je le savais, d'après les propos des commissaires du Sud, ils résisteraient jusqu'au bout à une telle tentative et en feraient un *casus* et *cause belli* .

14 avril. — L'Eutaw House n'est pas un très bon spécimen d'hôtel américain, mais le propriétaire fait de son mieux pour mettre ses invités à l'aise, quand il les aime. Le propriétaire américain est un despote qui règle ses domaines par des oukases apposés sur les murs, par certains départements d'État appelés « bureaux » et « bars », et qui est généralement représenté, lorsqu'il est en déplacement pour une entreprise militaire, politique ou commerciale, par un lieutenant ; le député étant, si possible, un homme plus grand que le chef. Il faut tellement de capitaux pour fonder un grand hôtel qu'on ne craint guère la concurrence extérieure dans les villes. Et les Américains sont si grégaires qu'ils ne fréquentent pas les petits établissements.

J'ai été d'autant plus complimenté par l'attention du propriétaire ce matin lorsqu'il est venu dans la chambre, et avec beaucoup d'enthousiasme m'a informé que la nouvelle du fort Sumter bombardé par les batteries de

Charleston était confirmée. « Et maintenant, dit-il, il n'y a plus rien à dire. où tout finira.

Après le petit déjeuner, je reçus la visite de quelques messieurs de Baltimore, qui furent très enchantés de la nouvelle, et j'appris d'eux <u>there was a</u>la probabilité que leur État rejoigne ceux qui avaient fait sécession. Tout le sentiment des classes terriennes et respectables est du côté du Sud. L'aversion envers le gouvernement fédéral de Washington est en grande partie épicée par le ridicule personnel et le mépris de M. Lincoln. Votre Marylander est très tenace à l'idée d'être un gentleman, et ce qu'il ne considère pas comme un gentleman est tout simplement impropre à quoi que ce soit, encore moins à un poste et à une autorité.

Le jeune dessinateur dont j'ai parlé est arrivé ce matin après m'avoir poursuivi depuis Washington. Il m'a demandé si je le laisserais toujours m'accompagner. J'ai observé que je n'avais aucune objection, mais que je ne pouvais plus autoriser de tels paragraphes dans les journaux, et j'ai suggéré qu'il n'y aurait aucune difficulté à ce qu'il voyage seul, s'il le voulait. Il a répondu que ses anciennes relations avec un journal républicain noir pourraient conduire à sa détention ou à son agression dans le Sud, mais que s'il était autorisé à m'accompagner, personne ne douterait qu'il était employé par un journal illustré de Londres. Le jeune monsieur ne perdra certainement jamais rien faute de le demander.

Chez le coiffeur noir, mon serviteur m'a docilement interrogé sur ma croyance dans l'histoire du bombardement. Il fut étonné de constater qu'un étranger pouvait penser que l'événement était probable. « Les messieurs de Baltimore en seront très heureux. Mais peut-être que ça finira mal après tout. J'ai découvert que mon coiffeur avait la conviction que l'époque de l'esclavage touchait à sa fin. « Et que se passera-t-il alors, à votre avis ? "Wall, sare, suppose que les hommes de couleur seront bons comme les hommes blancs." C'est ça. Ils ne comprennent pas l'immense abîme qui les sépare de l'égalité de position avec la race blanche que la plupart de ceux qui ont des aspirations imaginent comme signifiante par l'émancipation. Il a déclaré que les propriétaires d'esclaves de la ville étaient très sévères et durs en exigeant des sommes plus élevées que ce que les esclaves pouvaient gagner. Les esclaves sont envoyés travailler, se faire embaucher, travailler sur les quais et les docks. Leurs gains vont au maître, qui les punit s'ils n'en rapportent pas assez à la maison. Parfois, le maître se contente d'une somme fixe, et toute la somme que l'esclave peut obtenir peut être réservée à ses besoins privés.
Baltimore paraît plus ancienne et plus respectable que les villes que j'ai traversées, et le site sur lequel elle se trouve est ondulé, de sorte que les maisons n'ont pas cette planéité et cette uniformité de hauteur qui font ressembler les rues de New York et de Philadelphie à celles d'un jouet. ville magnifiée. Pourquoi Baltimore devrait-elle être appelée la « ville

monumentale » ne pourrait être devinée par un étranger. Il n'aurait jamais pensé qu'une grande ville de 250 000 habitants puisse tirer son nom d'un obélisque en marbre blanc dédié à George Washington, même s'il mesure plus de 200 pieds de haut, ni de la colonne grotesque appelée « Battle Monument », érigée en l'honneur de George Washington. souvenir de ceux qui sont tombés dans l'escarmouche à l'extérieur de la ville dans laquelle les Britanniques ont été repoussés en 1814. Je n'ai pu me procurer aucun guide to the citydigne d'être lu et je me suis promené à discrétion, après une visite au Maryland Club, dont j'ai été nommé honoraire. membre. À la nuit tombée, je partis pour Norfolk, à bord du vapeur « Georgiana ».

CHAPITRE XI.

Scènes à bord d'un paquebot américain. — Le Merrimac. — Des marins irlandais en Amérique. — Norfolk. — Un télégramme de dimanche ; des nouvelles du siège de la guerre – la « paille » américaine et nos Jack Tars.

Dimanche 14 avril. — Une nuit de sommeil perturbé, à cause du bruit sourd du balancier près de ma tête, du sifflement de la vapeur et du rugissement de la trompette à vapeur pour avertir les navires de l'écart, les moustiques, moi aussi, j'avais beaucoup de choses à me dire, malgré mes rideaux de gaze sales. Peu après l'aube, le navire longea la jetée de la forteresse Monroe, et j'aperçus indistinctement le plan d'eau de l'ouvrage qui risque d'être attaqué, dit-on, par les Virginiens. Il n'y avait pas de drapeau sur le bâton au-dessus des murs, et l'endroit paraissait morne et désolé. Elle a un beau profil bastionné, avec des douves et des lunettes armées : les casemates étaient murées ou occupées par des vitres, et tous les canons que j'apercevais étaient sur les parapets. Quelques soldats se prélassaient sur la jetée, et après que nous eussâmes congédié un vieil officier ivre, quelques nègres et quelques colis, la pipe à vapeur brailla — elle ne siffle pas — de nouveau, et nous traversâmes l'embouchure du canal et James' River vers Elizabeth River, sur laquelle se trouvent Portsmouth et Gosport.

Au moment où je m'habillais, la porte s'ouvrit et une grande négresse bien habillée entra et me demanda mon billet. Elle m'a dit qu'elle était contrôleur des billets du bateau et qu'elle était esclave. Cette dernière information a été donnée sans aucune réticence ni hésitation. En me dirigeant vers le pont supérieur, j'ai remarqué que le bar était bondé de messieurs occupés à consommer ou à attendre des cocktails ou des juleps à la menthe. Cependant, ce dernier ne pouvait pas être obtenu maintenant avec autant de perfection que d'habitude, en raison de l'état inférieur de la monnaie. En matière de boissons, comme les Américains sont hospitaliers ! On m'a demandé d'en prendre autant que cela m'aurait rendu incapable de boire à nouveau ; mon excuse, sous prétexte de mon incapacité à prendre des cocktails et autres avant le petit-déjeuner, fut entendue avec surprise, et on me supplia de toute urgence d'abandonner une si mauvaise habitude.

Un soleil clair et fin s'élevait des eaux de la baie jusqu'au ciel d'un bleu pur et pur. Sur notre droite s'étendait une côte basse bordée d'arbres et boisée densément d'une forêt rabougrie, à travers laquelle on apercevait des ruisseaux scintiller au loin à travers le feuillage. De petits phares en bois à l'air inquiet, soucieux de conserver leur équilibre dans les eaux boueuses, et courbés à différents angles, marquaient les canaux étroits menant aux villes et hameaux riverains, dont le principal commerce et l'occupation sont la vente et la consommation d'huîtres. . Nous naviguons au-dessus de merveilleux gisements et de cultures sous-marines du bivalve tant apprécié. Des maisons en bois peintes en blanc apparaissent sur les rives, et un grand bâtiment avec des ailes et un portique central surmonté d'un belvédère, destiné à l'accueil des marins américains malades, est un objet frappant dans le paysage.

Au bout de quelques minutes, le paquebot arriva devant un quai en bois sale et en ruine, bordé de cabines ouvertes, sur lesquelles s'était rassemblée une petite foule, composée pour la plupart de nègres. Derrière le hangar s'élevaient les toits de tuiles et de bardeaux de maisons misérables, et l'on apercevait la ligne de rues pauvres, étroites, tortueuses, mal pavées, surmontées de quelques clochers d'églises, et les grands panneaux publicitaires tentaculaires de les magasins de tabac et les marchands d'huîtres, c'était tout ce que nous pouvions voir de Portsmouth ou de Gosport. Notre navire était dans une crique étroite ; d'un côté se trouvait la ville ; au centre du fleuve, le vieux « Pennsylvania », destiné à avoir 120 canons, mais jamais mis en service et utilisé comme navire de réception, était ancré — le long du mur du Navy Yard en dessous de nous, posez le « Merrimac », apparemment ordinaire. Le seul navire de guerre adapté à la mer était une curiosité : un sloop trapu à la proue hollandaise, d'apparence hollandaise, appelé le « Cumberland ». Deux ou trois vaisseaux plus petits, démâtés, se trouvaient au-dessous du « Merrimac », et nous pouvions à peine voir les hangars de construction dans lesquels se trouvaient un ou deux autres, je crois, sur les stocks. Une flotte de bateaux ostréicoles au mouillage ou sans voiles pour célébrer le dimanche parsemait les eaux. Il y avait dans la ville une odeur ancienne et de poisson, digne de son apparence et de ses fonctions de port maritime. Alors que le navire s'approchait, il y eut la salutation habituelle entre amis et de nombreux cris : « Eh bien, vous avez entendu la nouvelle ? Les Yankees hors de Sumter ! N'est-ce pas bien ! » Rares étaient ceux qui ne participaient pas à ce sentiment, mais certains avaient l'air noirs comme la nuit et ne disaient rien.

Pendant que nous attendions le ferry-boat à vapeur, qui fait la navette vers Norfolk, de l'autre côté de la crique, pour nous prendre en charge, un bateau de guerre s'est arrêté à côté, et le barreur, un beau et beau marin, est arrivé. sur le pont, et, comme j'étais à côté de lui, il m'a demandé si le capitaine Blank était descendu avec nous ? Je répondis que je ne le savais pas, mais que le capitaine pouvait le lui dire sans aucun doute. "Il?" » dit le marin en désignant avec un grand dégoût le patron du paquebot : « Pourquoi il ne sait rien de ses passagers, sauf combien de dollars ils coûtent ? » et il partit poursuivre ses recherches auprès des autres passagers. Le bateau à quai était propre et était piloté par six gaillards aussi robustes que jamais à manier une rame. Je me suis assuré que deux d'entre eux étaient des Anglais, et lorsque le barreur s'est retiré de ses recherches infructueuses, je lui ai demandé d'où il était originaire.

« La crique de Cork. J'ai été dans la marine pendant neuf ans, mais quand je suis arrivé à la station West Ingy, j'ai entendu comment l'oncle Sam traitait ses camarades et je l'ai donc rejoint. "Coupez et courez, je suppose?" «Eh bien, pas exactement. Je me suis enfui, monsieur. Émigré, tu sais ! « Y a-t-il d'autres Irlandais ou Anglais à bord ? «Je devrais penser que oui. Cet homme à la proue est un de mes compagnons, de la douce anse de Cork ; Driscoll par son nom, et il y a un homme de Belfast qui tire le numéro deux ; et le coup, et le gars qui tire à côté de lui sont des Anglais, et de bons marins, Bates et Rookey. Ils étaient aussi à bord de navires de guerre. "Quoi! cinq sur sept, sujets britanniques ! « Oh, oui, c'est vrai… nous l'étions au début… la plupart d'entre nous sont maintenant des « Méricains », je pense. Nous sommes bien plus nombreux à bord du navire.

Le ferry à vapeur était une affaire branlante et, combiné aux hangars et aux quais en ruine, cela donnait une mauvaise idée de Norfolk. L'administration de jus de tabac à bord était remarquable. Même s'il n'était que sept heures, chacun avait sa livre en état de marche, et l'air était rempli d'arcs-en-ciel brun jaunâtre et de paraboles liquides qui tombaient en embruns ou en petits troupeaux d'herbe sur les ponts malsains. Comme c'était dimanche, certains des nombreux mâts de drapeaux qui ornent les maisons des deux villes arboraient le drapeau des États-Unis ; mais rien ne pouvait soulager l'air délabré de Norfolk. L'omnibus qui attendait pour nous recevoir devait être le premier spécimen de construction de voitures de ce style sur le continent ; et tandis qu'il se précipitait et s'effondrait sur le prodigieux trottoir en mauvais état, dont la gravité était aggravée par un tramway, il ouvrit les coutures comme s'il allait tomber dans du bois de chauffage. Les magasins étaient tous fermés, bien sûr ; mais les maisons, en bois et en brique, étaient couvertes d'enseignes et de pancartes indiquant un grand commerce de tabac et d'huîtres.

Le pauvre GPR James, qui a passé de nombreuses années ici, aurait à peine pu attraper un roman dans un tel endroit, malgré les grandes huîtres, les célèbres volailles sauvages, les volailles et les légumes loués qui sont produits dans les districts environnants. Il n'y a pas une colline que le voyageur puisse gravir à la fin d'une journée d'été, ni un château entouré de douves à des milliers de milles à la ronde. Une promenade exécrable et grinçante se termina enfin devant l'hôtel Atlantic, où j'étais condamné à prendre mes quartiers. C'est un endroit délabré, malpropre, avec un sol taché de tabac, plein de mouches et de fortes odeurs. Les serveurs étaient tous des esclaves : des créatures en désordre, mal chaussées et insouciantes. J'étais enfermé dans une petite pièce, avec l'avertissement habituel sur la porte, que le propriétaire ne serait responsable de rien, et que vous deviez verrouiller vos portes par crainte des voleurs, et que vous deviez prendre vos repas à certaines heures. , et d'autres questions du genre. Mon *Umbra* est allée à Gosport pour prendre quelques croquis, a-t-il dit ; et après un pauvre repas, dans une longue salle remplie de « citoyens », tous discutant de Sumter, je sortis dans la rue.

Les gens, je l'observe, sont d'un type nouveau et marqué, très grands, à la constitution lâche mais puissante, au teint foncé, aux traits fortement marqués, au nez proéminent, aux grandes bouches anguleuses aux mâchoires carrées, aux yeux clairs et profonds, bas et bas. ils ont le front étroit, et tous sont très enclins à ruminer le tabac. Les cloches des églises sonnaient et je me transformais en une seule ; mais la chaleur, assez forte dehors, devint bientôt presque intolérable ; Cela n'était pas non plus rendu plus supportable par ma proximité avec certains Noirs, qui étaient, je présume, les serviteurs ou les esclaves des grands personnages assis sur les bancs de devant. Le pasteur ou le ministre était arrivé aux Psaumes, lorsqu'une agitation s'éleva près de la porte qui attira son attention et fit se retourner tout le monde. Plusieurs personnes se levaient et chuchotaient, tandis que d'autres sortaient de l'église sur la pointe des pieds. L'influence s'étendait peu à peu et tous les hommes près des portes partaient rapidement. Le ministre, visiblement intéressé, continua sa lecture en levant les yeux vers la porte. Enfin, les personnes près de lui se levèrent et s'avancèrent hardiment, et je suivis enfin l'exemple, et, sortant dans la rue, vis des hommes courir vers l'hôtel. "Qu'est-ce que c'est?" m'écriai-je à l'un d'eux. « Venez, le télégraphe est au Day Book. Les Yankees sont fouettés ! et ainsi de suite. J'arrivai enfin à une foule d'hommes qui se débattaient, le visage tourné vers le mur d'une maison délabrée, augmentée par de nouveaux arrivants et diminuée par ceux qui, ayant satisfait leur curiosité, s'avançaient en coudoyant dans un état d'excitation, d'exultation. , et la transpiration. "Tout va bien!" "Je ne te l'ai pas dit ?" « Bully pour Beauregard et l'État de Palmetto ! » J'avançai et je lus enfin le programme de la canonnade et du bombardement, ainsi que les effets sur le fort, sur un morceau de papier jaunâtre et sale accroché au mur. C'était une écriture terrible. A tous les coins de rue, les hommes discutaient de la nouvelle avec tous les symptômes de joie et de satisfaction. Maintenant, j'avoue que je ne pouvais pas du tout partager cette excitation. Cet acte me semblait le prélude à une certaine guerre.

J'ai remonté la rue principale et emprunté certaines ruelles pour jeter un coup d'œil sur la ville, débouchant sur des plans d'eau et des ponts au-dessus des criques, ou des ruelles sablonneuses ombragées par des arbres et bordées çà et là de jolies villas en bois. , peint de couleurs vives. Partout des nègres, hommes et femmes, habillés de façon criarde ou en haillons ; les seuils des ruelles étroites grouillant de bébés nègres — au gros ventre, aux jambes courbes, à la tête robuste et heureux — culbutant autour de sorcières édentées aux yeux sombres ou de mères aux lèvres épaisses. Pas un mot ne parlait de Sumter. « Des nouvelles aujourd'hui ? » dis-je à un nègre d'apparence respectable, vêtu d'un habit bleu et de boutons de cuivre, d'un magnifique chapeau et d'un gilet de soie ambre, d'un pantalon à carreaux et de chaussures très en mauvais état. «Eh bien, allez, je pense qu'il ne se passe rien de grand-chose. Il y a eu un incendie chez Squire Nichol la nuit dernière ; C'est du moins ce que j'entends, sare. Squire, permettez-moi de le dire entre parenthèses, est utilisé pour désigner les juges de paix. Était-ce un *poco-curante très stupide* , ou un Sambo très rusé et subtil ?

Au cours de ma promenade, j'arrivai à une petite jetée, couverte de coquilles d'huîtres, qui se projetait dans la mer. Autour d'elle, des deux côtés, se trouvaient des foules de goélettes et de pungys, de plus petits bateaux à moitié pontés, attendant leur chargement de poisson tant apprécié pour Washington, Baltimore et Richmond. Certains bricks et grands navires gisaient le long des quais et de grands entrepôts plus en amont du ruisseau. En observant un petit groupe au bout de la jetée sur laquelle je marchais, j'ai découvert qu'ils étaient constitués de quinze ou vingt hommes mécaniques bien habillés, occupés à « frotter », comme l'appelait Cockneys, l'équipage du navire. bateau de guerre que j'avais vu le matin. Les matelots étaient étendus sur les bancs, les uns plutôt amusés, les autres maussades devant l'épreuve. « Tu ferais mieux de démolir ton vieux chiffon et d'amener ton vieux navire à la Confédération du Sud. Je suppose que nous pouvons prendre votre « Cumberland » quand nous le souhaitons ! Pourquoi n'allez-vous pas faire feu à Charleston ? Bientôt, le barreur descendit avec un paquet sous le bras et monta dans le bateau. « Cédez le passage, mes gars ; » et les rames trempèrent dans l'eau. Lorsque le bateau fut à quelques mètres du rivage, la foule cria : « A bas les Yankees ! Vive la Confédération du Sud ! et certains d'entre eux jetèrent des coquilles d'huîtres sur le bateau, dont une frappa le barreur à la tête. « Retour d'eau ! Arrosez tout. Dur!" il cria; et comme la poupe du bateau approchait de la terre, il se leva et bondit au milieu de la foule comme un tigre. «Espèce de lâche, connard. Qui a lancé les obus ? Au début, personne ne répondit, mais un petit homme desséché finit par crier : « Je suppose que vous aurez des coquilles d'une autre sorte si vous restez ici plus longtemps. » Le marin hurlait de rage : « Eh bien, pauvres diables, je fouetterais n'importe quelle demi-douzaine d'entre vous, dents, couteaux et tout, en cinq minutes ; et mes garçons là-bas dans le bateau nettoieraient toute votre ville. Que veux-tu dire par aboyer contre le Stars and Stripes ? Voyez-vous ce navire ? » a-t-il crié en désignant le « Cumberland ». «Pourquoi les gars à son bord feraient-ils tomber tous les foutus sécessionnistes de votre État dans un bicorne en quelques secousses ! Et maintenant, qui vient ? L'invitation ne fut pas acceptée, et le marin se retira, les yeux furieux fixés sur le peuple, qui lui fit une sorte de gémissement ; mais cette fois, il n'y avait pas de coquilles d'huîtres. " Malgré son souffle, je vous le dis, " dit l'un d'eux, " il y a de bons hommes du vieux Virginny à bord de ce navire qui ne tireront jamais un coup de feu contre nous. " "Oh, nous la soignerons assez bien", remarqua un autre, "le moment venu." Je suis retourné dans ma chambre, je me suis assis et j'ai écrit pendant quelques heures. Le dîner à l'Atlantic Hotel était de nature à faire souhaiter que le désir de manger n'ait jamais été inventé. Mon voisin a dit qu'il n'était « pas tout à fait satisfait de cette affaire Sumter. Il n'y a personne tué ni blessé.

Le dimanche est une journée très ennuyeuse à Norfolk : pas de courrier, pas de poste, pas de bateau à vapeur ; et, au mieux, Norfolk doit être extrêmement ennuyeux. Le surintendant du Seaboard and Roanoke chemin de fer, ayant appris que j'allais me rendre à Charleston, m'a demandé d'offrir toutes les facilités en son pouvoir. Envoya Moïse avec des lettres au bureau de poste. La nuit, les moustiques étaient très agressifs et réussissaient. C'est le premier endroit où les chambres ne sont pas équipées de gaz. Une trempette de mouton m'a presque fait regretter ce fait.

CHAPITRE XII.

Portsmouth. — Voyage en train à travers la forêt. — Le grand marais lugubre. — Journaux américains. — Bétail en jeu. — Travail nègre. — Traversée de la forêt de pins. — Le drapeau confédéré. — Goldsborough. excitation populaire—Weldon—Wilmington—Le Comité de vigilance.

Lundi 15 avril . — Levé à l'aube. Traversé en ferry jusqu'à Portsmouth et arrivée à la gare, qui ne se trouvait nulle part en particulier, dans une rue où les rails étaient posés. M. Robinson, le surintendant, m'a donné la permission de prendre place dans le wagon-moteur, sur lequel je suis monté en conséquence, j'ai été dûment présenté, j'ai serré la main de l'ingénieur et du chauffeur, et j'ai pris place à côté de la chaudière. Peut-on donner une raison solide pour laquelle nous ne devrions pas avoir ces hangars à moteur ou ces voitures en Angleterre ? Ils sont constitués d'un cadre léger placé sur la liaison du moteur avec l'annexe, et dépassant de manière à inclure l'extrémité de la chaudière et le trou de chauffe. Ils protègent l'ingénieur de la pluie, de la tempête, du soleil ou de la poussière. Les fenêtres de chaque côté offrent une vue dégagée dans toutes les directions et l'ingénieur peut sortir sur le moteur lui-même par les portes situées à l'avant du hangar. Il y a tout juste de la place pour que quatre personnes puissent s'asseoir inconfortablement, les personnes à côté de la chaudière craignant continuellement de se rôtir les jambes au fourneau, et celles à côté de l'annexe risquant de recevoir des bûches de bois secouées sur leurs pieds. Néanmoins, j'ai rarement apprécié autre chose que ce voyage. Il est vrai que le plaisir était gâché par le manque de petit-déjeuner, car je ne pouvais pas supporter le gâteau de pâte et la tasse de méchanceté amère, aigre et grasse, appelée café, qui m'étaient présentées en remplacement de ce repas ce matin.

Mais la nouveauté de la scène que je traversais compensait la petite privation. Je ne parle pas des rues déchiquetées et des rangées de hangars que traversait le train, avec la grosse cloche du moteur sonnant comme si elle menaçait de mort les premiers cochons, coqs, poules, nègres et chiens qui marchaient entre les rails. — ces derniers, d'ailleurs, étaient toujours les premiers à partir — les nègres partageaient généralement avec les cochons l'honneur de se tenir le plus près du train — et je ne parle pas non plus des faubourgs misérables des cabanes en bois, ni des étendue de terres inondées en dehors de la ville. Après avoir dépassé tout cela, nous nous installâmes enfin à notre travail : le chauffeur démarrait, le moteur roulait sur le chemin accidenté entre les arbres qui commençaient maintenant à balayer autour de nous depuis l'horizon, où ils s'élevaient comme la rive d'une rivière ou les rives d'une mer, et bientôt nous nous enfonçâmes dans l'obscurité de la forêt primitive, luttant pour ainsi dire contre la dernière vague du déluge.

Le chemin de fer, quittant la terre, sauta hardiment dans les airs et fut transporté sur les plus fragiles entrelacs de bois ressemblant à des toiles d'araignées, bien au-dessus des eaux noires, d'où s'élevaient une végétation épaisse et des pousses de tiges noires d'arbres morts, mêlées aux troncs et aux branches. d'autres encore vivants, jetant une végétation des plus luxuriantes. Les tréteaux sur lesquels le train était porté, à en juger par l'œil, étaient de la moindre construction possible. Parfois, une série de tréteaux était placée au-dessus d'une autre, de sorte que les wagons couraient au niveau de la cime des arbres ; et, en baissant les yeux, nous apercevions, avant le passage du train, la surface d'encre des eaux, brisées en anneaux et agitées, autour des poutres de bois. Les arbres étaient drapés de longues lianes et de linceuls de mousse espagnole qui tombaient de branche en branche, étouffant les feuilles dans leur étreinte moite, ou s'agitant en plis pendants dans l'air. Les cyprès, les chênes verts, les cornouillers et les pins luttaient pour survivre avec l'eau, et autour de leurs tiges flottaient des paquets de bois, des restes et des égarés emportés des radeaux par l'inondation ou le butin oublié du bûcheron. Sur eux gisaient des tortues, des tortues et d'énormes grenouilles, qui relevaient la tête avec une curiosité paresseuse lorsque le train passait à toute vitesse, ou se laissaient tomber dans l'eau comme si la vue et le bruit étaient trop pour leurs nerfs. Un jour, un corps sombre et de plus grande taille s'est écrasé dans le courant qui marquait le cours d'une rivière. « Il y a parfois beaucoup d'alligaitors qui viennent ici », dit l'ingénieur en réponse à ma question ; "mais je n'en fais pas grand cas."

Lorsque les travaux de tréteaux cessèrent, la ligne se poursuivit par la même description de paysages, généralement au milieu de l'eau, sur de hauts talus continuellement coupés par des ruisseaux noirs et rapides, traversés par des ponts sur tréteaux de grande portée. L'étrange étendue que nous traversons est le « Dismal Swamp », un nom qui n'a dû exprimer qu'imparfaitement ses horreurs avant que le chemin de fer n'en ait traversé les environs, et que le canal, qui est construit au milieu, ait laissé des traces de la présence de l'homme. dans ce reste de la sortie du monde du déluge. Au centre de cette vaste désolation, il y a un grand lac, appelé « Lac Drummond », dans la jungle et des freins autour desquels les esclaves en fuite des plantations se sont longtemps hébergés, et une ou deux fois rassemblés des bandes de prédateurs, qui ont été pourchassés, brisés. et détruits comme des bêtes sauvages.

M. Robinson, un jeune homme d'environ vingt-sept ans, était un excellent représentant du jeune Américain : plein d'intelligence, instruit, un peu romantique malgré ses habitudes pratiques et traitant des faits, très attaché à la littérature, sinon au peuple, du moins du vieux pays ; et jusqu'ici convaincu que les ingénieurs anglais connaissaient quelque chose de leur métier, il était soucieux de montrer que les ingénieurs américains n'étaient pas derrière eux.

Il m'a posé des questions sur la politique de Washington avec autant d'intérêt que s'il n'avait jamais lu un journal. J'ai fait une remarque à cet effet. « Oh ! monsieur, nous ne pouvons pas croire, s'écria-t-il, un mot que nous lisons dans nos journaux. Ils racontent une histoire un jour, pour la contredire le lendemain. Nous ne savons jamais quand leur faire confiance, et c'est une des raisons, je crois, pour laquelle vous nous trouvez tous si désireux de poser des questions et d'obtenir des informations auprès des messieurs que nous rencontrons en voyage. De l'avenir, il parlait avec appréhension ; « Mais, dit-il, je représente ici les intérêts d'un grand nombre d'actionnaires du Nord, et je ferai de mon mieux pour eux. S'il s'ensuit des coups après cela, ils perdront tout, et je devrai me tenir aux côtés de mes propres amis du Sud, même si je n'en fais pas partie.

Alors nous continuons à parler, jusqu'à ce que la scène, au début si attrayante, devienne morne et monotone, et que je me lasse de chercher de plus grosses tortues ou plus d'alligators. Le silence de ces bois est oppressant. Il n'y a aucun signe de vie là où le train passe dans l'eau, sauf parmi les créatures amphibies. Après un certain temps, cependant, lorsque nous sortons du marais et entrons dans une zone sèche, on peut voir des bovins sauvages et déguenillés nous regardant à travers les arbres, ou se précipitant par-dessus la barrière, et des troupeaux de porcs, presque au milieu des arbres. scène de sanglier, foncez à découvert. Ensuite, l'ingénieur ouvre la vanne ; le rugissement sonore du moteur résonne à travers les bois, et de temps en temps il y a une petite excitation provoquée par une course entre un cochon et le moteur, et le cochon est parfois fouetté de ses jambes par le lève-vaches et hissé volatile dans le fossé d'un côté. Cependant, lorsqu'un troupeau de bovins entre en jeu et se bat, l'affaire est sérieuse. Le klaxon à vapeur retentit, la cloche sonne, et la vapeur est évacuée, et tous les moyens sont utilisés pour échapper à la collision ; car la compagnie de chemin de fer est obligée de payer le propriétaire pour tous les animaux que les trains tuent, et le corps d'une vache sur l'un de ces pauvres rails est un obstacle suffisant pour faire tomber la machine et « nous envoyer au fracas immortel ».

Il nous fallut longtemps avant de voir des ouvriers ou des gardes sur la ligne ; mais à un endroit, je suis sorti pour voir la cabane d'un des gardiens de la route. C'était un bâtiment en rondins d'environ 20 pieds. de long par 12 pieds. large, faite de la manière la plus grossière, avec un toit en terre et de la boue bourrée et plâtrée entre les rondins pour empêcher la pluie d'entrer. Bien que la journée fût extrêmement chaude, il y avait deux bûches qui flambaient dans l'âtre, au-dessus desquelles était suspendue une marmite de pommes de terre. L'air à l'intérieur était étouffant et les poutres noires du toit luisaient d'une sueur moite provenant de la fumée et des vapeurs malsaines. Il n'y avait pas un meuble, sauf un gros coffre et un petit tabouret, dans la place ; une tasse et une tasse de thé étaient posées sur une étagère grossière clouée au mur. Le propriétaire de cet établissement, un gros nègre, s'occupait activement avec d'autres de « boiser » la machine à partir du tas de bois coupé au bord de la route. La nécessité d'arrêt provoquée par la consommation rapide est l'une des _désagréments_contraintes du bois de feu. Le bois est coupé et empilé sur des plates-formes, à certains intervalles le long de la ligne ; et la quantité utilisée est imputée à l'entreprise à raison d'un montant par accord. Le nègre était l'un des nombreux esclaves loués à l'entreprise. Les hommes blancs ne faisaient pas le travail ou coûtaient trop cher ; mais les surveillants et les gangsters étaient des Blancs. « Comment peuvent-ils supporter ce feu dans la cabane ? "Bien. Si vous y alliez pendant la journée la plus chaude de l'été, vous trouveriez les nègres assis près de bûches de pin flamboyantes, et ils dorment la nuit, ou le jour lorsqu'ils ont mangé à leur faim, de la même manière. Mon ami, cependant, ne semblait pas comprendre qu'un pays puisse vivre sans ouvriers noirs.

Peu à peu, nous avons dépassé les marécages et sommes arrivés à des parcelles de terrain défriché, c'est-à-dire des _forest had been_coupes, et les seules traces qui en restaient étaient les souches, hautes d'environ quatre ou cinq pieds, « accrochées » au-dessus du sol ; ou bien les arbres avaient été ceinturés de manière à les tuer, et les troncs noirs et les bras raides donnaient à l'endroit un air de maigre mélancolie et d'abandon, tout à fait opposé à leur état réel. Ici, la forêt et les marécages normaux avaient été soumis à l'homme. Bientôt nous arrivâmes en vue d'un drapeau flottant au sommet d'un pin élevé, qui avait été dépouillé de ses branches, jetant en l'air de larges barres rouges et blanches, avec un carré bleu dans la partie supérieure contenant sept étoiles. « C'est notre drapeau », dit l'ingénieur, qui était un homme calme, très enclin à faire tourner les robinets à vapeur, à examiner les jauges, à s'essuyer les mains avec des mouchoirs improvisés et pelucheux et à fumer du tabac. « C'est notre drapeau ! Et puisse-t-il flotter longtemps — sur le pays de la liberté et la maison de la ber-rave ! » À notre passage, une petite foule d'hommes, de femmes et d'enfants de toutes couleurs, devant un groupe de pauvres baraques ou cabanes en rondins en ruine, applaudissaient - pour parler plus exactement - criaient et criaient avec véhémence. Le cri a été renvoyé par les passagers du train. « Nous sommes tous de la bonne espèce par ici », dit l'ingénieur. « Hourra pour Jeff Davis ! » En tout cas, les bons types n'étaient pas particulièrement épanouis extérieurement. Les femmes, au visage pâle, étaient vulgaires et en haillons ; les hommes, jaunes, miteux. Pour la première fois aux États-Unis, j'ai remarqué des gens pieds nus.

Alors commença une autre phase du paysage : une forêt de pins interminable, à perte de vue, masquant la lumière de chaque côté par un mur de bois. De cette forêt sortait la plus forte odeur de térébenthine ; bientôt des traînées noires de fumée flottaient hors du bois, et çà et là nous traversions des espaces dégagés, où, dans des fourneaux et des usines d'apparence grossière, des gens plus sordides et misérables qu'auparavant préparaient de la poix, du goudron, de la térébenthine, de la résine et d'autres provisions navales. , pour laquelle cette partie de la Caroline du Nord est célèbre. Les tiges des arbres alentour sont marquées par des cicatrices blanches, où ont lieu les saignées pour la térébenthine, et de nombreux troncs morts témoignent de la fin du processus.

Encore une fois, au-dessus d'un autre village de rondins, un drapeau confédéré flottait dans les airs ; et les gens sont sortis en courant, les nègres et tout le monde, et ont applaudi comme avant. Le nouveau drapeau n'est pas aussi éclatant et criard que le drapeau étoilé ; mais, à distance, lorsque les plis pendent ensemble, il y a une ressemblance considérable dans l'effet général des deux. Si jamais un véritable *sentiment du drapeau* s'élève au Sud, il sera en effet difficile au Nord de restaurer l'Union. Ces morceaux de banderoles colorées semblent s'entrelacer à travers le cœur et le cerveau.

Les gares le long de la route s'agrandissent progressivement et, au lieu d'une petite guérite à côté d'un tas de bois, il y a trois ou quatre maisons en bois, un quai, un bureau de réservation, une « bourse » ou buvette et des magasins généraux. , comme les magasins d'articles variés dans une ville irlandaise. Autour d'elles poussaient encore la forêt éternelle, ou des parcelles de terrain défriché parsemées de souches noires. Ces stations ont des noms très grands, et les magasins sont décorés de titres retentissants ; les « salons de billard » et les « restaurants » ne manquent pas non plus. Nous trouvions généralement un groupe de personnes attendant à chacune d'entre elles ; et c'était vraiment très étonnant de voir des hommes et des femmes bien habillés et d'apparence respectable émerger du « marais lugubre » et des profondeurs de la forêt, avec des parasols en soie et des crinolines, des boîtes à musique et des porte-manteaux, dans l'atmosphère la plus civilisée. style. Il y avait toujours des nègres, hommes et femmes, qui accompagnaient les voyageurs, s'occupant des bagages ou des bébés, et paraissant assez à l'aise, mais pas heureux. La seule preuve de la bonne humeur et du bonheur de ces gens que j'ai vue était celle d'un certain nombre d'hommes qui sortaient d'une plantation pour aller pêcher sur la côte. Eux et leurs épouses et sœurs, vêtus de leurs plus beaux atours, c'est-à-dire de leurs couleurs les plus vives, souriaient jusqu'aux oreilles en se disant au revoir. Le nègre aime la douce excitation de la pêche en mer et, en la poursuivant, il se sent momentanément libre.

A Goldsborough, qui est la première place importante sur la ligne, la vague de la marée sécessionniste nous frappa en pleine carrière. La gare, les hôtels, la rue où passait le rail étaient remplis d'une foule excitée, tous armés, avec des signes ici et là d'une envie de revêtir une sorte d'uniforme - visages rouges, yeux hagards, bouches hurlantes, hourras. pour « Jeff Davis » et « The Southern Confederacy », de sorte que les cris ont dominé les groupes discordants qui s'occupaient de « Dixie's Land ». C'était là que la véritable fureur révolutionnaire battait son plein. Les hommes se harcelaient, juraient, acclamaient et se giflaient dans le dos ; les femmes, en grande forme, agitaient des mouchoirs et jetaient des guirlandes aux fenêtres. Tout n'était que bruit, poussière et patriotisme.

C'était un spectacle étrange et un événement merveilleux auquel nous assistions. Ces hommes étaient une levée de la population de la Caroline du Nord appelée par le gouverneur de l'État dans le but de s'emparer des forts Caswell et Macon, appartenant au gouvernement fédéral, et laissés sans protection ni défense. L'enthousiasme des « citoyens » était sans limite, et il n'était pas non plus totalement exempt d'une teinte d'alcool. Beaucoup de volontaires avaient des fusils à feu en silex, seuls quelques-uns avaient des fusils. Toutes sortes de coiffures étaient visibles, et des casquettes, des ceintures et des bourses d'une infinie variété. Un homme en grand éveillé, avec une plume de coq dedans, une redingote bleue, une ceinture rouge et une paire de pantalons de coton enfoncés dans ses bottes, sortit de l'hôtel de Griswold avec une épée sous le bras, et un article, qui aurait pu être une serviette de longue durée, dans une main. Il agita l'article avec enthousiasme, se balançant d'avant en arrière sur ses jambes et éjaculant "H'ra pour Jeff Dav's—H'ra pour S'thern E'r'rights !" et se dirigea vers la voiture en chancelant, au milieu de la foule, au milieu de la violente vibration de tous les mouchoirs des dames au balcon. Au moment où il montait dans le train, un homme en uniforme se précipita après lui et l'attrapa par le coude en s'écriant : « Ce ne sont pas les wagons, Général ! Les voitures par ici, Général ! » Mais le dignitaire militaire estimait que s'il accordait de telles libertés à l'heure de la victoire, il était dégradé à jamais. Aussi, retroussant les lèvres et ayant l'air grave et grandiose, il procéda ainsi : « Sergent, allez être…. Je dis que ce sont mes voitures ! Ce sont *toutes* mes voitures ! Je les enverrai où je veux – à – si je veux, monsieur. Ils iront où je veux : à New York, monsieur, ou à la Nouvelle-Orléans, monsieur ! Et… monsieur, je vais vous arrêter. Cette fameuse idée détourna l'attention du général de son projet de monter dans le train, et en murmurant : « Je vais vous arrêter », il vira de bord en avant et en arrière jusqu'à l'hôtel.

Alors que le train commençait son voyage, il y eut de nouveaux cris qui fendirent l'oreille – un cri sauvage bien plus haut que les acclamations les plus retentissantes. À l'auberge au bord de la route, où nous dînions – *la pièce de résistance* étant le cochon – les servantes, des négresses belles, bien habillées et propres, étaient des esclaves – « valant mille dollars chacune ». Je ne suis favorablement impressionné ni par la nourriture, ni par le mode de vie, ni par les manières de la société. Un homme a fait des blagues très grossières sur « Abe Lincoln » et les « filles noires », que seules une passion partisane extrême et du mauvais goût pouvaient tolérer. Plusieurs des passagers étaient employés dans des bureaux du gouvernement à Washington et avaient été licenciés parce qu'ils ne voulaient pas prêter serment d'allégeance. Ils s'enfuyaient pleins de zèle et de patriotisme pour offrir leurs services au gouvernement Montgomery.

<hr>

J'avais été l'objet de nombreuses attentions et courtoisies de la part des messieurs du train pendant mon voyage. L'un d'eux, qui me dit qu'il était un dignitaire municipal de Weldon, ayant épuisé toutes les incitations qu'il pouvait imaginer pour m'engager à y passer quelque temps, enfin, en désespoir de cause, me dit qu'il serait heureux de me montrer « le antiquités du lieu. Weldôn est un récent soulèvement de maisons en bois et en rondins provenant des marais, et il serait surprenant pour les archéologues du monde entier d'y trouver quoi que ce soit d'antique.

À la tombée de la nuit, le train s'est arrêté à Wilmington et j'ai été abattu sur un quai sous un hangar pour faire de mon mieux. Dans une pièce longue, haute et sans confort, semblable à une grange, qui jouxtait la plate-forme, il y avait une table recouverte d'un linge sale, sur laquelle étaient posés des petits plats de cornichons, de poisson, de viande et de pommes de terre, autour desquels étaient assis quelques-uns. de nos compagnons de voyage. L'égalité de tous les hommes est douloureusement illustrée lorsque votre voisin de table mange avec son couteau, en trempe le bout dans le sel et ne tient pas compte de l'objet et du bout des serviettes. Mais cela est encore plus désagréable lorsqu'on considère que tout homme qui vient dans une auberge a le droit de partager votre lit. J'ai demandé une chambre, mais on m'a répondu qu'il y avait tellement de monde en ce moment qu'il n'était pas possible de m'en donner une pour moi seul ; mais finalement j'ai conclu un marché pour la possession exclusive. Cependant, lorsque le train suivant arriva, la femme me demanda très froidement si j'avais quelque objection à ce qu'un passager partage mon lit, et parut très mécontente de mon refus ; et j'aperçus trois hommes à grande barbe qui ronflaient endormis dans un lit dans la chambre voisine du mien, tandis que je traversais le couloir menant à la salle à manger.

L'« artiste » Moïse, qui était allé à la poste avec ma lettre, revint après une longue absence, pâle et agité. Il dit avoir été attaqué par le Comité de Vigilance, plutôt ivre et très curieux. Ils hantaient l'enceinte de la poste et de la gare pour repérer les Lincolnites et les abolitionnistes, et étaient obligés de rester bien éveillés en se rendant fréquemment dans les bars adjacents, et il avait eu du mal à les dissuader de me rendre visite. Ils l'interrogeèrent sur mon opinion sur la sécession et désirèrent avoir une audience avec moi afin de me donner tous les renseignements qui pourraient être nécessaires. Je ne saurais dire quelle réponse fut donnée à leurs questions ; mais j'ai certainement refusé d'avoir un entretien avec le comité de vigilance de

Wilmington et j'étais heureux qu'ils ne me dérangent pas. Le repos, cependant, était peu ou pas du tout. J'aurais aussi bien pu dormir sur le quai de la gare, à l'extérieur. Les trains qui entraient et sortaient secouaient la chambre et le lit sur lequel j'étais allongé, et les moteurs reniflaient, soufflaient, rugissaient, sifflaient et sonnaient des cloches près de mon trou de serrure.

CHAPITRE XIII.

Croquis autour de Wilmington – Opinion publique – Approche de Charleston et de Fort Sumter – Introduction au général Beauregard – Ex-gouverneur Manning – Conversation sur les chances de la guerre – « King Cotton » et l'Angleterre – Visite de Fort Sumter – Marché à Charleston.

Tôt le lendemain matin, peu après l'aube, je traversai la rivière Cape Fear, sur laquelle est située Wilmington, sur un ferry à vapeur. Sur le quai gisaient des quantités de grenailles et d'obus. « Comment sont-ils arrivés ici ? » J'ai demandé. « Ce sont des pilules anti-abolitionnistes », dit mon voisin ; "Ils attendaient ici depuis deux mois, mais maintenant que Sumter est pris, je suppose qu'ils ne seront plus recherchés." À mon avis, cette conclusion n'était en aucun cas légitime. D'après le petit coup d'œil que j'avais de Wilmington, avec sa flotte de goélettes et de bricks qui encombraient le fleuve large et rapide, je devrais penser que c'était un endroit prospère. Des drapeaux confédérés flottaient sur les édifices publics, et on m'informa que les forts avaient été saisis sans opposition ni difficulté. Je ne vois ici aucun signe de « l'affection pour l'Union », qui, selon M. Seward, est à la base de toutes les « tendances à la sécession ».

Tandis que nous traversions le pays plat et sans intérêt que traverse le chemin de fer, les drapeaux et les sentiments confédérés nous saluaient partout ; hommes et femmes répétaient le cri national ; à chaque gare, des miliciens et des volontaires attendaient le train, et le mot éternel « Sumter » parcourait toutes les conversations dans les wagons.

Les Caroliniens sont capables de former une bonne force de cavalerie. À chaque halte, j'observais des chevaux de selle attachés sous les arbres et des véhicules légers, tirés par des animaux musclés et nerveux, peu remarquables par leur taille, mais d'apparence forte et active. Quelques fermiers en veste bleue, galons et parements jaunes, remirent leurs épées pour être admirés par la compagnie. Quelques lames avaient éclaté lors d'obscures escarmouches mexicaines – l'une d'elles, cependant, avait été dirigée contre « les Britanniques ». Je m'enquis auprès d'un beau jeune homme, grand et blond, qu'ils espéraient combattre. «C'est plus que je ne peux en dire», dit-il. "Les Yankees ne sont pas assez idiots pour penser qu'ils peuvent venir ici et nous fouetter, sans parler des Britanniques." "Pourquoi, qu'est-ce que les Britanniques ont à voir avec ça ?" "Ils sont obligés de prendre notre part : s'ils ne le font pas, nous leur donnerons juste un indice sur le coton, et cela arrangera les choses." Cela a été dit avec l'air d'un homme qui sait de quoi il parle et qui était très satisfait « de vous avoir là ». J'ai trouvé que la plupart des gens, en particulier un ou deux membres du beau sexe, étaient toujours mécontents que davantage de Yankees ne soient pas tués à Sumter. Tous les gens qui s'adressaient à moi faisaient préfixer mon nom, ce qu'ils découvrirent bientôt, par « Major » ou « Colonel » – « Capitaine » est très bas, presque une indication de mépris. Le conducteur qui prenait nos billets s'appelait « Capitaine ».

À la rivière Peedee, le rail traverse les marais et les ruisseaux sur des chevalets sur une distance de deux milles. « C'est le genre de pays dans lequel nous attraperons les Yankees s'ils viennent nous envahir. Ils nageront assez haut et se feront frapper à la tête si jamais ils arrivent à atterrir. J'aurais aimé qu'il y ait dix mille jurons dedans cette minute. A la gare de Nichol, aux frontières de la Caroline du Sud, nos bagages étaient régulièrement examinés à la douane, mais je ne vis personne payer les droits. Alors que le train approchait du terrain plat et marécageux près de Charleston, le bloc carré de Fort Sumter a été vu s'élever au-dessus de l'eau avec les « étoiles et barres » survolant dessus, et le spectacle a suscité un grand enthousiasme parmi les passagers. La fumée montait toujours d'un angle des murs. En dehors des faubourgs de la ville, aux allures de village, un régiment marchait vers le vieux Virginny, sous les acclamations du peuple ; la cavalerie était en piquet dans les champs et les jardins ; des tentes et des hommes étaient visibles dans les rues.

Il faisait presque nuit lorsque nous arrivâmes à la gare. On me recommanda d'aller à Mills House, et en y arrivant j'y trouvai M. Ward, que j'avais déjà rencontré à New York et à Washington, et qui me raconta le bombardement et la reddition du fort. L'hôtel regorgeait de personnalités. J'ai été présenté à l'ancien gouverneur Manning, le sénateur Chesnut, l'hon. Porcher Miles, de l'état-major du général Beauregard, et du colonel Lucas, aide de camp du gouverneur Pickens. Après le dîner, je fus emmené et présenté au général Beauregard, qui, bien que tardivement, était occupé dans sa chambre au quartier général à rédiger des dépêches. Le général est un homme petit et compact, âgé d'environ trente-six ans, avec un œil et une action vifs et intelligents, et une bonne partie du Français dans ses manières et son apparence. Il me reçut de la manière la plus cordiale et me présenta à son officier mécanicien, le major Whiting, qu'il chargea de me conduire pour les travaux du lendemain.

Après quelque conversation générale, je pris congé ; mais avant que je parte, le général dit : « Vous irez partout et vous verrez tout ; nous comptons sur votre discrétion et votre connaissance de ce qui est juste pour traiter ce que vous voyez. Bien sûr, on ne s'attend pas à trouver dans nos camps des soldats réguliers ou des ouvrages très scientifiques.» Je répondis au général qu'il pouvait compter sur moi pour ne pas faire un usage abusif de ce que j'ai vu dans ce pays, mais, « à moins que vous ne me disiez le contraire, j'écrirai un récit de tout ce que je vois de l'autre côté de l'eau. , et si, quand cela reviendra, il y a des choses que vous auriez préféré ne pas savoir, vous ne devez pas m'en vouloir. Il sourit et dit : « J'ose dire que nous aurons de grands changements d'ici là. »

Ce soir-là, je me suis assis au club de Charleston avec John Manning. Qui l'a jamais rencontré peut être indifférent aux charmes des manières et de l'apparence personnelle qui rendent l'ancien gouverneur de l'État si attrayant ? Il y avait d'autres présents, sénateurs ou membres du Congrès, comme M. Chesnut et M. Porcher Miles. Nous parlâmes longuement, et enfin avec colère, comme cela pourrait l'être entre amis, des affaires politiques.

J'avoue que c'était un peu irritant pour moi d'entendre des hommes se livrer à des menaces extravagantes et à des rhodomontades, telles qu'elles sortaient de leurs lèvres. « Ils accueilleraient le monde en armes, avec des mains hospitalières, sur des tombes sanglantes. » "Ils n'ont jamais pu être conquis." « La création n'a pas pu le faire », et ainsi de suite. J'ai d'abord été obligé d'aborder la question tranquillement, de leur demander « s'ils admettaient que les Français étaient un peuple courageux et guerrier ! » "Oui certainement." « Pensez-vous que vous pourriez mieux vous défendre contre l'invasion que le peuple français ? "Et bien non; mais nous ferions en sorte que ce soit une affaire assez difficile pour les Yankees. « Supposons que les Yankees, comme vous les appelez, arrivent avec une telle prépondérance d'hommes et de matériel qu'ils soient trois contre un, ne serez-vous pas obligé de vous soumettre ? " Jamais ". " Alors ou bien vous êtes plus courageux, mieux disciplinés, plus guerriers que le peuple et les soldats de France, ou bien vous seul, de toutes les nations du monde, possédez les moyens de résister aux lois physiques qui prévalent dans la guerre, comme dans d'autres affaires de la vie. "Non. Les Yankees sont de lâches coquins. Nous l'avons prouvé en leur donnant des coups de pied et des menottes jusqu'à en avoir assez ; d'ailleurs, nous connaissons très bien John Bull. Au début, il fera tout un plat de la non-ingérence, mais quand il commencera à vouloir du coton, il quittera son perchoir. J'ai trouvé que c'était l'idée fixe partout. La doctrine selon laquelle « le coton est roi » – pour nous qui n'avons pas beaucoup considéré la question comme une illusion grave ou un bavardage insignifiant – est pour eux une foi vivante et toute-puissante, sans hérésies ni schismes distrayants. Ils y ont exprimé toute leur croyance, et en fait il y a une part de vérité là-dedans, dans la mesure où, année après année, grâce aux stimulants du charbon, du capital et des machines, nous avons mis au point une manufacture sur laquelle quatre ou cinq millions de nos citoyens ont travaillé. la population dépend du pain et de la vie, qui ne peuvent être assurées sans l'aide d'une nation, qui peut à tout moment nous refuser un approvisionnement suffisant, ou être privée de ce moyen par la guerre.

L'économie politique, nous le savons bien, est une science noble, mais ses adeptes sont capables, dans la pratique, d'énormes absurdités. La dépendance d'une si grande proportion du peuple anglais à l'égard de ce seul article de

coton américain présente le plus grand danger pour notre honneur et pour
notre prospérité. Voilà ces messieurs du Sud exultant de leur pouvoir de
contrôler la politique de la Grande-Bretagne, et ce n'était pour moi qu'une
maigre consolation de leur assurer qu'ils se trompaient ; si nous n'agissions
pas comme ils l'avaient prévu, on ne pouvait nier que la Grande-Bretagne
plongerait une immense proportion de sa population – une nation de
fabricants – dans le paupérisme, ce qui devrait la rendre dépendante des
fonds nationaux, ou plus exactement de la propriété. et le capital accumulé
du district.

Vers 20h30, UNE cloche grave commença à sonner. "Qu'est-ce que c'est?" «
Il appartient à tous les gens de couleur de quitter les rues et de rentrer chez
eux. Les gardes arrêteront dans une demi-heure tous ceux qui sont
découverts sans laissez-passer. Il y avait beaucoup de bruit dans les rues, des
tambours battant, des hommes applaudissant et marchant, et l'hôtel est
rempli de soldats.

17 avril. — Les rues de Charleston présentent un aspect semblable à celles de
Paris sous la dernière révolution. Des foules d'hommes armés chantent et se
promènent dans les rues. Le sang de bataille qui coule dans leurs veines, cet
oxygène brûlant sur la joue qu'on appelle « la rougeur de la victoire » ;
restaurants pleins, salles de bar bondées, salles de club bondées, orgies et
réjouissances dans les tavernes ou les maisons privées, dans les bars, au
cabaret, dans les ruelles étroites, sur la grande route. Sumter les a désemparés
; jamais il n'y eut une telle victoire ; jamais des garçons aussi courageux ;
jamais un tel combat. Il existe des brochures déjà pleines de l'incident. C'est
un Waterloo ou un Solférino exsangue.

Après le petit déjeuner, je descendis au quai, avec un groupe de l'état-major
du général, pour visiter le fort Sumter. Les sénateurs et les gouverneurs
devenus soldats portaient des casquettes militaires bleues sur lesquelles
étaient brodés des « palmiers » ; des redingotes bleues, à col droit et à bretelles
bordées de dentelle et marquées de deux barres d'argent, pour désigner leur
grade de capitaine ; boutons dorés, avec le palmetto en relief ; un pantalon
bleu avec un cordon en dentelle dorée et des éperons en laiton, sans bretelles.
La journée était étouffante, mais une forte brise soufflait dans le port et
soulevait la poussière de Charleston, enduit nos vêtements et remplissant nos
yeux de poudre. Les rues étaient encombrées de garçons dégingandés,
d'éperons et de sabres cliquetants, d'escouades maladroites marchant de long
en large, de tambours battant des cris, des volants et des points de guerre ;
autour d'eux, des groupes de nègres souriants, ravis de l'éclat et des paillettes,
de vacances et d'une nouvelle idée pour eux – des drapeaux de sécession
flottant à toutes les fenêtres – des petits garçons irlandais criant : « Bataille
de Fort Sumter ! Nouvel edishun ! » — Alors que nous descendions vers le
quai, où se trouvait le paquebot, de nombreuses traces de l'état instable des

esprits éclataient dans les conversations précipitées des différents amis qui s'arrêtaient pour parler quelques instants. "Eh bien, gouverneur, l'ancienne Union a enfin disparu !" "Avez-vous entendu ce qu'Abe va faire?" «Je ne pense pas que Beauregard aura encore beaucoup à se battre pour cela. Qu'en penses-tu?" Et ainsi de suite. Soit dit en passant, notre petit ami créole est populaire au-delà de toute description. Il y a toutes sortes de rimes doggerel en son honneur, dont une avec un refrain :

« Avec canon et mousquet, avec obus et pétard,

Nous saluons le Nord avec notre Beau-regard »—

est très favorable.

Nous passons par le marché, où les étals sont tenus par de grosses négresses et de vieux malfaiteurs. Il y a ici une sorte de vautour ou de buse, très encouragés comme charognards, et — mais tout le monde a entendu parler des vautours de Charleston — nous les laisserons donc à leurs ordures. Près du quai où se trouvait le paquebot , il y a un très bel édifice en marbre blanc qui a attiré notre attention. Elle était inachevée et d'immenses blocs de pierre scintillante destinés à son achèvement gisaient sur le sol. "Qu'est-ce que c'est?" J'ai demandé. "Eh bien, c'est une douane que l'oncle Sam a construite pour notre bénéfice, mais je ne pense pas qu'il en tirera un jour un centime pour son trésor." "Voulez-vous le terminer?" «Je devrais penser que non. Nous nous assignerons peu de devoirs ; et ce que nous voulons, c'est le libre-échange, et aucun droit de douane, sauf pour des raisons publiques. Les Yankees nous ont pillés depuis assez longtemps avec leurs douanes et leurs fonctions. Un vieux monsieur nous a arrêtés. « Vous me ferez la plus grande faveur, dit-il à un membre de notre parti qui le connaissait, si vous me trouvez quelque chose à faire pour notre glorieuse cause. Aussi vieux que je sois, je peux porter un mousquet, pas loin, bien sûr, mais je peux tuer un Yankee s'il s'approche. Après son départ, mon ami m'a dit que l'orateur était un homme fortuné, dont deux fils étaient au camp à Morris' Island, mais qu'il était soupçonné de sentiments syndicaux, car il avait une femme du Nord, d'où son extrême véhémence. et la dévotion.

CHAPITRE XIV.

Il y avait une grande foule autour de la jetée qui regardait les hommes en uniforme sur le bateau, qui était rempli de bottes de marchandises, de magasins d'intendance, de bottes de foin et de paniers, de fournitures pour l'armée de volontaires sur l'île Morris. J'ai été amusé par les noms des différents corps, « Tigres », « Lions », « Scorpions », « Palmetto Eagles », « Gardes », de Pickens, Sumter, Marion et de diverses autres dénominations, peints sur les boîtes. La formation originelle de ces volontaires se fait en compagnies, et ils ne connaissent rien aux bataillons ni aux régiments. La tendance dans les élans volontaires est parfois de satisfaire la plus grande vanité du plus grand nombre. Ces compagnies ne rassemblent pas plus de cinquante ou soixante hommes. Certains étaient des « dandys » et des « gros » et affectaient de mépriser leurs voisins et camarades. Le major Whiting m'a dit qu'il était difficile de les amener à obéir aux ordres au début, car chacun avait l'idée qu'il était un aussi bon ingénieur que n'importe qui d'autre, « et bien mieux, si l'on en arrivait à cela ». Il était facile de comprendre que c'était la vieille histoire des volontaires et des réguliers dans cette petite armée.

Alors que nous montions sur le pont, le major aperçut un certain nombre d'individus rudes, à l'air long, vêtus de grossières tuniques grises, avec des boutons d'étain et des tresses de laine, allongés sur les bottes de foin et fumant leurs cigares. « Messieurs, dit-il très courtoisement, vous m'obligerez à ne pas fumer sur le foin. Il y a de la poudre en dessous. « Je ne crois pas que nous allons brûler le foin cette fois, noyau », fut la réponse, « et de toute façon, nous l'éteindrons avant qu'il n'atteigne les « bustibles », et ils ont continué à fumer. Le major grogna, pire encore, et s'éloigna.

Parmi les passagers se trouvaient quelques-uns de mes frères appartenant aux journaux new-yorkais et locaux. Je vis peu de temps après une description du voyage par un de ces messieurs, dans laquelle il le décrivait comme une affaire montée spécialement pour lui, probablement pour se venger de ses persécuteurs militaires, car il s'était plaint à moi le soir. auparavant, que le chef d'état-major du général Beauregard lui avait dit de se rendre à ———, lorsqu'il s'adressait au quartier général pour obtenir des renseignements. J'ai constaté, d'après le ton et l'apparence de mes amis, que ces messieurs littéraires étaient reçus avec une grande défaveur, et le major Whiting, qui est bibliomane et qui a un très grand goût pour les meilleurs écrivains anglais, ne pouvait cacher sa répugnance et son antipathie à l'égard de ces hommes. mes malheureux confrères . « Si je pouvais, je les jetterais à l'eau ; mais le général leur a donné l'ordre de monter à bord. Ce sont ces gars-là qui ont causé tous ces problèmes dans notre pays.

Les traces d'aversion à l'égard de la liberté de la presse, que j'ai découvertes, à mon grand étonnement, dans le Nord, sont plus larges et plus profondes dans le Sud, et elles ne s'accompagnent pas des signes de crainte de son pouvoir qui existent à New York. où l'on parle des chefs des journaux les plus notoires, tout comme on aurait pu parler dans les villes italiennes d'autrefois du plus infâme bravo ou du chef de quelque bande d'assassins. Whiting se réconforta en pensant qu'ils auraient bientôt les doigts dans un étau, puis, sortant un petit drap en lambeaux, se tourna brusquement vers son représentant et entreprit de donner la contradiction la plus totale à la plupart des déclarations contenues dans « le des détails complets et précis sur le bombardement et la chute du fort Sumter », dans ledit journal, que la personne en question écoutait avec une douceur et une contrition convenables. « Si je savais qui l'a écrit, dit le major, je le lui ferais manger. »

Je fus présenté à de nombreux juges, colonels et autres membres de la masse de la société à bord, et, « après des compliments », comme disent les Orientaux, on me demanda généralement, en premier lieu, ce que je pensais de la capture de Sumter. et dans le second, ce que ferait l'Angleterre lorsque la nouvelle parviendrait de l'autre côté. Déjà les Caroliniens considèrent les États du Nord comme un ennemi étranger et détesté, et entretiennent ou professent une immense affection pour la Grande-Bretagne.

Lorsque nous eûmes embarqué tous nos passagers, les neuf dixièmes d'entre eux en uniforme, et une plus grande proportion occupés à mâcher, le coup de sifflet retentit et le bateau à vapeur quitta le quai dans l'eau boueuse jaunâtre de la rivière Ashley, qui est une crique. de la mer, avec un ruisseau se jetant dans les eaux d'amont à une certaine distance.

La rive en face de Charleston est distante de plus d'un mille et est basse et sablonneuse, couverte çà et là de parcelles de végétation brillante et de longues rangées d'arbres. Elle est coupée de criques qui la divisent en îles, de sorte que des passages vers la mer existent entre certaines d'entre elles pour les embarcations légères, bien que la navigation soit perplexe et difficile. La ville se trouve sur un éperon ou promontoire entre les rivières Ashley et Cooper, et le terrain derrière elle est divisé de la même manière par des ruisseaux similaires, et est sablonneux et léger, portant néanmoins de très belles récoltes et des arbres d'une végétation magnifique. . Les clochers, les dômes des édifices publics, les rangées d'entrepôts massifs et de magasins de coton sur les quais et les couleurs vives des maisons rendent l'apparence de Charleston, vue du bord du fleuve, plutôt imposante. Sur les têtes de mât des quelques grands navires dans le port flottait le drapeau confédéré. En regardant à notre droite, le même étendard était visible, ondulant sur les parapets bas et blancs des travaux de terrassement qui avaient été entrepris pour réduire Sumter.

Cette forteresse dont on parle tant se trouvait maintenant à environ deux milles devant nous, émergeant de l'eau près du milieu du passage vers la mer entre l' île James et l'île Sullivan. Il me parut d'abord ressembler à l'un des plus petits forts au large de Cronstadt, mais une inspection plus approfondie en diminua beaucoup son importance ; le matériau est de la brique et non de la pierre, et la taille du lieu est exagérée par le fond bas et par le contraste avec la ligne de mer. Le terrain se contracte des deux côtés en face du fort, une projection de l'île Morris, appelée « pointe Cumming », s'étendant sur la gauche. Il y a un promontoire semblable de l'île Sullivan, sur lequel est érigé le fort Moultrie, à droite de l'entrée de la mer. Le château Pinckney, qui se dresse sur une petite île à la sortie de la rivière Cooper, est un lieu sans importance, et il était trop loin de Sumter pour prendre part au bombardement : les mêmes remarques s'appliquent au fort Johnson sur l'île James. , sur la rive droite de la rivière Ashley en aval de Charleston. Les ouvrages qui firent le mal furent les batteries de sable de l'île Morris, à Cumming's Point et à Fort Moultrie. La batterie flottante, recouverte de ferraille, se trouvait très loin et n'aurait pas pu contribuer beaucoup au résultat.

En approchant de l'île Morris, qui est une accumulation de sable recouverte de monticules de la même matière, sur laquelle se trouve une végétation rare alternant avec des marais salés, nous apercevons au loin quelques tentes parmi les dunes. Les batteries de sacs de sable et un vilain parapet noir, avec des canons pointant par les hublots comme s'ils étaient du côté d'un navire, s'étendaient devant nous. Autour d'eux, les hommes grouillaient comme des fourmis, et une foule en uniforme était rassemblée sur la plage pour nous recevoir alors que nous débarquions du bateau du paquebot, tous avides de nouvelles, de provisions et de journaux, dont un immense vol s'abattit immédiatement sur nous. eux. Une garde avec des baïonnettes croisées d'une manière très bizarre empêchait toute personne non autorisée de débarquer. Ils portaient la veste et le pantalon gris grossier universels, à galon de laine et à revers jaunes, des casquettes grossières, des boutons de plomb estampés du palmier nain. Leurs fusées non bronzées étaient couvertes de rouille. Les soldats qui flânaient étaient pour la plupart des hommes grands et bien adultes, jeunes et vieux, certains ayant l'air de gentlemen ; d'autres, grossiers, aux cheveux longs, sans aucune apparence de tenue militaire, mais pleins de combativité et brûlants d'enthousiasme, non sans l'aide, dans certains cas, de stimuli plus grossiers.

La journée était extrêmement chaude et désagréable, le vent chaud soufflait le sable fin et blanc sur nos visages et le transportait en minuscules nuages à l'intérieur des paupières, des narines et des vêtements ; mais il était nécessaire de visiter les batteries, alors nous allions péniblement les unes dans les autres, remontions les parapets, examinions les profils, regardions les canons et faisions tout ce qu'on pouvait exiger de nous. Le résultat de l'examen a été d'établir dans mon esprit la conviction que si le commandant du Sumter avait été autorisé à ouvrir ses canons sur l'île, la première fois qu'il aurait vu une indication de lancer une batterie contre lui, il aurait pu sauver son fort. Moultrie, dans son état d'origine, du côté opposé, aurait pu être facilement démolie par Sumter. La conception des ouvrages était meilleure que leur exécution : les sacs de sable étaient pourris, le sable mal recouvert ou mis en tas, et les traverses imparfaitement construites. Les canons à barbettes du fort regardaient dans plusieurs embrasures et les commandaient.

L'île entière était pleine de vie et d'excitation. Les officiers galopaient comme à la journée ou en action. Des charrettes du Commissariat circulaient péniblement entre la plage et les camps, et des rires et des réjouissances sortaient des tentes. Ceux-ci étaient disposés sans ordre et étaient de toutes formes, teintes et tailles, beaucoup étant défigurés par des dessins au fusain grossiers à l'extérieur et des inscriptions telles que « The Live Tigers », « Rattlesnake's-hole », « Yankee Smashers », etc. Le voisinage des camps était dans un état intolérable, et après avoir attiré l'attention du médecin qui était avec moi sur le danger qui résultait d'un tel état de choses, il dit en soupirant : « Je sais tout. Mais nous ne pouvons rien faire. N'oubliez pas qu'ils sont tous bénévoles et qu'ils font ce qu'ils veulent.

Dans chaque tente, il y avait de l'hospitalité et un accueil chaleureux à tous les arrivants. Des caisses de champagne et de bordeaux, des pâtés français , etc., étaient entassés à l'extérieur des murs de toile, lorsqu'il n'y avait pas de place pour eux à l'intérieur. Au milieu de ces réunions animées, je me sentais comme un homme en pleine possession de ses sens arrivant en retard à une soirée œnologique. « Ne voudriez-vous pas boire avec moi, monsieur, au… (quelque chose d'horrible)… de Lincoln et de tous les Yankees ? "Non! si vous voulez bien m'excuser. "Eh bien, je pense que vous êtes le seul Anglais à ne pas le faire." Nos Caroliniens sont de très braves gens, mais un peu portés sur le style Bobadil, harcelant d'une manière cavalière, qu'ils croient affectueusement leur appartenir par droit héréditaire. Ils supposent que la couronne britannique repose sur une balle de coton, comme le Lord Chancelier est assis sur un paquet de laine.

Dans une longue tente, il y avait un groupe de jeunes hommes en train de s'amuser, ouvrant du bordeaux et mélangeant des « tasses » dans de grands seaux ; tandis que d'autres aidaient les domestiques à dresser une table pour un banquet pour un de leurs généraux. Que de chaleur, de fumée de tabac, de clameurs, de toasts, de beuveries, de poignées de main, de vœux d'amitié ! Nombreuses étaient les excuses avancées par leurs amis pour justifier le caractère plus démonstratif des jeunes Edoniens. « Tom est un peu blessé, monsieur ; mais c'est un homme splendide : il vaut un demi-million de dollars. Cette référence à un étalon de valeur monétaire n'était pas inhabituelle ni peut-être contre nature, mais elle a été faite à plusieurs reprises ; et on m'a raconté de merveilleuses histoires sur les richesses d'hommes qui se prélassaient, habillés en soldats, dont certains, à cette époque-là, dans les années passées, étaient recherchés aux points d'eau comme les grands lions de la mode américaine. Mais la sécession est à la mode ici. Les jeunes dames chantent pour cela ; les vieilles dames prient pour cela ; les jeunes hommes meurent d'envie de se battre pour cela ; les vieillards sont prêts à le démontrer. Le fondateur de l'école était St. Calhoun. Ici, ses élèves exercent leur enseignement dans le tonnerre et le feu. Les droits des États sont affichés après son enseignement légitime, et le drapeau Palmetto et les barres rouges de la Confédération en sont l'exposition. Le mépris et la haine totales pour les vénérés Stars and Stripes, l'horreur des mots mêmes États-Unis, la haine intense des Yankees de la part de ces gens, ne peuvent être conçues par quiconque ne les a pas vus. Je suis plus que jamais convaincu que l'Union ne pourra jamais être restaurée telle qu'elle était et qu'elle est tombée en morceaux pour ne plus jamais être reconstituée, dans son ancienne forme, en tout cas par aucune puissance sur terre.

Après une longue et fastidieuse promenade dans la poussière, la chaleur et le sable fin, à travers les tentes, notre groupe retourna à la plage, où nous prîmes le bateau et partîmes vers Fort Sumter. Le drapeau confédéré s'élevait au-dessus des murs. A l'approche, les marques du coup de feu contre le *coupé-douleur* et les embrasures près du saillant étaient suffisamment visibles ; mais les dommages causés à la maçonnerie dure étaient insignifiants, sauf aux angles : les bords des parapets étaient déchiquetés et grêlés, et le mur du quai était déchiré çà et là par des tirs ; mais aucune blessure de nature à rendre le travail intenable n'a pu être constatée. Le plus grand dommage infligé fut sans doute l'incendie des casernes, coupablement érigées à l'intérieur du fort, près du mur de flanc faisant face à Cumming's Point.

Alors que le bateau touchait le quai du fort, un homme de grande taille et d'air puissant franchit la porte brisée et, d'un pas inégal, marcha sur les décombres vers une barque qui attendait de le recevoir, dans laquelle il sauta et s'éloigna en ramant. Reconnaissant un de mes compagnons alors qu'il dépassait notre bateau, il se leva brusquement et, d'un bond et d'une ruée, se précipita parmi nous, au risque imminent de bouleverser le groupe. Notre nouvel ami était vêtu de la redingote bleue d'un civil, autour de laquelle il avait noué une ceinture de soie rouge, dont la ceinture soutenait une épée droite, un peu comme celles que l'on porte avec les costumes de cour. Son cou musclé était entouré d'un mouchoir de soie lâchement attaché ; et des masses sauvages de cheveux noirs, teintés de gris, tombaient de sous le chapeau d'un civil sur son col ; son pantalon déboutonné était relevé haut sur ses jambes, laissant apparaître d'amples bottes, garnies de redoutables éperons de cuivre. Mais son visage était inoubliable : un front droit et large, d'où les cheveux s'élevaient comme la végétation au bord d'une rivière, des sourcils noirs et pointus, une bouche grossière et sinistre, mais pleine de puissance, une mâchoire carrée, un un nez épais et argumentatif – une nouvelle pousse de barbe et de moustache broussailleuses – ceux-ci étaient soulagés par des yeux d'une profondeur et d'une lumière merveilleuses, comme je n'en avais jamais vu auparavant sauf dans la tête d'une bête sauvage. Si vous regardez un jour, quand le soleil n'est pas trop brillant, dans l'œil du tigre du Bengale, dans Regent's Park, alors que le gardien revient, vous vous ferez une idée de l'expression que je veux dire. Il était étincelant, féroce, mais calme, avec un puits de feu brûlant derrière et jaillissant à travers lui, un œil impitoyable de colère, qui cherchait de temps en temps à cacher son expression sous des paupières mi-closes, puis éclatait avec un regard furieux. , comme s'il dédaignait la dissimulation.

Ce n'était autre que Louis T. Wigfall, colonel (alors de sa propre création) dans l'armée confédérée et sénateur du Texas aux États-Unis – un bon type des hommes que les institutions du pays produisent ou rejettent – un homme remarquable, connu pour son éloquence immédiate et naturelle ; sa capacité exceptionnelle de débatteur vif et amer ; l'acerbité de ses railleries ; et sa disponibilité pour la rencontre personnelle. Jusqu'au bout, il resta à sa place au Sénat à Washington, alors que presque tous les autres hommes du Sud avaient fait sécession, fouettant d'une langue venimeuse et instantanée, et couvrant d'insultes, de ridicule et d'injures, des hommes tels que M. Chandler, du Michigan. , et d'autres républicains : ne manquant jamais une séance de la Chambre et recherchant des adversaires dans les bars ou les tables de jeu. L'autre jour, alors que l'incendie contre Sumter était à son comble et que le fort, en flammes, était réduit presque au silence, un petit bateau s'éloigna du rivage et se dirigea à travers les tirs et les éclaboussures d'eau jusqu'aux murs. Elle portait le colonel et un rameur nègre. Tenant un mouchoir blanc au bout de son épée, Wigfall débarqua sur le quai, grimpa à travers une embrasure et se présenta devant les fédéraux étonnés avec une proposition de capitulation, tout à fait non autorisée et « à son propre crochet », ce qui conduisit à la capitulation finale du major Anderson.

Je suis fâché de le dire, notre distingué ami venait de rendre hommage *sans bornes* à Bacchus ou à Bourbon, car il était décidément instable dans sa démarche et lourd dans sa parole ; mais il avait l'esprit clair et il était déterminé à ce que je sache tout de son exploit. Le major Whiting souhaitait me faire visiter l'ouvrage, mais il n'en avait aucune chance. «C'est ici que je suis entré», dit le colonel Wigfall. «J'ai trouvé un Yankee debout ici près de la traversée, à l'écart de notre tir. Il a eu assez peur quand il m'a vu, mais je lui ai dit de ne pas s'alarmer, mais de m'emmener chez les policiers. Ils étaient là, blottis dans ce coin derrière la maçonnerie, car nos obus tombaient dans la cour et éclataient comme, » — etc. (Le colonel a utilisé des illustrations fortes et des jurons étranges dans son récit.) Le major Whiting a secoué sa tête militaire et m'a dit quelque chose d'incivil, en privé, en référence aux colonels volontaires et autres, ce qui l'a soulagé ; tandis que le sénateur martial — j'ai oublié de dire qu'il a le nom, surtout dans le Nord, d'avoir tué plus d'une demi-douzaine d'hommes en duel — (j'ai échappé à être un autre) — me conduisit à travers les casemates avec des pas inégaux, s'arrêtant à chaque traversée pour s'étendre sur certaines phases de ses expériences personnelles, avec son épée pendante entre ses jambes et ses éperons impliqués dans les détritus et les couvertures des soldats.

Dans ma lettre, je décrivais l'étendue réelle des dégâts infligés et l'état du fort tel que je l'avais trouvé. Au début, les batteries lancées par les Caroliniens étaient si pauvres que les officiers américains dans le fort s'en amusèrent énormément et s'attendaient à un travail facile pour les enfiler, les ricocher et les mettre en pièces, s'ils osaient ouvrir le feu. . Un matin pourtant, le capitaine Foster, à qui revient vraiment le mérite d'avoir mis Sumter dans un état de défense supportable avec les moyens les plus limités, fut désagréablement surpris en voyant à travers son verre une nouvelle œuvre dans la meilleure situation possible pour attaquer la place. , grandissant sous les travaux acharnés d'une bande de nègres. «J'ai tout de suite su, dit-il, que ces coquins avaient enfin un ingénieur.» En fait, les Caroliniens parlaient même d'une escalade lorsque les officiers de l'armée régulière, qui avaient « fait sécession », descendirent et prirent la direction des affaires, qui autrement auraient pu avoir des résultats bien différents.

Il y avait un groupe de bénévoles qui nettoyaient les détritus sur place. Il était évident qu'ils n'étaient pas habitués au travail. Et en demandant pourquoi les nègres n'étaient pas employés, on m'a répondu : « Les nègres nous feraient tous exploser, ils sont tellement stupides ; et l'État devrait payer les propriétaires pour tous ceux qui seraient tués ou blessés. "D'un certain point de vue, les hommes blancs n'ont donc pas autant de valeur que les nègres ?" "Oui, monsieur, c'est un fait."

Très peu de cratères d'obus étaient visibles dans la terre-plein ; les méfaits militaires, tels qu'ils étaient, se manifestaient le plus clairement sur les plates-formes de parapet, sur lesquelles des obus avaient été éclatés aussi lourdement que possible, pour empêcher l'armement des canons à barbettes. Une bien petite affaire, en effet, que le bombardement du fort Sumter. Et pourtant, qui peut dire ce qui peut en résulter ? « Eh bien, monsieur, s'écria un de mes compagnons, j'en remercie Dieu, ne serait-ce que parce que nous commençons à avoir une histoire pour l'Europe. La nation yankee universelle nous a engloutis. »

Jamais hommes ne se sont plongés dans des profondeurs inconnues de périls et de troubles avec plus d'imprudence que ces Caroliniens. Ils se jettent sur un avenir sinistre et noir, comme les cavaliers sous Rupert se sont peut-être précipités contre les Ironsides sombres et noirs. Vont-ils porter l'image plus loin ? Bien! L'exploration de Sumter fut enfin terminée, seulement lorsque nous rendîmes visite aux officiers de la garnison, qui vivaient dans une pièce sans fenêtre et brisée, accessible par un escalier en ruine, et qui produisaient du whisky et des crackers, beaucoup d'histoires agréables et un accueil sans limites. Un jeune homme s'est plaint du salaire. Il a déclaré: "Je n'ai pas reçu un centime depuis que je suis venu à Charleston pour cette affaire." Mais le major Whiting, quelques jours après, m'a dit qu'il n'avait pas reçu un dollar en raison de sa solde, bien qu'en quittant l'armée américaine, il ait abandonné presque tous ses moyens de subsistance. Ces messieurs étaient tout à fait convaincus que tout finirait par s'arranger ; et personne ne mettait en doute le pouvoir ou l'inclination du gouvernement, qui venait d'être inauguré sous des auspices si étranges, à perpétuer ses principes et à récompenser ses serviteurs.

Après un certain temps, notre groupe descendit vers les bateaux, dans lesquels nous fûmes conduits jusqu'au bateau à vapeur qui nous attendait à Morris' Island. L'intention initiale des officiers était de nous conduire au fort Moultrie, de l'autre côté de la Manche, et de l'examiner ainsi que la batterie de fer flottante ; mais il était trop tard pour le faire lorsque nous descendîmes, et le bateau à vapeur ne fit que traverser et contourner le bateau pour rentrer chez lui par l'autre rive. En bas, dans la cabane, était servi un déjeuner ou quasi dîner ; et le parti des sénateurs passés et présents, des aides de camp, des journalistes et des flneurs, n'était pas indisposé à s'y joindre. Pour moi, une seule circonstance gâchait le plaisir de ces agréables retrouvailles. Le colonel et le sénateur Wigfall, qui ne s'étaient pas dégrisés en buvant profondément, dans la plénitude de son exultation, ont fait allusion à l'assaut contre le sénateur Sumner comme un exemple de la manière dont les Sudistes traiteraient les Nordistes en général, et l'ont cité comme un bon exemple. exemple de la manière dont ils supporteraient leur « fouet ». Puis, par une digression naturelle, il fit allusion aux conséquences inévitables de la magnifique explosion d'indignation du Sud contre les Yankees sur toutes les nations du monde, et à l'action immédiate de l'Angleterre dans cette affaire dès que la nouvelle fut connue. Revenant tout à coup à M. Sumner, dont il chargeait le nom d'opprobre, il parla de Lord Lyons en termes si grossiers, que, oubliant la condition de l'orateur, je ressentis le langage appliqué au ministre anglais d'une manière très indubitable ; puis il se leva et quitta la cabine. En un instant, je fus suivi sur le pont par le sénateur Wigfall : son attitude beaucoup plus calme, ses cheveux repoussés en arrière, ses yeux pétillants. Il n'y avait rien à désirer dans ses excuses, répétées et énergiques. Nous avons été rejoints par M. Manning, le major Whiting, le sénateur Chesnut et d'autres, à qui j'ai exprimé mon entière satisfaction quant aux explications de M. Wigfall. Et nous sommes donc retournés à Charleston. Le colonel et le sénateur, cependant, ne cessèrent pas de s'intéresser aux bonnes ou aux mauvaises choses ci-dessous. C'était une scène étrange : ces hommes, chauds et en flagrant délit de rébellion, avec leur vie en jeu, plaisantant et plaisantant, et faisant la fête comme s'ils n'avaient aucun souci sur terre, tous à l'exception des messieurs de la presse locale, qui étaient assidu dans la note et la prise alimentaire. La nuit était proche lorsque nous posâmes le pied sur le quai de Charleston. La ville était indiquée par l'éclat des lumières, par le roulement continu des tambours, par la musique bruyante et par les acclamations hurlantes qui s'élevaient au-dessus de ses rues. Alors que je marchais vers l'hôtel, le soir, une foule de nègres, hommes et femmes, se promenaient dans les rues en toute hâte, pour échapper à la patrouille et au dernier coup de cloche du couvre-feu, balayés par moi ; et comme je passais devant le poste de garde de la police, un de mes amis me fit remarquer les sentinelles armées qui se promenaient devant le porche et la lueur des armes dans la pièce intérieure. Plus loin, une escouade de cavaliers à cheval, lourdement armés, s'engagea dans une rue secondaire et, avec des éperons et des sabres tintants, disparut dans la poussière et l'obscurité. C'est la patrouille à cheval. Ils parcourent la campagne autour de la ville et se réunissent à certains endroits pendant la nuit pour voir si les nègres sont tous tranquilles. Ah, Fuscus ! ce sont des signes de problèmes.

«Vitæ entier, purus scelerisque

Non eget Mauri jaculis neque arcu,

Nec venenatis gravidâ sagittis,

Fusce, pharetra.

Mais Fuscus va à son club ; un lieu bienveillant, agréable, bavard, pour jouer aux cartes et consommer des cocktails. Il salue fièrement un vieux steward ou maître d'hôtel nègre aux laines blanches – un esclave – comme une preuve que je ne puis accepter, avec le couvre-feu qui sonne à mes oreilles, de l'excellence de l'institution domestique. Le club était rempli d'officiers ; l'un d'eux, M. Ransome Calhoun, [2] m'a demandé quel était l'objet qui m'avait le plus frappé à Morris' Island ; Je lui dis – comme c'était effectivement le cas – qu'il s'agissait d'un photocopieur de lettres, d'une caisse de papeterie officielle et d'une boîte de paperasse, posés sur la plage, tout juste débarqués et prêts à grandir avec la force de la jeune indépendance. .

Mais écoutez ! Il y a un grand tumulte, comme de nombreuses voix qui montent dans la rue, annoncées par des explosions de musique. C'est un discours prononcé depuis la façade de l'hôtel. Une multitude si agitée et si vivante ! Comme ils réjouissent l'homme pâle et frénétique, souple et brun, les bras levés et les poings serrés, qui pérore sur le balcon ! "Qu'a t'il dit?" "Qui est-il?" "Pourquoi c'est encore lui !" « C'est Roger Pryor. Il dit que si ces ordures yankees n'écoutent pas raison et ne se retirent pas, nous marcherons vers le Nord et dicterons les termes de la paix à Faneuil Hall ! Oui, monsieur… et c'est ce que nous ferons, c'est sûr ! « N'importe, pour autant ; nous avons montré que nous pouvons fouetter les Yankees chaque fois que nous les rencontrons – à Washington ou ici. Combien j'ai entendu parler de tout cela aujourd'hui, combien plus ce soir ! L'hôtel était toujours aussi bruyant : de plus en plus d'hommes en uniforme arrivaient toutes les quelques minutes, et le hall et les passages étaient remplis de grands et beaux Caroliniens.

CHAPITRE XV.

Esclaves, leurs maîtres et maîtresses. — Hôtels. — Tentative de voyage en bateau jusqu'à Fort Moultrie. — Excitation à Charleston contre New York. — Préparatifs de guerre. — Général Beauregard. — Opinion sudiste quant à la politique du Nord et estimation de l'effet de la guerre sur L'Angleterre, par le marché du coton. Sentiment aristocratique dans le Sud.

18 avril. — C'est comme si nous nous réveillions dans une caserne. Non! Il y a la particularité que dans les passages, des esclaves se déplacent de haut en bas avec des tasses de lait glacé ou d'eau pour leurs maîtresses tôt le matin, proprement habillés, soigneusement vêtus, avec les conceptions de la chapellerie parisienne esquissées à leur condition et transmises par la race blanche, planant autour de leurs têtes et de leurs corps. Ils s'assoient devant les portes et bavardent dans les couloirs ; et tandis que le serveur irlandais m'apporte de l'eau chaude pour me raser, il y a ce rire étrange, rond, huileux, à moitié étranglé, gloussant, propre à la femme Ethiop, qui entre par la porte.

Plus tard dans la journée, leurs maîtresses quittent les ports intérieurs et lancent toutes leurs voiles le long des passages, dans les escaliers et dans la longue salle à manger chaude et pelucheuse où, noircies de mouches qui disputent les viandes, , ils prennent leurs formidables repas. Ils sont pâles, jolis, sveltes – au moment où j'allais dire qu'ils étaient plutôt petits, le souvenir d'une dame du Titanic surgit devant moi – une Junon carolinienne, avec deux jolies filles paons – et je m'abstiens de généraliser. On dit que ces dames sont extrêmement fières, car une génération ou deux de famille suffisent dans ce nouveau pays, si elles sont correctement entretenues par la possession de nègres et d'acres, pour donner la fierté de leur naissance et toute la grandeur qui découle de l'élevage de produits bruts. , les céréales et le coton — suâ terrâ . Leurs ennemis disent que les grands-pères de certains de ces nobles gens n'étaient que de simples pirates et contrebandiers, qui traitaient d'une manière cavalière avec les lois et avec les épaves et les épaves de la fortune sur les mers et les récifs des environs. Soudainement, le coton — presque contre nature, au regard des lois ordinaires du commerce, poussait alors que la terre était bon marché et les esclaves d'un prix modéré — les pirates et les pirates avaient le contrôle des deux, et en une nuit la gourde gonfla et grandit. à une taille prodigieuse. Ce sont des histoires du Nord. Ce que les Sudistes disent de leurs compatriotes dans la partie supérieure de cette « Union bénie », je l'ai écrit pour l'édification des gens chez eux.

Les tables de la salle à manger sont disposées en longues rangées ou détachées pour convenir aux fêtes privées. Alors que je descendais à Charleston, un de mes compagnons de voyage m'a dit qu'il avait été assez choqué la première fois qu'il avait vu des Blancs agir comme domestiques ; mais de tels scrupules n'existaient pas à Mills House, car les serveurs étaient tous irlandais, à l'exception d'un ou deux Allemands. La carte est à peu près la même dans tous les hôtels américains, les variations dépendant du luxe ou des goûts locaux. Il est extrêmement merveilleux de voir les quantités de beurre, de mélasse et de matières farineuses préparées sous la forme la plus lourde, de poisson, de nombreuses viandes, d'œufs brouillés ou cicatrisés ou autrement préparés, de lait glacé et d'eau, qu'un Américain consommera en quelques minutes le matin. Il n'y a absolument pas de repos à ces repas, pas de repos. Les invités entrent et sortent sans cesse de la pièce, les chaises sont sans cesse poussées d'avant en arrière avec un bruit de grincement rauque qui fait grincer des dents, et il y a un fracas continuel d'assiettes et de métal. Chacun lit son journal ou discute de l'actualité avec son voisin. J'ai été présenté à un grand nombre de personnes et on m'a posé de nombreuses questions concernant mes opinions sur Sumter, ou sur ce que je pensais que « les vieux Abe et Seward feraient ? La proclamation appelant à 75 000 hommes publiée par ledit vieil Abe, ils la traitent avec le plus profond mépris ou avec le plus grand ridicule, selon le cas. Cinq des six hommes attablés portaient des uniformes ce matin.

Ayant fait la connaissance de plusieurs guerriers, ainsi que d'un gentleman russe, le baron Sternberg, qui était occupé à faire des recherches autour de lui à Charleston et qui était, comme la plupart des étrangers, impressionné par la conviction que *actum est de Republicâ* , je sortis avec le major Whiting [3] et M. Ward, dont le premier tenait à me montrer Fort Moultrie et la rive gauche de la Manche, dans la continuité de mon voyage d'hier. Il fut convenu que nous partirions le plus discrètement possible, « afin que les journaux n'en sachent rien ». Le major a une grande antipathie pour les messieurs de la presse, et le général Beauregard avait envoyé des ordres pour que le bateau-état-major soit préparé, de manière à être tranquille et privé, mais le sort était contre nous. En descendant au quai, nous apprîmes qu'un monsieur était descendu avec un officier et était parti dans notre yole, les bateliers croyant être les personnes à qui elle était destinée. En fait, notre ami russe, le baron Sternberg, avait pris le pas sur nous.

Au bout d'un certain temps, le major réussit à s'assurer les services du tout petit vaisseau, le plus indigne de confiance et le plus ridicule jamais vu aux yeux d'un mortel. Si Charon avait installé un moteur de deux chevaux dans son esquif, celui-ci aurait pu ressembler à cet énorme cymbale, qui était autrefois un cotre ou une cuisine à fond plat et à pont ouvert, au milieu duquel le propriétaire avait forcé un petit moteur et roues à aubes, et à l'arrière avait érigé un fourgon de queue couvert, ou garde-manger oblong, sacré pour les bidons d'huile et les cafards. L'équipage se composait du premier capitaine et du deuxième capitaine, un garçon d'un âge tendre, et c'est tout. Dans le garde-manger, nous nous sommes précipités et nous nous sommes assis genoux contre genoux, pendant que le moteur prenait de la vitesse : c'était un petit moteur très obstiné et anticalorique, soufflant et grinçant, fuyant et distillant des gouttes d'eau et chassant des explosions. de vapeur dans des endroits inattendus.

Tant que nous restions à quai, tout allait bien. Le major était extrêmement heureux, car il pouvait parler de Thackeray et de ses écrits, thème dont il ne se lassait jamais, et sur lequel son enthousiasme atteignait le comble de la ferveur dévotionnelle. Ai-je déjà connu quelqu'un comme le major Pendennis ? Savait-on qui était Becky Sharp ? Qui était l'O'Mulligan ? Ces questions n'étaient que des crochets auxquels on pouvait accrocher des rhapsodies et des dissertations ravissantes. Il aurait pu descendre jusqu'à Pendennis lui-même, lorsqu'un vif courant d'eau, passant par-dessus les petits plats-bords absurdes et se précipitant par-dessus nos bottes dans la cabine, annonça que notre barque était sous le poids. Il y a, nous a-t-on dit, pendant plusieurs mois de l'année, une brise vive du sud et de l'est dans et au large du port de Charleston, et il y a eu aujourd'hui un petit mouvement dans l'eau qui n'aurait affecté rien de flottant sauf notre bateau à vapeur. ; mais tandis que nous descendions le chenal étroit près de Castle Pinckney, le petit bateau roulait comme s'il allait chavirer à chaque instant, et ne faisait aucune prétention de faire plus d'un mille à l'heure à son meilleur ; et il devint évident que notre voyage ne serait ni agréable, ni prospère, ni rapide. Le major continuait néanmoins à avancer entre les embardées et à sortir ses pieds de l'eau, afin d'avoir « une causerie tranquille », comme il disait, « de mon auteur préféré ». Mon compagnon et moi ne pouvions pas nous condenser ou raccourcir nos membres inférieurs avec autant d'habileté.

Se détachant de l'abri vers Sumter, la mer roulait sur notre travers, faisant osciller la misérable embarcation comme si quelque grande main l'avait saisie par l'entonnoir - Yankee, cheminée - et la faisait rouler d'avant en arrière, en guise de préliminaire à un quille finale terminée. L'eau entra en abondance, et la cabine fut inondée d'une petite mer : celle-ci partageait le caractère vif du fluide extérieur, et faisait de violents efforts pour passer par-dessus bord pour le rejoindre, qui étaient généralement contrecarrés par les tentatives les mieux soutenues et les mieux dirigées. de l'extérieur pour entrer à l'intérieur. Le capitaine parut très mécontent ; le reste de l'équipage, notre timonier, avait découvert que le paquebot ne dirigeait pas du tout et que nous roulions comme une bûche sur l'eau. Certes, ni Pinckney, ni Sumter, ni Moultrie ne modifièrent leurs orientations relatives et leurs distances par rapport à nous pendant environ une demi-heure, bien qu'ils se balançaient continuellement de haut en bas. « Mais c'est, dit le major, dans le caractère du colonel Newcome que Thackeray a, à mon avis, fait preuve du plus grand pouvoir ; la tendresse, la simplicité, l'amour, la virilité et... » Ici, une vague verte et boueuse déferlante est arrivée « tous à bord », et le cymbale a donné des indications décisives de rotation de tortue. Nous étions mouillés et misérables, et deux heures ou plus s'étaient maintenant écoulées pour parcourir quelques kilomètres. La marée montait plus fortement contre nous, et juste au large de Moultrie, dans le canal de marée entre ses murs et Sumter, on pouvait voir les têtes d'hippocampes aux crêtes désagréables. Je ne sais quel discours éloquent j'ai perdu, car le major était évidemment dans son meilleur moment et sur son meilleur sujet, mais j'ai osé suggérer que nous devrions embarquer et rentrer, et ainsi lui faire prendre conscience de sa situation. C'est ainsi que nous fîmes le tour, opération très délicate que, grâce à une gestion judicieuse consistant à éviter les bosses latérales de la mer aux moments favorables, nous pûmes effectuer en quinze ou vingt minutes ; et puis nous étions tellement étouffés par la chaleur du moteur que la conversation était impossible.

Je n'ai pas besoin de dire à quel point nous étions heureux de pouvoir atterrir à nouveau. Alors que je donnais au capitaine une petite tablette votive en métal, il dit : « Je pense que c'est très bien oui, je me suis retourné. Si nous étions allés plus loin, diable nous serions arrivés. "Pourquoi ne l'as-tu pas dit avant?" "Bien sûr, je n'aimais pas gâcher le voyage." Mon talentueux compatriote et moi nous sommes séparés pour ne plus nous revoir.

Deuxième et troisième éditions et extras ! Des nouvelles des réunions de Sécession et des réunions d'Union ! Tout le monde est rempli d'indignation contre la ville de New-York, à cause de la manière dont la nouvelle de la réduction du fort Sumter y a été reçue. La Nouvelle-Angleterre a agi comme prévu, mais on s'attendait à de meilleures choses de la part de l'Empire City. Il n'y a aucun signe de recul devant une compétition : au contraire, les Caroliniens sont pleins d'impatience de tester leur force sur le terrain. "Laissez-les venir!" est leur *mot d'ordre vantard* .

La colère qui existerait dans le Nord ne fait qu'ajouter à la fureur et à l'animosité des Caroliniens. Ils sont désormais déterminés à agir selon leurs droits souverains en tant qu'État, coûte que coûte, et à faire respecter l'ordonnance de sécession. Les réponses de plusieurs gouverneurs d'État à la demande de troupes du président Lincoln ont ravi nos amis. Beriah Magoffin, du Kentucky, déclare qu'il ne donnera aucun homme dans un but aussi pervers ; et un autre dignitaire du gouverneur a répondu laconiquement à la demande de tant de milliers de soldats : « Pas un ». Letcher, gouverneur de Virginie, a également envoyé un refus. Du Nord arrivent des nouvelles de réunions de masse, de renversement des couleurs de la Sécession, de harcèlement des journaux de la Sécession, de manifestations militaires, de souscriptions et de prêts de banques.

Jefferson Davis a répondu à la proclamation du président Lincoln par un contre-manifeste, en émettant des lettres de marque et en représailles – de tous côtés des préparatifs de guerre. Les agents du Sud achètent des bateaux à vapeur, mais ils craignent que les États du Nord n'utilisent leur marine pour imposer un blocus, très redouté, car cela couperait les approvisionnements et nuirait au commerce dont ils dépendent tant. Assurément, M. Seward ne peut rien savoir des sentiments du Sud, sinon il ne serait pas aussi sûr que tout allait s'effondrer et que les États, privés des soins et de l'influence favorable du gouvernement général, se lasseraient. de leurs ordonnances de sécession et de leur expérience visant à maintenir une vie nationale, afin que les États-Unis soient rétablis d'ici peu.

Je suis allé voir le général Beauregard dans ses quartiers. Il était occupé avec les papiers, les aides-soignants et les dépêches, et la salle extérieure était remplie d'officiers. Sa tâche actuelle, me dit-il, était de mettre Sumter en état de défense et de désarmer les ouvrages qui s'y rapportaient, de manière à diriger leurs tirs vers les abords du port, car « le Nord dans sa folie » pourrait tenter une attaque. attaque navale sur Charleston. Sa manière de traiter les affaires est claire et rapide. Deux vases remplis de fleurs sur sa table, flanquant ses cartes et plans ; et un petit bouquet de roses, de géraniums et de fleurs parfumées était posé sur une lettre qu'il écrivait à mon arrivée, en guise de presse-papier. Il m'a offert toute son aide et toutes ses facilités, comptant bien entendu sur le strict respect de mon devoir de neutre. Je lui rappelai une fois de plus qu'en tant que représentant d'un journal anglais, il serait de mon devoir d'écrire librement en Angleterre au sujet de ce que j'avais vu ; et que je ne devrais pas être tenu responsable si, au retour de mes lettres en Amérique, un mois après qu'elles aient été écrites, on découvrait qu'elles contenaient des informations auxquelles les circonstances pourraient attacher un caractère répréhensible. Le général dit : « Je vous comprends bien. Nous devons tenter notre chance et vous laisser exercer votre discrétion.

Le soir, je dînai avec notre excellent consul, M. Bunch, qui m'accueillit avec une petite et très agréable réception. Un vieux monsieur très vénérable, nommé Huger (prononcé Hugeē), était particulièrement intéressant par son apparence et sa conversation. Il détenait autrefois une nomination officielle sous le gouvernement fédéral, mais avait quitté son État et avait été confirmé dans sa nomination par le gouvernement confédéré. Pourtant, il n'était pas satisfait de la perspective qui s'offrait à lui ou à son pays. «J'ai vécu trop longtemps», s'écria-t-il; "J'aurais dû mourir avant que ces mauvais jours n'arrivent." Quelles pensées, en effet, ont dû troubler son esprit lorsqu'il a pensé que son pays était à peine plus âgé que lui ; car c'était lui qui avait serré la main des auteurs de la Déclaration d'Indépendance. Mais même si les larmes coulaient sur ses joues lorsqu'il évoquait la perspective d'une guerre civile, il n'y avait aucun symptôme d'appréhension quant au résultat, ni même de regret pour la lutte, qu'il considérait comme la conséquence naturelle des insultes, de l'injustice, et l'agression du Nord contre les droits du Sud.

Un seul membre de la compagnie, un vieil avocat très vivant, pittoresque et plein d'esprit nommé Petigru, était en désaccord avec les doctrines de la Sécession ; mais il semble être traité comme une personne aimable et inoffensive, qui a une faiblesse intellectuelle ou une « abeille dans son bonnet » sur ce sujet particulier.

Il n'était guère agréable à mon hôte et à moi-même de constater qu'on ne croyait aucune considération importante en ce qui concerne l'Angleterre, si ce n'est ses intérêts matériels, et que ces dignes messieurs la considéraient comme une sorte d'apanage de leur royaume du coton. « Eh bien, monsieur, il suffit de couper votre approvisionnement en coton pendant quelques semaines, et nous pouvons créer une révolution en Grande-Bretagne. Quatre millions de personnes dépendent de nous pour leur pain, sans parler des millions de dollars. Non, monsieur, nous savons que l'Angleterre doit nous reconnaître, etc.

Liverpool et Manchester ont occulté toute la Grande-Bretagne aux yeux du Sud. J'avoue que le ton de mes amis m'a irrité. Je l'ai dit à M. Bunch, qui a ri et a fait remarquer : « Cela ne vous dérangera pas lorsque vous serez autant habitué que moi à ce genre de choses. Je ne pouvais m'empêcher de dire que si la Grande-Bretagne était une telle imposture qu'ils le prétendaient, plus tôt un trou serait percé en elle et tout l'empire sombré sous l'eau, mieux ce serait pour le monde, la cause de la vérité et de la liberté.

Ces Caroliniens grands, minces et au visage fin sont de grands matérialistes. L'esclavage a peut-être aggravé la tendance à regarder le monde à travers des parapets de balles de coton et de sacs de riz, et bien que plus majestueux et moins vulgaires, les fidèles d'ici ne sont pas moins prostrés devant le « dollar tout-puissant » que les habitants du Nord. Une fois de plus, le niveau mort de haine envers les Yankees fait ressortir le point culminant de la profession chez presque tous les invités, à savoir qu'il préférerait un retour à la domination britannique à toute réunion avec la Nouvelle-Angleterre. « Les noms de Caroline du Sud montrent notre origine : Charleston, Ashley, Cooper, etc. Nos Gadsden, Sumter et Pinckney étaient de vrais cavaliers », etc. Ils n'ont rien dit <u>about Peedee, or</u>sur Tombigee, ni sur Sullivan's Island, ni rien du genre. Nous avons tous nos petites ou grandes faiblesses.

Je ne vois aucune trace de descendance cavalière dans les noms de Huger, Rose, Manning, Chesnut, Pickens ; mais il y a parmi eux une profession de foi dans les cavaliers et dans leur cause, parce que c'est à la mode en Caroline. Ils affectent la foi agricole et les croyances d'une noblesse terrienne. Ce n'est pas seulement autour du verre de vin — pourquoi appeler cela une coupe ? — qu'ils demandent qu'un Prince règne sur eux ; J'ai entendu le souhait exprimé à plusieurs reprises au cours des deux derniers jours que nous puissions leur épargner un de nos jeunes princes, mais jamais par plaisanterie ou de manière frivole.

Sur le chemin du retour, j'ai vu les sentinelles en marche, les patrouilles à cheval commençant leur chevauchée, et d'autres preuves que, bien que les esclaves soient « la race la plus heureuse et la plus satisfaite du monde », ils ont besoin d'être pris en charge comme moins. mortels privilégiés. Le poste de garde de la ville est rempli chaque nuit d'esclaves, qui y sont confinés jusqu'à ce qu'ils soient récupérés par leurs propriétaires, chaque fois qu'ils sont découverts après neuf heures DU SOIR , sans laissez-passer ni permis spéciaux. Les armes tirent en faveur de l'ordonnance de sécession de Virginie.

CHAPITRE XVI.

Charleston; la place du marché — Irlandais à Charleston — Le gouverneur
Pickens : son économie politique et ses théories — Bureaux de journaux et
comptoirs — Rumeurs sur la politique de guerre du Sud.

19 avril. — Une journée extrêmement chaude. Le soleil se déverse sur la large
rue sablonneuse de Charleston avec une immense puissance, et lorsque le
vent souffle sur la rue, il envoie devant lui de vastes masses de poussière
chaude. Les maisons sont généralement isolées, entourées de petits jardins,
bien pourvus de vérandas pour protéger les fenêtres de l'éblouissement, et
sont abritées de plantes grimpantes, d'arbustes et de plantes à fleurs, à travers
lesquelles voltigent colibris et mouches. Dans certains endroits, les rues et les
routes sont recouvertes de planches et, tant que le bois est sain, il est agréable
de s'y promener ou de circuler.

J'ai fait une visite aux marchés; les stalles sont présidées par des nègres,
hommes et femmes ; les gens de couleur qui vendent et achètent sont bien
vêtus ; la viande du boucher n'est pas alléchante à l'oeil, mais les étals de fruits
et légumes sont bien remplis. Le poisson est rare à l'heure actuelle, car les
bateaux ne sont pas autorisés à prendre la mer, de peur qu'ils ne soient
fouettés par les croiseurs Yankees attendus, ou qu'ils ne transportent des
mécontents pour communiquer avec l'ennemi. Autour du marché aux
viandes, il y a une foule grouillante d'espèces de buses à dinde ; ceux-ci sont
utiles comme charognards et sont protégés par la loi. Ils accomplissent leur
sale besogne avec beaucoup de zèle, descendant sur les abats qui leur sont
jetés avec cette sorte de vol particulier, rampant, gonflé et doux, qui est
l'insigne de toute leur tribu, et luttant avec leurs ailes et leur bec contre les
chiens qui disputent les viandes avec eux. les harpies. Il est curieux d'observer
l'expression de leurs yeux tandis que, le cou tendu, ils scrutent les étals depuis
le rebord du toit du marché et scrutent les opérations des bouchers en
contrebas. Ils n'empêchent pas une odeur désagréable dans le voisinage des
marchés, et ne sont pas non plus mortels pour une race de rats fine et active.

Beaucoup de tambours et de marches dans les rues aujourd'hui. Un régiment
très en lambeaux qui se trouvait depuis quelque temps à Morris' Island
s'arrêta à l'ombre près de moi, et je m'aperçus bientôt qu'il était composé,
pour la grande majorité, d'Irlandais. L'île d'Émeraude a en effet largement
contribué à la population de Charleston. Dans la rue principale, il y a un grand
et beau bâtiment en grès rouge avec le portique habituel en composite grec-
yankee, sur lequel est orné la harpe sans couronne et la couronne de trèfle
propre à une salle Saint-Patrick, et plusieurs églises catholiques romaines
attestent également du Présence hibernienne.

Je rendis visite au général Beauregard et eus avec lui quelques instants de conversation. Il m'a dit qu'un accord immense dépendait de la Virginie et que jusqu'à présent l'action de la population de cet État n'avait pas été aussi prompte qu'on aurait pu l'espérer, car la proclamation du président était une déclaration de guerre contre le Sud, dans laquelle tous serait finalement impliqué. Il se rend à Montgomery pour conférer avec M. Jefferson Davis. Je n'ai aucun doute qu'il y aura du mouvement en Virginie. Whiting a reçu l'ordre de réparer là-bas, et il a laissé entendre qu'il avait une tâche d'une complexité et d'une difficulté ordinaires à accomplir. Il doit visiter les forts qui ont été saisis sur la côte de la Caroline du Nord et probablement jeter un œil à Portsmouth. Il est incroyable que les autorités fédérales aient négligé de sécuriser cet endroit.

Plus tard, je rendis visite au gouverneur de l'État, M. Pickens, chez qui je fus conduit par le colonel Lucas, son aide de camp. Son palais était un édifice très humble, semblable à un hangar, avec de grandes pièces, sur les portes desquelles étaient collés des morceaux de papier avec diverses inscriptions à lecture élevée, telles que « Département de l'adjudant général, département du quartier-maître général, procureur général de l'État. », etc., et à travers les portes on pouvait voir des hommes en uniforme et des gens graves et sérieux occupés à leurs bureaux avec plume, encre, papier, tabac et crachoirs. Le gouverneur, un homme gros, à grosse tête, au grand visage important, aux yeux larmoyants et aux traits flasques, était assis dans une pièce semblable à une caserne, meublée de la manière la plus simple et décorée de l'inévitable portrait de George Washington. à proximité de laquelle se trouvait « l'Ordonnance de Sécession de l'État de Caroline du Sud » de l'année dernière.

Le gouverneur Pickens est considérablement ridiculisé par ses sujets, et j'ai été amusé par un petit intermédiaire, qui a décrit avec beaucoup d'onction l'inquiétude du gouverneur lors de sa visite à Fort Pickens, lorsqu'on lui a dit qu'il y avait un certain nombre d'obus vivants et une quantité de poudre toujours à la place. On dit qu'il commença un de ses discours par « Né insensible à la peur », etc. Le gouverneur s'est montré très courtois avec moi, mais j'avoue que la chaleur du jour ne m'a pas disposé à écouter avec l'attention voulue une conférence d'économie politique dont il m'a favorisé. On m'a dit cependant qu'il s'était exercé avec succès sur le défunt tsar lorsqu'il était ministre des États-Unis à Saint-Pétersbourg, et qu'il ne permettait pas à ses collaborateurs immédiats d'échapper à une amélioration de leur esprit sur les relations entre le capital et le travail. , et sur la condition vicieuse du capital et du travail dans le Nord.

« Dans le Nord, vous constaterez donc, M. Russell, qu'ils ont maximisé la condition hostile des intérêts opposés dans l'accumulation du capital et dans l'emploi du travail, tandis que nous, dans le Sud, par l'excellence particulière de notre institution nationale. , ont minimisé leur opposition et maximisé l'identité de leurs intérêts en investissant du capital dans le travailleur lui-même », et ainsi de suite, ou quelque chose de similaire. Je n'ai pu m'empêcher de remarquer que j'ai été frappé par « une autre différence entre le Nord et le Sud qu'il avait négligée : la capitale du Nord est représentée par l'or, l'argent, les billets et autres valeurs, qui sont valables dans le monde entier et qui sont valables dans le monde entier. sont reconnus comme tels ; votre capitale a un pouvoir de locomotion et cesse d'exister dès qu'elle franchit une ligne géographique. « Cette remarque, monsieur, dit le gouverneur, exige que j'attire votre attention sur les principes fondamentaux sur lesquels doit se former l'idée abstraite du capital. Afin de déblayer le terrain, enquêtons d'abord sur le bien-fondé des idées avancées par votre Adam Smith. »———— J'ai dû regarder ma montre et promettre que je reviendrais pour être illuminé à une autre occasion, et je me suis dépêché. je pars pour tenir engagement avec moi-même et écrire des lettres avant le prochain courrier.

Le gouverneur rédige néanmoins de très bonnes proclamations et sa confiance en Caroline du Sud est illimitée. « Si nous sommes seuls, monsieur, nous devons gagner. Ils ne peuvent pas nous fouetter. Un monsieur nommé Pringle, pour lequel j'avais des lettres d'introduction, est venu à Charleston pour m'inviter à sa plantation, mais il n'y aura aucun bateau du port avant lundi, et il est alors incertain si les navires bloquants, dont nous entendons parler, tellement, peut-être pas en baisse à ce moment-là.

20 avril. — J'ai rendu visite aujourd'hui aux rédacteurs du *Charleston Mercury* et du *Charleston Courier dans leurs bureaux.* La famille Rhett a été des agitateurs actifs en faveur de la sécession, et on dit qu'elle n'est pas très satisfaite de Jefferson Davis pour avoir négligé ses prétentions au pouvoir. L'aîné, un homme pompeux, dur et ambitieux, possède des capacités. Il aime faire allusion à ses relations et à ses prédilections anglaises, et est intolérant au dernier degré envers la Nouvelle-Angleterre. J'ai reçu de lui, avant de partir, une brochure sur sa vie, sa carrière et ses services. Dans les bureaux du journal, il n'y avait rien de remarquable ; ils possédaient cette obscurité qui caractérise si bien les repaires du journalisme : les nuages dans lesquels se cachent les éclairs. De là, jusqu'aux lieux plus sombres encore où habite Plutus, jusqu'aux comptoirs des courtiers en coton, en montant de nombreuses paires d'escaliers dans de grandes pièces meublées de sièges durs, de gravures de tondeuses célèbres, d'annonces d'agences d'émigrants et de lignes de bateaux à vapeur, de petits troupeaux. de coton, des spécimens de riz, de céréales et de graines dans des bols en bois, et des employés vivant à l'intérieur de grilles, avec des crachoirs isolés, des registres et des gobelets d'eau.

J'ai fait appel à plusieurs des principaux commerçants et banquiers, tels que M. Rose, M. Muir, M. Trenholm et d'autres. Avec tout cela, c'était la même histoire. Leurs jeunes hommes partaient à la guerre – sans rien faire. Dans un bureau, j'ai vu une annonce d'une société pour une communication directe par bateaux à vapeur entre un port du sud et l'Europe. « Quand pensez-vous que cette ligne sera ouverte ? J'ai demandé. "Les croiseurs américains vont sûrement interférer avec cela." « Eh bien, je m'attends, monsieur, » répondit le marchand, « que si ces misérables Yankees tentent de nous bloquer et de vous empêcher d'accéder à notre coton, vous enverrez simplement leurs navires au fond et nous reconnaîtrez. Ce sera avant l'automne, je pense. C'est en vain que je lui ai assuré qu'il serait déçu. «Regardez là-bas», dit-il en désignant le quai sur lequel étaient entassés des bottes de coton ; " Voilà la clé qui ouvrira tous nos ports et nous mettra également dans le coffre-fort de John Bull. "

J'ai dîné aujourd'hui à l'hôtel, malgré de nombreuses invitations hospitalières, avec MM. Manning, Porcher Miles, Reed et Pringle. M. Trescot, qui était sous-secrétaire d'État dans le cabinet de M. Buchanan, nous rejoignit, et j'ai promis de visiter sa plantation dès mon retour de celle de M. Pringle. « Nous avons entendu à peu près la même conversation que d'habitude, soulagés par le bon sens et la philosophie de M. Trescot. Il voit clairement les maux de l'esclavage, mais est, comme nous tous, incapable de découvrir la solution et les moyens de les éviter.

Les sécessionnistes sont très heureux de la proclamation du gouverneur Letcher, appelant des troupes et des volontaires, et il est laissé entendre que Washington sera attaqué et que le nid de vermine républicaine noire qui hante la capitale sera chassé. Des agents doivent être immédiatement envoyés pour constituer une marine, et tous les efforts doivent être déployés pour mettre en œuvre la politique indiquée dans le numéro des lettres de marque et de représailles de Jeff Davis. Le port de Norfolk est bloqué pour empêcher les navires américains de s'échapper ; et en même temps on apprend que l'officier américain commandant l'arsenal de Harper's Ferry s'est retiré en Pennsylvanie, après avoir détruit l'endroit par le feu. Comme le « vieux John Brown » se serait demandé et se serait réjoui s'il avait vécu quelques mois de plus !

CHAPITRE XVII.

Visite d'une plantation; accueil hospitalier. — En bateau à vapeur jusqu'à Georgetown. — Description de la ville. — Un manoir de campagne. — Maîtres et esclaves. — Régime des esclaves. — Colibris. — Irrigation des terres. — Quartiers nègres. — Retour à Georgetown.

21 avril. — Dans l'après-midi, je suis allé avec M. Porcher Miles visiter une petite ferme et une plantation, à quelques kilomètres de la ville, appartenant à M. Crafts. Notre arrivée était inattendue, mais l'accueil du planteur fut chaleureux. Mme Crafts nous fit visiter les lieux, dont les beautés étaient dues à la nature plutôt qu'à l'art, et jusqu'à présent, la dame était la maîtresse idéale de la ferme.

Nous avons erré à travers des freins enchevêtrés et une épaisse jungle indienne, remplie d'insectes désagréables, jusqu'au bord d'un petit lagon. La plage était perforée de petits trous dans lesquels Mme Crafts disait que de petits crabes, appelés « violoneux » à cause de leur ressemblance *in petto* avec un joueur de violon, faisaient leur demeure ; mais nous n'avons vu ni eux ni les « serpents tachetés ». Et ainsi de suite le dîner, pour lequel notre hôtesse s'est excusée inutilement. "Je crains de devoir vous demander de compléter votre dîner avec des viandes en pot, mais je peux répondre de la place de M. Crafts en vous donnant une bouteille de bon vieux vin." « Et quoi de mieux, madame, » dit M. Miles, « que pouvez-vous offrir de mieux à un soldat ? Qu'attendons-nous sinon du raisin et des canettes ?

M. Miles, qui était autrefois membre du Congrès des États-Unis et qui a maintenant émigré vers les États confédérés d'Amérique, s'est fait remarquer il y a quelques années lorsqu'une terrible épidémie de fièvre jaune s'est abattue sur Norfolk et a détruit la moitié de la population. habitants. À cette époque terrible, où tous ceux qui pouvaient bouger fuyaient le lieu frappé par la peste, M. Porcher Miles s'y rendait en avion, visitait les hôpitaux, soignait les malades ; et bien qu'il fût un homme faible et délicat, il donna l'exemple d'une telle énergie et d'un tel courage qui tendirent matériellement à sauver ceux qui restaient. Je ne l'ai jamais entendu dire un mot indiquant qu'il avait été à Norfolk.

A l'arrière de la résidence aux allures de cottage (à ma connaissance construite en bois), dans laquelle vivait la famille du planteur, se trouvait une petite enceinte, entourée d'une palissade, contenant un certain nombre de hangars en bois, qui étaient les quartiers des nègres. ; et après le dîner, comme nous étions assis sur les marches, on fit venir les enfants pour chanter pour nous. Ils venaient très timidement et par degrés ; regardant d'abord aux coins et derrière les arbres, s'enfuyant souvent malgré les ordres de leurs mamans hagardes, jusqu'à ce qu'ils soient pourchassés, capturés et ramenés par leurs frères aînés. C'étaient des gamins des deux sexes, en haillons, sales et sans chaussures ; les plus jeunes étaient abdominaux comme des bébés hindous et sauvages comme s'ils venaient d'être capturés. Avec beaucoup de difficulté, les enfants les plus âgés furent mis en ligne ; puis ils commencèrent à remuer leurs pieds plats, à battre des mains et à énoncer dans une sorte de chant monotone quelque chose sur la « rivière Jawdam », après quoi Mme Crafts les récompensa avec des morceaux de sucre, qui étaient aussi fructueux en disputes. comme la pomme de discorde. Quelques pères et mères regardaient la scène de loin.

Alors que nous étions assis à écouter le merveilleux chant des oiseaux moqueurs, lorsque ces jeunes Sybarites se furent retirés, un grand, grand et robuste gentleman au visage rouge, semblable à un fermier du Yorkshire dans une haute perfection comme n'importe quel homme que j'ai jamais vu dans le vieux pays. , se dirigea vers la porte et, après la cérémonie habituelle de présentation et de rassemblement des nouvelles, et l'assurance habituelle : « Ils ne peuvent pas nous fouetter, monsieur ! m'a invité sur-le-champ à assister à une fête champêtre chez lui, où se trouve une pelouse célèbre par des arbres datant du premier établissement de la colonie et plantés par l'ancêtre de ce monsieur.

Les arbres sont des objets de grande vénération en Amérique s'ils sont de n'importe quelle taille. Il y a peut-être deux raisons à cela. En premier lieu, les arbres forestiers indigènes sont rarement de grande taille. En deuxième lieu, il est naturel pour les Américains d'admirer la dimension et l'antiquité ; et un grand arbre satisfait les deux organes : la taille et la vénération.

Je dois rapporter un exploit étonnant de ce noble Carolinien. La chaleur de la soirée nous donnait sans aucun doute soif et nous sommes entrés pour « boire un verre ». Entre autres choses sur la table se trouvaient une carafe de cognac et un flacon de white curaçao. Le planteur remplit un verre à moitié plein de cognac. "Qu'est-ce qu'il y a dans cette bouteille plate, Crafts ?" "C'est white curaçao." Le planteur goûta un peu, et après s'être claqué les lèvres et s'être exclamé « truc de premier ordre », il commença à *arroser* son eau-de-vie avec et jeta une pleine quantité du mélange sans aucun résultat ultérieur remarquable. C'est une race dure. Je doute qu'un cavalier ou un puritain ait jamais bu un verre plus puissant que notre ami le grand planteur.

22 avril. — Aujourd'hui était fixé pour la visite de la plantation de M. Pringle, située au-dessus de Georgetown, près de la rivière Peedee. Notre groupe, composé de M. Mitchell, un éminent avocat de Charleston, du colonel Reed, un planteur voisin, de M. Ward de New York, notre hôte, et de moi-même, étions à bord du bateau à vapeur de Georgetown à sept heures du MATIN. et commença avec une quantité de provisions de commissariat, de munitions, etc., pour l'usage des troupes cantonnées le long de la côte. Bien entendu, il y avait aussi une grande quantité de journaux. A cette heure matinale, les invitations au « bar » n'étaient pas rares, où la nouvelle était discutée par des hommes aux longues jambes, graves et jaunâtres. On a beaucoup plaisanté sur « le blocus papier du vieux Abe Lincoln », et le rapport selon lequel le gouvernement avait ordonné à ses croiseurs de traiter l'équipage des corsaires confédérés comme des « pirates » a provoqué des commentaires moqueurs et menaçants. Les pleins élans de la vie nationale respirent à travers tout ce peuple. Leur drapeau flotte sur Sumter, et la bannière confédérée flotte sur tous les forts de sable et promontoires qui gardent les abords de Charleston.

Une guerre civile et des persécutions ont déjà commencé. Les « abolitionnistes présumés » sont maltraités dans le Sud, et les « sécessionnistes présumés » sont assaillis et battus dans le Nord. La nouvelle de l'attaque du 6e Massachusetts et du régiment de Pennsylvanie, par la foule à Baltimore, a été reçue avec un grand plaisir ; mais certains esprits raisonnables voient que cela ne fera qu'exposer Baltimore et le Maryland à la pleine force des États du Nord. L'émeute a eu lieu le jour de l'anniversaire de Lexington.

Le «Nina» fut bientôt en pleine mer, se dirigeant vers le nord et se tenant à quatre milles du rivage afin de dégager les hauts-fonds et les berges qui bordent les basses côtes sablonneuses et d'empêcher efficacement même les canonnières légères de couvrir une descente par leurs munitions. C'est l'une des raisons pour lesquelles la flotte fédérale n'a fait aucune tentative pour soulager Fort Sumter pendant l'engagement. En sortant, nous pouvions voir les trous faits dans le grand hôtel et d'autres bâtiments de Sullivan's Island derrière Fort Moultrie, par le tir du fort, qui semait la terreur parmi les nègres « à des kilomètres de là ». Il n'y avait aucun signe d'un navire bloquant, mais des équipes de surveillance étaient postées le long de la plage, et comme le capitaine disait que nous devions peut-être faire notre voyage de retour par terre, chaque voile à l'horizon était anxieusement scrutée à travers nos lunettes.

Après avoir dépassé la large embouchure de la Santee, le bateau à vapeur remonta en trois heures et demie un estuaire dans lequel la <u>Waccamaw River</u>rivière Peedee et la rivière Peedee versent leurs eaux réunies.

Notre navire longea la côte jusqu'à une petite jetée, au bout de laquelle se trouvait un groupe d'hommes armés, dont certains faisaient partie d'un poste militaire, pour défendre la côte et le fleuve, établis sous le couvert d'un terrassement et de palissades construites avec des troncs. d'arbres, et monter trois 32 livres. Plusieurs postes de même nature se trouvaient sur les rives du fleuve, et à partir de certains d'entre eux nous fûmes arraisonnés par des hommes sur des bateaux avides de nouvelles et de journaux. La plupart des hommes sur le quai étaient des cavaliers, appartenant à une association de volontaires de la noblesse pour la défense des côtes, et ils avaient patrouillé nuit et jour sur les côtes et accompli le travail de simples soldats, matériel très précieux pour un tel travail. Ils portaient des tuniques grises, coupées et recouvertes de ceintures jaunes chamois, des chapeaux de feutre amples, ornés de plumes de coq tombantes, et de longues bottes, qui convenaient bien à leur belle personne et à leur allure audacieuse, et étaient évidemment dues à des associations de « Cavalier ». . Ils étaient tous égaux. Nos amis à bord du bateau les ont salués par leurs prénoms, ont donné et entendu la nouvelle. Parmi les caisses débarquées au quai se trouvaient certaines du champagne et des pâtés , dont le capitaine Blank avait l'habitude de régaler quotidiennement sa compagnie à ses frais ou à ceux de son courtier en coton. Leurs chevaux faisant un piquet à l'ombre des arbres près de la plage, les groupes de femmes chevauchant le sable ou circulant dans de légères charrettes fiscales suggéraient des images d'un grand pique-nique et d'un état de société assez indifférent à l'oncle. Les croiseurs d'Abe et les « Hessiens ». Après un court délai, le bateau à vapeur se dirigea vers Georgetown, une ancienne colonie et un port autrefois important, marqué au loin par la petite forêt de mâts s'élevant au-dessus du terrain plat et par la cime des arbres au-delà. et par un clocher d'église solitaire.

Tandis que la « Nina » s'approche du quai délabré de la vieille ville, deux ou trois citoyens s'avancent de l'ombre des hangars branlants pour nous accueillir, et quelques véhicules de campagne et phaétons légers sortent du même abri pour recevoir les passagers. , tandis que les garçons et les filles nègres qui ont joué avec les balles de coton et les barils de riz, qui représentent le commerce de la place sur le quai, prennent des positions dominantes pour une meilleure observation de nos travaux.

Il y a à Georgetown un air de simplicité surannée et de calme suranné, qui contraste de manière rafraîchissante avec l'agitation et le tumulte des villes américaines. En attendant notre véhicule, nous avons bénéficié de l'hospitalité du colonel Reed, qui nous a accueillis dans un manoir en bois à l'ancienne, anguleux, vieux de plus d'un siècle, encore sain dans tous ses bois, et témoignant, par ses lambris pittoresques et ses structures rigides. cadre de porte et de fenêtre, à la durabilité de ses bois de cyprès et au caractère conservateur de l'atmosphère. C'était autrefois la grande maison de l'ancienne colonie et la résidence du fondateur de la branche féminine de la famille de notre hôte, qui n'en fait plus que sa halte lors de ses allers-retours entre Charleston et sa plantation. le laissant toute l'année sous la garde d'une vieille servante et de son petit-enfant. Des rosiers et des arbustes à fleurs se regroupaient devant le porche et remplissaient le jardin devant, et l'établissement donnait une bonne idée de la retraite d'un marchand londonien autour de Chelsea il y a cent cinquante ans.

Enfin nous étions prêts pour notre voyage, et, dans deux voitures légères et couvertes, nous suivions la piste sablonneuse qui, au bout d'un moment, nous conduisit à un chemin creusé profondément au sein des bois, où le silence n'était rompu que par le cri d'un pic, le cri d'une grue ou le défi aigu du geai. Pendant des kilomètres, nous avons parcouru les ombres de cette forêt, ne rencontrant que deux ou trois véhicules contenant des planteuses féminines lors de petites excursions de plaisir ou d'affaires, qui nous souriaient à notre passage. Arrivés à un ruisseau profond couleur chocolat, appelé Rivière Noire, plein de poissons et d'alligators, nous trouvons un appartement assez grand pour accueillir véhicules et passagers, et propulsé par deux nègres tirant sur une corde tendue, de la manière habituelle dans les bacs. bateaux de Suisse.

Une autre promenade à travers une campagne plus ouverte, et nous atteignons un beau bosquet de pins et de chênes verts, qui se fond dans un bosquet d'arbustes gardé par une porte rustique : en passant par là, nous sommes amenés par un virage soudain à la maison du planteur, enfouie dans des arbres qui disputent avec la pelouse verte et les parterres de fleurs sauvages l'espace entre la porte du hall et les eaux du Peedee ; et quelques minutes plus tard, alors que nous contemplons l'étendue des champs marqués par les coupes d'eau profondes et limités par une lisière de forêt incessante, à peine teintée de vert par la première vie des premières récoltes de riz, les cheminées du bateau à vapeur que nous avions laissés à Georgetown, glissant pour ainsi dire à travers les champs, indiquent l'existence d'une autre rivière navigable encore au-delà.

En quittant la véranda qui commandait cet agréable premier plan, nous entrons dans le manoir et ses pièces basses et démodées nous rappellent les maisons de campagne que l'on trouve encore dans certaines parties de l'Irlande ou à la frontière écossaise, avec des ajouts faits par le luxe et l'amour des voyages à l'étranger, de plus d'une génération de planteurs instruits du Sud. Des peintures d'Italie illustrent les murs, en juxtaposition avec d'intéressants portraits des premiers gouverneurs coloniaux et de leurs charmantes femmes, peints d'une main non incertaine et pleins de la vigueur du toucher et du naturel des drapés, dont Copley nous a laissé trop peu d'exemplaires ; et un portrait de Benjamin West revendique pour lui-même l'honneur que peut lui donner son propre crayon. Une excellente bibliothèque, remplie de collections de classiques français et anglais, et de ces lourdes éditions de Voltaire, de Rousseau, des « Mémoires pour Servir », des livres de voyage et d'histoire qui ont ravi nos ancêtres au siècle dernier, et de nombreux ouvrages d'auteurs américains et américains. histoire générale - offre une occupation suffisante pour un jour de pluie.

Il était cinq heures lorsque nous atteignîmes la maison de notre planteur – White House Plantation. Mon petit bagage fut porté dans ma chambre par un vieux nègre en livrée, qui prit grand soin de m'assurer de mon parfait accueil, et qui se révéla être un excellent valet de chambre. Une chambre basse, tendue de mezzotintes colorées, aux fenêtres couvertes de plantes grimpantes, avec un lit à l'ancienne et des chaises pittoresques, m'hébergea somptueusement ; et après les toilettes jugées nécessaires par notre hôte pour un enterrement de vie de garçon, nous nous attelâmes à un excellent dîner, préparé par des nègres et servi par des nègres, et aidé par du bordeaux adouci par les soleils caroliniens, et par Madère descendu les escaliers avec précaution, comme au temps d'Horace et de Mécène, de la cave située entre le grenier et le toit de chaume.

Notre groupe fut augmenté par un planteur voisin, et après le dîner, la conversation reprit sur le vieux canal : toutes les grenouilles priaient pour qu'un roi, en tout cas un prince, les gouverne. Notre bon hôte a hâte de s'enfuir en Europe, où se trouvent sa femme et ses enfants, et tout ce qu'il craint, c'est d'être assailli à New York, où les sudistes sont exposés aux insultes, même s'ils peuvent s'en sortir mieux à cet égard que les républicains noirs ne le feraient. Sud. Quelques-uns de nos invités parlaient du duel et de mains célèbres avec le pistolet dans ces parages. La conversation avait dans l'ensemble le ton qui aurait probablement caractérisé la conversation d'un groupe de messieurs irlandais conservateurs autour de leur vin il y a une soixantaine d'années, et elle était très agréable. Pas un homme – non, pas un seul – ne rejoindra plus jamais l'Union ! "Dieu merci!" disent-ils, « nous sommes enfin libérés de cette tyrannie ». Et pourtant, M. Seward le qualifie de gouvernement le plus bienfaisant au monde, qui n'a encore jamais fait de mal à un être humain !

Mais hélas! toutes les bonnes choses qu'offre la maison ne peuvent être appréciées que pour une brève saison. De même que la nature a élargi tous ses charmes, développé toutes ses grâces et revêtu le paysage de toute la beauté d'une fleur épanouie, d'un grain mûrissant et d'une végétation mûre, sur les ailes du vent le souffle empoisonné vient porté vers la demeure du blanc. l'homme, et il doit fuir devant elle ou périr. Les livres restent fermés sur les étagères, la fleur s'épanouit et meurt sans qu'on y prête attention, et, dommage, c'est vrai, le vieux Madère recueilli sous le toit, s'installe pour une nouvelle vie et se met à sa tâche solitaire de acquérant une saveur plus fine pour les lèvres peu fréquentes de son maître banni et de ses visiteurs bienvenus. C'est du moins l'histoire que l'on entend de tous côtés, et telle est celle qui nous est répétée sous le porche, lorsque la lune, en s'adoucissant, rehausse la beauté de la scène, et que la riche mélodie des oiseaux moqueurs remplit le bosquet. .

Dans ces portes hospitalières, Horace pourrait mieux banqueter qu'il ne l'a fait avec Nasidienus, et boire un vin que l'on ne peut trouver que parmi les descendants de l'ascendance qui, assez imprévoyants en tout le reste, ont appris la sagesse de mettre en bouteille les vieux Bual et Sercial de choix, avant le démon de l'oïdium avait tari à jamais leurs généreuses sources. A cela il faut ajouter du pain excellent, des variétés ingénieuses de *galette* , composées tantôt de riz, tantôt de farine indienne, de beurre délicieux et de fruits, tous bons en leur genre. Et y a-t-il quelque chose de mieux qui surgisse du fond du bol social ? Mes amis noirs qui s'occupent de moi sont aussi graves que les musulmans Khitmutgars. Ils sont vêtus de livrées et portent des cravates blanches et des gants berlinois. La nuit, quand nous nous retirons, ils partent vers leur obscurité extérieure dans le petit village de nègres, séparé de notre maison par une palissade en bois. Leur fidélité est incontestable. La maison respire un air de sécurité. Les portes et fenêtres sont déverrouillées. Il n'y a qu'un seul fusil, une pièce de chasse, sur les lieux. Aucun planteur par ici ne craint ses esclaves. Mais j'ai vu, depuis le peu de temps que j'ai passé dans cette partie du monde, plusieurs récits effroyables de meurtres et de violences, dans lesquels des maîtres souffraient aux mains de leurs esclaves. Il y a quelque chose de suspect dans l'affirmation incessante selon laquelle « nous n'avons pas peur de nos esclaves ». Le couvre-feu et les patrouilles nocturnes dans les rues, les prisons et les postes de garde, ainsi que les règlements de police, prouvent qu'une surveillance stricte, en tout cas, est nécessaire et nécessaire. Mon hôte est un homme gentil et un bon maître. Si les esclaves sont heureux quelque part, ils devraient l'être chez lui.

Ces gens sont nourris par leur maître. Ils ont une demi-livre de porc gras par jour et du maïs en abondance. Ils élèvent des volailles et vendent leurs poules et leurs œufs à la maison. Ils sont habillés par leur maître. Il les maintient dans la maladie comme dans la santé. De temps en temps, des cadeaux de tabac et de mélasse sont offerts aux méritants. Il y avait peu de travail dans les champs, car le riz faisait juste des efforts pour sortir la tête de l'eau. Ces champs rapportent abondamment ; les eaux de la rivière sont grasses, et elles y sont admises chaque fois que le planteur en a besoin au moyen de vannes et de petits canaux, par lesquels les appartements peuvent transporter leurs charges de grain jusqu'à la rivière pour charger les bateaux à vapeur.

23 avril. —Une belle matinée s'est transformée en une journée chaude. Après le petit déjeuner, je m'asseyais à l'ombre, observant les caprices de quelques petites tortues ou tortues, dans un récipient rempli d'eau à portée de main, ou essayant de suivre le vol des colibris, semblable à celui d'une abeille. Ah moi ! un petit brownie, avec une tête violette et des faces rouges, a réussi à se précipiter dans une petite serre de raisins ou de fleurs à proximité, et, innocent des manières du mur de verre, il ou elle - je suis très perplexe quant au sexe de colibris, et M. Gould, avec sa merveilleuse maîtrise des préfixes grecs et des terminaisons latines, ne m'a pas beaucoup aidé : il se précipitait de haut en bas de vitre en vitre, cherchant à percer chacune de son bec, et transportant la mort et la destruction parmi les de grosses araignées et leurs châteaux en toile d'araignée qui barraient momentanément le passage.

Le colibri passa, comme disent les Yankees, une mauvaise passe, car ses efforts pour s'échapper étaient incessants, et notre hôte dit tendrement, à travers ses moustaches : « Pooty petite chose, ne l'effraie pas ! comme s'il était tout à fait sûr de rejoindre la Saxe par le prochain bateau à vapeur. Encombré de toiles d'araignées et épuisé, notre petit ami tombait de temps en temps parmi les arbustes verts et restait haletant comme une pépite de minerai vivante. De nouveau, lui, elle ou lui prit son envol et reprit cette folle carrière ; mais finalement, lors d'un heureux détour, la tête brillante aperçut une ouverture à travers la porte, et ses ailes, son corps et ses jambes se précipitèrent et cherchèrent refuge dans une plante grimpante, où le petit papillon gisait, presque mort, si inanimé, en effet, que J'aurais pu prendre la jolie chose et la mettre dans le creux de ma main. Qu'auraient dit les poètes grecs et romains du colibri ? Qu'auraient chanté Hafiz, Waller ou Spenser s'ils avaient vu cette progéniture du soleil et des fleurs ?

Plus tard dans la journée, lorsque le soleil était un peu moins fort, nous sommes sortis de la ceinture d'arbres autour de la maison sur la plantation elle-même. A cette époque de l'année, rien ne recommande au regard la grande étendue de champs plats, entourés de petits canaux, qui ressemblent à des fonds d'étangs asséchés, car le riz vert a à peine réussi à se frayer un chemin au-dessus du niveau. de la riche terre sombre. La rivière délimite le domaine, et lorsqu'elle monte après les pluies, ses eaux, chargées de terreau et de boue fertilisante, sont déversées sur les terres par les petits canaux, qui sont pourvus d'écluses, de berges et de vannes pour contrôler et réguler l'approvisionnement. .

Les nègres n'avaient désormais plus grand-chose à occuper. Les enfants des deux sexes, légèrement vêtus, pêchaient dans les canaux et les eaux stagnantes, sortant d' horribles petits poissons-chats. Ils étaient si timides qu'ils s'enfuyaient généralement à notre approche. Les hommes et les femmes étaient apathiques, ne nous cherchaient ni ne nous évitaient, et j'ai découvert que leur maître ne savait rien d'eux. Ce ne sont que les domestiques occupés aux tâches ménagères qui entretiennent des relations familières avec leurs maîtres.

L'huissier ou l'intendant n'était pas visible. Un grand nègre affalé, qui ressemblait à un homme de gang ou quelque chose du genre, nous suivait dans notre promenade et répondait très volontiers à toutes les questions que nous lui posions. C'était une image de voir son visage lorsqu'un membre de notre groupe, en rentrant à la maison, lui donna une somme d'argent plus importante que celle qu'il avait probablement jamais possédée auparavant, en une seule fois. "Que va-t-il en faire?" Achetez des choses sucrées, du sucre, du tabac, un canif, etc. « Ils ont peu de luxe et tous leurs besoins sont pourvus. » J'ai jeté un rapide coup d'œil aux quartiers nègres, qui ne sont pas très attrayants ni propres. Ils sont entourés de hautes palissades et l' *entourage* est vivant avec leurs volailles.

Je doute fort que M. Mitchell soit convaincu que les Sudistes ont raison dans leur démarche actuelle, mais lui et M. Petigru sont avocats et n'ont pas une vision populaire de la question. Après le dîner, la conversation tourna à nouveau sur les ressources et la puissance du Sud, ainsi que sur la détermination du peuple à ne jamais rentrer dans l'Union. Puis surgirent à nouveau l'expression du regret pour la rébellion de 1776 et le désir que, si elle arrivait au pire, l'Angleterre récupère ses enfants égarés, ou leur donne un prince sous lequel ils pourraient assurer une forme de gouvernement monarchique. Il n'y a aucun doute sur le sérieux avec lequel ces choses sont dites.

Comme le « Nina » reprend la rivière pour son voyage de retour de Georgetown ce soir, et que le port de Charleston peut être bloqué à tout moment, nous obligeant ainsi à faire un long *détour* par voie terrestre, je décide de partir par lui, malgré les de nombreuses invitations et pressions de la part des planteurs voisins. A minuit, notre voiture fit demi-tour et nous partîmes sous un beau clair de lune vers Georgetown, traversant le ferry avec un certain retard, à cause du profond sommeil des bateliers dans leurs cabines. L'un d'eux m'a dit : « Il ne faut pas s'approcher trop près du bord du bateau, masse. "Pourquoi pas?" "Parce que si Massa tombe en danger, il ne reviendra probablement pas, - un mauvais ruban pour noyé, Massa." Il m'a informé qu'elle était pleine d'alligators, qui sont toujours à l'affût des chiens des planteurs et des nègres, et sont donc haïs et chassés.

Le «Nina» sonnait le signal du départ, le seul bruit que nous entendions toute la nuit, alors que nous traversions les rues désertes de Georgetown, et peu après trois heures DU MATIN , nous étions à bord et dans nos couchettes.

CHAPITRE XVIII.

Climat des États du Sud. — Général Beauregard. — Risques de la poste. — Haine de la Nouvelle-Angleterre. — Par chemin de fer jusqu'à la plantation de Sea Island. — Sport en Caroline du Sud. — Une heure à bord d'un canot dans l'obscurité.

24 avril. — Le matin, nous nous trouvâmes sur une petite route maritime pour laquelle la « Nina » était particulièrement inadaptée, chargée qu'elle était de provisions et de produits. Yeux et lunettes tendus anxieusement vers la mer à la recherche de toute trace des navires bloquants. Chaque voile est scrutée, mais aucune « étoile ni rayures » n'est visible.

Notre capitaine, un bon spécimen d'un des navigateurs des eaux intérieures, astucieux, intelligent et actif, m'a parlé beaucoup de ce pays. Il se moquait des craintes des Blancs à l'égard du climat. « Eh bien, me voici, dit-il, remontant et descendant la rivière à toutes les époques de l'année, et aux heures du jour et de la nuit où l'on estime que l'air est le plus mortel, et je le fais depuis longtemps. années sans aucun effet néfaste. Les planteurs dont je passe devant les maisons s'enfuient tous en mai et s'en vont en Europe, ou dans la pinède, ou aux sources, ou ils pensent qu'ils vont tous mourir. Il y a le capitaine Buck, qui habite ici-haut, il vient de l'État du Maine. Au début, il n'avait que mille dollars, mais il se met au travail et obtient un terrain Waccamaw Riverà vingt cents l'acre. C'était la mort de s'en approcher, mais c'était une rizière de premier ordre, et le capitaine Buck vaut maintenant un million de dollars. Il vit toute l'année sur son domaine et est un homme en aussi bonne santé que jamais.

À de telles historiettes, mes amis planteurs font la sourde oreille. "Je vous dis quoi", a déclaré Pringle, "juste pour vous montrer quelle est la nature de notre climat. J'ai eu autrefois un excellent surveillant qui insistait pour rester près de la rivière et qui ne voulait pas s'en aller. Il s'est battu pendant plus de vingt-cinq ans, mais il a fini par tomber dans la fièvre. Comme le surveillant avait plus de trente ans lorsqu'il arrivait au domaine, il n'avait pas été retranché si brusquement. J'ai pensé à la publicité du charlatan sur la « mauvaise jambe de soixante ans debout ». Le capitaine dit que les nègres des plantations fluviales sont très aisés. Il peut acheter suffisamment de porc aux esclaves d'une plantation pour subvenir aux besoins de son équipage pendant tout l'hiver. L'argent leur revient, car les porcs leur appartiennent. L'un des stewards à bord s'était libéré, lui et sa famille, de la servitude grâce à ses gains. Mais l'État en général n'approuve pas de telles pratiques.

À trois heures DE L'APRÈS-MIDI , il entra dans le port de Charleston et débarqua peu après.

J'ai vu le général Beauregard le soir ; il était très vif et de bonne humeur, même s'il s'avouait plutôt surpris par l'esprit manifesté dans le Nord. « Cependant, une grande partie de cela est exagérée, » dit-il, « et appartient à cette sorte d'enthousiasme fade qui est favorisé par leurs conférences et leurs discours. » Beauregard est très fier de sa force personnelle, qui est considérée comme très extraordinaire pour sa frêle constitution, et il semble insister sur le fait que les hommes du Sud avaient plus de force physique, en raison de leur mode de vie et de leur éducation, que leurs homologues du Nord. "frères." Le soir, une sorte de *tabaks consilium eut lieu* dans l'hôtel, où un certain nombre d'officiers, Manning, Lucas Chesnut, Calhoun, etc., parlèrent des affaires de la nation. Tous mes amis, à l'exception de Trescot, je pense, étaient ravis à la perspective d'hostilités avec le Nord et ravis qu'un régiment carolinien du Sud soit déjà parti pour les frontières de la Virginie.

25 avril. — Envoyé mes lettres par un gentleman anglais, qui portait des dépêches de M. Bunch à Lord Lyons, car la poste devient une institution dangereuse. Nous entendons parler de lettres falsifiées des deux côtés. La société Adams's Express, qui agit comme une sorte de poste express sous certaines conditions, est plus digne de confiance ; mais il est douteux combien de temps les communications seront autorisées à exister entre les deux nations hostiles, telles qu'elles peuvent être envisagées maintenant.

J'ai dîné avec M. Petigru, qui avait très gentiment reporté son dîner jusqu'à mon retour des plantations, et j'y ai rencontré le général Beauregard, le juge King et d'autres, parmi lesquels, distingués par leur *esprit* et leurs réalisations, se trouvaient Mme King et Mme. Carson, filles de mon hôte. L'aversion, qui semble innée, envers la Nouvelle-Angleterre est universelle et ne varie que dans la forme de son expression. Il est vrai que M. Petigru est un unioniste résolu, mais il est le seul spécimen du genre à Charleston, et il est toléré à cause de sa rareté. Alors que le vieil homme plein d'esprit et agréable trottine dans la rue, totalement inconscient du monde qui l'entoure, les Caroliniens le désignent fièrement comme un exemple de patience de leur part et comme une preuve en même temps de l'unanimité populaire des sentiments. .

Il y a aussi des gens qui regrettent la dissolution de l'Union, comme M. Huger, qui a versé des larmes en en parlant l'autre soir ; mais ils considèrent le fait comme ils considéreraient la démolition de quelque article qui ne peut jamais être restauré et réuni, et qui était apprécié pour les usages qu'il rendait et son antiquité.

Le général Beauregard craint une attaque des « fanatiques » du Nord avant que le Sud ne soit préparé, et il estime qu'ils appliqueront des mesures coercitives avec la plus grande rigueur. Il redoute la coupe des levées , ou hauts ouvrages artificiels, élevés tout le long du cours du Mississippi, sur plusieurs centaines de kilomètres au-dessus de la Nouvelle-Orléans, auxquels les fédéraux pourraient avoir recours pour noyer les plantations et ruiner les planteurs.

Nous avons eu une discussion de bonne humeur dans la soirée sur l'éthique de l'incendie du chantier naval de Norfolk. Les sudistes considèrent l'appropriation des armes, de l'argent et des approvisionnements des États-Unis comme des actes légitimes, dans la mesure où ils représentent, selon eux, leur contribution, ou une partie de celle-ci, au stock national du commerce. Lorsqu'un État quitte l'Union, il devrait être autorisé à emporter avec lui ses forts, ses armements, ses arsenaux, etc., et c'était une honte brûlante pour les Yankees de détruire les propriétés de la Virginie à Norfolk. Ces idées, et bien d'autres semblables, ont le mérite d'être inédites pour les Anglais, habitués à penser qu'il existe des choses telles que l'Union et le peuple des États-Unis.

26 avril. — A fait ses adieux à Charleston ce jour-là à 9 HEURES 45 et s'est rendu en chemin de fer, en compagnie de M. Ward, pour visiter la plantation Sea Island de M. Trescot. Traversé la rivière jusqu'au terminus dans un ferry à vapeur. Aucun navire bloquant en vue pour l'instant. L'eau regorgeait de petits poissons argentés, comme le mulet, qui surgissaient et sautaient sans cesse à la surface. Un vieux monsieur, qui pêchait sur la jetée, combinait très ingénieusement la poursuite du sport avec l'instruction au moyen d'une fourchette de bambou dans sa canne, juste au-dessus du moulinet, dans laquelle il enfonçait son inévitable journal, et lisait gravement dans sa canne. -chaise à fond jusqu'à ce qu'il ait mordu, lorsque la fourchette était dételée et que le poisson était débarqué. Les nègres sont très adonnés aux loisirs de l'homme contemplatif et ils pêchaient dans toutes les directions.

De nouveau en mouvement. Nous avons pris place sur le Charleston and Savannah Railway pour Pocotaligo, qui est la gare de Barnwell Island. Nos compagnons de voyage étaient tous pleins de politique, les jolies femmes étant les plus farouches de toutes, non ! les moins beaux étaient les plus farouchement patriotiques, comme s'ils espéraient se convaincre d'être des maris par les expressions les plus peu féminines envers les Yankees.

Le pays est un terrain plat, perforé de rivières et de cours d'eau, sur lesquels le rail est transporté sur de longs et hauts tréteaux. Sans les beaux arbres, les magnolias et les chênes verts, le paysage serait insupportablement hideux, car il n'y a aucun des villages pittoresques, propres et charmants de Hollande pour soulager le niveau monotone des rizières et des déchets de terre, d'eau et de boue. . Dans les humbles petites gares, il y avait invariablement des groupes de cavaliers qui attendaient sous les arbres, et des dames avec leurs infirmières et domestiques noires qui étaient arrivées dans d'étranges véhicules démodés, garés à l'ombre. Ceux qui partaient pour un long voyage, conscients de l'absolue stérilité du pays, emportaient avec eux un viatique et des bouteilles de lait. Les infirmières et les esclaves s'accroupirent à leurs côtés dans le train, dans des conditions parfaitement comprises. Personne ne s'opposait à leur présence ; au contraire, les passagers les traitaient avec une certaine sorte de considération particulière, et ils s'entendaient très bien avec leurs protégés, dont certains étaient dans l' état absorbant de la vie, et plongeaient leur petit bateau blanc. visages contre la poitrine fauve de leurs infirmières avec tout sauf réticence.

Le train s'est arrêté, à 12 h 20, à Pocotaligo ; et là nous trouvâmes M. Trescot et quelques planteurs voisins, célèbres comme pêcheurs de « tambour », dont plus d'informations. J'avais rencontré le vieux M. Elliot à Charleston, et son récit de ce sport et de la poursuite d'un énorme monstre marin appelé poisson-diable, qu'il fut l'un des premiers à tuer dans ces eaux, excitait beaucoup ma curiosité. . M. Elliot a écrit un récit des plus agréables sur les sports de la Caroline du Sud, et j'avais espéré qu'il se porterait assez bien pour être mon guide, mon philosophe et mon ami dans la pêche au tambour à Port-Royal ; mais il envoya son fils dire qu'il était trop malade pour venir, et avait donc envoyé d'excellents représentants parmi deux membres de sa famille. Il a été convenu qu'ils descendraient de chez eux et nous retrouveraient demain matin à l'île Trescot, qui se trouve au-dessus de Beaufort, dans le détroit de Port Royal et la rivière.

Nous montâmes dans le cabriolet de Trescot et nous enfonçâmes dans une allée ombragée, bordée de bois de chaque côté, que nous traversâmes pendant une certaine distance. Le pays, de chaque côté et au-delà, parfaitement plat - toutes les rizières - peu de maisons visibles - à peine un être humain sur la route - parcourait six ou sept milles sans rencontrer personne. Après environ quelques heures, je pense, le camion est arrivé par une porte ouverte sur un chemin ou une route creusé dans un désert de riche boue noire, « glorieux pour le riz », et nous a atterri devant la porte d'un planteur, M. Heyward, qui est sorti et nous a réservé un accueil très chaleureux, dans le plus pur style sudiste. Sa maison est charmante, entourée d'arbres et couverte de roses et de plantes grimpantes, à travers lesquelles volent des oiseaux et des papillons. M. Heyward prit pour acquis que nous nous arrêtions pour dîner, ce que nous n'étions nullement disposés à faire, car la journée était chaude, la route poussiéreuse et son accueil franc et aimable. Un beau spécimen de l'homme planteur ; et, sans son chapeau de paille à larges bords et ses vêtements amples, ce n'est pas un mauvais représentant d'un écuyer anglais à la maison.

Alors que nous étions assis sous le porche, une sorte de bruit étrange attira mon attention dans l'un des arbres. « C'est un corbeau de pluie », dit M. Heyward ; « Un oiseau qui, selon nous, prédit la pluie. Je vais le tirer pour vous. Et, entrant dans la salle, il abattit une pièce de chasse à double canon, sortit et tira dans l'arbre ; d'où le corbeau de pluie, pauvre créature, tomba en voletant sur le sol et mourut. Il me parut une sorte de coucou, de même taille, mais au plumage plus foncé. Je n'ai pu rassembler aucun fait pour expliquer l'impression que son cri est un signe de pluie.

Mon attention fut également attirée sur une curieuse espèce de faucon ou faucon tueur de serpents, qui fait un bruit extraordinaire en plaçant ses ailes pointées vers le haut, rapprochées, au-dessus de son dos, de manière à n'offrir aucune résistance à l' air, et alors, commençant à descendre d'une grande hauteur, avec une rapidité croissante, fait, en se précipitant dans les airs, un bourdonnement étrange et fort, jusqu'à ce qu'il soit près du sol, lorsque l'oiseau arrête sa descente vers le bas et vole en courbe au-dessus de la prairie. . C'est ce que j'ai vu deux de ces oiseaux faire à plusieurs reprises cette nuit.

Après le dîner, au cours duquel M. Heyward exprima quelques inquiétudes quant à la crainte que la Sécession ne prive les États du Sud de « glace », nous continuâmes notre voyage vers le fleuve. Il y a encore une absence remarquable de population ou de vie le long de la route, et même les maisons sont soit cachées, soit trop éloignées pour être vues. Les arbres sont très admirés par le peuple, même s'ils ne seraient pas très appréciés en Angleterre.

Enfin, vers le coucher du soleil, après avoir pris un chemin près d'une forêt dont une partie brûlait, nous arrivâmes à une large rivière boueuse, aux berges escarpées et argileuses. Un canot gisait dans un petit port formé par une pente de la rive, et quatre gros nègres, assis autour d'une bûche brûlante, occupés à fumer et à manger des huîtres, se levèrent à notre approche et aidèrent le groupe à entrer dans le « creusé ». dehors », ou canoë, un bateau étroit, long et lourd, avec des parois latérales et un plancher plat. Une rangée d'une heure, la dernière partie dans l'obscurité, nous conduisit à la limite du domaine de M. Trescot, Barnwell Island ; et les rameurs, tandis qu'ils se mettaient à leur tâche, séduisaient le chemin en chantant à l'unisson une véritable mélodie nègre, qui était aussi différente des œuvres des Serenaders éthiopiens que n'importe quelle chanson peut être différente d'une autre. C'était une sorte de madrigal barbare, dans lequel un chanteur commençait par être suivi par les autres à l'unisson, répétant le refrain en chœur, et plein d'expression surannée et de mélancolie :

« Oh, ton âme ! oh, mon âme ! Je vais au cimetière pour poser

ce corps vers le bas;

Ô mon âme ! oh, ton âme ! nous allons au cimetière pour poser

ce nègre en bas.

Et puis un appel à la difficulté de passer « le Jawdam », constituait l'ensemble de la chanson, qui se poursuivit avec une énergie constante tout au long du petit voyage. Pour moi, c'était une scène étrange. Le ruisseau, sombre comme le Léthé, coulait entre les rives silencieuses, sans abri et escarpées, éclairé près du débarcadère par le feu dans les bois, qui rougissait le ciel - la tension sauvage et les adjurations surnaturelles aux âmes des chanteurs, comme si ils étaient palpables, me rappelaient le voyage imaginaire à travers le Styx.

« Nous y sommes enfin. » Tout ce que je pouvais voir, c'était une ombre sombre d'arbres et la cime des joncs au bord de la rivière. "Faites attention où vous mettez les pieds et suivez-moi de près." Et ainsi, tâtonnant à travers un épais buisson pendant un court espace, j'arrivai sur un jardin et un enclos, au milieu desquels les contours blancs d'une maison étaient visibles. Lumières dans le salon – une dame pour nous recevoir et nous accueillir – une bibliothèque confortable – du thé et pour se coucher : mais non sans parler davantage de la Confédération du Sud, dans laquelle Mme Trescot expliqua avec quelle facilité elle pouvait nourrir une armée, de son expérience dans l'alimentation de ses nègres.

CHAPITRE XIX.

Nègres domestiques – Rameurs nègres – En route vers les lieux de pêche – Le poisson-diable – Mauvais sport – Le poisson-tambour – Quartiers nègres – Manque de drainage – Tendances au vol des noirs – Une estimation méridionale des sudistes.

27 avril. -Mme. Trescot, semble-t-il, passa une partie de sa nuit auprès d'un jeune gentilhomme de couleur, introduit au monde en état de servitude par son pauvre bien de mère. De tels actes de bonté sont plus courants qu'on ne peut le supposer ; et il serait injuste de donner une interprétation stricte ou injuste aux motivations des propriétaires d'esclaves qui accordent une telle attention à leur propriété. En effet, comme le dit Mme Trescot : « Quand les gens parlent de mon nombre d'esclaves, je leur dis toujours que ce sont les esclaves qui me possèdent. Matin, midi et soir, je suis obligé de les soigner, de les soigner et de les soigner de toutes les manières. La propriété a ses devoirs, voyez-vous, Madame, ainsi que ses droits.

La maison du planteur est toute neuve et a été construite par lui-même ; le matériau principal étant le bois, et la plupart des travaux étant effectués par ses propres nègres. Des travaux tels que les châssis de fenêtres et les lambris ont cependant été exécutés à Charleston. Un joli jardin s'étend à l'arrière et, depuis les fenêtres, de larges étendues de champs de coton sont visibles et des aperçus de la rivière sont visibles.

Après le petit déjeuner, notre petit groupe se rendit au bord de la rivière et s'assit à l'ombre de quelques arbres nobles en attendant le bateau qui devait nous conduire aux lieux de pêche. Le vent soufflait en amont, suivant la marée, et nous tendions les yeux en vain vers le bateau. La rivière a ici près d'un mille de large, — un noble estuaire plutôt, — avec des rives basses bordées de forêts, dans lesquelles la hache a fait de profondes incursions et des clairières pour les champs de coton.

Un voyageur anglais égaré aurait été étonné si, pénétrant dans l'ombre, il entendait dans un endroit aussi reculé des noms et des choses familiers prononcés par les trois paresseux étendus, le cigare à la bouche, sur la terrasse. des troncs hantés par des fourmis qui gisaient prosternés au bord de la mer. M. Trescot a passé quelque temps à Londres comme *attaché* à la légation des États-Unis, était un homme de club et avait un grand cercle de connaissances parmi les jeunes hommes de la ville, dont il se souvenait de nombreuses anecdotes, particularités et petites aventures. Depuis lors, il était sous-secrétaire d'État dans l'administration de M. Buchanan et s'est engagé dans la Sécession. Il est l'auteur d'un livre très agréable sur un sujet aride, «

The History of American Diplomacy », qui est assez curieux en tant qu'exposition inconsciente des jalousies anti-britanniques, et même des antipathies, qui ont animé les hommes d'État américains depuis leur création. . En fait, une grande partie de la diplomatie américaine est synonyme d'hostilité à l'égard de l'Angleterre et d'utilisation habile du sentiment anti-britannique dont ils disposent dans leur propre pays et ailleurs. Maintenant, il parlait agréablement des gens qu'il avait rencontrés, dont beaucoup étaient des amis communs.

«Voici enfin le bateau!» J'avais balayé de temps en temps la large rivière avec mon verre, et j'avais enfin détecté sur sa large surface un point qui descendait vers nous, avec un point blanc marquant l'écume à ses avants. Malgré le vent et la marée, il arriva rapidement et s'approcha bientôt de nous, tiré par six nègres puissants, vêtus de vestes de flanelle rouge et de chapeaux de paille blanche à larges rubans. L'embarcation elle-même – une sorte de pirogue monstrueuse, d'environ quarante-cinq pieds de long, étroite, à flancs de mur, avec une proue haute et une poupe surélevée – gisait profondément dans l'eau, car il y avait des nègres supplémentaires pour la pêche, des serviteurs, des paniers de provisions. , des seaux d'eau, des jarres en pierre contenant des boissons moins innocentes, et derrière il y avait un groupe de grands planteurs robustes, tous Elliotts, cousins, oncles et frères. Un salut amical alors qu'ils accostaient, un échange de salutations.

"Eh bien, Trescot, as-tu plein de crabes ?"

Un gémissement éclata à sa réponse *insouciante* . Il avait été chargé de trouver des appâts et il avait dit aux nègres de le faire, mais les nègres ne l'avaient pas fait. Les pêcheurs se regardèrent cruellement les uns les autres, et férocement Trescot, qui prit un air imprudent, jeta des doutes sur l'existence du poisson dans la rivière et recourut à de semblables misérables subterfuges ; en effet, on découvrit par la suite qu'il était un infidèle total en ce qui concerne les délices de la piscicapture.

« Maintenant, tous à bord ! Finissez, les gars, et emmenez ces messieurs ! Les nègres arrivèrent en un instant, jusqu'à la taille, et, chacun en prenant un sur le dos, nous déposèrent au sec dans le bateau. Je mentionne cela seulement pour constater que j'ai été très impressionné par une démonstration pratique de mon porteur concernant la forte odeur de la peau d'un Africain chauffé. J'ai été coincé dans une colonne d'infanterie par une journée chaude et j'ai marché sous le vent de Ghoorkhas en Inde, mais l'odeur âcre et accablante du nègre dépasse tout ce que j'ai eu le malheur d'éprouver.

Le navire se remit bientôt en mouvement, contre une ondulation causée par le vent, qui soufflait violemment contre nous ; et malgré les éloges accordés au bateau, il était facile de comprendre que le travail de tirer dans l'eau une chose aussi semblable à un rondin mort pesait sévèrement sur les rameurs, qui avaient déjà parcouru environ douze milles, je pense. Néanmoins, on leur dit de chanter, et ils commencèrent en conséquence un de ces chants baptistes sauvages sur le Jourdain dont ils se plaisent, non dépourvus de musique, mais tout à fait différents de ce qu'on appelle une mélodie éthiopienne.

Les rives de la rivière des deux côtés sont basses ; à gauche, recouverte de bois, à travers laquelle, çà et là, par intervalles, on apercevait la maison d'un planteur ou d'un surveillant. Le cours de cette grande combinaison d'eau salée et d'eau douce change parfois, de sorte que les maisons sont emportées et les plantations submergées ; mais la terre est néanmoins très appréciée, à cause de la finesse du coton cultivé parmi les îles. « Du coton à 12 cents la livre, et nous n'avons pas peur du monde. »

Tandis que le bateau se dirigeait vers la zone de pêche qui se trouvait vers l'embouchure de la rivière à Hilton Head, nos amis parlèrent politique et sport ensemble, le premier ayant un caractère habituel, le second tout à fait nouveau.

J'ai beaucoup entendu parler du puissant poisson-diable qui fréquente ces eaux. L'un des membres de notre groupe, M. Elliott, sénateur, un homme grand, noueux et noueux, avec un œil doux et une voix chaleureuse, était un célèbre joueur de ce sport et avait réussi à s'en sortir de quelques centimètres à la poursuite de il. Le poisson est décrit comme étant d'une taille et d'une force énormes, une raie monstre, qui possède de formidables cornes en forme d'antennes, et une paire d'énormes nageoires, ou clapets, dont l'une s'élève au-dessus de l'eau lorsque la créature se déplace sous la surface. Les chasseurs, comme on peut les appeler, partent en groupes : trois ou quatre bateaux, ou plus, avec une bonne réserve de harpons tranchants, de câbles de remorquage et de lances. Lorsqu'ils aperçoivent la créature, un bateau prend la tête et descend vers elle, les autres le suivent, chacun avec un harponneur debout à l'avant. Le poisson-diable se méfie parfois et plonge lorsqu'il aperçoit un bateau, restant si longtemps en profondeur qu'on ne le reverra plus jamais. À d'autres moments, cependant, il recule et laisse le bateau s'approcher assez près pour permettre au harponneur de le frapper, ou il plonge sur une courte distance et revient près des bateaux. Au moment où le harpon est fixé, la ligne est tendue par la course de la créature, qui est faite avec une force énorme, et tous les bateaux à la fois se précipitent, de sorte que l'un après l'autre ils sont amarrés à celui dans lequel le chanceux le sportif est assis. Enfin, lorsque la ligne est épuisée, vérifiée de temps en temps autant qu'on peut le faire avec sécurité, l'équipage prend ses rames et suit la course de la raie, qui nage si vite cependant qu'elle maintient la ligne tendue. , et entraîne toute la flottille vers la mer. Cela dépend de sa taille et de sa force pour déterminer la rapidité avec laquelle il remonte à la surface ; peu à peu, la ligne se tord et se raccourcit jusqu'à ce que les bateaux soient rapprochés, et lorsque le rayon arrive, il est attaqué avec une pluie de lances et de harpons, et traîné dans les eaux peu profondes pour mourir.

Un jour, nous raconta notre Nimrod, il se tenait à l'avant du bateau, un harpon à la main, lorsqu'un poisson-diable s'approcha de lui ; il lança le harpon, le frappa, mais en même temps le bateau heurta l'être avec un choc qui le projeta en avant sur le dos, et en un instant il l'attrapa dans ses bras horribles et s'enfonça avec lui dans les profondeurs. . Imaginez l'horreur du moment ! Imaginez la joie de l'homme mourant et noyé, terrifié, lorsque, pour une raison insondable, le poisson-démon relâcha son emprise et lui permit de remonter à la surface, où il fut entraîné dans le bateau plus mort que vivant par sa terreur. compagnons frappés, — le seul homme qui soit jamais sorti vivant des étreintes de la chose. "Tom est si dur que même un poisson-diable ne pourrait rien en tirer."

Enfin nous arrivâmes à notre terrain de pêche. On avait trouvé un substitut au crabe préféré, et on espérait sincèrement que nos efforts seraient récompensés par le succès. Et ce furent des travaux pénibles, car l'eau est profonde et les lignes lourdes. Mais pour les soulager, quelques paniers furent sortis de la poupe, et de merveilleuses tartes des mains de Mme Trescot et de celles de belles dames du fleuve que nous ne verrons jamais furent étalées, et des bouteilles qui représentaient des caves lointaines dans des coins amis. loin. « Pas de tambour ici ! Levez l'ancre et éloignez-vous quelques milles plus bas. Trescot secoua la tête et affirma de nouveau son incrédulité dans la pêche, ou plutôt dans la capture, et fit même une sorte de feinte de soutenir qu'il était plus sage de rester silencieux et de parler de politique philosophique ; mais, en tant que juge d'appel, je l'ai prononcé contre lui, et les nègres se sont penchés sur leurs rames, et nous avons traversé les embruns, jusqu'à ce qu'en contournant une pointe de terre, nous vîmes devant nous sur le rivage sablonneux, sur le rive droite, une tente, et à proximité deux bateaux. "Il y a une fête là-bas!" Un feu brûlait sur la plage, et à mesure que nous nous approchions, Tom, Jack et Harry furent successivement identifiés. « Il n'y a pas d'engagement, sinon ils ne seraient pas à terre. C'est très regrettable.

Tous les regrets de mes amis étaient à cause de moi, alors pour apaiser leurs esprits, je leur ai assuré que cette déception ne me dérangeait pas beaucoup. « Bonjour, Dick ! Vous avez attrapé un tambour ? « Quelques-uns ce matin ; c'est un mauvais sport maintenant, et cela le sera jusqu'à ce que la marée tourne à nouveau. J'ai été présenté à tous les convives de loin, et bientôt j'ai vu l'un d'eux soulever d'un bateau quelque chose qui avait l'apparence, la forme et la couleur d'un sac de farine, qu'il a donné à un nègre, qui l'a porté vers nous. un petit skiff. « Merci, Charley. Je veux juste laisser M. Russell voir un poisson-tambour. Et c'était un poisson très étrange, une forme épaisse et grumeleuse, d'environ 4 pieds et demi de long, avec une tête et des écailles énormes, et des dents comme les broyeurs d'un ruminant, agissant sur un gros morceau d'os dans le palais, - une chose très désagréable, gonflée d'œufs, qui est un mets très délicat.

" Aucune chance jusqu'à ce que la marée tourne ", mais ce serait trop tard pour notre retour, et c'est à contrecœur que nous fûmes obligés de nous diriger vers la maison, entendant de temps en temps le bruit singulier comme le coup d'un grand tambour non renforcé, d'où le le poisson prend son nom. Au début, quand je l'entendais, j'étais enclin à croire que c'était quelqu'un dans le bateau, tant cela sonnait de près et de près ; mais bientôt cela vint de tous les côtés de nous, et évidemment des profondeurs de l'eau au-dessous de nous, — non pas un coup de rat sec, mais un coup sourd et complet avec un bruit sourd sur la peau de mouton. M. Trescot m'a dit que par une soirée calme au bord de la rivière, l'effet est parfois des plus curieux : le roulement et le crépitement sont audibles à une grande distance. Nos amis étaient d'excellente humeur avec tout et avec tout le monde, sauf les Yankees, bien qu'ils n'aient pris aucun poisson, et qu'ils aient obligé les nègres à chanter et à ramer jusqu'à ce qu'à la tombée de la nuit nous débarquions sur l'île, et ainsi nous coucher après le dîner et une petite conversation. dans lequel Mme Trescot expliquait encore avec quelle facilité elle pouvait entretenir un bataillon sur l'île par son simple commissariat, déjà adapté aux nègres, et qu'il serait donc très facile au Sud de nourrir une armée si le peuple était ami.

28 avril. — L'église est loin, accessible uniquement par bateau puis en calèche. Le matin, un enfant m'apporte de l'eau et des bottes, un être intelligent, frisé, vêtu d'une sorte de sac, sans taille particulière, pieds nus. J'ai imaginé que c'était un garçon jusqu'à ce qu'on me dise que c'était une fille. Je lui demandai si elle allait à l'église, ce qui parut extrêmement la déconcerter ; mais elle m'a dit qu'elle finirait par entendre les prières de « mon oncle » dans l'une des chaumières. Cet usage des mots « oncle » et « tante » pour les personnes âgées est très général. Est-ce parce qu'ils n'ont ni père ni mère ? Dans la journée, l'enfant, âgée de quatorze ou quinze ans, m'a demandé « si je ne l'achèterais pas. Elle savait très bien laver et coudre, et elle pensait que madame ne voudrait pas grand-chose pour elle. L'objet qu'elle avait en vue finit par s'échapper. C'était le désir de voir les gloires de Beaufort, dont elle avait entendu parler par les pêcheurs ; et elle parut tout à fait émerveillée lorsqu'elle apprit que je n'habitais pas là et que je ne l'avais jamais vu. Elle n'était jamais sortie de la plantation de sa vie.

Après le petit-déjeuner, nous flânâmes dans le parc, nous promenant à travers les champs de coton, qui n'avaient encore produit aucune fleur ni fleur, et en descendant d'autres jusqu'aux épaisses lisières de bois et de carex qui bordent les rives marécageuses de l'île. Le silence était profond, rompu seulement par le chant rauque des coqs à midi dans les quartiers nègres.

Dans l'après-midi, j'ai fait un court trajet « pour voir un arbre », ce qui n'était pas très remarquable, et j'ai visité les quartiers nègres et la filature de coton. Les vieux nègres étaient pour la plupart à l'intérieur et sortaient d'un pas traînant jusqu'aux portes de leurs chaumières en bois, saluant maladroitement à notre approche, mais n'exprimant aucun intérêt ni plaisir à la vue de leur maître et des étrangers. Ils étaient mal vêtus ; avec des vêtements en lambeaux, de mauvais chapeaux de paille et des bonnets de feutre, et des chaussures cassées. Ces derniers sont des articles coûteux et les nègres ne peuvent pas creuser sans eux. Trescot soupirait en parlant de la hausse des prix depuis que les troubles avaient éclaté.

Les cabanes s'alignent comme une rue, chacune détachée, avec derrière elle un poulailler en planches grossières. Les mutilations que subissent les volailles par souci de distinction sont frappantes. Certains sont privés de griffes, d'autres ont les caroncules coupées, et la queue et les ailes souffrent de toutes les manières. Aucune tentative de drainage ou de commodité n'existait à proximité d'eux, et la même remarque s'applique aux très bonnes maisons des Blancs du sud. Des tas de coquilles d'huîtres, de vaisselle cassée, de vieilles chaussures, de chiffons et de plumes ont été découverts à proximité de chaque cabane. Les cabanes étaient toutes également sans fenêtres, et les ouvertures, destinées à être vitrées un beau jour, étaient généralement bouchées par une planche de sapin. Les toits étaient en bardeaux, et le badigeon qui donnait autrefois à l'habitation un air de propreté, n'était plus visible que par des taches qui avaient échappé à l'action de la pluie. J'ai observé que de nombreuses portes étaient fermées par un cadenas et une chaîne à l'extérieur. "Pourquoi donc?" « Les propriétaires sont sortis et l'honnêteté n'est pas une vertu qu'ils ont les uns envers les autres. Ils retrouveraient leurs affaires volées s'ils ne fermaient pas leurs portes à clé. » Mme Trescot insistait cependant sur le fait que rien ne pouvait dépasser la probité des esclaves de la maison, sauf en ce qui concerne les sucreries, le sucre et autres choses semblables ; mais l'argent et les bijoux étaient en sécurité. Il est évident qu'il doit y avoir une raison à cette distinction entre meum et tuum dans le cas des maîtres et des maîtresses, lorsqu'elle ne guide pas leur conduite l'un envers l'autre, et je pense qu'elle pourrait facilement être trouvée dans le fait que le les nègres pouvaient difficilement prendre de l'argent sans être détectés. Les bijoux et les bijoux n'auraient que peu de valeur pour eux ; ils ne pouvaient pas les porter, ils ne pouvaient pas s'en séparer. Le système a fait de la population blanche une police contre la race noire, et le châtiment est non seulement sûr mais grave. Les choses qu'ils peuvent se voler ne sont pas aussi faciles à retrouver.

Une petite hutte particulièrement sale m'a été décrite comme étant « l'église ». Il faisait environ quinze pieds carrés, souillé de saleté et de fumée, et sans fenêtre. Quelques bancs étaient placés en travers et « le prédicateur », un esclave d'une autre plantation, était attendu la semaine prochaine. Ces prédications ne sont pas encouragées dans de nombreuses plantations. Ils « ne font aucun bien aux nègres », « ils parlent de choses qui se passent ailleurs et perturbent leur esprit », et ainsi de suite.

À notre retour à la maison, j'ai découvert que M. Edmund Rhett, l'un des membres de la famille politique active et influente de ce nom, avait appelé un gentleman très intelligent et agréable, mais l'un des orateurs les plus ultras et les plus violents contre les Yankees. ont encore entendu. Il déclara qu'il y avait peu de personnes en Caroline du Sud qui ne préféreraient pas demander à la Grande-Bretagne de reprendre l'État plutôt que de se soumettre au triomphe des Yankees. « Nous sommes un peuple agricole, poursuivant notre propre système et élaborant notre propre destinée, élevant des femmes et des hommes dans un autre but que d'en faire des Yankees vulgaires, fanatiques et trompeurs – hypocrites, si en tant que femmes ils prétendent avoir une vraie vertu ; et mentir, si en tant qu'hommes ils prétendent être honnêtes. Nous avons des messieurs et des dames dans votre sens. Nous avons un système qui nous permet de récolter les fruits de la terre par une race que nous sauvons de la barbarie en la rétablissant à sa place réelle dans le monde en tant qu'ouvriers, tandis que nous sommes capables de cultiver les arts, les grâces et les accomplissements de la vie, développer la science, nous appliquer aux devoirs du gouvernement et comprendre les affaires du pays.

C'est une remarque très courante ici. Les Sudistes sont également fiers, et non injustement, de la sagesse dont ils ont fait preuve en gardant au Congrès les hommes qui se sont révélés utiles et capables. « Nous ne rejetons pas, disent-ils, les hommes capables au gré des caprices d'une foule ou en obéissance à quelque basse intrigue de parti ; c'est pourquoi nous sommes sûrs des meilleurs hommes et sommes servis par des messieurs au courant des affaires publiques. bien supérieur en tous points aux clowns ignorants envoyés au Congrès par le Nord. Regardez les gars qui sont envoyés par Lincoln pour insulter les tribunaux étrangers par leur présence. J'ai dit que je comprenais que M. Adams et M. Drayton étaient des messieurs très respectables, mais je n'ai reçu aucune sympathie ; en fait, un neutre qui tente de modérer la violence d'un côté ou de l'autre est comme une glace entre deux plaques chauffantes. M. Rhett est également persuadé que le Lord Chancelier est assis sur une balle de coton. « Vous devez nous reconnaître, monsieur, avant la fin octobre. » Le soir, un orage lointain m'attira dans le jardin et je restai dehors à regarder les larges éclairs et les nappes de feu dignes des tropiques jusqu'à l'heure du coucher.

CHAPITRE XX.

Par chemin de fer jusqu'à Savannah. — Description de la ville. — Rumeurs des derniers jours. — Etat des affaires à Washington. — Préparatifs de guerre. — Cimetière de Bonaventure. — Route faite de coquilles d'huîtres. — Caractéristiques appropriées du cimetière. — La famille Tatnall. — Dîner. chez M. Green — Sentiment de Géorgie contre le Nord.

29 avril. — Ce matin, levé à 6 HEURES DU MATIN , nous avons fait nos adieux à notre hôtesse et à Barnwell Island, et sommes retournés avec Trescot à la station Pocotaligo, que nous avons atteint à 12 h 20. Sur notre chemin, M. Heyward et son fils sortirent d'un champ à cheval, ressemblant beaucoup à deux hobereaux de campagne anglais, sauf avec leurs chapeaux et leurs selles. Le jeune homme a eu la gentillesse de me rapporter un faucon-serpent qu'il avait abattu pour moi. A la gare, où les Heywards nous accompagnèrent, se trouvaient les Elliott et d'autres, venus avec des invitations et des adieux ; et je passai le temps à Savannah en lisant le livre très intéressant de M. Elliott, père, sur les sports sauvages de la Caroline, qui fut repris par quelqu'un lorsque je quittai le wagon pendant un moment et ne me revint pas. Le pays que nous traversions était plat et inondé comme d'habitude, et le rail traversait des rivières sombres et profondes sur de hauts tréteaux, près d'une forêt de pins et de cornouillers, près d'une clairière verte, avec un banc de boue, une digue et un petit canal. par kilomètre, le train s'arrêtait pour le fret habituel de dames, d'infirmières noires et de jeunes planteurs, tous très de la même classe, jusqu'à ce qu'à 15 heures DE L'APRÈS-MIDI , les wagons s'arrêtent le long d'un grand hangar, et on nous dit nous étions arrivés à Savannah.

Ici m'attendait M. Charles Green, qui m'avait déjà réclamé moi et mon ami comme ses invités, et j'ai trouvé dans sa voiture le jeune designer américain, qui m'avait précédé de Charleston et avait informé M. Green de ma venue.

La traversée de la partie de Savannah située entre le terminus et la maison de M. Green a vite convaincu mes yeux qu'elle avait deux particularités. En premier lieu, il y avait dans les rues le sable le plus épais que j'aie jamais vu ; et ensuite, les rues étaient composées des petites maisons les plus étranges, les plus pittoresques, aux fenêtres vertes et aux nombreuses petites maisons colorées que j'aie jamais vues, avec une population étrange de blancs maigres, jaunâtres, mal habillés et à l'air malsain, se prélassant dans les échanges et les coins, et une race de nègres occupés, bien vêtus et gaiement vêtus, se frayant un chemin à travers des tas d'enfants, à l'ombre des arbres qui bordaient toutes les rues. La frange de verdure et la hauteur atteinte par le chêne vert, le Pride of India et le magnolia donnent une fraîcheur et une nouveauté délicieuses aux rues de Savannah, qui sont augmentées par le grand nombre de places et d'ouvertures couvertes de quelque chose comme de la pelouse. , clôturé par un rail blanc et agrémenté d'arbres nobles visibles tous les quelques centaines de mètres. Il est difficile de croire que l'on se trouve au milieu d'une ville, et je me suis souvenu à plusieurs reprises des environs d'un grand cantonnement indien, du même genre d'églises et de maisons individuelles, avec leurs plantations et leurs jardins qui ne sont pas sans rappeler. Les classes les plus riches, cependant, ont des maisons qui ressemblent à celles de la Cinquième Avenue à New York : l'une des meilleures d'entre elles, un beau manoir en grès rouge riche, appartenait à mon hôte, qui, venu d'Angleterre il y a de nombreuses années, s'est élevé grâce à l'industrie et intelligence à la position de l'un des premiers marchands de Savannah. La statuaire italienne ornait la salle ; des tables et des meubles finement sculptés, des vitraux et des tableaux d'Europe décoraient les salons ; et le luxe des salles de bains et l'approvisionnement en eau douce et froide en faisaient une exception à la généralité des édifices du Sud. M. Green m'a conduit à travers la ville, qui m'a plus que jamais impressionné par son caractère particulier. Nous avons rendu visite au brigadier-général Lawton, chargé de la défense de la place contre les Yankees attendus, et nous l'avons trouvé au moment où il partait inspecter une bande de volontaires dont nous entendions les tambours au loin et dont les baïonnettes brillaient à travers les nuages. de poussière de savane, près de la statue érigée à la mémoire d'un certain Pulaski, un Polonais, mortellement blessé lors de la défense infructueuse de la ville contre les Britanniques lors de la guerre d'indépendance. Il s'est retourné et nous a conduits dans sa maison. La salle était remplie de petits rouleaux ronds de flanelle. « Ce sont, dit-il, des cartouches pour canons de différents calibres, fabriquées par les dames de la « classe de cartouches » de Mme Lawton. » Il y avait d'autres cartouches dans le salon du fond, de sorte que la maison n'était pas tout à fait un endroit sûr pour fumez un cigare. Le général a été dans l'armée des États-Unis et s'est maintenant présenté pour diriger le peuple de cet État dans sa résistance aux Yankees.

Nous nous sommes promenés dans le parc et j'ai appris les nouvelles de ces derniers jours. Les habitants du Sud, je trouve, sont ravis du snobisme que M. Seward a fait au gouverneur Hicks du Maryland, pour avoir recommandé l'arbitrage de Lord Lyons, et il aurait informé le gouverneur Hicks que « nos problèmes ne pouvaient pas être résolus ». renvoyé à l'arbitrage étranger, et encore moins à celui du représentant d'une monarchie européenne. Les récits les plus terribles sont donnés sur l'état des choses à Washington. M. Lincoln se console de ses misères en buvant. M. Seward emboîte le pas. La Maison Blanche et la capitale sont pleines de voyous frontaliers ivres, dirigés par un certain Jim Lane du Kansas. Mais, d'un autre côté, les Yankees, sous la direction d'un certain Butler, avocat du Massachusetts, sont arrivés à Annapolis, dans le Maryland, ont sécurisé le navire de guerre « Constitution

» et lèvent des masses d'hommes pour l'invasion du Sud. sur les États. La chose la plus importante, à mon avis, est la proclamation du gouverneur de Géorgie, interdisant aux citoyens de payer de l'argent pour les dettes dues aux habitants du Nord, jusqu'à la fin de la guerre. Le général Robert E. Lee a été nommé commandant en chef des forces du Commonwealth de Virginie, et des troupes affluent vers cet État depuis l'Alabama et d'autres États. Le gouverneur Ellis a appelé 30 000 volontaires en Caroline du Nord et le gouverneur recteur de l'Arkansas a saisi les magasins militaires américains à Napoléon. Il y a une rumeur selon laquelle Fort Pickens aurait également été pris, mais c'est très probablement faux. Au Texas et en Arkansas, les troupes régulières américaines n'ont tenté de défendre aucun des forts.

Au milieu de tout ce travail guerrier, des exercices de volontaires, des orchestres qui jouaient, il était agréable de se promener dans le parc ombragé, avec ses fontaines fraîches, et de voir les enfants jouer, nombreux, hélas ! « jouer aux soldats » – en charge de leurs infirmières. De retour, je me suis assis dans la véranda et j'ai fumé un cigare ; mais les moustiques étaient très vifs et nombreux. Mon hôte ne s'en souciait pas, mais ma cuticule ne sera jamais à l'abri des piqûres.

30 avril. — A 13 heures 30 , un petit groupe partit de chez M. Green pour visiter le cimetière de Bonaventure, où tout visiteur de Savannah doit faire son pèlerinage ; *difficiles aditus primos habet* — une route sablonneuse et profonde qui fatigue les chevaux et les voitures ; mais enfin on atteint « la route des coquillages », une route longue de plusieurs kilomètres, constituée de coquilles d'huîtres, la fierté de Savannah, qui mange autant d'huîtres qu'elle peut pour ajouter à la longueur de cette merveilleuse route. Il n'y a pas de pierre dans l'ensemble des vastes chaînes alluviales de la Caroline du Sud et de la Géorgie maritime, et la seule substance disponible pour construire une route est la coquille d'huître. Il y a un péage à chaque extrémité pour aider les coquilles d'huîtres. N'oubliez pas qu'ils sont trois fois plus gros que n'importe quel crustacé européen de ce type.

Une promenade agréable à travers les haies ombragées et les arbres bordant conduit à une loge de concierge délabrée et à un portail, à l'intérieur desquels s'élevait dans une masse imposante de verdure l'une des plus belles pièces d'architecture forestière possibles ; rien, certes, comme Burnham Beeches ou certaines clairières forestières de Windsor, mais possédait néanmoins un caractère tout à fait particulier. Ce que nous avons vu, en fait, c'était la ruine de grandes allées de chênes verts, si bien disposés que leur mode de croissance particulier a permis un développement inhabituel de « l'idée gothique », élaborée et élaborée par une chute surabondante du sol qui les recouvrait. les bras et les branches entrelacées de la tillandsia, ou mousse espagnole, un parasite plumeux pleureur et retombant, qui fait à l'arbre ce que son type animal, la fièvre jaune - *vomito prieto* - fait à l'homme - s'y accroche éternellement, desséchant la sève, empoisonnant le sang, tuant le principe de vie jusqu'à sa mort. La seule différence, comme on dit en Irlande, c'est que le tillandsia est toujours très joli et que le processus dure très longtemps. Certains font l'éloge de ce tillandsia, suspendu comme les tresses de cheveux d'une sorcière sur un visage invisible, mais pour moi, c'est un parasite dérisoire, détruisant la grâce et la beauté de ce dont il se nourrit, et laissant tomber ses vrilles ternes sur la fraîcheur. un beau vert, alors que les nuages tombent sur un paysage magnifique. Malgré tout cela, Bonaventure est une scène d'un intérêt remarquable ; il semble avoir été destiné à un lieu de tombeaux. Les Turcs l'auraient rempli de piliers blancs enturbannés et de fantômes chaleureux la nuit. Les Français l'auraient décoré de mains de pierre entrelacées, de larmes rouges et noires sur fond blanc, de couronnes d'immortelles. Je ne suis pas sûr que nous aurions fait beaucoup plus que créer une entreprise de cimetière, intéresser Shillibeer, embaucher un bedeau et ériger une palissade en fer. Les habitants des Savanes, ne suivant aucune de ces modes, toutes adoptées dans les villes du Nord, ont tout laissé à la nature et au gardien, et au propriétaire d'un des hôtels, qui a creusé un cimetière dans le sol. Et là, éparpillées de haut en bas sous les grands arbres centenaires, qui versent des larmes de mousse espagnole, tissent des couronnes de mousse espagnole et secouent dessus des panaches de mousse espagnole, se trouvent quelques pierres monumentales dédiées à certains citoyens de Savannah. Il y a un air mélancolique dans les lieux indépendamment de ces emblèmes de notre mortalité, qui pourraient le recommander spécialement pour les pique-niques. Il n'y a jamais eu de cimetière où la nature semblait contribuer avec autant de profondeur à l'effet recherché par l'homme. Tout le monde sait qu'un saule pleureur pleurera lors d'une fête de mariage s'il s'assoit en dessous, ainsi que sur une tombe. Mais ici, la mousse espagnole ressemble à des pleureuses enveloppées par quelque main fantastique sortie du crêpe du pays des rêves. Le Ghostlander de Lucian, le fils du squelette de la tribu des Juiceless, pourrait nous dire quelque chose de ces pièges étranges. Ils sont en effet connus comme le meilleur bruant contre la fièvre jaune. Partout où leurs tresses de crin vacillantes ondulent dans la brise, se rétrécissent vers le bas, Squire Black Jack porte une lance et une épée. Un grand chêne vert dit à l'autre : « Cet homme est en train de me tuer. Enlève ses robes mortelles de mes membres ! "Hélas! Voyez comme il me ruine ! Je n'ai pas de vie pour t'aider. C'est en effet un endroit étrange et très horrible. Voici tant de *querci virentes* , assez vieux pour être forts, et grands, et grands, pleins de sève, vigoureux, largement armés, honorés de vert – tous s'éteignant lentement sous les tillandsia, comme s'ils étaient autant de monarchies périssant de décadence – ou alors de nombreuses jeunes républiques meurent de vantardise, de richesse de sang et d'autres maladies mortelles pour les corps politiques envahis par la végétation.

Le vide laissé au milieu de toutes ces promenades conçues et de ces avenues majestueuses, par l'absence de tout centre approprié, augmente l'isolement et la solitude. Une maison devrait être là quelque part, quelque part que vous ressentez ; en fait, il y avait autrefois le manoir des Tatnall, une bonne vieille famille anglaise, dont les ancêtres venaient du vieux pays, avant qu'on parlât des droits de l'homme, et vivaient parmi les Oglethorpes. et de tels hommes de l'école des nattes, qui auraient été très étonnés de se retrouver en compagnie de Benjamin Franklin ou de ses semblables. Je ne sais rien du vieux Tatnall. En effet, qui le fait ? Mais il a eu une excellente idée de planter des arbres, qu'il n'a jamais eue en Amérique, où il n'aurait reçu que peu d'éloges pour autre chose que pour son pouvoir de planter du coton ou de la canne à sucre à l'heure actuelle. En culotte haute et en bottes hautes, j'imagine le vieux gentleman reproduisant une scène de maison et se vantant : « Je ferai en sorte que ce soit aussi beau que le parc de Lord Nihilo. » Pourrait-il le voir maintenant ? — Une armée de morts en décomposition. Le manoir a été incendié lors d'une fête de Noël et n'a jamais été reconstruit, et les jeunes arbres ont poussé malgré la mousse espagnole, et maintenant ils se dressent comme dans les allées de la cathédrale, autour des ruines de la maison disparue, ombrageant le sol, et enchâssant ses souvenirs dans une antiquité qui semble des plus lointaines, bien qu'elle ne soit pas aussi ancienne que celle du plus jeune chêne du parc du Squire chez lui.

Au cours de mes courts voyages ici, je me suis souvent étonné du respect accordé à un arbre. En fait, c'est parce qu'un arbre de croissance décente est certainement plus vieux que tout ce qui l'entoure ; et bien que la jeune Amérique se délecte de son avenir, elle devient assez vieille pour penser à son passé.

Le soir, M. Green donna un dîner à des personnes très agréables, M. Ward, le ministre chinois (qui essaya, en passant, de faire croire que sa caisse en bois était la voiture de l'État de Pékin pour les étrangers distingués) -M. Locke, l'habile et intelligent rédacteur en chef du principal journal de Savannah, le brigadier Lawton, l'un des juges, un Britannique, propriétaire de <u>the once renowned</u>l'Amérique qui, sous le nom de Camilla, gisait maintenant dans la rivière (non peut-être sans référence à un petit spéculation sur l'exécution du blocus, attendue toutes les heures), M. Ward et le commodore Tatnall, si bien connus de nous en Angleterre pour sa conduite courageuse dans l'affaire Peiho, lorsqu'il offrit et donna son aide à nos navires, quoique neutre, et poussa l'exclamation ce faisant, — en tout cas dans sa dépêche — « ce sang était plus épais que l'eau ». Parmi nous se trouvait également M. Hodgson, bien connu de la plupart de nos voyageurs méditerranéens il y a quelques années, lorsqu'il était consul des États-Unis à l'Est. Il amuse encore ses loisirs à rédiger et à lire des monographies sur les langues de diverses tribus barbares de Numidie et de Mauritanie.

Les Géorgiens ne sont pas aussi véhéments que les Caroliniens du Sud dans leur haine des habitants du Nord ; mais ils ne sont guère moins déterminés à combattre le président Lincoln et tous ses hommes. Et c'est là le test de la force de cette rébellion. Je n'ai entendu aucune profession de désir de devenir soumis à l'Angleterre ou de nous emprunter un prince ; mais je n'ai vu nulle part une détermination plus forte à résister à toute réunion avec les États de la Nouvelle-Angleterre. "Ils ne peuvent pas nous conquérir, Monsieur" "S'ils essaient, nous les fouetterons."

CHAPITRE XXI.

La rivière à Savannah. — Commodore Tatnall. — Fort Pulaski. — Désir d'une flotte pour les sudistes. — Fort sentiment des femmes. — L'esclavage considéré dans ses résultats. — Le coton et la Géorgie. — En route pour Montgomery. — L'évêque de Géorgie. — La Bible et l'esclavage. — Mâcon. — Je n'aime pas l'or des États-Unis.

Au secours. — Pas indigne des meilleurs efforts du beau temps anglais avant que le changement de calendrier ne prive les poètes de douze jours, mais encore un peu chaud pour le choix. Le jeune artiste américain Moses, qui devait appeler notre groupe pour rencontrer les officiers qui se rendaient à Fort Pulaski, pour une raison qu'il connaissait, resta à bord du Camilla, et quand nous arrivâmes enfin au bord de la rivière, je trouvai Le commodore Tatnall et le brigadier Lawton en grand uniforme m'attendent.

La rivière a à peu près la largeur de la Tamise au-dessous de Gravesend, elle est très boueuse, avec un fort courant et plutôt fétide. Cet effet aurait pu être produit par les marécages à riz de l'autre côté, où la terre est assez basse et s'étend jusqu'à la mer dans un vert uniforme, lisse comme une toile de billard. Du côté de la ville, la berge est plus haute, de sorte que les maisons se dressent sur une petite éminence au-dessus du ruisseau, offrant un quai et des quais commodes pour les navires marchands.

Parmi ceux-ci, il y en avait peu en réalité visibles : presque tous s'étaient enfuis par crainte du blocus ; quelques caboteurs gisaient au quai, et au milieu du ruisseau, près d'un quai flottant, la Camilla était amarrée, avec son enseigne de club flottant. C'est l'époque des entreprises audacieuses, et si l'Oncle Sam n'est pas très rapide dans ses blocus, il y aura beaucoup de corsaires et autres sous les couleurs du CSA qui surveilleront ses gros navires marchands partout dans le monde.

J'ai essayé de persuader mes amis ici qu'ils trouveront très peu d'Anglais disposés à accepter des lettres de marque et des représailles.

Le paquebot qui attendait pour nous recevoir arborait le drapeau confédéré, et le commodore Tatnall, désignant un jeune officier en uniforme de la marine, me dit qu'il venait juste de « passer de l'autre côté » et qu'il avait insisté pour être admis. autorisé à hisser une enseigne de commodore ou d'officier général en l'honneur de la visite et de l'occasion. J'étais très intéressé par ce bel homme aux cheveux blancs, aux yeux bleus et aux joues rouges, qui s'est soudainement retrouvé projeté dans les airs par une grande explosion politique et, dans le doute et l'émerveillement, flottait vers le rivage, sous un étrange drapeau dans eaux inconnues. Il était plein d'anecdotes aussi, sur les drapeaux étranges dans les eaux lointaines et les noms connus. La noblesse de Savannah avait à son égard une sorte de sentiment celtique à propos de son ancien nom et semblait déterminée à le soutenir.

Il a servi les Stars and Stripes pendant les trois quarts de sa longue vie – ses amis sont dans le Nord, les parents de sa femme y sont, ainsi que toutes ses meilleures associations – mais son État a disparu. Comment a-t-il pu lutter contre le pays qui l'a donné naissance ! Les États-Unis ne sont pas un pays au sens où nous entendons ce terme. Il s'agit d'une corporation ou d'une personne morale destinée à certains buts, et un homme pourrait tout aussi bien se dire natif du conseil commun de la ville de Londres, ou natif de la Diète suisse, aux yeux de nos Américains, comme le disent est citoyen des États-Unis ; bien qu'il soit très bien de le dire lorsqu'il est à l'étranger ou pour des raisons d'ordre juridique.

À propos de Fort Pulaski lui-même, j'ai écrit à mon retour un long article dans le « Times ».

Alors que j'osais faire remarquer au général Lawton la faiblesse du fort Pulaski, situé dans une plaine, accessible aux bateaux et assez ouvert pour les approches du côté de la ville, il dit : « Oh, c'est assez vrai. Tous nos travaux côtiers sont sujets à cette remarque, mais le commodore s'occupera des Yankees en mer, et nous les gérerons sur terre. Ces gens font tous une erreur en faisant référence aux événements de l'ancienne guerre. "Nous avons repoussé la flotte britannique à Charleston par la milice - donc nous allons couler les Yankees maintenant." Ils ne comprennent pas la nature du nouvel obus et des tirs verticaux intenses, ni l'effet des projectiles provenant de grandes distances tombant dans des ouvrages à ciel ouvert. Le commodore ensuite, souriant, remarqua : « Je n'ai pas de flotte. Bien avant que la Confédération du Sud ne dispose d'une flotte capable de faire face aux Stars and Stripes, mes os seront blancs dans la tombe.

Nous sommes rentrés vers vingt heures , après une agréable journée. Ce que j'ai vu ne m'a pas convaincu que Pulaski était fort ou que Savannah était très en sécurité. Hier, à Bonaventure, j'ai vu un pauvre fort appelé « Thunderbolt », sur une crique d'où la ville était tout à fait accessible. Il pourrait être facilement menacé de ce point, tandis que des tentatives d'atterrissage furent faites ailleurs dès que Pulaski fut réduit. A dîner, je rencontrai un sudiste très fort et très instruit — il y en a qui ne le sont ni — ni l'un ni l'autre — dont le nom s'écrivait Gourdin et se prononçait Go-dine — tout comme Huger s'appelle Hugée — et Tagliaferro, Telfer par ici.

2 mai. —Petit déjeuner avec M. Hodgson, où j'ai rencontré M. Locke, M. Ward, M. Green et Mme Hodgson et sa sœur. Il y avait là de jolis petits garçons noirs et des hommes vêtus de livrées qui sentaient l'orientalisme de notre hôte, et ils ont dû entendre notre discussion, ou plutôt notre allusion à la question qui déciderait si nous pensions qu'ils étaient des êtres humains ou des êtres humains. Le bétail noir à deux pattes, avec un certain intérêt, à moins que la vantardise de leurs maîtres, selon laquelle l'esclavage élève le caractère et civilise l'esprit d'un nègre, est une autre des fausses prétentions sur lesquelles reposent l'institution par ses défenseurs. L'Africain indigène, pauvre misérable, évite d'être réduit en esclavage *totis viribus* , et il serait malvenu de l'effet sur son esprit de devenir esclave s'il préfère un morceau de calicot criard même à son pagne et sa coiffe de plumes. Cette question de la civilisation de l'esclave africain trouve sa réponse dans l'affirmation des propriétaires d'esclaves eux-mêmes, selon laquelle si les nègres étaient laissés à eux-mêmes par l'émancipation, ils deviendraient la pire espèce de barbares, un véritable Quasheedom, à l'image de celui-ci. n'a jamais été envisagé par M. Thomas Carlyle. Je doute que l'aborigène ne soit pas aussi civilisé, dans le vrai sens du terme, que n'importe quel nègre, après trois degrés de servitude, que j'ai vu dans aucune des plantations, même si ces derniers avaient des chaussures en cuir et des chaussures en futaine ou en futane. des vêtements de drap, un chapeau de feutre, et des chants sur le Jourdain. Il est certes exempté de tout raid sanglant, mais il est susceptible d'être transporté hors de son village et transporté de captivité en captivité, et sa famille est exposée au même exil en Amérique qu'en Afrique. L'extrême colère avec laquelle tout commentaire défavorable est accueilli publiquement montre la sensibilité des propriétaires d'esclaves. En privé, elles affectent la philosophie ; et les livres bleus et les rapports des commissions d'éducation et des comités des mines leur fournissent une documentation inépuisable, source of argumentsi l'on admet une fois que le *summum bonum* réside dans une certaine rondeur de personne et dans un approvisionnement régulier en nourriture grossière. Une longue conversation sur des sujets anciens, anciens pour moi, mais datant de quelques semaines seulement. Les gens nagent avec la marée. Il y a ici beaucoup d'hommes qui se tiendraient volontiers à l'écart s'ils le pouvaient et assisteraient à la bataille entre les Yankees, qu'ils détestent, et les sécessionnistes. Mais il n'y a pas de femmes dans ce parti. Woe betidele Pyrrhus du Nord dont la tête est à portée d'une tuile du Sud et du bras d'une femme du Sud !

Je visitai ensuite quelques-unes des grandes maisons et trouvai les marchands non pas joyeux, mais féroces et résolus. Il y a une population considérable d'Irlandais et d'Allemands à Savannah, qui sont en faveur de la Confédération et se battront pour la soutenir. En fait, on s'attend à ce qu'ils le fassent, et leurs employeurs exercent sur eux une pression à laquelle ils ne peuvent pas résister. Les nègres seront forcés de prendre la place que les Blancs occupaient jusqu'ici comme ouvriers ; seuls quelques mécaniciens utiles seront conservés, et la population blanche sera obligée par un appel de force morale à aller à la guerre. Le royaume du coton appartient essentiellement à ce monde et il sera vigoureusement combattu. Sur les quais de Savannah et dans les entrepôts, il n'y a pas un homme qui doute qu'il doive frapper le plus fort pour y parvenir, ou qui redoute l'échec. Et puis, quelle carrière devant eux ! Le monde entier réclame du coton, et l'Angleterre en dépend. Quel changement depuis que Whitney a mis en service son égreneuse de coton dans cet état proche de chez nous ! La Géorgie, en tant que vaste pays partiellement récupéré, envisage pourtant un avenir magnifique. Dans son histoire passée, les guerres de Floride et le traitement réservé aux malheureux Indiens Cherokee, qui furent expulsés de leurs terres jusqu'en 1838, montrent que les gens qui descendaient de la bande du vieil Oglethorpe étaient féroces et tyranniques, et aptes à l'agression, et l'esclavage non plus. les améliorer. Je ne parle pas des citoyens cultivés et hospitaliers des grandes villes, mais de la masse des Blancs sans esclaves.

3 mai. — J'ai dit au revoir à M. Green, qui avec plusieurs de ses amis est venu me voir au terminus ou « dépôt » du Central Railway, en route pour Montgomery — et j'ai regardé pour la dernière fois Savannah, son ses places et ses rues verdoyantes, ses églises et ses instituts avec le sentiment de regret de ne pouvoir en voir davantage et d'être obligé de me contenter de l'aspect extérieur des édifices publics. On m'avait offert une sérénade et invité dans toutes les directions, on m'avait demandé de visiter des plantations et de grands arbres, de faire des excursions dans des endroits célèbres ou magnifiques, et on m'avait spécialement averti de ne pas quitter l'État sans visiter la région montagneuse de la partie nord et ouest ; mais la marche des événements m'a appelé à Montgomery.

De Savannah à Mâcon, 191 milles, la route traverse un terrain plat partiellement défriché. Autrement dit, des parcelles de forêt empiètent encore sur les champs verts, où les dents noires et dentelées des arbres détruits s'élèvent au-dessus du maïs et du coton. Il n'y avait que peu de nègres visibles au travail et la terre ne paraissait pas riche, mais on m'a dit que le chemin de fer était posé le long de la partie la plus aride du pays. Les Indiens parcouraient ces bois il y a à peine vingt ans ; maintenant, les cabanes en bois des esclaves des planteurs et le plus grand édifice avec sa véranda et sa colonnade en bois remplaçaient leur wigwam.

Parmi les passagers auxquels j'ai été présenté se trouvait l'évêque de Géorgie, le révérend M. Elliott, un homme d'une très belle présence, d'une grande stature et d'un beau visage, avec des manières faciles et gracieuses, mais nous sommes arrivés au sujet malheureux. de l'esclavage, et j'ai été plutôt révolté d'entendre un prélat chrétien prôner cette institution sur des bases scripturaires.

Cette affectation de sanctions et d'ordonnances bibliques comme fondement de l'esclavage n'était pas nouvelle pour moi, même si elle est peu connue de l'autre côté de l'Atlantique. J'avais lu dans un ouvrage sur l'esclavage qu'il était autorisé à la fois par les Écritures et par la Constitution des États-Unis, et qu'il devait donc être doublement juste. Une nation qui pouvait approuver de telles interprétations des Écritures tout en lisant le « New York Herald » semblait prête à être détruite en tant qu'existence collective. Le *malum prohibitum* était le seul mal que ses sens grossiers pouvaient détecter, et le *malum en soi* était son bien, pour peu qu'il soit recouvert de coton ou d'or. Les misérables sophistes qui s'exposent au mépris du monde par leurs mesquines thèses sur l'origine divine et les usages de l'esclavage, sont infiniment plus méprisables que les misérables fanatiques qui ont publié autrefois des thèmes sur l'opportunité de brûler les sorcières ou sur la nécessité de brûler les sorcières. les bureaux de l'Inquisition.

Chaque fois que la Confédération du Sud parviendra à son indépendance — quels que soient ses ressources, ses alliés ou ses objectifs — elle devra se tenir face à face avec l'Europe civilisée sur cette question de l'esclavage et sur la force qu'elle a tirée de l'égide de la La Constitution — « l'alliance avec le diable et l'alliance avec l'enfer » — sera flétrie et disparaîtra.

Je suis bien conscient du danger qu'il y a à tirer des conclusions sommaires depuis les fenêtres d'une voie ferrée, mais il existe également un droit de vue qui existe en toutes circonstances, et ainsi on peut déterminer si le visage d'un homme est aussi sale d'un simple coup d'œil. regard comme s'il l'inspectait pendant une demi-heure. Par exemple, personne ne peut douter de l'évidence de ses sens, lorsqu'il voit depuis les fenêtres des voitures que les enfants sont pieds nus, sans chaussures, sans bas, que les gens qui se rassemblent dans les cabanes en bois et dans les magasins de grog des gares sont grossiers. , négligés, mais aussi un excellent matériel de combat - que les villages sont des endroits misérables, comparés aux colonies soignées et confortables qu'on voyait dans le New Jersey depuis les fenêtres des voitures. Les esclaves dans les champs avaient l'air assez heureux — mais leurs maîtres étaient certainement rudes et peu civilisés — et la terre n'était que mal défrichée. Mais alors nous parcourions les parties les moins fertiles de l'État, acquis récent, gagné depuis seulement une génération.

Le train s'est arrêté dans un petit restaurant confortable en bois, entouré de treillis et de treillis, et au milieu d'un joli jardin, qui présentait un contraste marqué avec le « cadre » que nous avions vu. Le dîner, servi par des esclaves, était bon dans son genre et le prix n'était pas élevé. En offrant au propriétaire une pièce d'or en guise de paiement, il la regarda avec dégoût et demanda : « N'avez-vous pas d'argent pour Charleston ? Pas de notes confédérées ? "Et bien non! Pourquoi vous opposez-vous à l'or ? « Eh bien, voyez-vous, je préférerais avoir notre propre journal ! Je n'ai pas envie de prendre l'or des États-Unis. Je ne veux pas de leurs étoiles et de leurs aigles ; Je déteste leur vue. L'homme était tout à fait sincère : mon compagnon lui a donné des billets d'une banque de Caroline du Sud.

Il faisait nuit lorsque le train arriva à Mâcon, l'une des principales villes de l'État. Nous sommes allés en voiture jusqu'au meilleur hôtel, mais l'heure habituelle du dîner était terminée et celle du dîner n'était pas encore arrivée. L'aubergiste nous indiqua un restaurant souterrain, dans lequel se trouvaient une série de cryptes fermées par des rideaux sales, où nous fîmes un repas très extraordinaire, servi par une petite négresse à moitié vêtue, qui nous regardait manger avec beaucoup d'intérêt à travers la fenêtre. rideaux : le service était des plus grossiers ; d'épaisses faïences françaises, des cuillères en étain, des couteaux et des fourchettes en acier ou en fer, sans prétexte d'être nettoyés. Sur les portes se trouvaient les avertissements habituels contre les pickpockets, ainsi que les règlements internes de la police et les oukases habituels. Les pickpockets et les joueurs abondent dans les villes américaines et prospèrent grandement dans les grands hôtels et sur les lignes de chemin de fer.

CHAPITRE XXII.

Enclos à esclaves ; Nègres en vente ou en location – Sentiment populaire quant à la Sécession – Beauregard et les discours – Arrivée à Montgomery – Mauvais hébergement à l'hôtel – Chevaliers du Cercle d'Or – Réflexions sur l'esclavage – Vente aux enchères d'esclaves – L'Assemblée législative – Un « bien réel » démoli ——Rumeurs du Nord (vraies et fausses) et perspectives de guerre.

4 mai. — Le matin, j'ai fait un tour en voiture à travers la ville, qui est vaguement construite en maisons individuelles sur un très joli paysage vallonné couvert de bois et d'arbres fruitiers. De nombreuses belles maisons d'un blanc éclatant, avec des stores, des vérandas et des portes d'un vert éclatant, se dressent sur leur propre terrain ou jardin. Au cours du trajet, j'ai vu deux ou trois panneaux et pancartes annonçant que « Smith & Co. avançait de l'argent sur les esclaves et disposait d'un approvisionnement constant en nègres de Virginie en vente ou en location ». Ces établissements étaient entourés de hauts murs renfermant les enclos à esclaves ou de grandes pièces dans lesquelles les esclaves sont gardés pour inspection. Le train pour Montgomery partait à 9h45 , mais je n'avais pas le temps de m'arrêter et de leur rendre visite .

Il est évident que nous approchons de la capitale confédérée, car les candidats aux élections commencent à se montrer, et j'ai détecté un témoignage imprimé dans ma chambre d'hôtel. Le pays, depuis Macon en Géorgie jusqu'à Montgomery en Alabama, n'offre aucun caractère intéressant au voyageur qui ne soit commun aux districts déjà décrits. Il est en effet plus vallonné et un peu plus pittoresque ou moins attrayant, mais, dans l'ensemble, il n'y a pas grand-chose à recommander, si ce n'est la fertilité naturelle du sol. Les gens sont plus brutaux, plus grossiers, plus grands – il y a autant de tabac à chiquer et ses conséquences – et autant de jurons ou d'usage de jurons. Les hommes sont grands, maigres, grossiers, mais ce ne sont pas des paysans. Il n'y a, autant que je l'ai vu, ni rustiques, ni paysans en Amérique ; les hommes s'habillent selon le même type, ne différant que par des tissus plus fins ou plus grossiers ; tout homme porterait, s'il le pouvait, un gilet de satin noir et une grosse épingle en diamant plantée sur le devant de sa chemise, car il a certainement une montre et une chaîne en or ou en or d'une sorte ou d'une autre. L'ouvrier irlandais ou le laboureur allemand sont ce qui se rapproche le plus de notre Giles Jolter ou du Jacques Bonhomme que l'on trouve aux États-Unis. Le blanc médiocre affecte autant qu'il le peut le style du grand propriétaire d'esclaves ou de capitaux ; il lit ses journaux – et, au fur et à mesure, ils deviennent plus petits et plus bruns à mesure que nous avançons

– et prend son verre du même air – prend autant de place et parle beaucoup de la même façon. .

Les gens ici sont tous de fervents sécessionnistes : les bars et les étoiles volent aux gares routières et depuis les cimes des pins, et il y a des acclamations vigoureuses pour Jeff Davis et la Confédération du Sud. Les troupes des États du Sud affluent vers la Virginie en réponse à la marche des Volontaires des États du Nord vers Washington ; mais on estime que les mesures prises par le gouvernement fédéral pour sécuriser Baltimore ont supprimé toute chance de s'opposer avec succès aux « Lincolnnites » qui traversaient cette ville. Les Sudistes sont fortement enclins à croire qu'ils ont de nombreux amis dans le Nord et ils s'efforcent d'attribuer un caractère factieux aux actions du gouvernement en traitant les Volontaires et le parti de guerre du Nord de « Lincolnnites ». « Les mercenaires de Lincoln », les « républicains noirs », les « abolitionnistes » et ainsi de suite. La rumeur d'un armistice, maintenant officiellement démentie par M. Seward, était d'actualité depuis quelque temps, mais il est clair que le Sud doit tenir ses paroles et justifier ses actes par l'épée. Le général Scott, croyait-on affectueusement, se retirerait de l'armée des États-Unis et resterait neutre ou prendrait le commandement sous le drapeau confédéré, mais maintenant qu'il est certain qu'il ne suivra aucune de ces voies, il est assailli de la manière la plus ignoble. manière par la presse et lors de conversations privées. Que le ciel vienne en aide à l'idole de la démocratie !

A l'un des carrefours, le général Beauregard, accompagné de M. Manning et d'autres membres de son état-major, monta dans la voiture et tenta d'échapper à l'observation, mais les conducteurs prennent un grand plaisir à déterrer des passagers distingués pour le public, et le général fut appelé. c'est parti pour un discours de la foule des badauds. Le général déteste faire des discours, m'a-t-il dit, et d'ailleurs il s'était ennuyé à chaque poste à cause de demandes similaires. Mais il faut qu'un homme soit populaire, sinon il n'est rien. Ainsi, comme deuxième meilleure chose, le gouverneur Manning a prononcé un discours au nom du général, dans lequel il a insisté sur les droits du Sud, Sumter, la victoire et l'abolition, et a été emporté par le train, sous les acclamations de ses auditeurs, au milieu d'une phrase inachevée. Il y avait un certain nombre de Noirs qui écoutaient le gouverneur et qui étaient reconnaissants.

Vers le soir, après avoir lancé quelques légers efforts contre les sorties accidentelles de la salive de mes compagnons de voyage, je m'endormis et me réveillai à 23 HEURES pour apprendre que nous étions à Montgomery. Un omnibus très branlant a emmené la fête jusqu'à l'hôtel, qui était bondé. Le général et ses amis avaient une chambre pour eux seuls. Trois messieurs et moi étions entassés dans une chambre crasseuse qui contenait déjà deux étrangers, et comme il n'y avait que trois lits dans l'appartement, il était évident que nous étions destinés à « doubler considérablement » ; mais après de grands efforts, un peu de corruption et de cajoleries, nous parvînmes à nous procurer des matelas à poser sur le sol, ce qui fut considéré par nos voisins comme une preuve d'une misérable minutie aristocratique. Sans les mouches, les puces auraient été intolérables, mais une nuisance neutralisait l'autre. Ensuite, quant à la nourriture, on ne pouvait rien trouver à l'hôtel, mais l'un des serveurs nous a conduits dans un restaurant, où nous avons choisi parmi un menu de choix, qui contenait, je pense, autant de plats étranges que j'ai jamais vu. quelques poissons inconnus, des huîtres, des opossums raccoons, frogs et d'autres délices, et, évitant les crapauds et autres, préparaient vraiment un bon repas avec des assiettes sales posées sur une vile nappe, nos appétits étant aiguisés par le meilleur des condiments.

Le colonel Pickett est arrivé ici, après s'être échappé de Washington juste à temps pour échapper à son arrestation, voyageant déguisé à pied à travers des endroits isolés jusqu'à ce qu'il se retrouve chez des amis.

J'étais heureux, lorsque l'heure du coucher approchait, de ne pas être parmi les hommes sur les matelas. L'un des messieurs assis dans le lit à côté de la porte était un formidable projecteur dans la conduite de jus de tabac : sa dernière rumination avant de s'endormir était un chef-d'œuvre d'art : une pyrotechnie liquide parfaite, des bougies romaines et des étoiles filantes. Une horrible pensée m'est venue alors que je regardais et me posais des questions. Au cas où, à un moment suprême, il détournerait son attention vers moi ! — Je n'étais qu'à sept ou huit mètres, et cela ne serait peut-être rien pour lui ! — J'ai immédiatement baissé mon rideau moustique et je l'ai observé jusqu'à ce que, complètement rassasié, il dormait.

5 mai. — Très chaude, et pas d'eau froide, à moins d'aller à la rivière. Les bains de l'hôtel n'étaient pas prometteurs. Cet hôtel est pire que Mill's House ou Willard's. Le nourrissage et les mouches sont intolérables. Un membre de notre groupe vient dire qu'il pouvait à peine descendre dans la salle à cause de la foule et que tous les gens qui le croisaient avaient les os très durs et pointus. Il fait alors une remarque au commis du bar, qui lui dit que les projections particulières auxquelles il fait allusion sont des instruments de défense ou d'infraction, selon le cas, et ajoute : « Je suppose que vous et vos amis êtes les seuls dans la maison. qui n'ont pas de couteau bowie, ni de six coups, ni de Derringer à leur bord. La maison est pleine de membres du Congrès confédérés, d'hommes politiques, de colonels et de fonctionnaires avec ou sans sièges, ainsi que d'un grand nombre de spéculateurs, d'entrepreneurs et autres, attirés par le gouvernement embryonnaire. Parmi les visiteurs many filibusters figurent Henningsen, Pickett, Tochman, Wheat. [4] J'entends beaucoup parler de l'association appelée les Chevaliers du Cercle d'Or, association protestante visant à sécuriser les provinces et les États du Golfe, y compris — ce qui s'est largement développé par les événements récents — dans la Confédération du Sud, et à les créer. en un gouvernement indépendant.

Montgomery n'a guère de prétention à être qualifiée de capitale. Les rues sont très chaudes, désagréables et sans intérêt. J'ai rarement vu un endroit plus ennuyeux et sans vie ; on dirait une petite ville russe à l'intérieur. Les noms des commerçants indiquent une origine allemande et française. J'ai consulté un ou deux magazines d'esclaves, qui ne sont pas sans rappeler des établissements similaires au Caire et à Smyrne. Certains hommes jouissent d'un certain degré de liberté, qui flânent près des portes et ne se soucient pas de s'échapper ou de se libérer, connaissant trop bien les difficultés de l'une ou l'autre.

Ce n'est pas dans ses aspects extérieurs en général que l'esclavage est si douloureux. L'observateur doit accompagner Sterne et contempler les cachots des captifs à travers les barreaux. La condition d'un porc dans une étable n'est pas, au sens animal du terme, tout sauf bonne. Bien nourri, suralimenté, à l'abri des vents et des tempêtes du ciel, avec des vêtements, de la nourriture, des médicaments fournis, des enfants soignés, des parents âgés et la vieillesse elle-même secourue et protégée – n'est-ce pas… ? Mets-toi derrière nous, philosophe esclave ! L'heure vient où le boucher se dirige vers l'étable et le couteau sort du fourreau.

Or, il y a une chose à être un ἄ ναξ ἄ νδρων, c'est que, aussi mauvaise que soit la race des hommes, une sorte de caractère grandiose est donnée à leur chef. Le cerf qui emporte ses rivaux hors de sa course est le plus gros du troupeau ; mais celui qui conduit le plus grand troupeau de moutons ne vaut pas mieux que celui qui conduit le plus petit. Le troupeau qu'il contraint doit être composé d'êtres humains pour développer la propriété dont je parle, et ainsi la supériorité même du maître d'esclaves dans les voies et habitudes de commandement prouve que le nègre est un homme. Mais, en même temps, la loi qui règle toutes ces relations entre l'homme et ses semblables, s'affirme ici. La race dominante devient dépendante d'un autre corps d'hommes, moins martial, arrogant et riche, pour son élégance, son luxe et ses nécessités. Les pauvres vilains autour du château normand forgent les armures, fabriquent les meubles et exercent les arts mécaniques que le baron et ses partisans sont trop ignorants et trop fiers pour poursuivre ; s'il n'y a pas de population pour remplir ce but, une race énergique vient à leur place, et le Yankee joue le rôle du petit Grec affamé envers le patricien romain.

Le Sud a actuellement peu ou pas d'industries manufacturières, prend tout des Yankees à l'extérieur ou des méchants Blancs à l'intérieur de ses portes, et méprise les deux. Les deux se réconcilient par les intérêts. L'un obtient un bon prix pour sa fabrication et le fruit de son ingéniosité auprès d'un propriétaire insouciant et dépensier ; l'autre espère être un jour aussi bon que son maître, et voit le début de sa fortune dans la possession d'un nègre. Il est heureux pour notre grande roue Catherine britannique, qui projette continuellement de la lumière et de la chaleur vers les régions les plus reculées du monde – j'espère qu'elle ne se transformera pas enfin en une cendre rouge terne au centre – qu'elle n'ait pas dû envoyer son des émigrants vers les États du Sud, car assurément l'émigration aurait été bientôt stoppée. Les États-Unis ont été représentés auprès des émigrants britanniques et irlandais par les États libres – les États du Nord et le Grand Ouest – et l'émigrant britannique et allemand qui se trouve dans le Sud y a dérivé à travers les États du Nord, et l'un ou l'autre est un travailleur migrateur, ou espère revenir avec un peu d'argent vers le Nord et l'Ouest, s'il ne voit pas le chemin vers la possession de la terre et des nègres.

Après le dîner à la table de l'hôtel, qui était bondée d'officiers, et où j'ai rencontré M. Howell Cobb et plusieurs sénateurs du nouveau Congrès, j'ai passé la soirée avec le colonel Deas, quartier-maître général, et un certain nombre de ses collaborateurs, dans leur quarts. Alors que je me dirigeais vers la maison, l'une de ces résidences isolées ressemblant à des villas si courantes dans les villes du Sud, j'ai aperçu une foule de nègres très bien habillés, hommes et femmes, devant un bâtiment en brique simple qui, m'a-t-on dit, était leur lieu de réunion baptiste, dans lequel les Blancs s'introduisent rarement ou jamais. C'étaient des domestiques ou des personnes employées dans les magasins, et leur apparence générale indiquait beaucoup de confort et même de luxe. Je doutais qu'ils soient tous des esclaves. Un de mes compagnons s'est approché d'une jeune femme portant un chapeau de paille, avec des passementeries rouge et vert vif et des fleurs artificielles, un châle Paisley voyant et une robe arc-en-ciel, gonflée sur ses bottes jaunes par une prodigieuse crinoline. , et lui a demandé « A qui appartenez-vous ? » Elle a répondu: "J'appartiens à Massa Smith, monsieur." Eh bien, nous avons des hommes qui « appartiennent » aux chevaux en Angleterre. Je ne suis pas sûr que les Américains, du Nord comme du Sud, ne considèrent pas leur supériorité sur tous les Anglais comme si bien établie qu'ils puissent parler d'eux comme s'ils parlaient d'animaux inférieurs. Ce soir, par exemple, un vaillant jeune Carolinien du Sud, un certain Ransome Calhoun, [5] a eu la bonté de dire que « la Grande-Bretagne avait une peur mortelle de la France et était abjectement soumise par son grand rival ». De là naquit une controverse, courte et acrimonieuse.

6 mai. —J'ai oublié de dire qu'hier, avant le dîner, je suis parti en voiture avec quelques messieurs et dames de la famille de M. George N. Sanders, ancien consul des États-Unis à Liverpool, maintenant un homme douteux ici, cherchant une fonction auprès du gouvernement, et accusé par une partie de la presse d'être un espion confédéré - *Porcus de grege epicuri* - mais aussi un cochon érudit, soucieux de la météo et attentif aux signes des temps, attrapant des pailles et les fouettant vers le haut pour détecter les courants. Eh bien, dans ce grand moment, je dois dire qu'on parlait beaucoup de glace. Le Nord est propriétaire des climats gelés ; mais on espérait que la Grande-Bretagne, à laquelle appartient le pôle Nord, pourrait forcer le blocus et envoyer de l'aide.

Les environs de Montgomery sont agréables : bien boisés, vallonnés, villas abondantes, jardins publics et un grand faubourg nègre et mulâtre. Il n'est pas habituel, autant que j'en puisse juger, de voir des femmes monter à cheval dans le Sud, mais sur la route nous en avons rencontré plusieurs.

Après le petit-déjeuner, je suis descendu avec le sénateur Wigfall jusqu'à la capitale de Montgomery, l'une des véritables structures athéniennes yankeeisées de ce pays novo-classique, érigée sur un site digne d'un sort et d'un édifice meilleurs. Près d'une citerne ouverte, je rencontrai en chemin un monsieur occupé à céder quelques sculptures vivantes en ébène à un petit cercle, qui avait plus de curiosité que d'argent, car elles ne répondaient pas du tout aux appels énergiques du commissaire-priseur.

Ce spectacle était une mauvaise préparation pour une introduction à l'assemblée législative d'une Confédération qui repose sur l'Institution comme pierre angulaire de l'arc social et politique qui la maintient. Mais ils étaient là, législateurs ou conspirateurs, dans une grande salle équipée de bancs et de sièges, et écoutant un sermon tel qu'un Balfour de Burley aurait pu le prêcher à ses Covenantaires - têtes résolues et massives, et grandes silhouettes - des hommes comme il faut avoir une foi pour les inspirer. Et c'est ainsi. Attaqué par la raison, par la logique, l'argumentation, la philanthropie, le progrès dirigé contre ses institutions particulières, il Southerner at lastest poussé au fanatisme - une foi sacrée qui est avant tout la raison ou une attaque logique contre la convenance, la droiture et la divinité de l'esclavage.

L'aumônier, un vieillard vénérable, invoquait à haute voix les malédictions sur la tête des ennemis et les bénédictions sur les armes et les conseils de l'État nouveau. Quand il eut fini, M. Howell Cobb, un gros homme au double menton et aux yeux doux, frappa avec son marteau sur le bureau devant la chaise sur laquelle il était assis en tant que président de l'assemblée, et la chambre passa aux affaires. Je pouvais imaginer que, sauf leurs vêtements, ils ressemblaient aux hommes qui ont conçu les premiers la grande rébellion qui a conduit à l'indépendance de ce merveilleux pays – si sérieux, si grave, si sobre et si vindicatif – du moins, si aigris contre un pouvoir qu'ils considèrent comme tyrannique et insultant.

Le mot « liberté » a été utilisé à plusieurs reprises dans le peu de temps imparti aux transactions publiques des affaires et à la lecture des documents ; le Congrès était impatient de se mettre au travail, et M. Howell Cobb frappa de nouveau sur son bureau et annonça que la Chambre se tenait en « séance secrète », ce qui impliquait que toutes les personnes qui n'étaient pas membres devaient partir. J'ai été présenté à ce qu'on appelle l'étage de la salle et j'avais un fauteuil de délégué, et bien sûr je suis parti avec les autres, et avec les dames et hommes déçus des tribunes, mais l'un des membres, M. Rhett, Je crois, a-t-il dit en plaisantant : « Je pense que vous devriez conserver votre siège. Si le Times soutient le Sud, nous vous accepterons comme délégué.» J'ai répondu que j'avais peur de ne pas pouvoir agir en tant que délégué à un Congrès des États esclavagistes. En effet, j'avais été très touché par la vente aux enchères d'esclaves qui avait lieu juste devant l'hôtel, sur les marches de la fontaine publique, et à laquelle j'avais assisté en me rendant au Capitole. Le commissaire-priseur, qui était un coquin d'apparence dissipée, avait son « article » à côté de lui, sur et non dans une caisse de carton, un gros jeune nègre mal habillé et mal chaussé, qui se tenait debout avec toutes ses marchandises. attaché dans un petit paquet à la main, regardant le petit groupe d'hommes apathiques qui, taillant et mâchant, s'étaient éloignés du côté ombragé de la rue en voyant l'homme se lever. Le caractère mobilier de l'esclavage aux États-Unis le rend très répugnant. Quel dommage que le nègre ne soit pas polypoïde : pour qu'on puisse le dépecer, in chunks, and each chunkil se reproduise !

Un homme dans une charrette, quelques volontaires en uniformes grossiers, quelques ouvriers irlandais dans une longue camionnette, et quatre ou cinq hommes en habit noir habituel, gilet de satin et chapeau noir, constituaient l'assistance à laquelle le commissaire-priseur s'adressait avec volubilité : « Un excellent ouvrier de terrain ! Regardez-le : bon enfant, bon caractère ; aucune marque, aucun signe de mal chez lui ! En-i-ne chassés – seulement neuf chassés et cinquante dollars pour eux ! Eh bien, c'est assez génial ! Neuf cent cinquante dollars ! Je ne peux pas rallier... C'est bien. Merci Monsieur. Vingt-cinq offres, soit neuf cent soixante-quinze dollars pour cette main des plus utiles. Le prix s'éleva à mille dollars, après quoi la main utile fut renversée sur l'un des chapeaux noirs près de moi. Le commissaire-priseur, le nègre et son acheteur sont tous partis ensemble pour régler la transaction, et la foule s'est éloignée.

« Ce nègre a été bon marché », dit l'un d'eux à un compagnon en se dirigeant vers l'ombre. « Oui, *monsieur* ! Les nègres ne coûtent pas cher maintenant, c'est un fait. Je dois admettre que je me suis laissé aller à une sorte de réflexion quant à savoir s'il ne serait pas agréable de posséder un homme aussi absolument qu'on pourrait posséder un cheval, de le tenir soumis à ma volonté et à mon plaisir, comme s'il était une bête brute sans âme. le pouvoir de donner des coups de pied ou de mordre – de le faire travailler pour moi – de tenir son destin entre mes mains : mais cette pensée dura un instant. Cela a été suivi par le dégoût.

J'ai vu des marchés aux esclaves en Orient, où les traditions de race, l'état des relations familiales et sociales privent l'esclavage des caractères les plus odieux qui lui appartiennent dans les États ; mais l'usage de la langue anglaise dans une telle transaction, et l'idée qu'elle se déroulerait parmi un peuple chrétien civilisé, provoquèrent en moi un sentiment de haine et d'indignation inexprimable. Hier, j'ai été très frappé par l'intelligence, l'activité et le désir de plaire d'un beau garçon de couleur, qui semblait si léger et si pâle que je ne pouvais pas imaginer qu'il soit un esclave. Alors l'un des membres de notre groupe, qui était américain, lui a demandé : « Qu'est-ce que tu es, mon garçon, un nègre libre ? Bien entendu, il savait qu'en Alabama, il était très peu probable qu'il puisse répondre par l'affirmative. Le sourire du jeune homme s'effaça de ses lèvres, une rougeur de sang colora un instant son visage, et il répondit d'un ton triste et bas : « Non, monsieur ! J'appartiens à Massa Jackson », et il quitta immédiatement la pièce. Alors que je me tenais à une fenêtre supérieure du Capitole et que je regardais la vaste étendue de terres richement boisées et bien cultivées qui s'étend autour du flanc de la colline jusqu'à l'horizon, je ne pouvais m'empêcher de penser à la misère et à la cruauté qui devaient ont été supportés en labourant la terre et en élevant les maisons et les rues de la race dominante devant laquelle une nationalité de personnes de couleur a péri dans la mémoire de l'homme. La misère et la cruauté du système sont établies par les publicités pour les nègres en fuite et par la description des stigmates sur leurs personnes – coups de fouet et marquages, cicatrices et coupures – bien que ceux-ci soient en effet moins fréquents ici que dans les États frontaliers.

À mon retour, l'hon. WM Browne, secrétaire d'État adjoint, est venu me rendre visite, un cadet d'une famille irlandaise, venu en Amérique il y a quelques années et ayant perdu son argent dans des spéculations foncières, a mis à profit sa plume en tant que journaliste et a gagné Le patronage et le soutien de M. Buchanan en tant que rédacteur en chef d'un journal à Washington. Là, il devint intime avec les gentlemen du Sud, avec lesquels il s'associa naturellement de préférence aux membres du Nord ; et quand ils sortirent, il les accompagna. Il m'a dit que le gouvernement avait déjà reçu de nombreuses lettres — je crois qu'il a dit 400 — d'armateurs demandant des lettres de marque et des représailles. Bon nombre de ces demandes provenaient de marchands de Boston et d'autres villes maritimes des États de la Nouvelle-Angleterre. Il a en outre déclaré que le président était déterminé à prendre entre ses mains le contrôle total de l'armée et la nomination des officiers à tous les grades.

Il n'y a désormais aucune chance de préserver la paix ou d'éviter les horreurs de la guerre pour ces grandes et prospères communautés. Les peuples du Sud, à tort ou à raison, sont résolus à l'indépendance et à la séparation, et ils se battront jusqu'au bout pour atteindre leur objectif.

La presse attise la flamme des deux côtés : il serait difficile de dire si c'est elle ou les télégraphes qui diffusent le plus de mensonges ; mais que lorsque les journaux impriment les télégrammes, ils doivent avoir la palme. On dit aux sudistes qu'un règne de terreur règne à New York, que le 7e régiment de New York a été capturé par les habitants de Baltimore, qu'Abe Lincoln est toujours ivre, que le général Lee s'est emparé des hauteurs d'Arlington et qu'il bombarde Washington. Les New-Yorkais se régalent d'histoires similaires venant du Sud. La coïncidence entre la date de l'escarmouche de Lexington et de l'attaque du 6e régiment du Massachusetts à Baltimore n'est pas aussi remarquable que le fait que le premier homme tué à ce dernier endroit, il y a 86 ans, était un descendant direct du premier des colons qui fut tué par la soldatesque royale. Baltimore pourrait faire pour le Sud ce que Lexington a fait pour toutes les colonies. Le rasage de la tête, les déportations forcées, le goudronnage et la mise en drapeau sont recommandés et adoptés comme mesures spécifiques pour produire une conversion à partir d'opinions erronées. Le président des États-Unis a appelé au service du gouvernement fédéral 42,000 volontaires, et augmenté l'armée régulière de 22,000 hommes et la marine de 18,000 hommes. Si le Sud fait sécession, il devra certainement emmener avec lui quelques hôteliers yankees. Cet « échange » est dans un état épouvantable : rien que du bruit, de la saleté, de la boisson, des querelles.

CHAPITRE XXIII.

Proclamation de guerre.—Jefferson Davis.—Entretien avec le président de la Confédération.—Passeport et sauf-conduit.—MM. Wigfall, Walker et Benjamin.—Corsaire et lettres de marque.—Une réception chez Jefferson Davis.—Dîner chez M. Benjamin.

9 mai. — Aujourd'hui, les journaux contiennent une proclamation du président des États confédérés d'Amérique, déclarant l'état de guerre entre la Confédération et les États-Unis, et notifiant l'émission de lettres de marque et de représailles. Je suis sorti avec M. Wigfall dans la matinée pour présenter mes respects à M. Jefferson Davis du Département d'État. M. Seward m'a dit que sans Jefferson Davis, le complot de Sécession n'aurait jamais pu être réalisé. Aucun autre homme du parti n'avait le cerveau, ni le courage et la dextérité nécessaires pour mener à bien cette affaire. Tous les habitants des États du Sud parlaient de lui avec admiration, bien que leurs formes de discours et de pensée leur interdisent généralement d'être respectueux envers qui que ce soit.

Devant moi se trouvait le « Département d'État de Jeff Davis », un grand bâtiment en brique, au coin d'une rue, surmonté d'un drapeau confédéré. La porte était ouverte et "donnait" sur une grande salle blanchie à la chaux, avec des portes simplement peintes appartenant à de petites pièces, dans lesquelles se faisaient les affaires les plus importantes, à en juger par les noms écrits sur des feuilles de papier et appliqués à l'extérieur, désignant des bureaux des plus hauts ordres. les fonctions. Quelques employés entraient et sortaient, et un ou deux messieurs étaient dans l'escalier, mais il n'y avait aucune apparence d'agitation dans le bâtiment.

Nous montâmes directement au premier étage, qui était entouré de portes s'ouvrant sur une plate-forme quadrangulaire. Sur l'un d'eux était écrit simplement « Le Président ». M. Wigfall entra et revint au bout d'un moment et dit : « Le président sera heureux de vous voir ; entrez, monsieur. Quand j'entrai, le président était engagé avec quatre messieurs qui lui faisaient une offre d'aide. Il les remerciait « au nom du gouvernement ». En leur serrant la main, il les accompagna jusqu'à la porte, les salua et M. Wigfall sortit, et se tournant vers moi, il dit : « M. Wigfall. Russell, je suis heureux de vous accueillir ici, même si je crains que votre apparition ne soit le symptôme que nos affaires ne sont pas tout à fait prospères », ou des mots dans ce sens. Il m'a ensuite demandé de m'asseoir près de sa propre chaise à la table de son bureau et a commencé à parler de sujets généraux, faisant référence à la guerre de Crimée et à la mutinerie indienne, et posant des questions sur Sébastopol, le Redan et le siège de Lucknow. .

J'ai eu l'occasion d'observer le président de très près : il ne m'a pas impressionné aussi favorablement que je m'y attendais, bien qu'il soit certainement un homme d'apparence très différente de M. Lincoln. Il ressemble à un gentleman : il a une silhouette légère et légère, dépassant à peine la taille moyenne, et se tient droit et droit. Il était vêtu d'un costume rustique en étoffe couleur ardoise, avec un mouchoir de soie noire autour du cou ; ses manières sont simples, plutôt réservées et drastiques ; sa tête est bien formée, avec un beau front plein, carré et haut, couvert d'innombrables rides et ridules, des traits réguliers, quoique les pommettes soient trop hautes et les mâchoires trop creuses pour être belles ; les lèvres sont fines, souples et recourbées, le menton carré, bien défini ; le nez très régulier, avec des narines larges ; et les yeux enfoncés, grands et pleins - on semble presque aveugle et est en partie recouvert d'une pellicule, à cause d'atroces crises de névralgie et de tics. Merveilleux à raconter, il ne mâche pas et est soigné et propre, avec les cheveux coupés et les bottes brossées. L'expression de son visage est anxieuse, il a un air très hagard, fatigué et douloureux, bien qu'aucune trace d'autre chose que la plus grande confiance et la plus grande décision ne puisse être détectée dans sa conversation. Il m'a posé quelques questions générales sur la route que j'avais empruntée aux États-Unis.

J'ai mentionné que j'avais vu de grands préparatifs militaires dans le Sud et que j'étais étonné de l'empressement avec lequel le peuple prenait les armes. « Oui, monsieur », remarqua-t-il, et son ton de voix et sa manière de parler sont plutôt remarquables pour ce qui est considéré comme des particularités yankees. « En Europe » (M. Seward se livre également à cette prononciation) « ils se moquent de nous parce que de notre penchant pour les titres et les expositions militaires. Tous vos voyageurs dans ce pays ont commenté le nombre de généraux, de colonels et de majors partout aux États-Unis. Mais le fait est que nous sommes un peuple militaire et ces signes ont été ignorés. Nous ne sommes pas moins militaires parce que nous n'avons pas eu de grandes armées permanentes. Mais peut-être sommes-nous le seul peuple au monde où des messieurs fréquentent une académie militaire et n'ont pas l'intention de suivre le métier des armes.

Au cours de notre conversation, je lui ai demandé d'avoir la bonté de me donner une sorte de passeport ou de protection, car je pourrais éventuellement tomber sur quelque chef de guérilla en route vers le nord, aux yeux duquel je ne pourrais peut-être pas avoir droit à un sauf-conduit. M. Davis a déclaré : « Je donnerai au secrétaire à la Guerre les instructions nécessaires. Mais, monsieur, vous faites partie de personnes civilisées et intelligentes qui comprennent votre position et apprécient votre caractère. Nous ne recherchons pas la sympathie de l'Angleterre par des moyens indignes, car nous nous respectons nous-mêmes et nous sommes heureux d'inviter l'examen des hommes dans nos actes ; quant à nos motivations, nous rencontrons l'œil du Ciel. Je pensais pouvoir juger par ses paroles qu'il avait la plus haute idée des Français en tant que soldats, mais que ses sentiments et ses associations s'identifiaient davantage à l'Angleterre, bien qu'il soit tout à fait conscient de la difficulté de vaincre la répugnance qui existe pour l'esclavage.

M. Davis n'a fait aucune allusion aux autorités de Washington, mais il m'a demandé si je pensais qu'en Angleterre il y aurait une guerre entre les deux États ? J'ai répondu que j'avais l'impression que le public pensait qu'il n'y aurait pas de véritables hostilités. « Et pourtant, vous voyez, nous sommes poussés à prendre les armes pour défendre nos droits et libertés. »

Voyant une immense masse de papiers sur sa table, je me levai et m'inclinai, et M. Davis, me conduisant à la porte, me tendit la main et dit : « Tant que vous resterez parmi nous, vous recevrez tout ce que vous voudrez. facilité que nous pouvons vous accorder, et je serai toujours heureux de vous voir. Le colonel Wigfall était dehors et m'emmena dans la chambre du secrétaire à la guerre, M. Walker, que nous trouvâmes enfermé avec le général Beauregard et deux autres officiers dans une pièce pleine de cartes et de plans. C'est le genre d'homme généralement représenté dans nos types de « Yankees » — grand, mince, aux cheveux raides, anguleux, avec des yeux et des manières fougueuses et impulsives – un ruminateur de tabac et un cracheur abondant – un avocat, je crois, certainement pas un soldat ; ardent, dévoué à la cause et confiant jusqu'au dernier degré de son prochain succès.

La nouvelle que deux États supplémentaires avaient rejoint la Confédération, soit dix en tout, suffisait à les mettre de bonne humeur. « N'est-il pas dommage que ces Yankees ne nous laissent pas suivre leur propre chemin et gardent pour eux leur maudite Union ? S'ils nous y obligent, nous serons peut-être obligés de les chasser au-delà de la Susquehanna. Beauregard était de bonne humeur, occupé à mesurer des kilomètres de pays avec sa boussole, comme s'il partageait des empires.

De cette salle, je me rendis au bureau de M. Benjamin, procureur général des États confédérés, le plus brillant peut-être de tous les célèbres orateurs du Sud. C'est un homme petit et gros, au visage plein, de couleur olive et aux traits résolument juifs, avec de grands yeux noirs les plus brillants, dont l'un est quelque peu différent de l'autre, et des manières vives, vives et agréables, combinées avec beaucoup de vivacité de parole et une rapidité d'énonciation. Il est l'un des premiers avocats ou avocats aux États-Unis et avait un grand cabinet à Washington, où ses recettes annuelles provenant de sa profession n'étaient pas inférieures à 8 000 à 10 000 £ par an. Mais son amour du jeu de cartes en faisait la proie des mains plus âgées et plus froides, qui attendaient que l'éponge soit pleine à la fin de la séance et la pressaient jusqu'à la dernière goutte.

M. Benjamin est le plus ouvert, le plus franc et le plus cordial des confédérés que j'aie jamais rencontrés. En quelques secondes, il me raconta toute la conduite du gouvernement à l'égard des corsaires, des lettres de marque et des représailles, afin probablement de savoir quelle était notre opinion en Angleterre sur le sujet. J'ai observé qu'il était probable que le Nord ne respecterait pas son drapeau et traiterait ses corsaires comme des pirates. « Nous avons un remède simple à cela. Pour tout homme sous notre drapeau que les autorités des États-Unis oseront exécuter, nous pendrons deux d'entre eux. « Supposons, Monsieur le procureur général, que l'Angleterre, ou l'une des grandes puissances qui ont décrété l'abolition de la course, refuse de reconnaître votre drapeau ? » "Nous avons l'intention de revendiquer, et revendiquons, l'exercice de tous les droits et privilèges d'un État souverain indépendant, et toute tentative de nous refuser la pleine mesure de ces droits serait un acte d'hostilité envers notre pays." "Mais si l'Angleterre, par exemple, déclarait que vos corsaires étaient des pirates ?" « Comme les États-Unis n'ont jamais admis le principe posé au Congrès de Paris, les États confédérés non plus. Si l'Angleterre juge à propos de déclarer pirates les corsaires battant notre pavillon, ce ne serait rien de plus ou de moins qu'une déclaration de guerre contre nous, et nous devons y répondre du mieux que nous pouvons. En fait, M. Benjamin ne semblait avoir peur de rien ; mais sa confiance à l'égard de la Grande-Bretagne reposait sans doute en grande partie sur sa foi ferme dans le coton et sur la soumission totale de l'Angleterre à ses intérêts et à ses industries cotonnières. « Toute cette timidité à reconnaître un pouvoir esclavagiste finira par se réaliser. Nous apprenons que nos commissaires sont allés à Paris, ce qui semble n'avoir rencontré aucun encouragement à Londres ; mais nous sommes assez sereins sur ce point pour le moment.

La Grande-Bretagne se trouve donc dans une situation agréable. M. Seward nous menace de guerre si nous reconnaissons le Sud, et le Sud déclare que si nous ne reconnaissons pas son drapeau, il le prendra comme un acte d'hostilité. Lord Lyons est pressé de donner l'assurance au gouvernement de Washington qu'en aucune circonstance la Grande-Bretagne ne reconnaîtra les rebelles du Sud ; mais, en même temps, M. Seward refuse de donner la moindre assurance que le droit des neutres sera respecté dans la lutte imminente.

Alors que je descendais, M. Browne m'a appelé dans sa chambre. Il a déclaré que le procureur général et lui-même étaient dans un état de perplexité quant à la forme dans laquelle les lettres de marque et de représailles devraient être établies. Ils avaient consulté tous les livres qu'ils pouvaient se procurer, mais n'avaient trouvé aucun exemple qui convienne à leur cas, et il désirait savoir, étant avocat, si je pouvais l'aider. Je lui ai dit que ce n'était pas tant le respect de ma propre position de neutre que le *vafri inscitia juris* qui m'empêchait de jeter la moindre lumière sur le sujet. Il n'y a pas seulement des armateurs yankees, mais des maisons anglaises prêtes à fournir des marins et des paquebots au gouvernement confédéré, et le propriétaire du Camilla pourrait être tenté de se séparer de son yacht par les offres qui lui sont faites.

Invité à assister à une levée ou réception organisée par Mme Davis, l'épouse du président, je suis retourné à l'hôtel pour me préparer pour l'occasion. Sur mon chemin, je croisai une compagnie de volontaires, cent vingt artilleurs et trois pièces de campagne, en route vers la gare de Virginie, suivis par une foule de « citoyens » et de nègres des deux sexes, applaudissant bruyamment. Le groupe jouait cet excellent « Dixie » rapide. C'étaient des hommes robustes et beaux, vêtus de grossières tuniques grises à parements jaunes et de casquettes françaises. Ils étaient armés de mousquets à canon lisse et leurs sacs à dos étaient impropres à la marche, car il s'agissait de sacs étanches suspendus aux épaules. Les canons n'avaient pas de caissons, et le ferrage des troupes manquait certainement de semelles. La folie des zouaves est aussi répandue ici qu'à New York, et les plus petits enfants sont enfilés dans des culottes rouges amples, que le savant Lipsius aurait pu apprécier, et sont envoyés avec des drapeaux et des épées de fer blanc pour gêner les routes.

La modeste villa dans laquelle vit le président est peinte en blanc – une autre « Maison Blanche » – et se dresse dans un petit jardin. La porte était ouverte. Un domestique de couleur a noté nos noms, et M. Browne m'a présenté à Mme Davis, que je pouvais distinguer dans le *demi-jour* d'un salon de taille moyenne, entourée de quelques dames et messieurs, les premiers en bonnet, cette dernière en tenue du matin *à la midi*. Il n'y avait aucune affectation d'état ou de cérémonie lors de la réception. Mme Davis, que certains de ses amis appellent « la reine Varina », est une femme avenante et vive, proche de la matrone, de bonne silhouette et de bonnes manières, bien habillée, distinguée et intelligente, et elle semblait être une grande favorite auprès de son entourage. elle, même si j'ai entendu l'une d'elles dire : « Cela doit être très agréable d'être l'épouse du président et d'être la première dame des États confédérés. Mme Davis, que le président CS a épousée *en secondes noces*, a exercé une influence sociale considérable à Washington, où j'ai rencontré nombre de ses amis. Elle était tout à l'heure encline à se mettre en colère, car les journaux rapportaient qu'une récompense avait été offerte dans le Nord pour le chef du grand rebelle Jeff Davis. « Ils sont tout à fait capables, je crois, dit-elle, de tels actes. » Il n'y avait pas plus de dix-huit ou vingt personnes présentes, car chaque groupe entra et ne resta que quelques instants, et, après un certain temps, je m'inclinai et me retirai, recevant de

Mme Davis une invitation à venir le soir. quand je trouverais le président chez lui.

Au coucher du soleil, sous de grandes acclamations, les canons devant le Département d'État ont tiré dix coups pour annoncer que le Tennessee et l'Arkansas avaient rejoint la Confédération.

Le soir, j'ai dîné avec M. Benjamin et son beau-frère, un gentleman de la Nouvelle-Orléans, le colonel Wigfall arrivant à la fin du dîner. Les habitants de la Nouvelle-Orléans d'origine française, ou « Créoles », comme ils s'appellent eux-mêmes, parlent le français de préférence à l'anglais, et le beau-frère de M. Benjamin a travaillé considérablement pour essayer de se faire comprendre dans notre langue vernaculaire. La conversation, franco-anglaise, très agréable, pour M. Benjamin est agréable et animée. Il est certain que les autorités judiciaires anglaises doivent aviser le gouvernement que le blocus des ports du Sud est illégal aussi longtemps que le président prétend qu'ils sont des ports des États-Unis. « À l'heure actuelle, dit-il, leur blocus du papier ne fait aucun mal ; la saison des expéditions de coton est terminée ; mais en octobre prochain, lorsque le Mississippi transportera du coton par milliers de balles et que tous nos quais seront pleins, il est inévitable que les Yankees aient des ennuis avec cette tentative de nous contraindre. M. Benjamin retourna à l'hôtel avec moi, et nous trouvâmes notre chambre pleine de fumée de tabac, de flibustiers et de conversations auxquelles, comme le sommeil était impossible, nous fûmes obligés de nous joindre. J'ai résisté à une tentative vigoureuse de MGN Sanders et d'un de ses amis de m'emmener rendre visite à un planteur qui avait un barrage de castors à quelques kilomètres de Montgomery. Ils ont réussi à capturer M. Deasy.

CHAPITRE XXIV.

M. Wigfall sur la Confédération. — Départ projeté du Sud. — Apathie du Nord et activité du Sud. — Perspectives d'avenir de l'Union. — Caroline du Sud et coton. — Théorie de l'esclavage. — Indifférence à New York. — Départ de Montgomery.

8 mai. J'ai essayé d'écrire, car j'ai pris place demain dans le bateau à vapeur pour Mobile, et j'ai été obligé de faire de mon mieux dans une salle pleine de monde, constamment dérangée par les visiteurs. Tôt ce matin, comme d'habitude, mon fidèle Wigfall entre et s'assoit à mon chevet, et passant ses mains dans ses cheveux, il exprime ses idées avec une merveilleuse lucidité et une étrange affectation de logique qui lui est propre. « Nous sommes un peuple particulier, monsieur ! Vous ne nous comprenez pas, et vous ne pouvez pas nous comprendre, parce que vous ne nous connaissez que par les écrivains et les journaux du Nord, qui ne savent rien de nous eux-mêmes, ou déforment ce qu'ils savent. Nous sommes un peuple agricole ; nous sommes un peuple primitif mais civilisé. Nous n'avons pas de villes, nous n'en voulons pas. Nous n'avons pas de littérature – nous n'en avons pas encore besoin. Nous n'avons pas de presse, nous en sommes heureux. Nous n'avons pas besoin de presse, car nous sortons et discutons de toutes les questions publiques avec notre peuple. Nous n'avons pas de marine commerciale, pas de marine, nous n'en voulons pas. Nous sommes meilleurs sans eux. Vos navires transportent nos produits et vous pouvez protéger vos propres navires. Nous ne voulons pas de produits manufacturés : nous ne souhaitons pas de commerce, pas de cours de mécanique ou de fabrication. Tant que nous avons notre riz, notre sucre, notre tabac et notre coton, nous pouvons disposer de richesses pour acheter tout ce que nous voulons aux nations avec lesquelles nous sommes en amitié, et pour amasser de l'argent en plus. Mais avec les Yankees, nous n'échangerons jamais, jamais. Pas une livre de coton ne passera jamais du Sud vers leurs villes maudites ; pas une once de leur acier ou de leurs produits manufacturés ne traversera jamais notre frontière. Et ainsi de suite. Ce que craint le sénateur qui prépare un projet de loi visant à enrôler le peuple dans l'armée, c'est que le Nord ne commence ses opérations actives avant que le Sud ne soit prêt à résister. "Donnez-nous jusqu'en novembre pour entraîner nos hommes, et nous serons irrésistibles." Il désapprouve tout mouvement offensif et s'oppose à une attaque contre Washington, préconisée par de nombreux journaux ici.

M. Walker m'a envoyé une lettre me recommandant à tous les officiers des États confédérés, et j'ai reçu une invitation du président à dîner avec lui demain, ce que j'ai été très chagriné d'être obligé de refuser. En fait, il est très important de terminer rapidement ma tournée dans le Sud, car toutes les communications postales seront bientôt suspendues depuis le Sud et le blocus coupe de fait toute communication par voie maritime. Rails arrachés, ponts brisés, télégraphes en panne, trains fouillés, la guerre est commencée. Le Nord afflue ses armées dans la bataille, et il a répondu aux hymnes des conquérants de Charleston par un cri d'indignation universel et un serment de vengeance.

J'ai exprimé ma conviction dans une lettre écrite quelques jours après mon arrivée (le 27 mars) que le Sud ne rentrerait jamais dans l'Union. Le Nord pense qu'il peut contraindre le Sud, et je ne suis pas prêt à dire qu'il a raison ou tort ; mais je suis convaincu que le Sud ne peut être repoussé que par une conquête telle que celle qui a mis la Pologne prosternée aux pieds de la Russie. Il se peut qu'une telle conquête puisse être réalisée par le Nord, mais le succès doit détruire l'Union telle qu'elle a été constituée dans le passé. Un gouvernement fort doit être la conséquence logique de la victoire, et le triomphe du Sud s'accompagnera d'un résultat similaire, pour lequel, en fait, de nombreux Sudistes sont très bien disposés. Pour les peuples des États confédérés, une telle question ne susciterait aucune terreur, car il me semble qu'ils aspirent extrêmement à un gouvernement fort. Le Nord doit l'accepter, que cela lui plaise ou non.

Aucune des deux parties – si un tel terme peut être appliqué au reste des États-Unis et aux États qui rejettent l'autorité du gouvernement fédéral – n'était préparée au pouvoir d'agression ou de résistance de l'autre. Déjà, les États confédérés se rendent compte qu'ils ne peuvent pas tout emporter avec précipitation, tandis que le Nord a appris qu'ils doivent déployer toutes leurs forces pour honorer la dîme de leurs menaces récemment proférées. Mais le gouvernement Montgomery tient à gagner du temps et à préparer une armée régulière. Le Nord, distrait par la crainte de perturbations majeures dans leurs relations complexes, réclame une action immédiate et une conclusion rapide. Les conseils des hommes modérés, comme on les appelait, ont été complètement rejetés.

Toute la base sur laquelle repose la Caroline du Sud est le coton et une certaine quantité de riz ; ou plutôt elle fonde tout son tissu sur la nécessité qui existe en Europe des produits de son sol, croyant et affirmant, comme elle le fait, que l'Angleterre et la France ne peuvent et ne veulent pas s'en passer. Le coton, sans marché, est autant de matières floculantes qui encombrent le sol. Sans demande, le riz est une céréale invendable en magasin et dans les champs. Le coton à dix cents la livre représente une prospérité, un empire et une supériorité sans limites, et le riz ou les céréales n'ont plus besoin d'être considérés.

En matière de travail forcé, la Caroline du Sud argumente à peu près de la manière suivante : l'Angleterre et la France (dit-elle) ont besoin de nos produits. Afin de répondre à leurs besoins, nous devons cultiver notre sol. Il n'y a qu'une seule façon de le faire. L'homme blanc ne peut pas vivre sur nos terres à certaines saisons de l'année ; il ne peut pas travailler de la manière requise par les récoltes. Il lui faut donc employer une race adaptée au travail, et c'est une race qui ne travaillera que lorsqu'elle y sera obligée. Cette race a été importée d'Afrique, sous la sanction de la loi, par nos ancêtres, lorsque nous étions une colonie britannique, et elle a été favorisée par nous, de sorte que son accroissement ici a été aussi grand que celui du peuple le plus florissant du monde. le monde. Dans d'autres endroits, où son travail n'était pas productif ou impérativement essentiel, cette race a été rendue libre, avec parfois des conséquences désastreuses pour elle-même et pour l'industrie. Mais nous ne le rendrons pas gratuit. Nous ne pouvons pas le faire. Nous estimons que l'esclavage est essentiel à notre existence en tant que producteurs de ce dont l'Europe a besoin ; bien plus, nous maintenons que c'est un droit abstrait en principe ; et certains d'entre nous vont jusqu'à soutenir que la seule forme convenable de société, selon la loi de Dieu et les exigences de l'homme, est celle qui a pour base l'esclavage. Quant à l'esclave, il est bien plus heureux dans son état de servitude, plus civilisé et plus religieux, qu'il ne l'est ou ne pourrait l'être s'il était libre ou dans son Afrique natale. Pour ce système, nous nous battrons jusqu'au bout.

Le soir, j'ai fait des visites d'adieu et j'ai passé une heure avec M. Toombs, qui est incontestablement l'un des dirigeants du Sud les plus originaux, les plus pittoresques et les plus sérieux, et dont l'éloquence et la puissance en tant que débatteur sont grandement estimées par ses compatriotes. Il est en quelque sorte un anglo-maniaque et un anglo-phobiste - une combinaison qui n'est pas inhabituelle en Amérique - c'est-à-dire qu'il est fier d'être lié et descendu de familles anglaises respectables, et admire notre constitution mixte, alors qu'il est un ennemi. à ce qu'on appelle la politique anglaise et est un ardent défenseur de l'esclavage. Wigfall et lui sont très inquiets de la rareté de la poudre à canon dans les États du Sud et de la difficulté de l'obtenir.

Le soir, nous avons eu une petite réunion dans la chambre à coucher comme auparavant.—M. Wigfall, M. Keitt, un éminent homme politique du Sud, le colonel Pickett, M. Browne, M. Benjamin, M. George Sanders et d'autres. Ce dernier monsieur fut démis de ses fonctions ou rappelé de son poste à Liverpool, parce qu'il fraternisait avec Mazzini et d'autres républicains rouges *à ce qu'on dit* . Ici, c'est un esclavagiste et un ami d'une oligarchie. Votre homme des « Droits de l'Homme » est souvent très incompatible avec lui-même et se retrouve généralement associé aux hommes de force et de violence.

9 mai. — Mon fidèle Wigfall a eu la bonté de venir de bonne heure, afin de me montrer quelques commentaires sur mes lettres dans le « New York Times ». Il semble que les journaux soient en colère parce que j'ai dit que

New York était apathique lorsque j'ai atterri, et ils tentent de prouver que j'avais tort en montrant qu'il y avait eu une « glorieuse explosion de sentiment syndical » après l'annonce de la chute où Sumter. Mais je sais maintenant que l'apathie même dont j'ai parlé a été ressentie par le gouvernement de Washington et qu'elle l'a affaibli et embarrassé. Quelle n'aurait pas été la valeur de « l'explosion glorieuse », si elle avait eu lieu *avant que* les batteries de Charleston ne se soient ouvertes sur Sumter — lorsque le drapeau fédéral, par exemple, a été tiré dessus, flottant depuis « l'étoile de l'Ouest », ou quand Beauregard a coupé les approvisionnements, ou que Bragg a menacé Pickens, ou que la première pelle de terre a été lancée dans une batterie hostile ? Mais non! New York était alors occupé à discuter des droits de l'État et à lire des articles pour prouver que le nouveau gouvernement serait des traîtres s'il tentait de renforcer les forts fédéraux, ou s'il lisait les dirigeants en faveur du gouvernement du Sud. Peut-être se souviennent-ils d'un article, datant de moins de quelques semaines, dans lequel le « New York Herald » comparait Jeff Davis et son cabinet au « Great Rail Splitter », à Seward et à Chase, et arrivait à la conclusion que le premier « Nous étions des gentlemen » (ce qu'il est tout à fait incompétent de juger) — « et nous pourrions et devrions réussir. » La glorieuse explosion du « sentiment syndical » qui menaçait de démolir le bureau du « Herald », a créé un changement des plus merveilleux dans les vues du propriétaire, dont la vision aux yeux divers est maintenant dirigée uniquement vers les beautés de l'Union et dont la foi s'exprime par « une chaleureuse adhésion au gouvernement de notre pays ». New York doit payer le prix de son indifférence et supporter les conséquences de l'écoute de tels conseillers.

M. Deasy, très délabré, revint vers midi de son planteur, qui était ivre en passant et ne voulait pas le laisser aller au barrage de castors. Pour le consoler, le planteur restait éveillé toute la nuit à boire et à le réveiller de temps en temps pour le rafraîchir avec un verre de whisky. Cet homme était aisé, possédait des terres et un bon stock d'esclaves, mais il devait être un « méchant blanc » qui s'était élevé dans le monde. Il vivait dans une cabane en bois de trois pièces et, dans l'une des pièces, il gardait sa femme à l'abri des regards des étrangers. Un de ses nègres était malade et il emmena Deasy le voir. Le résultat de son examen fut : « Nègre ! Je suppose que tu ne vivras pas plus d'une heure. Son diagnostic était tout à fait correct.

Avant mon départ, j'ai eu une petite levée d'adieu —M. Toombs, M. Browne, M. Benjamin, M. Walker, le major Deas, le colonel Pickett, le major Calhoun, le capitaine Ripley et d'autres, qui ont été extrêmement aimables avec des lettres d'introduction et des offres de service. Nous avons dîné comme d'habitude sur un dîner composite - viande et volaille du Sud mauvaises - à trois heures et, à seize HEURES, nous sommes descendus en voiture vers les rives escarpées de la rivière Alabama, où l'énorme château de la « République du Sud » attendait de recevez-nous. J'ai dit au revoir à Montgomery sans regret. Les indigènes n'étaient pas très attirants et la ville n'a rien pour compenser leur déficience, mais je dois toujours garder de mes amis là-bas un souvenir agréable et, en effet, j'espère qu'un jour je pourrai tenir ma promesse de revenir. et voir davantage les ministres confédérés et leur chef.

CHAPITRE XXV.

La rivière Alabama — Voyage en bateau à vapeur — Selma — Notre capitaine et ses esclaves — Esclaves « en fuite » — Vues nègres du bonheur — Mobile — Hôtel — La ville — M. Forsyth.

Le navire n'était rien d'autre qu'une vaste maison en bois, de trois étages séparés, flottant sur un ponton qui soutenait la machine, avec une salle à manger ou salon au deuxième étage entourée de couchettes, et un nid de petites pièces au-dessus. escaliers; sur le toit métallique se trouvait un instrument « de musique » appelé « calliope », joué comme un piano par des touches qui agissait sur des leviers et des valves, laissant entrer de la vapeur dans des coupelles métalliques, où elle produisait les notes requises – aiguës, résonnantes et non déplaisantes. à distance modérée. Il y a 417 milles jusqu'à Mobile, mais en cette saison le bateau à vapeur peut maintenir une bonne vitesse car il y a très peu de coton ou de marchandises à embarquer aux débarquements, et le cours d'eau est plein.

La rivière a environ 200 mètres de large et est de couleur chocolat et lait, avec des berges hautes, abruptes et boisées, s'élevant tellement au-dessus de la surface du ruisseau qu'une personne sur le pont supérieur de l'imposante République du Sud ne peut pas y accéder. un aperçu des champs et du pays au-delà. De hautes berges et des falaises s'élèvent jusqu'à une hauteur de 150 ou même 200 pieds au-dessus de la rivière, dont la largeur est si uniforme qu'elle donne à l'Alabama l'apparence d'un canal, seulement soulagé par des virages brusques et des courbes rapides. La surface est couverte de masses de bois flottés, d'arbres entiers et de petits îlots de branches. De temps en temps, une saillie noire et pointue en forme de croc, dressée dans le courant, avertit d'un accroc, mais le timonier, qui commande tout le cours de la rivière, depuis une maison élevée au milieu du navire sur le pont supérieur, peut les voir dans temps; et la nuit, des branches de pins sont allumées dans des cresses de fer aux proues pour éclairer l'eau.

Le capitaine, qui ne précisait pas si son nom s'écrivait Maher, ou Meaher, ou Meagher (*les trois se disent*), était évidemment un personnage, peut-être un bon. L'un avec un oeil gris plein de ruse et d'un peu d'humour, des traits fortement marqués, et une bouche très celtique du type Kerry. Il s'est vite attaché à moi et m'a favorisé avec quelques histoires merveilleuses, auxquelles j'espère qu'il n'était pas assez stupide pour croire que je croyais. L'une concernait une destruction massive et un massacre d'Indiens, il la raconta avec un enthousiasme évident. Désignant l'une des falaises, il dit qu'il y a environ trente ans, tous les Indiens du district, encerclés par les Blancs, se sont rendus à cet endroit et y sont restés sans aucun moyen de s'échapper, jusqu'à ce qu'ils soient complètement affamés. Ils envoyèrent donc savoir si les Blancs les laisseraient partir, et il fut convenu qu'ils seraient autorisés à descendre la rivière en bateau. Le jour venu, et ils étaient tous à flot, les Blancs anticipèrent le massacre en bateau de Nana Sahib à Cawnpore et détruisirent les peaux rouges impuissantes. Plusieurs centaines de personnes périrent ainsi, et toute l'affaire fut très approuvée.

La valeur des terres situées sur les rives de cette rivière est grande, car elles donnent de neuf à onze balles de coton à l'acre, soit une valeur de 10 *l.* une balle aux prix actuels. Les seules preuves de cette richesse que nous ayons vues consistaient en des hangars à coton au sommet des berges et des toboggans à bois, avec des marches de chaque côté jusqu'aux débarcadères, construits de telle sorte que les balles de coton pouvaient être abattues à bord. le navire. Ces pousses et ces escaliers, généralement protégés par un toit de planches, conduisent à des régions inconnues, habitées par des nègres et leurs maîtres, ces derniers parlant tous politique. Ils ne le seront jamais et ne pourront jamais être conquis : rien au monde ne pourrait les inciter à réintégrer l'Union. Ils brûleront chaque balle de coton, incendieront chaque maison et ravageront chaque champ et chaque ferme avant de céder aux Yankees. Et c'est ainsi qu'ils discutent pendant des heures à travers la lueur des mauvais cigares.

La conduite du bateau est adroite, — à mesure qu'il s'approche d'un débarcadère, la barre est renversée, au son du hurlement du tuyau de vapeur et des accords sauvages de « Dixie » flottant hors de la gorge du calliope, et comme les moteurs sont détachés, une roue est actionnée vers l'avant et l'autre vers l'arrière, de sorte qu'elle tourne bientôt la tête vers le haut du courant, puis est doucement pagayée jusqu'à la rive de la rivière, vers laquelle elle est juste maintenue par la vapeur - la planche est dirigée à terre, et les quelques passagers qui entrent ou sortent sont éclairés sur leur chemin par les flammes du pin dans un panier de fer, balancé au-dessus de la proue par une longue perche. Ensuite, nous les voyons disparaître dans l'obscurité noire en montant les marches, ou descendre de plus en plus clairement jusqu'à ce qu'ils se retrouvent dans la pleine flamme du phare qui projette des ombres sombres sur l'eau jaune. L'air brille de lucioles qui parsèment l'obscurité de points et de points de flammes, tout comme des étincelles volent à travers les braises de l'amadou ou du papier à moitié brûlé.

Certains débarquements furent de loin plus importants que d'autres. Il y en avait, par exemple, où un chemin de fer en fer était exploité le long de la berge par des guindeaux pour hisser les marchandises ; d'autres où les nègres à moitié nus sautaient à terre et se précipitaient sur des tas de bois de chauffage, les jetaient à bord pour alimenter la machine, qui, toute découverte et ouverte sur le pont inférieur, éclairait l'obscurité par l'éclat des trous de chauffage, qui criait toujours : « Donnez, donnez ! tandis que les nègres enfonçaient sans cesse les poutres de pin dans leurs gueules affamées. Je pouvais comprendre avec quelle facilité un bateau à vapeur peut « brûler » et à quel point une fuite serait désespérée dans de telles circonstances. Toute la charpente du vase est faite du pin résineux le plus léger, si brut que la térébenthine suinte à travers la peinture ; la coque n'est qu'une simple coquille. Si le navire prenait feu une fois, tout ce qu'on pourrait faire serait de le retourner et de le conduire jusqu'à la rive, dans l'espoir d'y rester assez longtemps pour permettre aux gens de s'échapper dans les arbres ; mais si elle n'était pas près d'un débarcadère, beaucoup devaient être perdus ; comme la berge est abrupte, le navire ne peut s'échouer ; et à certains endroits, les arbres se trouvent dans 8 à 10 pieds d'eau. Quelques minutes suffiraient pour embraser le navire de la proue à la poupe ; et s'il y avait du coton à bord, les balles brûleraient presque comme de la poudre. La scène à chaque atterrissage s'est répétée, avec quelques variations, dix fois jusqu'à ce que nous atteignions Selma, à 110 milles de distance, à 23 h 30 du soir.

Selma, qui est reliée aux rivières Tennessee et Mississippi par le chemin de fer, est construite sur une falaise abrupte et élevée, et les lumières des fenêtres et les hôtels élevés au-dessus de nous me font penser à la vieille ville d'Édimbourg, vue de Rue des Princes. À côté de nous, il y avait un immense quai à étages, afin que nos passagers puissent accoster à terre depuis n'importe quel pont de leur choix. Ici, M. Deasy, atteint de maladie, s'alarma à l'idée de continuer son voyage sans aucune possibilité d'assistance médicale, et descendit à terre.

10 mai. — La cabine d'un de ces paquebots, au mois de mai, n'est pas propice au sommeil. Les poutres en bois des moteurs creak and scream« consumés », et les grands moteurs eux-mêmes palpitent comme s'ils voulaient percer leurs fines couvertures de pin, et le sifflet retentit, et le calliope crie « Dixie » sans cesse. Ainsi, quand je fus levé et habillé, le petit-déjeuner était terminé, et j'eus l'occasion de voir les esclaves à bord, hommes et femmes, agissant comme intendants et hôtesses de l'air, à leur repas du matin, qu'ils prenaient avec beaucoup de bonne humeur et de décorum. Ils étaient bien habillés, propres et soignés. J'ai été forcé d'admettre que leurs grands-pères et grand-mères Ashantee, ou leurs ancêtres Kroo et Dahomey étaient certainement moins confortables et moins bien vêtus, et que ces esclaves avaient d'autres avantages sociaux, même si je ne pouvais pas reconnaître la force de l'affirmation de l'évêque de Géorgie. , que de l'esclavage doivent provenir le seul espoir et le seul mécanisme pour l'évangélisation de l'Afrique. J'avoue que je ne donnerais pas grand-chose pour l'influence des stewards et hôtesses de l'air dans la christianisation des Noirs.

La rivière, le paysage et les scènes étaient exactement les mêmes qu'hier : berges élevées, toboggans de coton, stations forestières, freins à canne, et une population noire très misérable, si les spécimens de femmes et d'enfants présents sur les débarcadères représentaient fidèlement la masse. des esclaves. Ils contrastaient fortement avec les esclaves domestiques confortables et bien habillés à bord, et on peut facilement imaginer qu'il existe une grande différence entre les classes et que ceux qui sont condamnés à travailler en plein champ doivent souffrir extrêmement.

Un passager nous a raconté l'histoire du capitaine. Un certain nombre de planteurs, parmi lesquels le narrateur, souscrivirent mille dollars chacun pour construire un navire dans le but de transporter une cargaison d'esclaves, étant entendu qu'ils paieraient autant pour le navire, et tant par tête s'il le faisait. réussi, et tant pis si elle était prise ou perdue. Le navire fit son voyage vers la côte, était chargé d'Africains indigènes et, en temps voulu, fit son apparition au large de Mobile. Le collectionneur a entendu parler d'elle, mais, curieusement, le shérif n'était pas là à ce moment-là, le maréchal des États-Unis était absent, et comme le navire ne pouvait pas être vu le lendemain matin, il était juste de supposer qu'il avait remonté la rivière. , ou quelque part ou autre. Mais il se trouva que le capitaine Maher, alors commandant d'un bateau à vapeur appelé le Czar (nom autrefois très approprié pour l'ouvrage, mais plutôt déplacé depuis l'émancipation des serfs), se trouva dans le voisinage du brick à la tombée de la nuit ; le lendemain matin, en effet, le tsar était à ses amarres dans le fleuve ; mais le capitaine Maher commença à s'enrichir, il fit élever de beaux nègres sur ses terres, acheta de nouveaux acres et construisit finalement la « République du Sud ». Les planteurs lui demandèrent leur part des esclaves. Le capitaine Maher rit agréablement ; il ne comprenait pas ce qu'ils voulaient dire. S'il avait fait quelque chose de mal, ils avaient leur recours légal. Ils ont été complètement battus ; car ils ne pouvaient avoir recours aux tribunaux dans un cas qui les rendait passibles de la peine capitale. Aussi le capitaine Maher, par grâce, leur donna-t-il quelques vieux nègres et garda le reste de la cargaison.

Cela valait la peine de voir le regard avec lequel il écoutait cette histoire sur lui-même : « Mur maintenant ! Vous pensez que les nègres avec lesquels j'ai côtoyé venaient d'Afrique ! Je vais te montrer. Viens ici, Bully ! » Un garçon d'environ douze ans, gros, gros, presque nu, s'approcha de nous ; sa couleur était noir de jais, sa laine serrée comme du feutre, ses joues étaient marquées de cicatrices parallèles régulières, et ses dents très blanches, semblaient avoir été limées en pointe, son ventre était légèrement protubérant et sa poitrine était marquée de tracés de marques de tatouage.

« Quel est votre nom, monsieur ?

"Je m'appelle Bully."

"Où êtes-vous né?"

"Moi, né Sout Karliner, monsieur!"

« Voilà, vous voyez qu'il n'a pas été enlevé d'Afrique », s'exclama le capitaine d'un ton entendu. "J'ai beaucoup de ces nègres noirs de Caroline du Sud à bord, n'est-ce pas, Bully ?"

"Oui, monsieur."

"Es-tu heureux, Bully?"

"Oui, monsieur."

"Montre à quel point tu es heureux."

Ici, le garçon s'est frotté le ventre et, souriant de plaisir, a dit : « Miam ! délicieux! le ventre plein.

«C'est ce que j'appelle un type sentimental et sophiste vraiment heureux», dit le capitaine. « Je suppose que vous en avez beaucoup dans votre pays qui ne peuvent pas *leur caresser* le ventre et dire : « miam, miam, le ventre plein ? »

"Où a-t-il trouvé ces marques sur son visage ?"

« Ah, eux ? Wall, c'est une façon pour les femmes nègres de marquer leurs enfants pour les connaître ; n'est-ce pas, Bully ?

« Oui, monsieur ! je suppose que c'est le cas ! »

"Et sur sa poitrine !"

"Wall, en réalité, je pense à leurs marques contre la variole."

« Pourquoi ses dents sont-elles limées ? »

« Ah, voilà maintenant ! Vous ne l'auriez jamais deviné ; Bully l'a fait lui-même, pour pouvoir mordre plus facilement ses vittels.

En fait, ce garçon et bon nombre de ses hommes étaient le résultat du petit voyage du capitaine Maher à bord du Tsar.

"Nous sommes obligés de les laisser entrer à certains moments pour maintenir l'équilibre contre les nègres que vous rencontrez à Canaydy."

De 1848 à 1852, aucun esclave n'a été exploité ; mais depuis les migrations au Canada et les lois sur la liberté personnelle, il s'est avéré rentable de les gérer. Il y a une férocité bucolique chez ces peuples du Sud qui leur sera très utile dans le choc de la bataille. Comme les Spartiates auraient combattu les barbares venus émanciper leurs esclaves, ou comme les Romains auraient frappé ceux qui voulaient affranchir ensemble esclave et créancier !

Ce soir, sur le pont inférieur, au milieu des fagots de bois et des tonneaux, une danse des nègres a été organisée par un enthousiaste qui voulait montrer combien ils étaient « heureux ». C'est le thème favori des sudistes ; le vaillant capitaine Maher devient très éloquent lorsqu'il souligne le « délicieux » de Bully et évoque la misère de sa condition s'il avait été laissé aux chances précaires d'obtenir de tels développements dans son pays natal ; puis il tourne une livre et, comme s'il prononçait quelque refrain sacré sur l'hymne universel du Sud, il dit : « Oui, monsieur, ce sont les gens les plus heureux de la terre !

Il y avait un violoniste et aussi un joueur de banjo qui jouaient une musique grossière sur la danse la plus maladroite, qu'il serait insultant de comparer à la pire gigue irlandaise, et les hommes avec une immense gravité et une grande effusion de *sudor* , traînaient et coupés, talonnés et attachés les uns aux autres avec une solennité écrasante, jusqu'à ce que la bouteille de rhum les réchauffe aux grâces plus légères de la danse, alors qu'ils devenaient tout à fait accablants. « Oui, monsieur, regardez-les comme ils aiment ça ; ce sont les gens les plus heureux du monde. Lorsqu'ils « boisent » et s'allument, ils ne semblent pas en possession de la même félicité exquise.

11 mai. — Au petit matin, le paquebot traversa une large baie de chicots bordée de bois flottés, et, avec trompette à vapeur et calliope, annonça son arrivée au quai de Mobile, qui présentait une frange de grands entrepôts et de boutiques à côté, plus qui étaient des noms désignant des propriétaires écossais, irlandais, anglais, espagnols, allemands, italiens et français, le capitaine Maher partit aussitôt vers sa plantation, et nous descendîmes les étages du château fortifié jusqu'à la plage, et marchâmes vers le " Battle House », ainsi appelée du nom de son propriétaire, car Mobile n'a pas encore eu son combat comme la Nouvelle-Orléans. Les quais qui sont habituellement, nous dit-on, bordés de coques majestueuses et d'une forêt de mâts, étaient déserts ; bien que le port ne soit pas réellement bloqué, il y avait des escadres de navires américains à Pensacola à l'est et à la Nouvelle-Orléans à l'ouest.

L'hôtel, un bel édifice de marque américaine, était le siège d'un comité de vigilance, et tandis que nous inscrivions nos noms dans le livre, ils furent minutieusement inspectés par quelques messieurs qui sortaient du salon. Heureusement qu'ils n'ont pas trouvé de traces de lincolnisme chez nous, car il ressortait des journaux qu'ils étaient en train d'expulser les « abolitionnistes » après certaines procédures préliminaires censées…

« Donnez-leur de la hauteur et ouvrez-leur les yeux.

Pour avoir une idée de leur situation.

Les citoyens étaient occupés à faire des exercices, à marcher et à battre des tambours, et le drapeau confédéré flottait sur chaque flèche et chaque clocher. La journée était si chaude qu'il n'était guère plus invitant de sortir au soleil que pendant les jours caniculaires de Malaga, auxquels, soit dit en passant, Mobile ressemble quelque peu à un « plus gentil trieur », mais néanmoins Je partis et fis une promenade sur un chemin de coquillages au fond de la baie, où il y avait de jolies villarettes dans de charmants bosquets de magnolias, d'orangers et de tilleuls. De larges rues de maisons semblables jaillissent à la rencontre de la campagne à travers des routes sablonneuses ; certains dignes de Streatham ou de Balham, et tous entourés d'une végétation que Kew pourrait envier.

De nombreux Mobiliens ont appelé, et parmi eux le maire, M. Forsyth, en qui j'ai reconnu le plus remarquable des commissaires sudistes que j'ai rencontrés à Washington. M. Magee, le consul britannique par intérim a également eu la gentillesse de m'attendre, en me proposant toute l'aide en son pouvoir. J'ai entendu dire qu'il avait des questions très difficiles à traiter, découlant des réclamations de sujets britanniques en détresse et de conflits de nationalité. Le soir, le Consul et le Dr Nott, savant et médecin de Mobile, bien connu des ethnologues pour son ouvrage sur les « Types d'humanité », rédigés conjointement avec feu M. Gliddon, dînèrent avec moi et j'appris d'eux que, malgré les relations commerciales intimes entre Mobile et les grandes villes du Nord, les gens d'ici sont des doctrines les plus ultra-sécessionnistes. La richesse et la virilité de la ville seront consacrées à repousser jusqu'au bout les « mercenaires Lincolnites ».

Après le dîner, nous avons parcouru la ville, qui regorge de salons d'huîtres, de débits de boissons, de bières blondes et de cavistes, ainsi que de lieux de jeu et de danse. Le marché méritait bien une visite – quelque chose comme St. John's à Liverpool un samedi soir, rempli de nègres, de mulâtres, de quadrons et de métis de toutes sortes, espagnols, italiens et français, parlant leur propre langue, ou un pittoresque lingua franca, et vêtus de costumes très frappants et jolis. Les étals de fruits et de légumes présentaient des produits très fins et quelques produits de base remarquables par leur nouveauté, leur laideur et leur bonté. Après notre promenade, nous sommes entrés dans l'un des grands salons d'huîtres et, dans une salle à l'étage, nous avons eu l'occasion de goûter ces grands bivalves sous forme de puddings de poisson naturels, frits dans une pâte, rôtis, mijotés, diabolisés, grillés et dans de nombreux autres cas. d'autres manières, *plus* crues. Je dois constater que les Mobiles les mangeaient comme s'il n'y avait pas de blocus, et comme si les huîtres étaient un produit spécifique des indigestions politiques et des guerres civiles ; Ce sont de féroces Marseillais qui vivent dans la ville la plus étrangère que j'aie jamais vue aux États-Unis. Ma chambre privée à l'hôtel était grande, bien éclairée au gaz et extrêmement bien meublée à la mode allemande, avec pendule et miroirs à la française. Le tarif pour une chambre privée varie de 1 *l.* à 1 *l.* 5 *s.* un jour; la chambre et la pension sont facturées séparément, à partir de 10 *s.* 6 *j.* à 12 *s.* 6 *j.* par jour, mais les repas servis dans la salle privée sont tous facturés en supplément, et lourdement aussi. L'exclusivité est un goût aristocratique qui se paie.

CHAPITRE XXVI.

Visite des forts Gaines et Morgan. — Guerre au couteau, cri du Sud. — L'État et les États. Baie de Mobile. Les forts et leurs habitants. Opinions sur une attaque contre Washington. Rumeurs de guerre réelle.

12 mai. M. Forsyth avait eu la gentillesse de m'inviter à une excursion dans la baie de Mobile, dans les forts construits par l'Oncle Sam et ses ingénieurs français pour couler ses Britanniques – désormais tournés par le « CSA » contre les détestés Stars and Stripes. Le maire, les principaux commerçants et de nombreux hommes politiques (et tous les hommes ne sont-ils pas des hommes politiques en Amérique ?) formèrent le parti. Si l'on peut former un jugement sur les actes des hommes à partir de leurs paroles, les Mobilites, qui sont les représentants du troisième plus grand port des États-Unis, périront avant de se soumettre aux Yankees et au peuple de New York. J'ai maintenant été en Caroline du Nord, en Caroline du Sud, en Géorgie, en Alabama, et dans aucun de ces grands États je n'ai trouvé la moindre indication du sentiment syndical ou de l'attachement pour l'Union que M. Seward suppose toujours exister dans le pays. Sud. S'il y en avait une quantité considérable, j'étais en mesure, en tant que neutre, d'en avoir connaissance.

Ceux qui auraient pu s'opposer à la sécession ont maintenant incliné la tête devant la majesté de la majorité ; et avec la lâcheté qui est le résultat de la tyrannie irresponsable et cruelle de la multitude, on s'empresse de gonfler le cri de la révolution. Mais la multitude fait la loi aux États-Unis. « Il y a une divinité qui protège » la foule ici, qui est toute-puissante et toute bonne. La majorité dans chaque État détermine son statut politique selon les vues du Sud. Les Nordistes s'efforcent de maintenir que la majorité de la population, dans la masse des États en général, réglera ce point pour chaque État individuellement et collectivement. S'il existe un parti dans les États du Sud qui estime qu'une telle tentative est justifiable, il reste silencieux, craintif et désespéré, dans l'obscurité et le chagrin, caché à la lumière du jour. Le général Scott, dont on parlait il y a peu dans le style exagéré habituel auquel ont droit la médiocrité et le succès militaires respectables aux États-Unis, est maintenant vilipendé par les journaux du Sud comme un traître infâme et semblable. Si un officier préfère faire allégeance au drapeau des États-Unis et reste dans le service fédéral après la disparition de son État, ses biens sont passibles de confiscation par les autorités de l'État, et sa famille et ses proches sont exposés aux soupçons les plus graves, et doivent prouver leur loyauté par un zèle supplémentaire dans la cause de la sécession.

Notre joyeuse compagnie comprenait des officiers de marine et militaires au service des États confédérés, des journalistes, des hommes politiques, des hommes de métier, des commerçants, et aucun d'eux n'avait un mot que de haine et d'exécration pour le Nord. Les colons britanniques et allemands sont tout aussi véhéments que les indigènes dans la défense des droits des États, et parmi les plus ardents défenseurs de l'esclavage figurent les propriétaires et les classes marchandes irlandaises.

La baie de Mobile, longue d'environ trente milles et large de trois à sept milles, est formée par l'émissaire de l'Alabama et de la rivière Tombigee, et est peu profonde et dangereuse, pleine de berges et d'arbres, enfoncés dans les sables ; mais tous les grands navires se trouvent à l'entrée entre Fort Morgan et Fort Gaines, à la satisfaction des capitaines, qui sont ainsi épargnés aux équipages des ennuis qui se produisent dans les bas repaires d'une ville maritime. Le coton est expédié dans des briquets, qui emploient de nombreuses mains aux salaires élevés. Les rives sont peu boisées et parsemées çà et là de jolies villas ; mais ne présente aucun paysage attrayant.

La brise marine atténuait quelque peu l'ardeur du soleil, qui était cependant trop chaud pour être tout à fait agréable. Notre paquebot, bondé de sponsors, avançait peu à contre-courant ; mais enfin, après près de quatre heures de navigation, nous accostâmes le long d'une jetée à Fort Gaines, qui se trouve à droite ou à la sortie ouest du port, et qui commanderait, si elle était terminée, le chenal à faible tirant d'eau ; ce n'est plus qu'une coque de maçonnerie, mais le colonel Hardee, qui a la charge des défenses de Mobile, m'a dit qu'ils l'achèveraient promptement.

Le colonel est un homme agréable et délicat, à peine d'âge moyen, et est connu aux États-Unis comme l'auteur de The Tactics, qui n'est cependant qu'une traduction du manuel d'armes français. Il ne semble pas posséder une grande énergie ou capacité, mais c'est sans aucun doute un officier respectable.

En débarquant, nous trouvâmes un petit corps d'hommes de garde dans le fort. Quelques canons de calibre moyen étaient montés sur les dunes et sur la plage. Nous entrâmes dans l'ouvrage inachevé et fûmes reçus avec un salut. Les hommes éprouvaient des difficultés à concilier discipline et citoyenneté. Ils « s'ennuyaient » de leur sandhill, et l'un d'eux m'a demandé quand je « pensais que ces foutus Yankees arrivaient ». Il voulait prendre quelques pilules dont il savait qu'elles seraient utiles pour leur plainte. Je dois dire que je pourrais sympathiser avec les sentiments du jeune officier qui a déclaré qu'il préférerait passer une journée avec les Lincolnites plutôt qu'une semaine avec les moustiques qui font la renommée de cette localité.

De Fort Gaines, le paquebot traversa jusqu'à Fort Morgan, distant d'environ trois milles, croisant sur son passage sept navires, pour la plupart britanniques, à l'ancre, où l'on peut en voir des centaines, m'a-t-on dit, pendant la saison du coton. Cette œuvre a un formidable visage marin, et peut donner de grands ennuis à l'Oncle Sam, lorsqu'il veut rendre visite à ses sujets aimants à Mobile dans ses canonnières. C'est l'œuvre de Bernard, je présume, et comme la plupart de ses créations, elle a une base longue et faible vers le sol ; mais il est pourvu d'un fossé mouillé et d'un pont-levis, de demi-lunes couvrant les courtines, et présente une trace bastionnée régulière. Il comporte une rangée de casemates, armées de canons de 32 et 42 livres. Les pistolets barbettes sont des pistolets de 8 pouces et 10 pouces ; les ouvrages extérieurs aux saillants sont armés d'obusiers et de pièces de campagne, et tandis que nous traversions le pont-levis, un salut fut tiré d'une batterie de campagne, sur un bastion de flanc, en notre honneur.

L'intérieur de l'ouvrage était rempli d'hommes, dont les uns dormaient dans les casemates, d'autres dans des tentes situées dans la place d'armes et dans l'enceinte du fort. C'étaient des volontaires de l'Alabama, et un nombre aussi robuste de gars que jamais portant le mousquet ; vêtus de costumes gris grossiers de confection artisanale, avec des parements et des rayures en laine bleue et jaune, peu respectueux aux yeux des Européens envers leurs officiers, mais très obéissants, m'a-t-on dit, et ordonnés de manière très péremptoire, à ce que j'ai entendu dire.

Il y avait 700 ou 800 hommes à l'ouvrage, et une proportion excessive d'officiers, qui tous furent présentés tour à tour aux étrangers. Les officiers étaient un groupe de jeunes gens très gentils et sympathiques, et plusieurs d'entre eux venaient d'arriver d'Europe pour prendre les armes pour leur État. J'oublie le nom de l'officier qui commandait, mais je ne puis oublier sa courtoisie, ni l'excellent déjeuner qu'il nous offrit dans sa casemate après une chaude promenade autour des parapets, et quelques exercices à tir solide de canons à barbette, qui ne tendaient pas à pour me faire beaucoup penser aux Columbiads, très louées.

L'un des officiers nommé Maury, parent de « Maury des grands fonds », m'a semblé un officier ingénieux et intelligent ; la plus grande harmonie, gentillesse et dévouement à la cause régnaient parmi la garnison, depuis le chef jusqu'au plus jeune enseigne. Dans son état actuel, le fort souffrirait énormément d'un bombardement intense : les magasins seraient en danger et les traversées seraient insuffisantes. Toutes les casernes et bâtiments en bois doivent être détruits si l'on veut éviter le sort de Sumter.

Lors de notre croisière de retour, au cours d'un dîner froid, nous avons eu l'inévitable discussion sur le concours du Nord et du Sud. M. Forsyth, rédacteur en chef et propriétaire du « Mobile Register », est passionné par la cause, même s'il n'a pas été considéré à une époque comme un pur sudiste. Il existe des divergences d'opinions concernant une attaque contre Washington. Le général Saint-George Cooke, commandant l'armée de Virginie sur le Potomac, déclare qu'il n'a pas l'intention de l'attaquer, ni aucun endroit en dehors des limites de cet État libre et souverain. Mais ensuite, la conduite du gouvernement fédéral dans le Maryland est considérée par les sudistes les plus fougueux comme justifiant l'expulsion de « Lincoln et ses Myrmidons », « des Border Ruffians et Cassius M. Clay » de la capitale. Butler s'est emparé de Relay House, à la jonction du chemin de fer de Baltimore et de l'Ohio, avec le chemin de fer de Washington, et a déployé beaucoup de vigueur depuis son arrivée à Annapolis. C'est un démocrate et un célèbre pénaliste du Massachusetts. Les troupes affluent sur New York et se préparent à attaquer Alexandria, du côté de la Virginie, en contrebas de Washington et du Navy Yard, où flotte un grand drapeau confédéré, visible depuis les fenêtres du président à la Maison Blanche.

Il y a même ici une douleur secrète devant le peu d'effet produit en Angleterre, comparé à ce qu'ils attendaient de l'attaque de Sumter ; mais on espère que M. Gregory, qui voyageait à travers les États-Unis il y a quelque temps, aura un parti fort pour soutenir sa prochaine motion en faveur de la reconnaissance du Sud. Le prochain conflit qui aura lieu sera plus sanglant que celui de Sumter. Les gladiateurs approchent : Washington, Annapolis, Pennsylvanie sont des départements militaires, chacun avec un chef et un état-major, auxquels s'ajoute maintenant celui de l'Ohio, sous les ordres du major GB M'Clellan, major-général des Volontaires de l'Ohio à Cincinnati. Les autorités des deux côtés sont occupées à faire prêter serment d'allégeance.

Le port de Charleston serait sous blocus par la frégate à vapeur Niagara, et une force de troupes américaines à St. Louis, Missouri, sous les ordres du capitaine Lyon, a attaqué et dispersé un corps de milice d'État sous les ordres d'un certain brigadier-général Frost. , à la grande indignation de tous les mobiles. L'argument est que le Missouri a cédé l'Arsenal de Saint-Louis au gouvernement des États-Unis, qu'il pouvait le reprendre s'il le souhaitait, et qu'il était certainement compétent pour empêcher les troupes américaines de bouger au-delà de l'Arsenal.

CHAPITRE XXVII.

Pensacola et Fort Pickens. — Les neutres et leurs amis. — Le cabotage. — Les requins. — La flotte de blocus. — Les étoiles et les rayures, les étoiles et les barres. — Les querelles domestiques causées par la guerre. — Le capitaine Adams et le général Bragg. — L'intérieur de Fort Pickens.

13 mai. J'étais occupé à prendre des dispositions pour me rendre à Pensacola et à Fort Pickens toute la journée. Le voyage terrestre était représenté comme étant des plus fastidieux et extrêmement inconfortable à tous égards, à travers un désert de sable dans lequel nous risquions de nous étouffer ou de nous perdre. Et puis j'avais décidé de visiter Fort Pickens ainsi que Pensacola, et il serait pour le moins difficile de passer d'un camp ennemi à la forteresse fédérale, puis de revenir. L'escadre américaine a bloqué le port de Pensacola, mais je pensais qu'il était probable qu'ils me permettraient d'y aller pour visiter Fort Pickens, et que les fédéraux me permettraient de naviguer de là vers le général Bragg, car ils pourraient être assurés que je le ferais. Je ne communiquerai aucune information sur ce que j'avais vu dans mon caractère de neutre à qui que ce soit, sauf au journal en Europe que je représentais et dans l'intérêt duquel j'étais tenu de voir et de rapporter tout ce que je pouvais sur l'état des deux parties. . Cela valait en tout cas la peine de tenter le coup, et après de longues recherches, j'entendis parler d'une goélette qui était prête pour le voyage à un prix raisonnable, tout bien considéré.

M. Forsyth m'a demandé si j'avais une objection à emmener avec moi trois messieurs de Mobile, qui étaient impatients de faire partie du groupe, car ils voulaient voir leurs amis à Pensacola, où l'on croyait qu'un « combat » allait éclater immédiatement. . Depuis que je suis arrivé dans le Sud, j'ai entendu l'annonce quotidienne selon laquelle « Braxton Bragg est prêt », et son état actuel de préparation doit dépasser toute conception. Mais il y avait là une difficulté. J'ai dit à M. Forsyth que je ne pouvais pas accepter que des personnes venant avec moi ne soient pas neutres ou ne soient pas prêtes à adhérer aux obligations des neutres. On a suggéré que je devrais dire que ces messieurs étaient mes amis, mais comme je n'en avais vu que deux à bord du paquebot hier, je ne pouvais pas accéder à cette idée. "Alors si on vous demande si M. Ravesies est votre ami, vous répondrez que non." "Certainement." "Mais vous ne souhaitez sûrement pas que M. Ravesies soit pendu ?" « Non, je ne le fais pas, et je ne ferai rien qui puisse le faire pendre ; mais s'il rencontre ce sort par ses propres moyens, je n'y peux rien. Je ne lui permettrai pas de m'accompagner sous de faux prétextes.

Finalement, il fut convenu que M. Ravesies et ses amis, M. Bartré et M. Lynes, n'étant en aucune manière employés ou liés au gouvernement confédéré, auraient une place dans la petite goélette que nous avions choisie au bord du quai et embauchés pour l'occasion, et partirent en voyage avec la claire compréhension qu'ils devaient accepter toutes les conséquences d'être citoyens de Mobile.

M. Forsyth, M. Ravesies et quelques messieurs ont dîné avec moi le soir. Après le dîner, M. Forsyth, qui, en tant que maire de la ville, est le directeur du comité de vigilance, a pris un exemplaire du *Harper's Illustrated Paper*, qui est une très mauvaise imitation de l' *Illustrated London News*, et a attiré mon attention sur l'annonce. que M. Moses, leur artiste spécial, voyageait avec moi dans le Sud, ainsi que vers une gravure qui prétendait être de Moïse susmentionné. Je pouvais seulement dire que je ne savais rien du jeune dessinateur, sauf ce qu'il m'a dit, et qu'il m'a fait croire qu'il fournissait des croquis au *London News*. Comme il était à l'hôtel, bien qu'il ne demeurât pas avec moi, je l'ai fait appeler, et le jeune gentleman, qui était très pâle et agité lorsqu'on lui a montré l'annonce et le croquis, a déclaré qu'il avait renoncé à tout lien avec Harper, que il dessinait pour l' *Illustrated London News* et que la publicité était contraire aux faits et lui était totalement inconnue ; et ainsi il fut relâché et se retira avec inquiétude. Après le dîner, je suis allé au Bienville Club. La « règle n° 1 » est la suivante : « Aucun gentleman ne doit être admis en état d'ébriété ». Le club est très social, très petit et très hospitalier.

Plus tard, j'ai rendu hommage à Mme Forsyth, que j'ai trouvée attendant anxieusement des nouvelles de son jeune fils, parti rejoindre l'armée confédérée. Elle m'a dit que presque toutes les dames de Mobile s'occupent de fabriquer des cartouches et de préparer des peluches ou des vêtements pour l'armée. On n'a pas la moindre crainte à l'égard de la population noire grouillante.

14 mai. Nous sommes descendus jusqu'à notre yacht, le Diana, qui doit être prêt cet après-midi, et nous l'avons vu un peu débarrassé : une goélette à larges poutres, à fond plat, d'une cinquantaine de tonnes de poids, avec une dérive, mal calfeutrée et assez sale. - je ne connais pas la peinture. Le patron était un jeune homme aux longues jambes, aux cheveux longs et au visage inexpressif, juste soulagé par le scintillement d'un œil très « yankee » ; mais c'était là toute la créature détestée qui l'entourait, car je n'ai jamais entendu parler d'une sécession plus sérieuse.

Son équipage était composé de trois hommes rudes et mécaniques et d'un cuisinier noir. Après avoir chargé le navire d'un petit stock de provisions, d'un drapeau britannique, aimablement prêté par le consul par intérim, M. Magee, et d'une nappe pour servir de drapeau de trêve, notre groupe, composé des messieurs précédemment nommés, M. Ward. , et le jeune artiste, pesés du quai de Mobile à cinq heures du soir, avec l'approbation manifeste de la petite foule qui s'était rassemblée pour nous accompagner, le bruit s'étant répandu dans la ville que nous allions voir le grand combat. La brise était favorable et constante ; à neuf heures DU SOIR , les lumières de Fort Morgan étaient sur notre travers bâbord, et pendant un certain temps nous nous attendions à voir l'éclair d'un canon, alors que le capitaine déclarait avec confiance qu'il ne nous permettrait jamais de passer sans être contesté.

Il se peut que l'obscurité de la nuit nous ait favorisés, ou que les sentinelles aient été négligentes ; Quoi qu'il en soit, nous nous faufilâmes bientôt à travers le « Swash », qui est un canal étroit au-dessus du bar, à travers lequel notre patron nous faisait passer au moyen d'une perche-sonde. L'air était délicieux et soufflait directement du rivage bas, selon une ligne parallèle à laquelle nous nous déplacions. Lorsque les vapeurs du soir disparurent, les étoiles brillèrent brillamment, et bien que le vent fût fort et nous envoya à une bonne vitesse de huit nœuds sur l'eau, il n'y avait presque pas une ondulation sur la mer. Notre route se trouvait à moins d'un quart de mille du rivage, qui ressemblait à un ruban blanc bordé de feu, à cause du jeu incessant des vagues phosphorescentes. Au-dessus de cette ceinture de sable s'élevaient les contours noirs et déchiquetés d'une forêt de pins, à travers lesquels volent d'immenses lagons et des ruisseaux marécageux.

Des bois flottés et des arbres jonchent la plage, et depuis Fort Morgan, sur quarante milles, jusqu'à l'entrée de Pensacola, pas une habitation humaine ne vient troubler le domaine sacré des alligators, des serpents, des pélicans et des oiseaux sauvages. Certaines lagunes, comme la Perdida, s'enflent dans des mers intérieures, profondément enfouies dans des forêts de pins, et connues seulement des créatures sauvages qui pullulent le long de ses rives et dans ses eaux ; une fois, si la rumeur dit vrai, fréquentée cependant par les flibustiers et par les pirates de la Main Espagnole.

Si les moustiques étaient aussi nombreux et aussi persécuteurs à cette époque qu'ils le sont aujourd'hui, le jeune homme le plus aventureux se serait vite repenti de l'engouement qui l'a porté à rejoindre les frères du Main. Le moustique est un grand ennemi de la romance, et notre capitaine nous dit qu'il n'existe pas d'endroit au monde connu pour eux comme cette côte.

Alors que le Diana volait le long du rivage sinistre, nous restions allongés sur le pont, admirant l'éclat excessif des étoiles ou observant le feu traînant de son sillage. De temps en temps, de grands poissons s'envolaient des bas-fonds, ouvrant leur chemin en flammes ; et une lueur brillante s'éleva sous le vent comme une comète aquatique, jusqu'à ce que son horrible silhouette se révèle près de nous — un requin monstre — qui nous accompagnait d'un jeu facile de la nageoire, distinctement visible dans la merveilleuse phosphorescence, filant maintenant vers l'avant. tombant maintenant vers l'arrière, jusqu'à ce que tout à coup il s'élança vers la mer avec une rapidité et une force formidables pour quelque mission de destruction, et disparut dans le désert des eaux. Malgré les multitudes de poissons sur la côte, les

Espagnols qui colonisent cette Floride mal nommée ont dû avoir une vie éprouvante entre les Indiens, aujourd'hui pourchassés à mort ou exilés par le rigoureux Oncle Sam, les moustiques, et les innombrables fléaux qui abondent. le long de ces rives.

Des heures et des heures passèrent à regarder le jeu des gros poissons et les vagues sur la plage ; une à une, les lumières des cigares s'éteignirent ; et s'étouffant sur le pont, ou se glissant dans la petite cabine, le groupe dormait. J'ai été réveillé par le capitaine qui parlait à une de ses mains près de moi et, en levant les yeux, j'ai vu qu'il regardait le rivage à travers un merveilleux tube noir, qu'il a appelé son « suifscope ».

En regardant dans la direction, j'ai observé l'éclat d'un feu dans le bois, qui, examiné à travers une jumelle d'opéra, s'est transformé en une lumière centrale fixe, avec quelques petits points autour d'elle. " Eh bien, " dit le capitaine, " je suppose que ce sont juste quelques-uns de ces d... d Yankees qui sont débarqués de leurs bateaux de tarnation et qui " réfléchissent " à une route vers Mobile. Il y avait une vieille canonnade en fer à bord, et cela m'a paru comme un curieux exemple de l'imprudence de nos cousins américains, lorsque le capitaine a dit : « Mettons un sac de balles dans le vieux canon et tirons-le-leur ; » ce qu'il aurait sans doute fait, secondé par un membre de notre groupe, qui a sorti son revolver pour contribuer à la bordée, mais que je leur ai représenté qu'il était tout aussi probable qu'il s'agisse d'un groupe venant du camp de Pensacola, et que, de toute façon, je me suis fermement opposé à tout acte belliqueux pendant que j'étais à bord. Il s'agissait très probablement, en effet, du feu de garde d'une patrouille confédérée, car la noblesse du pays s'est constituée en corps de cavalerie régulière pour un tel service ; mais le capitaine a déclaré que nos gars savaient qu'il valait mieux ne pas montrer leurs feux de cette façon, alors que nous étions à moins de dix milles de l'entrée de Pensacola.

Le capitaine était à l'écart, car il n'aimait pas, à bon escient, se précipiter la nuit au centre de l'escadre américaine ; mais juste au premier aperçu de l'aube, le Diana reprit sa route et avança joyeusement jusqu'à ce que, avec les premiers rayons du soleil, Fort M'Rae, Fort Pickens et les mâts de l'escadron fussent visibles devant eux, s'élevant au-dessus du mélange. horizon de terre et de mer. Nous nous approchâmes rapidement et pus bientôt distinguer les drapeaux rivaux – les étoiles et les barres et les étoiles et les rayures – se défiant mutuellement.

Du côté terre, sur notre gauche, se trouve Fort M'Rae, et à l'extrémité du banc de sable, appelé île Santa Rosa, juste en face, s'élève la silhouette du fameux Fort Pickens, qui n'est pas sans rappeler Fort Paul. à petite échelle. A travers la vitre, l'escadron du blocus se compose d'une frégate à voile, d'un sloop et de trois bateaux à vapeur ; et tandis que nous les scrutons, une petite goélette surgit de sous l'abri de la garde et se dirige vers nous comme un faucon sur un moineau. Elle arrive main dans la main, une grande enseigne fanfaronne à son sommet, et un fusil tout prêt à son arc ; et nous rassemblant à côté de nous, un bateau monté par quatre hommes est mis à l'eau, un officier saute dedans et se retrouve bientôt sous notre comptoir. L'officier, un gaillard à l'allure de marin, vêtu d'un uniforme un peu délabré et portant sa barbe comme le font généralement les officiers de la marine américaine, fixa son regard sur le capitaine, qui ne semblait pas tout à fait à son écoute. il nous avait, en effet, avoué qu'il avait été averti par l'Oriental, comme on appelait l'appel d'offres, peu de temps auparavant - et il avait dit : « Bonjour, monsieur, je crois vous avoir déjà vu : quelle goélette est-ce?" "La Diane de Mobile." "Je le pensais." Montant sur le pont, il dit : « Messieurs, je suis M. Brown, maître dans la marine américaine, responsable de la goélette d'embarquement Oriental. » Nous avons chacun donné notre nom ; sur quoi M. Brown dit : « Je n'ai aucun doute que tout ira bien, veuillez me donner vos papiers. Et maintenant, monsieur, faites voile et allongez-vous sous la coque de ce paquebot là-bas, le Powhatan. Le capitaine n'eut pas l'air content lorsque l'officier attira son attention sur l'endossement de ses papiers ; L'équipe de Mobile ne semblait pas non plus très à l'aise lorsqu'il remarqua : « Je suppose, messieurs, que vous savez très bien qu'il y a un blocus strict de ce port ?

Au bout d'une demi-heure, la goélette se trouvait sous les canons du Powhatan, qui est un vapeur trapu, trapu et puissant, du vieux genre de roue à aubes, un peu comme le Léopard. Nous avons accosté dans le bateau du cotre et avons été conduits dans la cabine, où l'officier commandant, le lieutenant David Porter, nous a reçus, nous a priés de nous asseoir, puis s'est enquis de l'objet de notre visite, qu'il a communiqué au pavillon. expédier par signal, afin d'obtenir des instructions quant à notre disposition. Rien ne pouvait dépasser sa courtoisie ; et j'ai été très favorablement impressionné par lui-même, ses officiers et son équipage. Il m'a fait prendre possession du navire, qui est armé de Dahlgrens de 10 pouces et d'un canon à pivot de 11 pouces, avec des pièces de campagne rayées et des obusiers sur les sponsors. Ses filets d'embarquement étaient triés, les arcs et les parties faibles rembourrés de bois mort et de vieilles voiles, et tout était prêt pour l'action.

Le lieutenant Porter est entré et sorti du port pour examiner les ouvrages ennemis à toute heure de la nuit, et il a marqué sur la carte, comme il me l'a montré, les relèvements des différents endroits où il peut balayer ou enfiler leurs ouvrages. L'équipage, tout bien considéré, était très propre et son personnel extrêmement compétent.

Nous n'étions pas le seul prix remporté par l'Oriental ce matin. Une petite goélette en lambeaux gisait de l'autre côté du Powhatan, dont le maître se frottait les yeux avec ses jointures et prononçait des expressions douloureuses dans un anglais et un italien approximatifs, car c'était un noble Romain de Civita Vecchia. Le lieutenant Porter m'a révélé le secret. Ces petits commerçants de Mobile, feignant un grand zèle pour la cause confédérée, chargent leurs vaisseaux de fruits, de légumes et de choses dont ils savent que l'escadre a grand besoin, ainsi que la garnison des forts confédérés. Ils partent avec la plus vaillante intention d'exécuter le blocus et sont dûment capturés par l'escadron, dont les officiers ne sont que trop heureux de payer des prix équitables pour les cargaisons. Ils retournent à Mobile, gardent leur argent dans leurs poches et déclarent avoir été pillés par les Yankees. S'ils y entrent, ils exigent des prix encore plus élevés des confédérés et revendiquent le patriotisme le plus exalté.

Par signal du navire amiral Sabine, nous reçumes l'ordre de nous rendre à bord pour voir l'officier supérieur, le capitaine Adams ; et pour la première fois depuis que j'ai foulé le pont du vieux Leander dans le port de Balaklava, je me trouvais à bord d'une frégate à voile de 50 canons. Le capitaine Adams, un vétéran aux cheveux gris, aux manières très douces et d'une grande urbanité, nous reçut dans sa cabine et écouta avec intérêt mon explication sur la cause de ma visite. Pour moi, il n'y avait aucune difficulté ; mais il observa très justement qu'il ne pensait pas qu'il serait juste de laisser les messieurs de Mobile examiner Fort Pickens, puis se rendre parmi les camps confédérés. Je dois dire que ces messieurs ne semblaient guère désirer ou anticiper une telle faveur.

Le major Vogdes, un officier du génie du fort, qui se trouvait à bord, s'est porté volontaire pour porter une lettre de ma part au colonel Harvey Browne, lui demandant la permission de le visiter ; et je m'arrangeai finalement avec le capitaine Adams pour que le Diana soit autorisé à passer le blocus dans le port de Pensacola, et de là à retourner à Mobile, ma visite à Pickens dépendant du bon plaisir du commandant de l'endroit. « Je crains, M. Russell, » dit le capitaine Adams, « qu'en vous donnant cette permission, je m'expose à de fausses déclarations et à des attaques infondées. Les hommes de la presse de notre pays se soucient peu du caractère privé et sont, je le crains, plutôt sans scrupules dans ce qu'ils disent ; mais je compte sur votre caractère pour qu'aucun usage abusif ne soit fait de cette autorisation. Vous devez hisser un drapeau de trêve, car le général Bragg, qui commande là-bas, m'a fait dire qu'il considère notre blocus comme une déclaration de guerre et qu'il tirera sur tout navire de notre flotte qui s'approcherait de lui.

Au cours de la conversation, tout en m'offrant le luxe d'un navire de guerre dont disposait l'officier amical, il m'a donné une illustration des misères de ce conflit cruel, de l'indicible désolation des maisons, de l'amertume de la vie.

sentiment engendré dans les familles. Pennsylvanien de naissance, il épousa il y a longtemps une dame de Louisiane, où il résida dans sa plantation jusqu'à la mise en service de son navire. Il était absent du service extérieur lorsque la querelle a commencé et a reçu l'ordre en mer, sur la station sud-américaine, de se rendre directement au blocus de Pensacola. Il vient d'apprendre qu'un de ses fils est enrôlé dans l'armée confédérée, et que deux autres ont rejoint les forces en Virginie ; et comme il le dit tristement : « Dieu sait, quand j'ouvrirai ma bordée, mais que je ne tuerai peut-être pas mes propres enfants. » Mais ce n'était pas tout. Un des messieurs de Mobile lui apporta une lettre de sa fille, dans laquelle elle l'informe qu'elle a été élue vivandière dans un régiment de la Nouvelle-Orléans, avec lequel elle compte pousser jusqu'à Washington et récupérer une mèche de cheveux du vieil Abe Lincoln ; et la lettre se terminait par le souhait charitable que son père meure de faim s'il persistait dans son méchant blocus. Mais le vaillant vieux marin n'en était pas moins déterminé à accomplir son devoir.

M. Ward, un de mes compagnons, avait navigué sur la Sabine lors de l'expédition du Paraguay, et je profitai de sa connaissance de ses anciens camarades pour jeter un coup d'œil autour du navire. D'où qu'ils viennent, on ne voyait pas quatre cents jeunes gens plus marins, plus forts et plus habiles que l'équipage ; et les officiers étaient aussi hospitaliers que le leur permettaient leurs ressources limitées en whisky, fromage et cochonneries.

En le remerciant pour sa gentillesse et sa courtoisie, je me quittai du capitaine Adams, ressentant plus que jamais la nature terrible et sérieuse du conflit imminent. Que le bon vieillard soit protégé le jour de la bataille !

Une barge à dix rames nous conduisit à l'Oriental, qui, avec une écoute fluide, descendait jusqu'au Powhatan. Là, je vis le capitaine Porter et lui dis que le capitaine Adams m'avait donné la permission de visiter le camp confédéré et que j'avais écrit pour obtenir la permission de débarquer à Port Pickens. Il y avait dans sa cabine un officier auquel je fus présenté comme étant le capitaine Poore, du Brooklyn. « Vous ne voulez pas dire, M. Russell, dit-il, que les rédacteurs des journaux du Sud qui vous accompagnent ont la permission de débarquer ? C'était plutôt une question de pêche. "Je vous assure, capitaine Poore, qu'il n'y a pas de rédacteur en chef d'un journal sudiste en ma compagnie."

Le bateau qui nous conduisait du Powhatan au Diana était commandé par un jeune officier apparenté au capitaine Porter, qui m'amusait par l'entrain avec lequel il faisait des remarques sur la guerre avec les hommes de Mobile, qui avaient maintenant retrouvé leur sérénité, et se livraient à ce qu'on appelle des plaisanteries sur le blocus. « Eh bien, dit-il, vous avez été le premier à commencer ; voyons si vous ne serez pas le premier à y renoncer. Je suppose que nos glaces du Nord vont bientôt éteindre votre feu du Sud.

Quand nous montâmes à bord, le patron entendit nos ordres de se lever et de s'éloigner avec un air de pitié et d'incrédulité ; et ce n'est que lorsque je l'ai répété qu'il a sorti son équipage de son sommeil sur le pont, et avec un « Wa'll, vraiment, je n'ai jamais vu une chose pareille ! fait voile vers l'entrée du port.

Comme nous arrivions à hauteur du fort Pickens, j'ordonnai de hisser la nappe n° 1 jusqu'au sommet ; et à travers la vitre, je vis que notre apparence n'attirait pas l'attention ordinaire de la garnison de Pickens toute proche sur notre droite, et des confédérés plus éloignés du fort M'Rae et des dunes à notre gauche. Ce dernier ouvrage est faible et mal construit, entièrement sous le commandement de Pickens, mais il est soutenu par le vieux fort espagnol de Barrancas sur des hauteurs plus à l'intérieur des terres, et par de nombreuses batteries au bord de l'eau et en partie cachées au milieu des bois qui bordent. le rivage jusqu'au chantier naval de Warrington, près de Pensacola. Le vent était léger, mais la marée nous portait vers les ouvrages confédérés. Les armes défilaient sous le soleil de plomb où les régiments s'affairaient, des nuages de poussière s'élevaient des routes sablonneuses, des cavaliers chevauchant le long de la plage, des groupes d'hommes en uniforme, donnaient un aspect martial à l'endroit à l'unisson des bouches noires des canons. qui jaillissait des batteries de sable blanc depuis l'entrée du port jusqu'au chantier naval maintenant tout proche. De même qu'à Sumter le major Anderson a permis aux Caroliniens d'ériger les batteries qu'il aurait pu si facilement détruire au début, de même les officiers fédéraux ont permis ici au général Bragg de travailler à loisir, montant canon sur canon, lançant des travaux de terrassement et renforçant son armée. batteries, jusqu'à ce qu'il ait pris une attitude si redoutable, que je doute fort que le fort et la flotte réunis puissent faire taire son feu.

Sur la rive basse, près de nous, se trouvaient de nombreuses maisons en bois et villas individuelles, entourées d'orangers. Enfin, le capitaine lâcha son ancre au bout d'une jetée en bois, encombrée de munitions, de plombs, d'obus, de tonneaux de provisions et de provisions d'intendance. Un petit bateau à vapeur s'occupait d'enrichir la collection, et de nombreuses embarcations légères témoignaient que tout commerce n'avait pas cessé. En effet, à l'intérieur de l'île Santa Rosa, qui s'étend sur quarante-cinq milles de Pickens vers l'est parallèlement au rivage, il y a un trafic caboteur considérable au profit des Confédérés.

Le capitaine débarqua avec mes lettres au général Bragg et revint rapidement avec un infirmier qui apporta la permission au Diana d'accoster le quai. Les messieurs mobiles furent bientôt à terre, impatients de chercher leurs amis ; et quelques secondes plus tard, l'officier de service du quartier-maître général monta à bord pour me conduire au quartier des officiers, en attendant ma réponse du général Bragg.

Le chantier naval est entouré d'un haut mur, dont les portes sont étroitement gardées par des sentinelles ; les maisons, les jardins, les ateliers, les usines, les forges, les hangars et les hangars sont complets en leur genre et couvrent plus de trois cents acres ; et avec les forts qui protègent l'entrée, cela a coûté au gouvernement des États-Unis pas moins de six millions sterling. A l'intérieur, c'était la plus grande activité et la plus grande vie, zouaves, chasseurs et toutes sortes d'excentricités militaires, faire des exercices, défiler, faire de l'exercice, s'asseoir à l'ombre, charger des chariots, jouer aux cartes ou dormir sur l'herbe. Des tentes étaient dressées sous les arbres et sur les petites pelouses et les cours couvertes d'herbe. Les maisons, chacune numérotée et marquée du nom du fonctionnaire à l'usage duquel elles étaient affectées, étaient des modèles de propreté, avec des jardins devant, remplis de glorieuses fleurs tropicales. Elles étaient peintes en vert et blanc, munies de portiques, de stores vénitiens, de vérandas et de colonnades, pour protéger le plus possible les détenus du soleil de plomb, qui, aux jours de canicule, est digne de Calcutta. Le vieux Fulton est le seul navire en stock. De l'arsenal naval, des quantités constantes de plombs et d'obus affluent vers les batteries. Des tas de boulets de canon parsèment le terrain, mais les seules munitions que j'ai vues étaient deux vieux mortiers placés en guise d'ornements dans l'avenue principale, dont un daté de 1776.

Le quartier-maître me conduisit à travers des allées ombragées dans une des maisons, puis dans une longue salle, et me présenta *en masse* à un corps d'officiers, appartenant pour la plupart à un régiment de zouaves de la Nouvelle-Orléans, qui étaient assis à un dîner très confortable, avec abondance de champagne, de bordeaux, de bière et de glace. Ils étaient tous jeunes, pleins de vie et d'entrain, à l'exception de trois ou quatre hommes plus graves et plus âgés, qui étaient européens. L'un, Danois, avait combattu contre les Prussiens et les Schleswig-Holsteiners à Idstedt et Friederichstadt ; un autre, Italien, semblait avoir combattu avec indifférence sur tout le continent sud-américain ; un troisième, Polonais, avait été à Comorn et avait participé à la guérilla révolutionnaire de 1848. De ces officiers j'appris que M. Jefferson Davis, son épouse, M. Wigfall, et M. Mallory, secrétaire à la Marine, avaient Je suis descendu de Montgomery et j'ai visité les usines toute la journée.

Tout le monde ici croit que l'attaque si longtemps menacée va enfin se produire immédiatement.

Après le dîner, un aide de camp du général Bragg entra et me demanda de l'accompagner jusqu'aux quartiers du commandant. Comme le sable à l'extérieur du chantier naval était profond et rendait la marche très désagréable, le jeune officier arrêta une charrette dans laquelle nous montâmes et continuâmes notre route, lorsqu'un grand homme âgé, en redingote bleue avec un une étoile d'or sur l'épaule, un pantalon à rayure dorée et des boutons dorés, passèrent, suivi d'un officier de service qui ressemblait plus à un dragon qu'à tout ce que j'ai encore vu aux États-Unis. «Voilà le général Bragg», dit l'assistant, et je fus dûment présenté au général, qui arrêta le chariot. Il envoya aussitôt son ordonnance chercher une charrette légère tirée par une paire de mulets, dans laquelle j'achevais mon voyage, et fus débarqué sain et sauf à la porte d'une maison substantielle entourée d'arbres de tilleuls, de chênes et de sycomores.

Des chevaux de tête et des infirmiers se pressaient devant le portique et lui donnaient l'aspect habituel d'un quartier général. Le général Bragg me reçut sur le perron et me conduisit dans son appartement particulier, où nous restâmes longtemps en conversation. Il s'était retiré de l'armée américaine après la guerre du Mexique, dans laquelle il joua d'ailleurs un rôle distingué, son nom étant généralement associé à l'expression « un peu plus de raisin, capitaine Bragg », utilisée dans l'un des événements les plus chauds. rencontres de cette campagne - dans sa plantation en Louisiane ; mais soudain les États du Nord déclarèrent leur intention d'utiliser la force contre des États libres et souverains, qui exerçaient leurs droits constitutionnels de se séparer de l'Union fédérale.

Ni lui ni sa famille n'étaient responsables du système d'esclavage. Ses ancêtres la trouvèrent établie par la loi et florissante, et lui avaient laissé des biens, composés d'esclaves, qui lui étaient accordés par les lois et la constitution des États-Unis. Les esclaves étaient nécessaires à la culture proprement dite du sol dans le Sud ; Les Européens et les Yankees qui s'y installèrent en furent vite convaincus ; et si une population du Nord était établie demain en Louisiane, elle découvrirait qu'elle doit cultiver la terre par le travail de la race noire, et que le seul moyen de faire travailler la race noire est de la maintenir dans un état de servitude involontaire. « L'autre jour encore, le colonel Harvey Browne, à Pickens, de l'autre côté du chemin, a enlevé un certain nombre de nègres de Tortugas et les a mis au travail à Santa Rosa. Pourquoi? Parce que ses soldats blancs n'en étaient pas capables. Non. Le Nord était déterminé à soumettre le Sud, et tant qu'il aurait une goutte de sang dans le corps, il résisterait à une tentative aussi infâme.

Avant le souper, le général Bragg ouvrit ses cartes et me montra en détail la position de tous ses ouvrages, la ligne de tir de chaque canon et l'objet particulier qu'on pouvait attendre de ses effets. « Je connais chaque centimètre carré de Pickens, dit-il, car j'y étais stationné dès que j'ai quitté Westpoint, et je ne pense pas qu'il y ait une pierre là-dedans que je ne connaisse pas aussi bien qu'Harvey Browne. .»

Son état-major, composé de quatre jeunes hommes intelligents, dont deux appartenaient récemment à l'armée des États-Unis, soupa avec nous, et après une soirée très agréable, on commanda aux chevaux de se rendre à la porte, et je retournai au chantier naval en compagnie du Infirmier du général, muni d'un laissez-passer et d'un visa. En marque de pleine confiance, le général Bragg me dit, pour mon oreille privée, qu'il n'avait pour le moment aucune intention d'ouvrir le feu, et que ses batteries étaient loin d'être dans un état, soit en armement, soit en munitions, qui justifierait lui en affrontant le feu des forts et des navires.

Et c'est ainsi que nous nous sommes dit au revoir. « Demain, dit le général, j'enverrai un de mes meilleurs chevaux et M. Ellis, mon aide de camp, pour vous prendre en charge de tous les travaux et batteries. Tandis que je rentrais chez moi avec mon honnête infirmier à côté de moi plutôt que derrière moi, car il était plutôt bavard, j'étais très perplexe dans mon esprit, m'efforçant de déterminer ce qui avait raison et ce qui avait tort dans cette querelle, et finalement, comme à Montgomery, j'ai été obligé de me demander si le bien et le mal étaient des expressions géographiques dépendant de l'extension ou de la limitation de certaines conditions climatiques et de lignes de latitude et de longitude. Il y avait à mes côtés l'infirmier du général, un homme intelligent d'âge moyen, venu se battre avec autant de sincérité – oui, et de confiance religieuse – que ce qui avait jamais poussé le vieux John Brown ou n'importe quel puritain de la Nouvelle-Angleterre à faire la guerre à l'esclavage. « J'ai laissé ma vieille femme et mes enfants aux soins des nègres ; J'ai retourné toutes mes terres de coton et les ai plantées de maïs, et je n'ai pas l'intention de revenir vivant avant d'avoir vu le dos du dernier Yankee dans nos États du Sud. "Et la femme et les enfants sont-ils seuls avec les nègres ?" "Oui Monsieur. Il n'y a qu'un seul homme blanc dans la plantation, une sorte de surveillant. « N'avez-vous pas peur du soulèvement des esclaves ? « Ce sont de pauvres créatures ignorantes, certes, mais elles sont encore fidèles. Quoi qu'il en soit, je mets ma confiance en Dieu et je sais qu'il veillera sur la maison pendant que je serai absent pour me battre pour cette bonne cause ! Cet homme venait du Mississippi et possédait vingt-cinq esclaves, ce qui représentait une valeur monétaire d'au moins 5 000 £. Il avait dépassé l'âge de l'enthousiasme et était animé, sans aucun doute, par des principes forts, pour lui incontestables et sacrés.

Mon laissez-passer et mon visa, qui ne furent demandés qu'une seule fois, me passèrent à travers les sentinelles, et je montai à bord de la goélette peu avant minuit, et trouvai presque tout le monde sur le pont, enchanté de leur accueil. Plus d'une fois nous fûmes réveillés par des sentinelles vigilantes, qui ne laissaient pas monter à bord ce que les Américains appellent « le reste » de nos amis avant d'avoir vu mon autorité de les recevoir.

CHAPITRE XXVIII.

Bitters avant le petit déjeuner. — Une vieille connaissance de Crimée. — Terrassements et batteries. — Estimation des canons. — Revues. — Hospitalité. — Présentations et adieux anglais et américains. — Fort Pickens. son intérieur. — Retour vers Mobile. — Poursuivi par une voile étrange. — Exécution du blocus. — Débarquement à Mobile.

16 mai. — Le réveil des Zouaves, note pour note la même que celle qui, en Crimée, réveillait si souvent les pauvres gens qui dormaient le long sommeil avant la nuit, nous a réveillés ce matin de bon matin, puis le tintement des trompettes et le roulement des zouaves. des tambours battant des appels français ont convoqué les volontaires au défilé matinal. Comme il y avait une forte rosée et de nombreuses choses ailées la nuit dernière, je me suis dirigé vers ma couchette en contrebas, où quatre êtres humains étaient censés reposer en couches, comme des momies sous une pyramide, et là, après avoir combattu des cafards, j'ai coulé pour repos. Pas étonnant que j'étais plutôt perplexe de savoir où j'étais maintenant ; car outre la musique et les bruits familiers du dehors, j'étais quelque peu perturbé dans mes calculs mentaux en approchant brusquement ma tête d'une poutre du pont qui avait le dessus ; mais enfin les faits s'accomplirent et se mirent en place, bien aidés par l'apparition du cuisinier nègre, une tasse de café à la main, qui demanda : « Mosieu ! Capitaine vant de hacher vedder tu prends de l'amer, sar ! Lisbonne amère, monsieur. Je vis le capitaine sur le pont occupé à fabriquer un liquide que tout le monde sur le pont m'adjurait de prendre, si je voulais faire un Redan ou un Malakhoff de mon estomac, et en conséquence j'avalai un *petit verre* d'un préparation très forte et intensément amère à base d'eau-de-vie et de racines toniques, sucrée avec du sucre, qui fait la renommée de Mobile.

Le bruit de notre arrivée s'était répandu ; peut-être le bruit des bonnes choses dont les hommes de Mobile avaient chargé l'embarcation, car quelques officiers montèrent à bord même à cette heure matinale, et nous demandâmes à deux amis connus de nos amis de rester pour le petit déjeuner. Ce repas, auquel le cuisinier nègre appliquait tout son esprit et toute sa cuisine, consistait en un poisson laid, mais bon, venu des eaux extérieures à nous, du jambon et des oignons frits, du biscuit, du café, de l'eau glacée et du bordeaux, servis avec simplicité charmante, et nullement calculée pour émouvoir la colère d'Horace par une démonstration d'appareils persiques.

Un repas plus gras et à base d'oignons n'a jamais été aussi apprécié. L'un de nos invités était un joyeux fermier du Yorkshire, pesant jusqu'à environ 16 pierres, avec des chiens de chasse, vêtu d'une tunique de feutrine ou de frise verte, avec une tresse en laine écarlate sur le devant, de la dentelle dorée sur les poignets et le col, et un feutre bien éveillé, avec un tas de plumes dedans.

Il essuya la sueur de son front et jura qu'il ne céderait jamais, et que toute la compagnie de fusiliers qu'il commandait, sinon aussi lourde, était tout aussi patriotique. C'était évidemment un homme bon et affectueux, sans aucune trace de méchanceté dans sa composition, mais ses sentiments étaient tout à fait féroces lorsqu'il parlait des Yankees. C'était un grand propriétaire d'esclaves, donc un homme fortuné, et il parlait avec toute la ferveur d'un capitaliste menacé par une bande de républicains rouges.

Son compagnon, qui portait un uniforme bleu uni, parlait avec raison d'un sujet dans lequel le sens a rarement quelque chose à voir : l'uniforme. Beaucoup de volontaires américains adoptent les mêmes couleurs grises si en vogue parmi les Confédérés. Les officiers des deux armées portent des marques distinctives de grade similaires, et il avait tout à fait raison de supposer que dans les marches de nuit ou dans les actions sérieuses à grande échelle, beaucoup de confusion et de pertes seraient causées par le fait que les hommes de la même armée se tiraient dessus. , ou prendre des ennemis pour des amis.

Pendant que nous parlions, de grands bancs de rougets et d'autres poissons volaient devant les marsouins, les poissons rouges et autres ennemis, dans le canal de marée, à l'arrière de la goélette. Un jour, alors qu'un gros poisson blanc sautait à la surface, une lueur de quelque chose de plus blanc encore passa à travers les vagues, et un tourbillon bouillant, teinté de pourpre, qui fondit peu à peu dans la marée, marqua l'endroit où se trouvait le poisson.

"Il y a un cisaillement terrestre qui a pris son petit-déjeuner", dit le capitaine. "Il y en a pas mal par ici." De temps à autre, une tortue montrait sa tête, excitant *desiderium tam cari capitis* , au-dessus du flot envié qu'il honorait de sa présence.

Au loin, vers Pensacola, flottaient trois enseignes britanniques, provenant d'autant de navires marchands, qui avaient encore quinze jours pour quitter le port bloqué. Fort Pickens avait hissé les étoiles et les rayures au vent, et Fort M'Rae, comme pour irriter son voisin, arborait un drapeau presque identique, à l'exception de «d'étoile solitaire», que le verre détectait au lieu de la galaxie ordinaire - la star de Floride.

Le lieutenant Ellis, aide de camp du général Bragg, monta à bord de bonne heure pour me faire visiter les travaux, et je fus bientôt sur le dos du destrier du général, bien installé en toute sécurité entre le pommeau et le troussequin d'un navire. une grande selle bordée de cuivre, avec un tapis de selle blasonné et de puissants étriers de cuivre, digne du plus gros maréchal qui ait jamais mené une armée de France à la victoire ; mais le général Bragg a la jambe plus longue que le duc de Malakoff ou le maréchal Canrobert, et tous mes efforts pour toucher avec mon orteil les merveilleux supports qui, en accord avec l'idée américaine, pendaient bien en dessous, furent inefficaces.

Comme notre route passait par le quartier général, l'aide de camp me conduisit dans la cour et cria : « Infirmier ! et à l'appel, un jeune homme intelligent, ressemblant à un soldat, est venu au front, m'a fait monter trois trous et, pendant que je m'éloignais, il a touché sa casquette et m'a dit : « Je vous demande pardon, monsieur, mais je vous ai souvent vu en Crimée. .» Il avait été dans le 11e Hussards, et le jour de Balaklava, il suivait de près Lord Cardigan et le capitaine Nolan, lorsque son cheval fut tué par un coup de feu rond. Comme il essayait de s'échapper à pied, les Cosaques le firent prisonnier, et il resta onze mois en captivité en Russie, jusqu'à ce qu'il fut échangé à Odessa, vers la fin de la guerre ; puis, étant l'un des deux sergents autorisés à obtenir leur libération, il quitta le service. « Mais vous voilà de nouveau, dis-je, en train de faire de nouveau des soldats et de faire simplement office d'ordonnance ! "Eh bien, c'est assez vrai, mais je suis venu ici, pensant m'améliorer, comme certains de nos camarades l'ont fait, et puis la guerre a éclaté, et je suis entré dans l'un de ce qu'ils appelaient leurs régiments de cavalerie. Que Dieu vous bénisse, monsieur, ça vous briserait le cœur de les voir... et me voici maintenant, et le général m'a nommé officier de santé. C'est un homme bon, monsieur, et le salaire est bon, mais ils ne sont pas comme les anciens ; Je ne sais pas ce que mon seigneur en penserait. Cet homme s'appelait Montague et il m'a dit que son père vivait « à un endroit appelé Windsor », à trente et un milles de Londres. Le lieutenant Ellis a déclaré qu'il était un soldat très propre, intelligent et bien conduit.

Depuis le quartier général, nous avons commencé notre petite tournée d'inspection des batteries. Certes, rien de plus propre à ébranler la confiance dans le journalisme américain ne pouvait être vu ; car j'avais été amené à croire que les ouvrages étaient de la description la plus formidable, comportant des centaines de canons. Là où il était écrit des centaines, les dizaines auraient été plus proches de la vérité.

J'ai visité dix des treize batteries que le général Bragg a érigées contre le fort Pickens. Je n'ai vu que cinq canons de siège lourds dans l'ensemble des ouvrages, parmi les cinquante ou cinquante-cinq pièces dont ils étaient armés. Il peut y en avoir environ quatre-vingts en tout sur les lignes, qui décrivent un arc de 135 degrés sur environ trois milles autour de Pickens, à une distance moyenne d'un mille et un tiers. J'étais plutôt intéressé par le fort Barrancas, construit il y a longtemps par les Espagnols, ouvrage ancien d'après un ancien plan, faiblement armé, mais possédant un commandement passable face au feu.

Dans toutes les batteries, il y avait à l'arrière des galeries couvertes, reliées aux magasins, et appelées « trous à rats », destinées par les constructeurs à servir de refuge aux hommes chaque fois qu'un obus de Pickens tombait. ne semble pas très propice à un tir soutenu et intense, ni du tout susceptible d'améliorer le *moral* des artilleurs. Les groupes de travail, comme on les appelait – des volontaires du Mississippi et de l'Alabama, de grands gaillards à longue barbe, en chemise de flanelle et chapeaux amples, sans uniforme en tout, à l'exception des bras brillamment polis et de la détermination résolue – traînaient parmi les travaux, ou contribuaient langoureusement à leur travail. achèvement.

Des améliorations considérables étaient en cours d'exécution ; mais les officiers n'étaient pas toujours d'accord sur le travail à accomplir. Capitaine A., aux brouettes : « Maintenant, vous les hommes, roulez ces sacs de sable et placez-les juste à ce coin. » Major B. : « Mon bon capitaine A., que voulez-vous, ces sacs ? là pour ? Ne vous ai-je pas dit que ces merlons ne seraient terminés que lorsque nous aurions terminé le parapet de la façade ? Capitaine A. : « Eh bien, Major, c'est ce que vous avez fait, et votre ordre m'a fait penser que vous ne connaissiez pas grand-chose de vos affaires ; et donc je vais faire un peu d'ingénierie moi-même.

Dans l'ensemble, j'étais tout à fait convaincu que le général Bragg avait parfaitement raison de refuser d'ouvrir le feu sur le fort Pickens et sur la flotte, ce qui aurait certainement dû faire exploser ses ouvrages, malgré ses avantages de position et certains avantages. placé des batteries de mortier parmi les broussailles, à des distances de Pickens de 2 500 et 2 800 mètres. The magazinesdes batteries que j'ai visitées ne contenaient pas de munitions pour plus d'une journée de tir ordinaire. Les tirs étaient mal coulés, avec des rebords dépassant du moule, ce qui serait très préjudiciable aux canons en métal mou lors du tir. Quant aux hommes, comme aux armes, les journaux du Sud avaient largement menti. Je ne pourrais pas dire combien il y en avait à Pensacola même, car je n'ai pas visité le camp : d'après une estimation extérieure, il y en avait 2 000. J'ai cependant vu tous les camps ici, et je doute fort que le général Bragg - qui à l'époque cette fois, on suppose qu'il a entre 30 000 et 50 000 hommes sous ses ordres ; il a 8 000 soldats pour soutenir ses batteries, soit 10 000, en incluant Pensacola, au total.

Si l'hospitalité consiste dans la participation la plus libérale de tout ce que le propriétaire a avec ses visiteurs, ici, en effet, Philémon a son type sous chaque tente. Alors que nous parcourions chaque batterie, près de chaque quartier d'officier, un grand Mississippien ou Alabamien s'est présenté avec « Capitaine Ellis, je suis heureux de vous voir. » « Colonel », à mon avis, « ne voudriez-vous pas descendre prendre un verre ? M. Ellis me présente dûment. Le colonel avec effusion me saisit la main et dit, comme s'il venait d'atteindre le but particulier de son existence : « Monsieur, je suis vraiment très heureux de vous connaître. J'espère que vous allez plutôt bien depuis que vous êtes dans notre pays, monsieur. Tiens, Pompée, prends le cheval du colonel. Entrez, monsieur, et prenez un verre. Puis sort la grande grosse bouteille de whisky, et une immense quantité d'adhésion à la première loi de la nature est nécessaire pour vous en tirer avec moins d'une demi-pinte de « Bourbon » ; mais ce qu'il y a de plus pénible pour un étranger, c'est que, lorsqu'il s'en va, l'officier, qui a été si heureux de le voir, ne semble pas se soucier d'un sou de son hôte ni de sa santé.

La vérité est que ces présentations sont des cérémonies et des obéissances à la curiosité universelle des Américains de connaître les personnes qu'ils rencontrent. L'Anglais s'incline froidement devant sa connaissance dès la première présentation, et s'il l'aime, lui serre la main en partant — procédé beaucoup plus sensé et justifiable. La chaleur de l'Américain lors du premier entretien doit être artificielle, et l'indifférence au moment du départ est mal élevée et de mauvais goût. Je l'avais déjà observé à plusieurs reprises, notamment à Montgomery, où je l'avais signalé au colonel Wigfall, mais cette coutume n'est pas incompatible avec l'hospitalité la plus abondante, ni avec le désir de rendre service.

A mon retour au quartier général, je trouvai le général Bragg dans sa chambre, occupé à écrire une lettre officielle en réponse à ma demande d'être autorisé à visiter Fort Pickens, dans laquelle il m'autorisait pleinement à faire ce que je voulais. Non seulement cela, mais il avait préparé un certain nombre de lettres d'introduction aux autorités militaires et à ses amis personnels de la Nouvelle-Orléans, leur demandant de me donner toutes les facilités et l'assistance amicale en leur pouvoir. Il m'a demandé mon avis sur les batteries et leur armement, que je lui ai librement donné *quantique* . « Eh bien, dit-il, je pense que vos conclusions sont assez justes ; mais néanmoins, un beau jour, je serai obligé de mettre à l'épreuve le courage de nos amis du côté opposé. Tout ce que je pouvais dire, c'était : « Que Dieu défende le droit ». « Un bon dicton auquel je réponds. Amen. Et buvez avec vous.

Il y avait une salle dehors, pleine de généraux et de colonels, à qui je fus dûment présenté, mais l'heure du départ était venue, je fis mes adieux au général et descendis à cheval vers le quai. J'avais toujours entendu, au cours de mon bref séjour dans le Nord, que les gens du Sud étaient extrêmement analphabètes et ignorants. C'est peut-être le cas, mais je dois dire que j'ai observé une grande partie des soldats, en route vers le chantier naval, en train de lire des journaux, sans pour autant négliger les divers débits de boissons et les bourses, qui n'étaient que trop nombreuses. nombreux à proximité des camps.

La goélette était prête à prendre la mer, mais les messieurs Mobile étaient partis pour Pensacola, et comme je ne désirais pas les inviter à visiter Fort Pickens, où, en fait, ils auraient probablement rencontré un refus, je résolus de naviguer. sans eux et de retourner le soir au chantier naval, afin de les reprendre pour notre voyage de retour. « Maintenant, capitaine, larguez-vous ; nous allons à Fort Pickens. Le digne marin était alors complètement en mer et ne semblait pas savoir s'il appartenait aux États confédérés, à Abraham Lincoln ou à la marine britannique. Mais cet ordre le réveilla un peu, et me regardant de tous ses yeux, il s'écria : « Eh bien, vous ne voulez pas dire que vous allez m'obliger à amener le Diana près de ce foutu Yankee Fort ! Notre nappe, un peu maculée de sauce, fut hissée une fois de plus jusqu'au sommet, et, après quelques formalités entre les gardiens de la jetée et nous, la goélette s'inclina dans le canal de marée, et avec une fine brise légère descendit vers les étoiles et rayures.

Quel pouvoir magique il y a dans les couleurs d'un morceau de banderole ! Mes compagnons, j'ose le dire, se sentaient aussi fiers de leur drapeau que si leurs ancêtres avaient combattu sous lui à Saint-Acre ou à Jérusalem. Et pourtant, quelle influence fictive ! La mort, et un déshonneur pire que la mort, pour l'abandonner un jour ! Patriotisme et gloire pour le laisser dans la poussière, et combattre sous les ordres de son rival, le prochain ! Comme George Washington aurait été indigné si le Français du Fort Du Quesne lui avait demandé d'abandonner le vieux chiffon que Braddock tenait en l'air dans le désert, et de servir sous la même *fleur de lys* que le même grand George saluait avec tant de fierté. beaucoup de joie mais quelques années plus tard, lorsqu'il fut avancé au front à York Town, pour remporter l'une de ses rares victoires sur les Lions et la Harpe. Et dans ce drapeau confédéré il y a une signification qui ne peut mourir : il marque le lieu de naissance d'une nouvelle nationalité, et sa place doit la connaître pour toujours. Même le drapeau d'une rébellion laisse des couleurs indélébiles dans l'atmosphère politique. Les espoirs qui la soutenaient peuvent s'évanouir dans l'obscurité de la nuit, mais la foi nationale croit toujours que son soleil se lèvera lors d'un glorieux lendemain. Il doit être difficile pour cette race, si arrogante, si grande, de voir les rayures et les étoiles arrachées au bel étendard avec lequel elle aurait voulu ombrer tous les royaumes du monde ; mais leur grand continent est assez grand pour de nombreuses nations.

"Et maintenant", a déclaré le capitaine, "je pense que nous ferions mieux de mentir - ces maudits Yankees sur la plage nous crient." Et c'est ce qu'ils étaient. Une sentinelle au bout d'une jetée en bois a chanté : « Bonjour à vous ! Éloignez-vous ou je tire », et « nous a tracé une ligne de perles ». Au même moment, le capitaine a salué : « S'il vous plaît, envoyez un bateau pour débarquer. » "Non monsieur! Venez dans votre propre bateau ! s'écria l'officier de la garde. Notre propre bateau ! Un très skiff de Charon ! Fuyant, pourri, déséquilibré. Nous étions à cent mètres de la plage, et il fallait espérer qu'avec tout son fardeau, elle ne pourrait pas descendre en si peu de temps. Cependant, lorsque j'entrai, suivi de mes deux compagnons, l'eau entra comme poussée par une pompe, et lorsque les matelots vinrent à notre poursuite, le patron dit, à travers une gorgée de jus : « Deevid ! tirez de votre mieux, car il n'y a pas d'endroit plus terrible pour les requins sur toute la côte. Deevid et son ami tiraient comme des hommes, et nos espoirs grandissaient avec l'eau dans le bateau et la distance diminuant jusqu'au rivage. Ils travaillèrent comme les blaireaux de Doggett, et en cinq minutes nous étions hors de profondeur et le long de la jetée, où le major Vogdes, M. Brown, de l'Oriental, et un officier, présenté comme le capitaine Barry de l'artillerie américaine, se trouvaient. en attendant de nous recevoir. Le major Vogdes dit que le colonel Brown me permettrait volontiers de passer par le fort, mais qu'il ne pourrait recevoir aucun des autres messieurs du groupe ; ils étaient autorisés à se promener à leur discrétion. Des amis qu'ils ont recueillis parmi les officiers les ont emmenés faire une promenade le long de l'île, qui n'est qu'un banc de sable couvert d'une végétation grossière, de quelques arbres et de mares d'eau saumâtre.

Si je devais choisir une résidence d'été, je ne choisirais certainement pas Fort Pickens. Elle est, comme toutes les autres œuvres américaines que j'ai vues, forte face à la mer et faible face à la terre. La porte extérieure était fermée, mais sur un coup talismanique du capitaine Barry, le guichet fut ouvert par le garde et nous passâmes par une galerie voûtée jusqu'au terrain d'armes, qui était plein d'hommes occupés à renforcer la place et à creuser des fosses profondes. au centre comme pièges à obus. Les hommes étaient des habitués des États-Unis, dont le physique n'était pas comparable à celui des volontaires du Sud, mais infiniment supérieurs en termes de propreté et d'intelligence militaire. L'officier de service me conduisit à l'un des angles du fort et s'engagea dans un chemin couvert, ingénieusement aménagé en inclinant les plates-formes de canons et les poutres de bois en biais contre le mur, et en empilant de la terre et des bancs de sable contre le fort. eux sur plusieurs pieds d'épaisseur. Les casemates, qui autrement auraient été exposées à un tir plongeant à l'arrière, étaient ainsi efficacement protégées.

En sortant de ce passage obscur, j'entrai dans l'un des pare-bombes, aménagé en chambre à coucher, et de là je me dirigeai vers la casemate, dans laquelle le colonel Harvey Browne a son quartier général. Après quelques conversations, il m'a emmené sur le parapet et a parcouru les défenses.

Fort Pickens est un parallélogramme oblique et quelque peu étroit, avec un angle obtus tourné vers la mer et l'autre vers la terre. Le bastion à l'angle aigu vers Barrancas est la partie la plus faible de l'ouvrage, et les hommes furent occupés à ériger un glacis improvisé pour couvrir le mur et les casemates du feu. Les canons étaient de ce qui est considéré de nos jours comme un petit calibre, 32 et 42 livres, avec quatre ou cinq Columbiad lourds. Un travail immense a été accompli au cours des trois dernières semaines, mais les préparatifs ne sont pas encore terminés. Depuis les murs, faits d'une brique dure de neuf pieds d'épaisseur, on a une bonne vue de la position de l'ennemi. Il y a un large fossé autour de l'ouvrage, maintenant sec et probablement non destiné à l'eau. La cuvette a été récemment vidée, et pour preuve du caractère agréable du lieu, les officiers m'ont dit que soixante très beaux serpents à sonnettes avaient été tués par les ouvriers pendant l'opération.

Alors que je regardais les œuvres depuis le mur, le capitaine Vogdes faisait de temps en temps une remarque sournoise, clignant des yeux et regardant attentivement mon visage pour voir s'il pouvait en extraire des informations. « Voici les quartiers de votre ami le général Bragg ; il prétend, entend-on, que c'est un hôpital, mais nous le ferons bientôt sortir lorsque nous ouvrirons le feu. "Oh, en effet." « C'est leur meilleure batterie à côté du phare ; nous ne pouvons pas bien distinguer s'il y a dix, onze ou douze canons dedans. Alors le capitaine Vogdes devint très méditatif et pensa à voix haute : « Eh bien, j'en suis sûr, colonel, ils ont un camp solidement retranché dans ce bois derrière leurs batteries de mortiers. J'en suis tout à fait sûr : nous devons y veiller avec nos canons à longue portée. Ce que l'ingénieur a vu, c'est sûrement de petits sillons absurdes dans le sable, que les confédérés ont creusés à environ trois pieds devant leurs tentes, mais que ce soit pour emporter ou retenir l'eau de pluie, ou pour couvrir les serpents à sonnettes, le meilleur juge ne peut pas déterminer.

Les Confédérés ont été très enchantés à l'idée que Pickens serait presque intenable pendant l'été pour les troupes américaines, à cause de la chaleur et des moustiques, sans parler de la fièvre jaune ; mais en fait, ils sont bien mieux lotis que les troupes à terre : les casemates sont extrêmement bien aérées, légères et aérées. Les moustiques, la fièvre jaune et la dysenterie ne feront aucune distinction entre les Troyens et les Tyriens. Dans l'ensemble, je préférerais être à l'intérieur plutôt qu'à l'extérieur de Pickens, en cas de bombardement ; et il ne fait aucun doute que la destruction totale du chantier naval et de la station par les fédéraux peut être accomplie quand bon leur semble. Le colonel Browne montra du doigt la haute cheminée de Warrington qui fumait et dit : « Voilà, monsieur, toute la raison de la patience de Bragg, comme on l'appelle. Voyez-vous ? — ils y lancent des balles et des obus aussi vite qu'ils le peuvent. Ils savent bien que s'ils ouvraient une arme sur nous, je pourrais détruire ce chantier et tous leurs ouvrages ; et le colonel Harvey Browne semble tout à fait l'homme de la situation : un vétéran résolu et énergique, animé par la plus grande aversion pour la sécession et ses dirigeants, et plein de ce qu'on appelle les « principes de l'Union », qui deviennent rapidement la simple expression d'un désir. détruire la vie, la liberté, la propriété, tout ce qui s'oppose à la consolidation du gouvernement fédéral.

Probablement personne n'a jamais été autorisé à visiter deux camps hostiles en vue l'un de l'autre, sauf moi-même. Je n'étais ni espion, ni héraut, ni ambassadeur ; et les deux parties m'ont fait pleinement confiance, étant entendu que je n'utiliserais aucune information ici, mais qu'elle pourrait être communiquée au monde de l'autre côté de l'Atlantique.

sujet, le colonel Browne m'a raconté une histoire amusante qui montre que « la gentillesse n'est pas tout à fait limitée aux Yankees ». Il y a quelques jours, un homme a été trouvé errant dans l'île, qui a déclaré qu'il était correspondant d'un journal de New York. Le colonel Browne ne fut pas satisfait du récit qu'il fit de lui-même, et l'envoya à bord d'un des navires de la flotte pour y être fait prisonnier. Peu de temps après, un drapeau de trêve arriva des Confédérés, portant une lettre du général Bragg, demandant au colonel Browne de livrer le prisonnier, car il s'était enfui vers l'île après avoir commis un crime, et joignant un mandat signé par un juge de la paix pour son arrestation. Le colonel Browne se moque de la *ruse* et garde son prisonnier.

Comme le soir approchait et que j'avais tout vu dans le fort, l'hôpital, les casemates, les poudrières, les fournils, goûté les rations et bu le whisky, je partis pour la goélette, accompagné du colonel Browne, du capitaine Barry et d'autres officiers. et aller chercher mes amis au fournil dehors.

Après avoir dit au revoir à nos connaissances, nous montons à bord du Diana, qui se dirigeait vers le chantier naval de Warrington, pour embarquer le reste du groupe. Les sentinelles le long de la plage et sur les batteries posèrent leurs armes et regardèrent avec surprise le Diana, avec sa nappe volante, traverser le fort Pickens et courir lentement le long des ouvrages confédérés. Pendant que nous espionnions pour les messieurs mobiles, le second s'avisa de prendre le banderole confédérée et de l'agiter sur le quartier. « Salut, qu'est-ce que tu fais ? » "Ce n'est qu'un signal pour les messieurs à terre." "Agitez un autre drapeau, s'il vous plaît, lorsque nous sommes dans ces eaux, avec un drapeau de trêve flottant."

Après avoir attendu quelque temps, les Mobiliens nous embarquèrent enfin dans un bateau. Ils étaient pleins d'excitation, très impatients de rester et d'assister au bombardement qui devait avoir lieu dans vingt-quatre heures. Avant de quitter le port de Mobile, j'avais parié pour une petite somme qu'aucun des deux camps n'attaquerait dans les prochains jours ; mais maintenant je ne pouvais même plus secouer la tête dans un sens ou dans l'autre, et il me fallait tout le sang-froid et l'artifice dont j'étais maître pour échapper aux demandes et aux suggestions aiguës de mes bons amis. J'étais déterminé à partir ; ils étaient également déterminés à rester ; et c'est ainsi que nous nous séparâmes après une courte mais très agréable croisière ensemble.

Nous avions convenu avec M. Brown que nous le surveillerions en quittant le port, et une bouteille de vin fut mise dans les restes de nos glaces pour boire nos adieux ; mais il faisait presque nuit lorsque le Diana s'élança vers le large entre Pickens et M'Rae ; et pendant quelques minutes anxieuses nous doutions qui serait le premier à nous tirer dessus. Notre nappe flottait toujours ; mais la couleur pourrait être invisible. Une lanterne fut hissée à l'arrière sur mon ordre dès que la goélette fut hors des forts ; et avec une brise marine fraîche, nous avons glissé dans la nuit, la forme noire à the Powhatan beingpeine visible, le reste de l'escadron perdu dans l'obscurité. Nous avons cherché l'Oriental, mais en vain ; et il nous vint à l'esprit qu'il ne serait guère très sûr de se tenir des forts confédérés vers la garde, à moins d'être sous le convoi de l'Oriental. Il semblait tout à fait certain qu'elle devait naviguer quelque part vers l'ouest et nous attendre.

Le vent soufflait du nord, sur le meilleur point pour notre retour ; et la Diane, s'inclinant dans l'eau calme, se dirigea vers Mobile, courant si près du rivage que je pouvais glisser un biscuit sur le sable. Elle semblait respirer le vent à travers ses voiles et volait avec une crête de flammes à sa proue et un sillage bouillonnant de ruisseaux semblables à des météores coulant à l'arrière, comme si du métal liquide sortait d'un four.

La nuit était extrêmement belle, mais après la chaleur du jour, l'horizon était quelque peu brumeux. "Aucun signe de l'Oriental sur notre proue sous le vent ?" "Rien du tout en vue, monsieur, ni devant ni derrière." Les requins et les gros poissons s'éloignaient des bas-fonds à notre passage et se précipitaient vers la mer dans des courants de lumière brillante. La Perdida était laissée loin en arrière.

Le Diana partit à toute vitesse, mais aucun Oriental n'apparut. Je me sentais extrêmement fatigué, échauffé et épuisé ; Je m'étais levé tôt, j'avais chevauché sous un soleil de plomb, j'avais parcouru des batteries, examiné des forts, navigué d'avant en arrière, j'étais donc heureux de me coucher à l'abri de la rosée nocturne et, laissant l'injonction au capitaine de garder un œil attentif sur l'arrivée du navire. Goélette d'embarquement fédérale, je me suis endormi sans la moindre idée que j'avais vu la dernière fois de M. Brown.

J'avais dormi deux ou trois heures, lorsque je fus réveillé par le cuisinier nègre, qui se penchait sur la couchette, et me dit en claquant des dents : « Monsieur ! nous sommes perdus! un bâtiment de guerre nous poursuit—il va tirer bientôt. Nous serons coulés ! Oh, Mon Dieu ! Oh, Mon Dieu ! » J'ai démarré et j'ai passé la tête par l'écoutille. Le skipper lui-même était à la barre, regardant du compas aux pointes tremblantes de ris de la grand-voile. "Qu'y a-t-il, capitaine." « Waal, monsieur », dit le capitaine en parlant très lentement, « il y a eu quelque chose qui nous poursuit depuis près de deux heures, mais il ne nous rattrape pas. Je ne pense pas qu'il nous préparera d'une manière ou d'une autre cette fois-ci ; si le vent retient cette pinte, Diana le battra.

La confiance des capitaines côtiers dans leur propre embarcation est une hallucination qu'aucun risque ni aucun danger ne les empêchera jamais de chérir avec le plus tendresse. Il n'y a pas un skipper de Hartlepool à Whitstable qui ne croit pas que sa Maryanne Smith ou ses deux grands-mères soient capables, « sur certaines pintes », de cogner ses gros arcs et de traîner sa poupe en forme de seau à charbon plus rapidement à travers la mer que n'importe quel clipper à flot. . Le capitaine d'un Margate Billy Boy m'a dit un jour qu'il croyait pouvoir courir au vent de n'importe quelle frégate au service de Sa Majesté.

"Mais, mon Dieu, mon homme, c'est peut-être l'Oriental... c'est sans aucun doute M. Brown qui s'occupe de nous."

« Ah ! Waal, peut-être. Qui que ce soit, il s'est rapproché de moi dans le noir. Cela m'a fait un peu peur quand je l'ai vu. «Peut-être», dis-je, «c'est un type corsaire-pirateur.» Alors je cours vers le rivage aussi près que possible; je mets ma planche centrale et je dis : « Je vais voir de quoi tu es fait, mon garçon », et ainsi de suite. Il ne nous intéresse pas, je peux vous le dire.

J'ai regardé à travers la vitre et j'ai pu apercevoir, à un demi ou trois quarts de mille en arrière et sous le vent, un navire tout à fait noir qui semblait se tenir à notre poursuite. Le rivage était si proche que nous aurions presque pu sauter dans les vagues, car lorsque la planche centrale était relevée, le Diana ne tirait pas beaucoup plus de quatre pieds d'eau. Le capitaine tint bon. « Vous feriez mieux de secouer votre vent et de voir de qui il s'agit ; ce peut être M. Brown. « Non, *monsieur*, M. Brown ou non, je ne peux m'empêcher de continuer maintenant ; il y a une berge partout devant nous, et si je ne maintiens pas mon cap, j'y serai dans une minute. J'avoue que j'étais plutôt énervé, mais le capitaine était maître de la situation. Il a dit que si cela avait été l'Oriental, elle aurait tiré avec un pistolet à blanc pour nous amener dès qu'elle nous aurait vus. À mes questions sur la raison pour laquelle il ne m'a pas réveillé lorsqu'elle a été embrassé pour la première fois, il a répondu innocemment: "Vous étiez dans un si beau sommeil, je pensais que ce serait une cruauté régulière de vous déranger."

En se rapprochant du rivage, le Diana fut en mesure de se maintenir au vent de l'étranger, qui fut vu une ou deux fois se cogner ou se heurter, car ses voiles frissonnèrent. « Là, elle a encore frappé. » « Elle repart » et la poursuite reprend. À chaque instant, je m'attendais à avoir les yeux aveuglés par l'éclair de son fusil à archet, mais pour une raison ou une autre, peut-être parce qu'elle ne voulait pas vérifier son chemin, l'Oriental, corsaire ou autre, a gardé sa poudre.

Une poursuite sévère est une longue poursuite. Il est deux heures du matin, le patron sourit de joie. "Je vais le conduire dans un joli pétrin s'il me suit à travers le 'Swash', quel qu'il soit." Nous n'étions qu'à dix milles de Fort Morgan. De plus en plus près du rivage rampe la Diane.

"Prends un coup de plomb, John." "Neuf pieds." "Bien. Encore." "Sept pieds." "Encore." "Cinq pieds." "Charlie, apporte la lanterne." Nous étions maintenant dans le « Swash », avec un canal bouillonnant.

Juste au moment où le nègre découvrit la lanterne, celle-ci s'éteignit, ce qui provoqua la quantité d'imprécations la plus remarquable que l'on ait jamais entendue. Le capitaine se mettait à danser comme un fou dans des intervalles de calme mortel, et donnait alternativement ses ordres à l'équipage et d'étranges serments au cuisinier, pendant que le second chantait : « Cinq pieds et demi ». « Elle s'en va ! Confondre-toi, coquin noir, je t'apprendrai, etc., etc. "Six pieds! Huit pieds et demi ! "À propos d'elle revient." "Cinq pieds! Quatre pieds et demi. (Oh, Seigneur ! Six pouces sous notre quille !) Et c'est ainsi que nous sommes partis, avec une mesure entre nous et la mort de pouces, pas du tout agréables, dans laquelle le capitaine a fait preuve d'un sang-froid et d'une habileté remarquables dans la gestion de son embarcation, combinés avec une animosité des plus inconvenantes envers son malheureux cuisinier.

Ce fut presque un miracle que nous ayons dépassé le « coude », comme on appelle la partie la plus étroite du canal, car c'est juste au moment critique que la lumière de l'habitacle s'est éteinte et s'est éteinte avec un crépitement, et là, nous nous trouvâmes dans l'obscurité, dans un canal de moins de cent mètres de large et de seulement six pieds de profondeur. La dérive centrale s'est également coincée une ou deux fois alors qu'il était le plus important de s'allonger le plus près possible du vent ; mais finalement le capitaine s'écria : « Tout va bien, nous sommes en eau profonde », et appelant le second à la barre, il commença à soulager son esprit en poursuivant Charlie dans un coin et en le harcelant avec un requin mort ou un poisson-chien à peu près. quatre pieds de long, qu'il a ramassé sur le pont comme l'arme la plus pratique qu'il ait pu trouver. Pendant toute la matinée, le capitaine trouva désormais un grand réconfort en attaquant constamment le malheureux cuisinier, qui finit par jeter sournoisement le requin par-dessus bord à une occasion favorable, et força son maître à recourir à d'autres variétés d'instruments rhadamantins. Mais où était l'Oriental pendant tout ce temps ? Personne ne pouvait le dire ; mais Charlie, qui semblait faire autorité quant à ses mouvements, affirma qu'elle avait retourné son gouvernail dès que nous sommes entrés dans le « Swash », et qu'elle avait disparu dans la nuit noire.

La Diana s'était ainsi illustrée en exécutant le blocus de Pensacola, mais un nouveau triomphe l'attendait. Alors que nous approchions de Fort Morgan, une bande grise à l'est offrait juste assez de lumière pour distinguer les contours du fort et du drapeau confédéré qui flottait au-dessus. Une bonne brise nous porta à la hauteur de la station de signalisation, une seule lumière brillait sur les murs, mais ni le bateau de garde ne partit pour nous aborder, ni la sentinelle ne nous appela, ni le canon ne tira - nous restâmes toujours debout. « Capitaine, ne feriez-vous pas mieux de mentir ? Ils vont bientôt nous lancer une balle ronde. "Non *monsieur*. Ils dorment tous dans ce fort », répondit l'indomptable capitaine.

Son gouvernail tomba et le Diana courut dans la baie de Mobile, et fut bientôt en sécurité dans la brume au-delà des balles et des obus, courant vers la rive opposée. C'était assez de gloire pour la Diane de Mobile. Le vent soufflait directement du nord dans nos dents, et au lever du soleil, elle n'était qu'à quelques kilomètres de la baie.

Toute la journée se passa à virer de bord d'une rive basse à une autre rive basse, dans une eau qui ressemblait à de la soupe aux pois. Il fallait s'assurer du plaisir de voir Mobile sous tous les points de vue, est et ouest, avec toutes les variétés entre le nord et le sud, et les nombreux changements de position des clochers, des dunes et des villas, le soleil nous rôtissant tous. le temps et faire bouillir le poix hors des coutures.

Le plus grand événement de la journée a été la rencontre avec un jeune alligator qui effectuait un voyage involontaire vers la mer dans le canal de marée. L'équipage a déclaré qu'il se noyait, qu'il s'était égaré ou qu'il était épuisé par la lutte contre le courant. Il mesurait environ dix pieds de long et paraissait si complètement fatigué qu'il serait volontiers monté à bord s'il passait à moins de deux mètres de nous ; mais, si découragé qu'il fût, ce serait une véritable cruauté de l'ajouter au numéro de notre parti.

L'événement suivant de la journée fut le dîner, au cours duquel Charlie se surpassa avec une énorme frite d'oignons et des tranches de saucisse de Bologne, ainsi qu'un morceau de porc, dont on n'avait pas encore décidé s'il s'agirait de porc ou de bacon.

Après avoir parcouru environ vingt-sept milles pendant quatorze heures, je débarquai enfin sur un quai de la banlieue de la ville, vers cinq heures du soir. Sur mon chemin vers la Battle House, j'ai rencontré sept compagnies distinctes marchant dans les rues pour faire des exercices, et l'air était rempli de sons de clairons et de tambours. Dans la soirée, un certain nombre de messieurs m'ont appelé pour me demander ce que je pensais de Fort Pickens et de Pensacola, et j'ai eu quelques difficultés à répondre à leurs questions très personnelles, mais j'ai finalement adopté une formule qui semblait leur plaire : j'ai assuré à mes amis que je pensait que ce serait une affaire extrêmement difficile en cas de bombardement.

L'une des mesures les plus importantes dont j'ai entendu parler jusqu'à présent a suscité peu d'attention, à savoir le refus de l'officier commandant Fort MacHenry, à Baltimore, d'obéir à l'ordonnance d' *habeas corpus* délivrée par un juge de cette ville pour la personne d'un soldat de sa garnison. Cet officier militaire prend sur lui d'affirmer qu'il existe un état de guerre civile à Baltimore, qu'il considère comme une cause légale suffisante pour suspendre l'ordonnance.

CHAPITRE XXIX.

Juge Campbell—Dr. Nott — Esclavage — Départ pour la Nouvelle-Orléans — Sur le fleuve — Peur des croiseurs — Approche de la Nouvelle-Orléans — Duels — Rues de la Nouvelle-Orléans — Insalubrité de la ville — Opinion publique sur la guerre — Nègres heureux et satisfaits.

18 mai. — Journée extrêmement chaude, qui promet peu de réconfort aux soldats fédéraux, qui viennent, comme le prétend le gouvernement de Washington, réprimer la rébellion dans ces quartiers. Les moustiques avancent en nombre et en force. Le jour de mon arrivée, j'ai demandé au serveur s'ils étaient nombreux. « J'aimerais qu'ils soient cent fois plus nombreux », dit-il. Lorsqu'on lui a demandé s'il avait une raison possible pour une aspiration aussi extraordinaire, il a répondu : « parce que nous nous débarrasserions d'autant plus tôt de ces satanés républicains noirs de Fort Pickens ». L'homme semblait en déduire qu'ils ne mordreaient pas les soldats confédérés.

J'ai dîné chez le Dr Nott et j'ai rencontré le juge Campbell, qui a démissionné de son poste élevé de juge de la Cour suprême des États-Unis, et j'ai expliqué les raisons de sa décision dans une lettre accusant M. Seward de trahison. dissimulation et mensonge. Il me paraissait un grand casuiste plutôt qu'un profond juriste, se complaisant dans les distinctions subtiles et les abstractions techniques ; mais j'ai eu l'avantage d'entendre de sa bouche en détail toute l'histoire de l'affaire Dred Scot, et une récapitulation des arguments utilisés de part et d'autre, dont la force, à son avis, était irrésistiblement en faveur de la décision du tribunal. Tribunal. M. Forsyth, le colonel Hardee et d'autres faisaient partie de la compagnie.

Pour moi, c'était très douloureux d'entendre une douce voix argentée, sortant d'une très jolie bouche : « Je suis tellement ravi d'apprendre que les Yankees de la forteresse Monroe ont attrapé le typhus. J'espère que cela pourra tous les tuer. Cela a été dit par l'une des jeunes personnes les plus charmantes possibles, et prononcé avec une sincérité indubitable, tout comme si elle avait dit : « J'ai entendu dire que tous les serpents de Virginie meurent de poison. » Je crains que la jeune femme n'ait pas eu une très bonne opinion de moi pour avoir refusé de sympathiser avec ses souhaits sous cette forme particulière. Mais toutes les dames de Mobile appartiennent à la « Yankee Emancipation Society ». Ils passent leurs journées à coudre des cartouches, à carder des peluches, à préparer des bandages, et je ne suis pas sûr qu'ils ne remplissent pas aussi des cartouches et des fusibles. Leur zèle et leur énergie contribueront grandement à soutenir le Sud dans la lutte à venir, et nulle part ailleurs l'influence des femmes n'est plus grande qu'en Amérique.

Quant au Dr Nott, ses études l'ont amené à adopter une vision purement matérialiste de la question de l'esclavage et, selon lui, les questions de morale et d'éthique liées à sa considération devraient être renvoyées à la cylindrée de l'esclave. crâne humain - la tête qui peut supporter la plus grande charge de tir de bécassine finira par dominer sous une forme ou une autre sur la tête de capacité inférieure. Le Dr Nott déteste l'esclavage, mais il ne voit pas ce qu'il faut faire des esclaves, et comment on évitera que les quatre millions de nègres ne deviennent six, huit ou dix millions, si leur croissance est stimulée par des prix élevés. Produits du sud.

Il y a beaucoup de force dans l'observation que j'ai entendue plus d'une fois ici, selon laquelle la Grande-Bretagne n'aurait pas pu émanciper ses nègres s'ils avaient vécu à l'intérieur de ses frontières, par exemple dans le Lancashire ou le Yorkshire. Le peuple anglais n'a subi aucun inconvénient *en soi* à la suite de l'émancipation, qui a détruit pour le moment l'industrie et ébranlé la société en Jamaïque. Alors que les États étaient des colonies, la Grande-Bretagne considérait avec satisfaction l'introduction d'esclaves dans des dépendances aussi éloignées, et lorsque les États-Unis eurent établi leur souveraineté, ils trouvèrent l'institution de l'esclavage établie à l'intérieur de leurs propres frontières et une strate importante, sinon essentielle. dans leur système social. L'œuvre d'émancipation aurait alors été relativement facile ; c'est aujourd'hui un problème formidable qu'aucun être humain ne s'est proposé de résoudre.

19 mai. — La chaleur dehors était si forte que je n'étais guère tenté de sortir, mais à 14 heures, M. Magee me conduisit dans un joli endroit, appelé Spring Hill, où M. Stein, un marchand allemand de la ville, a sa résidence de campagne. Les maisons des marchands mobiles sont dispersées autour de la colline dans ce voisinage ; de loin, ils ressemblent à du marbre, mais de plus près, ils se transforment en bois peint. La pierre est quasiment inconnue dans toute cette région littorale. Le digne Allemand était très hospitalier, et je jouissais d'une promenade fraîche avant le dîner à l'ombre de ses raisins, qui formaient d'agréables promenades dans son jardin. Le cépage Scuppernung, originaire de Caroline du Nord, qui poussait à profusion, présente une apparence remarquable. La tige, qui est lisse et couverte d'une écorce grise à grain serré, n'a pas le caractère d'une vigne, mais pousse droite et raide comme la branche d'un arbre, et est remplie de raisins délicieux. Des pruniers et des rosiers Cherokee et de magnifiques magnolias étaient regroupés autour de sa maison, et sous leur ombre j'écoutais le digne Allemand comparer la patrie à son pays d'adoption, et laisser échapper de temps en temps l'amour secret de son cœur pour l'ancien lieu. . Comme toutes les classes supérieures du Sud, il a la plus grande crainte du suffrage universel et, s'il le pouvait, il restreindrait largement le droit de vote demain.

20 mai . — J'ai quitté Mobile sur le vapeur Florida pour la Nouvelle-Orléans ce matin à huit heures. Elle était remplie de passagers en uniforme. Dans ma cabine se trouvait un avis sur les règles et règlements du bateau à vapeur. Le numéro 6 était le suivant : « Tous les serviteurs esclaves doivent être dédouanés à la douane. Les passagers ayant des esclaves devront se présenter dès leur arrivée à bord.

A quelques milles de Mobile, le paquebot, tournant à droite, entra dans un des chenaux étroits qui perforent toute la côte, appelé « Grant's Pass ». Un ingénieux l'a rendu navigable par une coupure artificielle ; mais comme il n'était pas un philanthrope universel, et qu'il venait peut-être du nord de la Tweed, il érigea en outre une série de barrières qui ne peuvent être franchies qu'au moyen d'un petit phare en fer et en ricin ; et il impose un péage à tous les navires qui passent. Une petite île au col, juste au-dessus du niveau de l'eau, d'environ vingt mètres de large et cent cinquante mètres de long, était en cours de fortification. Certains de nos amis militaires ont débarqué ici ; et il fallait beaucoup de patriotisme pour envisager avec gaieté la perspective de rester enfermé parmi les moustiques dans une boîte, sur ce misérable banc de sable, qu'un obus suffirait à réduire en atomes.

Après avoir dépassé ce canal, notre paquebot remonta une espèce de mer intérieure, formée par le rivage, à droite et à gauche par une chaîne presque ininterrompue de récifs couverts de sable, et extrêmement étroite, de sorte que le ressac de l'océan les rouleaux de l'autre côté étaient visibles à travers le feuillage des pins qui les bordent. À notre droite, les pins sans fin fermaient la vue sur l'horizon ; la plage était percée de criques sans nombre, appelées bayous ; et il était curieux de voir les voiles blanches des petites goélettes glisser entre les arbres, le long des vertes prairies qui semblaient s'étendre comme une barrière infranchissable à leur sortie. D'immenses troupes de pélicans voltigeaient sur la mer, se jetant sans cesse sur les poissons qui abondaient dans les eaux intérieures ; et de longues rangées des mêmes oiseaux digéraient leurs copieux repas sur la plage blanche au bord de l'écume de l'océan.

Il y avait une certaine inquiétude dans l'esprit des passagers, car il a été rapporté que les croiseurs américains avaient été aperçus à l'intérieur et qu'ils avaient même brûlé les batteries de Ship Island. Nous ne vîmes rien de plus redoutable qu'un caboteur et un bateau à vapeur de retour de la Nouvelle-Orléans jusqu'à ce que nous approchions de l'entrée de Pontchartrain, lorsqu'une grande goélette, qui naviguait comme une sorcière et qui était remplie d'hommes, attira notre attention. À travers la vitre, je pouvais distinguer deux canons sur son pont, et c'était une raison suffisante pour que tout navire marchand bien équipé naviguant sous le Stars and Stripes évite sa compagnie étroite.

L'approche de la Nouvelle-Orléans est indiquée par de grands hameaux et des villes dispersées le long du bord de mer, cachés dans les forêts de pins, qui offrent aux marchands et à leurs familles un refuge contre la chaleur brûlante de la ville malsaine en été. Vus de la mer, ces établissements sanitaires ont un effet pittoresque et un air d'une fraîcheur et d'une légèreté charmantes. Il existe des villas individuelles de toutes sortes d'architecture dans lesquelles du bois peut être construit, peint dans les teintes les plus vives - verts, bleus et roses - chacune ornée de magnolias et de rhododendrons. De chaque jardin, une jetée très longue et très mince, terminée par une cabine de bain, s'étend dans la mer peu profonde ; et l'aspect général de ces maisons, avec les dômes clairs et les flèches des églises s'élevant au-dessus des lignes de grilles blanches inscrites dans le vert foncé des pins, est léger et nouveau. Dans chacune de ces villes il y a une jetée, à deux de laquelle nous avons touché, débarqué des journaux, reçu ou déchargé quelques balles de marchandises, et sommes repartis.

Dans la petite foule rassemblée autour de chacun d'eux, la majorité était des Noirs, les Blancs, presque sans exception, en uniforme et armés. Une approche plus rapprochée ne m'a pas incité à penser que des agents moins puissants que les épidémies et les chaleurs estivales pourraient faire de Pascagoula, Passchristian, Mississippi City et le reste de ces colonies des résidences très éligibles pour les personnes à l'esprit actif.

Toute la journée, mes compagnons de voyage n'ont cessé de parler politique, sauf lorsqu'ils mangeaient et buvaient, car les horribles mastications et crachats ne sont pas du tout incompatibles avec le maintien d'une discussion active. La plus féroce de toutes était une petite femme mince, aux yeux de feu, qui, au dîner, exprimait un fervent désir de morceaux du « Vieil Abe » — ses oreilles, ses cheveux ; mais soit pour manger, soit comme curieuses reliques, elle n'éclairait pas la société.

Après le dîner, il y eut quelques légères difficultés parmi les militaires, mais je ne pus déterminer si elles étaient d'un caractère politique ou personnel ; mais la situation fut encore aggravée par l'apparition sur les lieux d'un canon à six coups qui, à ma grande perturbation, se présentait en ligne droite avec ma couchette, par la fenêtre de laquelle je regardais les combattants. Je suis heureux de dire que l'incendie immédiat a été évité grâce à un arrangement à l'amiable selon lequel les parties en conflit se rencontreraient à l'hôtel Saint-Charles à midi le deuxième jour après leur arrivée, afin de fixer l'heure, le lieu et conditions d'une rencontre plus orthodoxe et régulière.

La nuit, le bateau à vapeur entra dans un canal lugubre, à travers un marais qui est tristement célèbre comme l'endroit le plus hanté par les moustiques le long de la côte infestée ; les embouchures du Mississipi elles-mêmes étant tout à fait innocentes, comparées à l'entrée du lac Pontchartrain. Quand je me suis réveillé au point du jour, j'ai trouvé le navire couché le long d'un quai avec à côté un train de chemin de fer qui doit nous emmener à la ville de la Nouvelle-Orléans, distante de six milles.

Un village de restaurants ou « restaurats », comme on les appelle ici, et de cabines de bain s'est développé autour du terminus ; tous les noms des propriétaires, les pancartes et panneaux étant français. En dehors de l'établissement, le chemin de fer traverse un marécage, semblable à une jungle indienne, à travers lequel les débordements du Mississipi se glissent en courants noirs. Les flèches de la Nouvelle-Orléans s'élèvent au-dessus des sous-bois et de la végétation semi-tropicale de ce marais. Plus près de la ville s'étend une plaine marécageuse, dans laquelle des troupeaux de bétail, jusqu'au ventre dans la terre molle, pataugent parmi les touffes de végétation. L'approche la plus proche de la Nouvelle-Orléans par chemin de fer passe par une banlieue de ruelles extrêmement larges, bordées de chaque côté par des rangées de misérables maisons à un étage, habitées, si j'en juge d'après les spécimens que j'ai vus, par une population misérable et maladive. .

Un grand nombre d'hommes et de femmes avaient des traces évidentes de sang nègre dans leurs veines, et parmi les blancs au sang plus pur, beaucoup avaient l'aspect particulier de la population charnue et poissonneuse des villes levantines, et tous étaient pâles et maigres. Le terminus ferroviaire est marqué par un hangar sale ressemblant à une caserne dans la ville. Choisissant l'un des nombreux fiacres délabrés qui encombraient la rue devant la gare, j'ordonnai à l'homme de me conduire à la maison de M. Mure, le consul britannique, qui avait eu la gentillesse de m'inviter comme son invité pour le période de mon séjour à la Nouvelle-Orléans.

Les rues sont mal pavées, comme celles de la plupart des villes américaines, sinon de toutes celles que j'ai jamais visitées, mais à d'autres égards elles sont plus dignes d'une grande ville que celles de New York. Il y a un air tout à fait français chez les gens : les cafés, les restaurants, les salles de billard abondent, avec des salons d'huîtres et de bière blonde entrecoupés. Les magasins sont tous *des magazines* ; les gens dans les rues parlent français, surtout les nègres, qui sortent faire leurs courses avec leurs maîtres et maîtresses, extrêmement bien habillés, bruyants et pas mécontents. L'étendue du trajet donnait une idée imposante de la taille de la Nouvelle-Orléans : la richesse de certains magasins, les véhicules dans les rues et la multitude de gens bien habillés sur les trottoirs, une impression de sa richesse et du confort de ses habitants. les habitants. Le drapeau confédéré flottait sur les édifices publics et sur de nombreuses maisons privées. Des compagnies militaires défilaient dans les rues et une grande partie des hommes étaient en uniforme.

Dans la journée, je parcourais la ville, délivrais des lettres d'introduction, faisais des visites et examinais les magasins et les places publiques ; mais il y a un tel tourbillon de sécession et de politique qui l'entoure qu'il est impossible de discerner une grande partie du monde extérieur.

Quel que soit le nombre des unionistes ou des non-sécessionnistes, une pression trop puissante pour qu'on puisse y résister a été exercée par le parti populaire contre les amis du gouvernement fédéral. L'agent des Brown Brothers, de Liverpool et de New York, a fermé ses bureaux et s'en va en raison de l'intimidation de la foule, ou comme on dit ici, de « l'excitation des citoyens », en apprenant la souscription faite. par l'entreprise au fonds new-yorkais, après que Sumter eut été la cible de tirs. Leur agent à Mobile a été contraint de suivre la même voie. D'autres maisons suivent leur exemple, mais comme la plupart des transactions commerciales sont terminées pour la saison, la communauté marchande espère que la compétition se terminera avant la saison prochaine, par la reconnaissance de l'indépendance du Sud.

Les rues sont pleines de Turcos, de Zouaves, de Chasseurs ; les murs sont couverts de pancartes de compagnies volontaires il y a des fusils Pickwick, des gardes La Fayette, Beauregard, MacMahon, des volontaires irlandais, allemands, italiens et espagnols et indigènes, parmi lesquels les fusils Meagher, indignés contre le monsieur dont ils ont pris leur nom, parce que de son adhésion au Nord, vont se rebaptiser et chercher la gloire sous un autre auspice. En fait, la Nouvelle-Orléans ressemble à une banlieue du camp de Châlons. Les tailleurs sont occupés nuit et jour à confectionner des uniformes. J'entrai dans un magasin avec le consul pour acheter des chemises ; la maîtresse et toutes ses couturières étaient occupées à préparer des drapeaux aussi dur que la machine à coudre pouvait les coudre, et ne pouvaient s'occuper pour le moment de aucune affaire. La population irlandaise, se trouvant dans l'impossibilité de migrer vers le Nord et sans travail, s'est précipitée aux armes avec enthousiasme pour soutenir les institutions du Sud, et M. John Mitchell et M. Meagher s'opposent dans des camps hostiles.

22 mai. — Le thermomètre marquait aujourd'hui 95° à l'ombre. Il n'est pas étonnant que la Nouvelle-Orléans souffre de terribles épidémies. Au bord de chaque rue, un égout sale à ciel ouvert coule au gré de la marée sous un soleil de plomb, et M. Mure me raconte que la ville est si basse qu'il a été obligé de se rendre à son bureau en bateau le long des rues.

Je suis resté assis pendant un certain temps à écouter les opinions des différents commerçants qui venaient parler de l'actualité et de la politique en général. Ils étaient tous persuadés que la Grande-Bretagne reconnaîtrait rapidement le Sud, mais je ne trouve pas qu'aucun d'entre eux ait examiné les effets d'une telle reconnaissance. Un monsieur semblait penser aujourd'hui que la reconnaissance signifiait forcer le blocus ; alors qu'elle doit, comme j'ai essayé de lui montrer, simplement conduire à la reconnaissance du droit des

États-Unis d'établir un blocus des ports appartenant à une nation indépendante et hostile. Certains soutiennent qu'il n'y aura pas de guerre après tout ; que le Nord ne combattra pas, et que les amis de la cause du Sud retrouveront leur courage lorsque cette tyrannie sera terminée. Personne n'imagine que le Sud reviendra un jour volontairement dans l'Union, ni que le Nord a le pouvoir de la repousser à la pointe de la baïonnette.

Le Sud a commencé les préparatifs du concours en semant des céréales au lieu de planter du coton, pour compenser la perte d'approvisionnements du Nord. Le paiement des dettes aux créanciers du Nord est déclaré illégal et des « lois de suspension » ont été adoptées dans la plupart des États sécessionnistes, par lesquelles les lois ordinales pour le recouvrement des dettes dans les États eux-mêmes sont pour le moment suspendues, ce qui peut conduire à croire que les législateurs eux-mêmes appartiennent à la classe des débiteurs plutôt qu'à la classe des créanciers.

23 mai. — Comme la communication postale a été suspendue entre le Nord et le Sud, et que les compagnies express ont reçu l'ordre de ne pas transporter de lettres, j'ai envoyé aujourd'hui mon paquet de dépêches, par M. Ewell, de la maison Dennistoun & Co. ; et repris mes excursions à travers la Nouvelle-Orléans.

Le jeune artiste qui s'arrête à l'hôtel Saint-Charles est venu me voir très ému pour me dire que sa vie était en danger, par suite de ses anciennes relations avec un journal abolitionniste de New York, et qu'il avait été menacé de mort par un homme avec qui il s'était disputé à Washington. M. Mure, pour calmer ses appréhensions, proposa de le conduire aux autorités de la ville, qui le protégeraient sans doute, car il ne s'occupait que de faire des croquis pour un périodique anglais, mais le jeune homme déclara qu'il était en danger d'assassinat. Il supplia M. Mure de lui remettre des dépêches qui serviraient à le protéger dans sa route vers le nord ; et le consul, ému par sa détresse morale, promit que s'il avait des lettres de caractère officiel pour Washington, il les enverrait par lui, à défaut d'autres occasions.

J'ai dîné avec le major Ranney, président d'une des compagnies de chemin de fer, chez qui M. Ward faisait escale. Parmi la société se trouvaient M. Eustis, gendre de M. Slidell ; M. Morse, procureur général de l'État ; M. Moise, juif, censé avoir une influence considérable auprès du gouverneur, et homme politique véhément ; MM. Hunt et autres. La table était excellente, et les vins dignes de la réputation dont jouit notre hôte, dans une ville où l'on dit que les Sallustes et les Luculli abondent. L'un des serviteurs esclaves qui servaient à table, un « garçon » jaune et intelligent, m'a été signalé comme étant le fils du général Andrew Jackson.

Nous avions un récit complet de l'attaque des troupes britanniques sur la ville et de leur repoussée. M. Morse a catégoriquement nié qu'il y ait eu une quelconque fortification en sacs de coton devant les lignes où nos troupes ont été vaincues ; il affirma qu'il n'y avait que quelques balles, soixante-quinze je crois, utilisées dans la construction d'une batterie, et qu'elles, avec quelques tonneaux de sucre, constituaient les seules défenses de la tranchée américaine. Un seul citoyen demanda à l'État une compensation, à cause du coton utilisé par les troupes de Jackson, et il possédait la totalité des balles ainsi appropriées.

Aucun des messieurs du Sud n'a la moindre appréhension d'une insurrection servile. Ils utilisent la formule universelle « nos nègres sont les gens les plus heureux, les plus satisfaits et les plus à l'aise sur la surface de la terre ». J'avoue avoir été frappé par les nègres bien vêtus et de bonne humeur dans les rues, mais ils sont en minorité ; beaucoup ont l'air moroses, mal vêtus et mécontents. Les patrouilles que je connais ont été renforcées, et j'ai entendu l'autre soir une jeune dame dire : « Je n'aurai pas du tout peur de retourner à la plantation, même si maman dit que les nègres cherchent des ennuis. »

CHAPITRE XXX.

Le premier coup porté — L'hôtel Saint-Charles — Invasion de la Virginie par les fédéraux — Mort du colonel Ellsworth — Soirée chez M. Slidell — Commentaires publics sur la guerre — Richmond, capitale de la Confédération — Préparatifs militaires — Société en général — Juifs élément—Visite d'un champ de bataille de 1815.

24 mai. — Un grand nombre de nouvelles aujourd'hui, qui, avec les événements de la semaine, peuvent être brièvement énumérées. Les combats ont effectivement commencé entre les paquebots américains au large de la forteresse Monroe et la batterie confédérée érigée à la pointe de Sewall ; les deux camps revendiquent un certain succès. Les confédérés déclarent qu'ils ont criblé le bateau à vapeur et qu'ils ont tué et blessé un certain nombre de matelots. Le capitaine du navire dit qu'il a renoncé faute de munitions, mais il croit avoir tué un certain nombre de rebelles et sait qu'il n'a lui-même subi aucune perte. Beriah Magoffin, gouverneur de l'État souverain du Kentucky, a mis en garde les soldats fédéraux et confédérés hors de son territoire. Le congrès confédéré a adopté une loi autorisant les personnes endettées envers les États-Unis, à l'exception du Delaware, du Maryland, du Kentucky, du Missouri et du district de Columbia, à payer le montant de leurs dettes au trésor confédéré. La convention de l'État de Caroline du Nord a adopté une ordonnance de sécession. L'Arkansas a envoyé ses délégués au congrès du Sud. Plusieurs vaisseaux du Sud ont été capturés par l'escadre bloquante ; mais l'événement qui cause ici le plus d'émotion et d'indignation a été la saisie, lundi, par les maréchaux des États-Unis, dans toutes les grandes villes de l'Union, des dépêches télégraphiques des douze derniers mois.

Dans la journée, je me suis rendu à l'hôtel Saint-Charles, qui est un énorme établissement, de type américain, avec un caractère méridional. Un certain nombre de messieurs étaient assis dans le hall et devant le bureau, les jambes contre le mur et sur le dossier des chaises, fumant, crachant et lisant les journaux. Les agents se sont rassemblés dans le bar. L'agitation et le bruit de l'endroit en feraient tout sauf une résidence agréable pour celui qui aime le calme ; mais cet hôtel est réputé pour ses difficultés. L'assaut commis par certains flibustiers de Walker contre le capitaine Aldham, de la Royal Navy, n'est pas le moins honteux d'entre eux.

Le jeune artiste, qui vivait dans une grande retraite, était enfermé dans sa chambre ; et quand je l'informai que M. Mure avait des dépêches qu'il pourrait prendre, s'il le voulait, cette nuit-là, il fut extrêmement heureux. Il est parti vers le nord dans la soirée et je ne l'ai plus revu.

À quatre heures et demie, je descendis en train au terminus du lac où j'avais débarqué, qui est le New Orleans Richmond, ou plutôt Greenwich, et je dînai avec M. Eustis, M. Johnson, un marchand anglais, M. Josephs, un avocat de la Nouvelle-Orléans, et M. Hunt. Le dîner était digne de la réputation du cuisinier français. La soupe aux tortues est excellente, mais non comparable, comme le prétendent les Américains, à la meilleure tortue. La créature dont elle tire son nom est une petite tortue, la chair est bouillie un peu à la manière d'une tortue, mais la soupe regorge de petits os, et les pattes noires avec les moignons blancs en forme d'ongles qui en dépassent, trouvées parmi les *disjecta membra* ne sont pas agréables à regarder. La bouillabaisse était irréprochable, le crabe mou digne de toutes les éloges, mais le meilleur plat était sans conteste le pompinoe, un poisson étrange, quelque chose qui ressemblait à un Saint-Pierre particulièrement laid, mais possédant des qualités admirables dans tout ce qui rend le poisson bon. Les plaisirs de la soirée étaient rehaussés par un coucher de soleil des plus glorieux, qui jetait ses derniers rayons à travers un désert de roses de laurier en pleine floraison qui remplissaient le jardin. Au crépuscule, l'air était parfaitement animé de lucioles et d'étranges coléoptères. Des mouches et des coléoptères bourdonnaient par les fenêtres ouvertes et se battaient parmi les verres. À neuf heures et demie, nous rentrions chez nous dans des wagons tirés par des chevaux le long de la voie ferrée.

25 mai. — La Virginie a bien été envahie par les fédéraux. Alexandrie a été prise. Il est impossible de décrire l'excitation et la rage du peuple ; ils trouvent cependant une certaine consolation dans le fait que le colonel Ellsworth, commandant un régiment de zouaves de New York, a été abattu par JT Jackson, le propriétaire d'une auberge de la ville, appelée Marshal House. Ellsworth, à l'arrivée de son régiment à Alexandrie, entreprit de démonter le drapeau de la sécession, visible depuis longtemps aux fenêtres du président. Il sortit sur le toit, le coupa du bâton et descendit les escaliers, lorsqu'un homme se précipita hors d'une pièce, levant un fusil à double canon, abattit le colonel Ellsworth et tira avec l'autre canon sur un. de ses hommes, qui avaient frappé le morceau, lorsque l'assassin l'avait présenté au colonel. Presque instantanément, le zouave a tiré sur Jackson à la tête et, alors qu'il tombait mort, lui a enfoncé son sabre-baïonnette dans le corps. Curieusement, les habitants de la Nouvelle-Orléans considèrent que Jackson avait tout à fait raison en tirant sur le colonel fédéral et soutiennent que le zouave qui a tiré sur Jackson était coupable de meurtre. Leur théorie est qu'Ellsworth était venu avec une horde d'abolitionnistes voyous ou, comme le dit le Richmond *Examiner*, « la bande de voleurs, de voleurs et d'assassins, à la solde d'Abraham Lincoln, communément connue sous le nom d'armée des États-Unis », pour violer le territoire d'un État souverain, afin d'exécuter leurs desseins sanglants et brutaux, et qu'il était en train de commettre un vol, en prenant un drapeau qui ne lui appartenait pas, lorsqu'il connut son juste sort.

Il est curieux d'observer combien la passion aveugle la raison de l'homme, dans cette querelle. Il est encore plus curieux de voir, à la lumière de cet événement, à quel point le même événement est perçu différemment par les Nordistes et les Sudistes respectivement. Jackson est dépeint dans les journaux du Nord comme un démon et un assassin ; même son visage mort aurait porté une expression révoltante de rage et de haine. Le drapeau confédéré qui fut la cause de la bagarre fatale est décrit par un auteur comme ayant été purifié de sa bassesse par le contact avec le sang d'Ellsworth. L'invasion de la Virginie est saluée de toutes parts dans le Nord avec le plus grand enthousiasme. "Ellsworth est un héros martyr, dont le nom restera sacré à jamais."

D'un autre côté, les journaux du Sud déclarent que l'invasion de la Virginie est « un acte des tyrans de Washington, qui témoigne de leur objectif sanglant et brutal d'exterminer le peuple du Sud. Les Virginiens donneront au monde une autre preuve, comme celle de Moscou, qu'un peuple libre, combattant sur un sol libre, est invincible lorsqu'il lutte pour tout ce qui est cher à l'homme. Encore une fois : « Une main d'exécrables égorgeurs et d'oiseaux de prison, connus sous le nom de Zouaves de New York, sous le chef de tous les scélérats, Ellsworth, a enfoncé la porte d'un citoyen pour démolir le drapeau de la maison, le courageux propriétaire. Il a rencontré le héros préféré des Yankees dans sa propre salle, seul, contre des milliers de personnes, et lui a tiré une balle dans le cœur : il est mort d'une mort que les empereurs pourraient envier, et sa mémoire vivra à travers des générations infinies. En effet, la passion et la colère de l'homme qui, dans la plus grande certitude que la mort immédiate devait être sa punition, ont dû être désespérées, ont commis un tel acte. Il me semble que le colonel Ellsworth, aussi imprudent qu'il ait pu être, était en réalité dans l'exercice de son devoir en décrochant le drapeau d'un ennemi.

Le soir, je rendis visite à M. Slidell, que je trouvai chez lui, avec sa famille, Mme Slidell et sa sœur Madame Beauregard, épouse du général, deux demoiselles très charmantes, filles de la maison, et un salon plein de foire. compagnons, occupés, de toutes leurs forces, à carder la charpie de leurs belles mains. Parmi eux se trouvait le fils de M. Slidell, qui venait de quitter l'école du Nord, sous un faux nom, afin d'échapper à la violence des foules de l'Union qui insulteraient et indigneraient tous les hommes du Sud. La conversation, comme c'est le cas dans la plupart des cercles domestiques créoles, se faisait en français. J'ai rarement rencontré un homme dont les traits ont une plus grande *finesse* et une plus grande fermeté que ceux de M. Slidell ; son œil gris vif est plein de vie, ses lèvres fines et fermement serrées indiquent la résolution et la passion. M. Slidell, bien que né dans un État du

Nord, est peut-être l'un des désunionistes les plus déterminés de la confédération du Sud ; ce n'est pas un orateur remarquable, ni un orateur de souche, ni un écrivain compétent ; mais c'est un excellent juge des hommes, adroit, persévérant et subtil, plein d'astuces et friand d'intrigues ; un de ces hommes qui, presque inconnus du monde extérieur, organisent et soutiennent une faction et l'élèvent au rang de parti – ce qu'on appelle ici un « tireur de fil ». M. Slidell est pour le Sud quelque chose de plus grand que M. Thurlow Weed ne l'a été pour son parti dans le Nord. Lui, comme tout le monde, est convaincu que la reconnaissance doit venir bientôt ; mais, en toutes circonstances, il est tout à fait convaincu que le gouvernement et l'indépendance de la confédération du Sud sont aussi complètement établis que ceux de n'importe quelle puissance du monde. M. Slidell et les membres de sa famille possèdent *de la naïveté* , du bon sens et des manières agréables ; et les regrets que j'ai entendus exprimer dans la société de Washington face à leur absence étaient tout à fait justifiés.

Je soupai au club, que je visitais tous les jours depuis que j'en étais membre honoraire, car tous les journaux y sont, et un grand nombre de planteurs et de marchands, bien au courant de la situation du Sud. Il y avait deux Anglais présents, M. Lingam et un autre, les sécessionnistes les plus déterminés et les plus fervents défenseurs de l'esclavage que j'aie jamais rencontrés au cours de mes voyages.

26 mai. — La chaleur était si grande aujourd'hui que j'ai senti un retour de mes anciennes expériences indiennes et je n'ai pas pu aller, comme je l'avais prévu, entendre un discours de prédicateur très éminent sur la guerre dans l'une des principales chapelles.

Tous les régiments jetables sont en marche vers la Virginie. C'était une mauvaise politique de la part de M. Jefferson Davis de menacer Washington avant qu'il puisse sérieusement mettre ses menaces à exécution, parce que le Nord était excité par le discours de son secrétaire à la Guerre de prendre des mesures extraordinaires pour la défense de sa capitale ; et leur enthousiasme permit au général Scott non seulement de pourvoir à sa défense, mais encore de s'établir à Alexandrie, comme base d'opérations contre l'ennemi.

Lorsque le congrès de Montgomery s'est ajourné l'autre jour, ils ont résolu de se réunir le 20 juillet à Richmond, qui devient ainsi la capitale de la Confédération. La ville n'est qu'à cent milles au sud de Washington, avec lequel elle était en communication par chemin de fer et par voie fluviale ; et la sélection doit provoquer une collision entre les deux armées devant les capitales rivales. La saisie du chantier naval de Norfolk par les Confédérés rendit nécessaire de renforcer la forteresse Monroe ; et pour le moment, le Potomac et le Chesapeake sont hors de danger.

Les précautions militaires prises par le général Scott et les mouvements qu'on lui attribue pour tenir Baltimore et maintenir ses communications entre Washington et le Nord témoignent de son jugement et de son habileté militaire. Les journaux du Nord réclament une avance immédiate de leurs levées brutes à Richmond, ce à quoi le général Scott résiste.

Sur un certain point, le Sud a fait preuve de plus de sagacité que le Nord. M. Jefferson Davis, ayant servi sur le terrain et ayant été secrétaire à la Guerre, a perçu les dangers et l'inefficacité des prélèvements irréguliers, et a donc incité le Congrès de Montgomery à adopter un projet de loi qui oblige les volontaires à servir pendant la guerre, à moins qu'ils ne soient libérés plus tôt. et réserve au président de la Confédération du Sud la nomination de l'état-major et des officiers supérieurs, le droit de veto sur les officiers de bataillon élus par chaque compagnie, et le pouvoir d'organiser les compagnies de volontaires en escadrons, bataillons et régiments. Écrivant au *Times* à cette date, j'ai observé : « Bien que d'immenses levées d'hommes puissent être rassemblées à des fins de défense locale ou d'opérations d'agression, il sera très difficile de déplacer ces masses comme des armées régulières. Il y a un manque criant de trains de campagne, d'équipement et d'intendance, qui ne peut être comblé en un jour, une semaine ou un mois. L'absence de cavalerie et le manque total d'artillerie peuvent empêcher l'un ou l'autre camp d'obtenir un résultat décisif dans un seul engagement ; mais il ne fait aucun doute que de grandes pertes seront subies chaque fois que ces masses d'hommes s'affronteront en terrain découvert.

27 mai. — J'ai visité plusieurs compagnies locales, leurs terrains d'exercices et leurs défilés ; mais peu d'hommes étaient présents, car presque tous ont reçu l'ordre de se rendre au camp de Tangipao ou de marcher vers Richmond. Soldats et officiers s'affairent dans les rues étouffantes à acheter les produits nécessaires à leur voyage. Quand on regarde les visages résolus, vifs et en colère autour de lui, et qu'on n'entend qu'un seul thème, on doit sentir que le Sud ne cédera jamais au Nord, sauf en tant que nation battue sous les pieds d'un ennemi victorieux.

Dans chaque État, il n'y a qu'une seule voix audible. Désormais, en effet, les jalousies d'État peuvent agir à leur guise ; mais si les mots veulent dire quelque chose, tous les peuples du Sud sont déterminés à résister à l'invasion de M. Lincoln tant qu'ils ont un homme ou un dollar. Pourtant, il existe certains faits concrets qui militent contre la véracité de leurs propres affirmations, « selon lesquelles ils sont unis à un homme et prêts à se battre contre un homme ». Seuls 15 000 sont sous les armes sur les 50 000 hommes que compte l'État de Louisiane astreints au service militaire.

Des « accusations d'abolitionnisme » apparaissent chaque matin dans les rapports sur les affaires de police dans les journaux ; et les personnes reconnues coupables non pas d'avoir exprimé des opinions contre l'esclavage, mais d'avoir déclaré leur conviction que les habitants du Nord réussiraient, sont envoyées en prison pour six mois. Les accusés sont généralement des étrangers, ou appartiennent aux classes inférieures, qui n'ont aucun intérêt à soutenir l'esclavage. La persuasion morale du lasso, du goudronnage et de la mise en drapeau, du rasage de la tête, de l'esquive et des étangs pour chevaux, de la déportation sur des rails et d'autres processus éthiques similaires sont très appréciés. Jusqu'à présent, le Nord n'est pas parvenu à une vision aussi élevée des nécessités de sa position.

Les journaux de la Nouvelle-Orléans plaisantent sur leur nouvelle façon d'obtenir l'unanimité et font l'éloge de ce qu'ils appellent « le cours d'instruction dans l'institution humanitaire pour l'amélioration de la condition des barbares du Nord et des fanatiques de l'abolition, présidé par le professeur Henry Mitchell ». qui, en d'autres termes, est le geôlier de la maison de correction.

J'ai dîné au lac avec M. Mure, le général Lewis, le major Ranney, M. Duncan Kenner, planteur du Mississippi, M. Claiborne, etc., et j'ai visité le club le soir. Chaque nuit depuis que je suis à la Nouvelle-Orléans, il y a eu un ou deux incendies ; ce soir, il y en avait trois, dont un était un terrible incendie. Quand je demandai à quoi ils étaient attribuables, un monsieur qui était assis à côté, se pencha et me regardant bien en face, dit à voix basse : « Les esclaves. » Les conduits de fumée, peut-être, et le système de poêles, peuvent également être en partie responsables. Il y a un grand enthousiasme parmi les citadins à la suite de l'ordre de départ de l'artillerie de Washington, un corps d'élite fourni par les premiers habitants de la Nouvelle-Orléans, pour la Virginie.

28 mai. — En passant aujourd'hui au Consulat, j'ai trouvé les capitaines de plusieurs navires anglais qui ont hâte de partir, de peur d'être retenus par les croiseurs fédéraux. Les frégates à vapeur américaines Brooklyn et Niagara bloquent depuis quelques jours Pass à l'outre . Un citoyen a fait une proposition remarquable à M. Mure. Il est venu emprunter une enseigne du Royal Yacht Squadron dans le but, dit-il, de la hisser à bord de son yacht et de descendre jeter un coup d'œil aux navires Yankee. M. Mure n'avait pas de drapeau à prêter ; sur quoi il demanda une description qui lui permettrait d'en obtenir une. Lorsqu'on m'a contacté, j'ai demandé « si le monsieur était membre de l'escadron ? » "Oh non," dit-il, "mais mon yacht a été construit en Angleterre, et j'ai écrit il y a quelque temps pour dire que je rejoindrais l'escadre." J'ai osé lui dire qu'il ne s'ensuit nullement qu'il en soit membre, et que s'il sortait avec le drapeau et ne pouvait prouver par ses papiers qu'il avait le droit de le porter, le yacht serait saisi. Cependant, il était tout à fait convaincu d'avoir un yacht anglais et le droit de hisser un drapeau anglais, et se rendit chez un pourvoyeur pour commander un *fac-similé* de l'enseigne de l'escadron, puis navigua parmi les navires bloquants.

Nous apprenons que M. Ewell a été attaqué par une foule syndicale dans le Tennessee, que ses bagages ont été brisés et pillés et qu'il a échappé de peu à des blessures. *Par contre* , les « accusations d'abolitionnisme » continuent ici de se multiplier, et sont presque aussi nombreuses que les enquêtes du coroner, sans parler des difficultés qui atteignent parfois l'ampleur du meurtre.

J'ai dîné avec un grand groupe au bord du lac, qui m'avait invité comme invité, parmi lesquels se trouvaient M. Slidell, le gouverneur Hébert, M. Hunt, M. Norton, M. Fellows et d'autres. J'ai observé à New York que chacun avait sa propre solution quant à la cause de la difficulté actuelle, et j'ai contredit énergiquement son voisin dès qu'il essayait d'exposer sa propre théorie. Ici, j'ai trouvé que tout le monde était d'accord sur le bien-fondé de la querelle, mais que tous divergeaient quant au meilleur mode d'action à suivre pour le Sud. Il n'y avait pas non plus d'approche à l'unanimité à mesure que la soirée avançait. À propos, nous avions des récits fous sur la vie du Sud, quelques bonnes chansons, curieusement mêlées à des discussions politiques et à ce que les Nordistes appellent des discours hyphileutins.

Lorsque j'étais aujourd'hui au consulat, un homme grand et bien habillé, mais d'apparence peu avenante, est entré pour parler d'affaires à M. Mure et m'a été présenté à sa propre demande. Son nom a été prononcé incidemment ce soir, et j'ai entendu un passage de sa vie peu agréable, c'est le moins qu'on puisse dire. Il y a de nombreuses années, il y eut un bal à la Nouvelle-Orléans, auquel ce monsieur assista ; il prêta une attention particulière à une dame qui préférait cependant la société d'un des membres de la compagnie, et au cours de la soirée il y eut une altercation à propos d'un engagement à danser, au cours de laquelle des propos violents furent échangés et une poussée ou un coup donné par le partenaire privilégié de son rival, qui quitta la pièce et, comme on le dit, se rendit chez un coutelier, où il se procura un puissant couteau-poignard. Fort de cela, il revint et envoya un message au monsieur avec lequel il s'était brouillé. Ne se doutant de rien, celui-ci entra dans l'antichambre, l'assassin se précipita sur lui, le poignarda au cœur et le laissa baignant dans son sang. Une autre version de l'histoire était qu'il attendait sa victime jusqu'à ce qu'elle entre dans le vestiaire et la frappait alors qu'il était en train d'enfiler son pardessus. Après un long délai, le criminel a été jugé. La défense avancée en sa faveur était qu'il avait saisi un couteau dans le feu de l'action, au moment où avait eu lieu la querelle, et qu'il avait tué son adversaire dans un moment de passion ; mais les preuves, d'après ce que je comprends, prouvaient fortement qu'un intervalle considérable s'était écoulé entre le moment de la dispute et la commission du meurtre. Le prisonnier avait l'assistance d'un avocat compétent et ingénieux ; il a été acquitté. Son acquittement était principalement dû à la disposition judicieuse d'une importante somme d'argent ; chaque juré, lorsqu'il se retirait pour dîner avant de se consulter sur le verdict, pouvait trouver la somme de 1000 dollars sous son assiette ; il n'était pas non plus clair que le juge et le shérif n'avaient pas participé à la prime ; en fait, j'ai entendu une controverse quant au montant exact que l'on suppose que le meurtrier devait payer. Il occupe maintenant, sous le gouvernement confédéré, le poste qu'il occupait récemment à la Nouvelle-Orléans, comme représentant du gouvernement des États-Unis.

Après le dîner, je me rendis en compagnie de quelques-uns de mes hôtes au Boston Club, qui n'a, je n'ai pas besoin de le dire, aucun rapport avec la ville de ce nom. Encore des feux, le tocsin sonne, et ainsi de suite au lit.

29 mai. — Dîné le soir avec M. Aristide Miltenberger, où j'ai rencontré Son Excellence M. Moore, gouverneur de la Louisiane, son secrétaire militaire et un petit groupe.

C'est vraiment un pays étrange ; l'un des maux qui afflige les Louisianiens, disent-ils, est la prépondérance et l'influence des Juifs de Caroline du Sud, et des Juifs en général, tels que Moïse, Mardochée, Joseph et Juda Benjamin, et d'autres. La subtilité et l'acuité de l'intellect caucasien donnent aux hommes une place élevée parmi un peuple qui admire l'habileté et la dextérité, et qui est en même temps indifférent aux moyens et opposé au travail. Le gouverneur est censé être quelque peu sous l'influence des Hébreux, mais c'est un homme tout à fait compétent pour penser et agir par lui-même – un dirigeant clair et sincère d'un État esclavagiste et un défenseur de l'institut patriarcal. Après le dîner, nous accompagnâmes Mme Miltenberger (qui offre en sa personne une réfutation très complète du dogme selon lequel les femmes américaines ne fournissent aucun exemple des charmes qui entourent leurs sœurs anglaises dans le transit de la fleur de l'âge vers l'âge mûr), dans une promenade le long de la route des coquillages jusqu'au lac et au canal ; l'objet le plus remarquable était un long mur bordé d'une magnifique végétation d'orangers : des nuages de moustiques gênaient efficacement le plaisir de la promenade.

30 mai. — Écrit dans la chaleur du jour, animé par mon voisin, un merveilleux oiseau moqueur, dont les chants et les imitations feraient fortune dans toute société capable d'apprécier le génie indigène. Son agitation, son courage, son activité et son talent ne devraient pas se limiter à la cage de M. Mure, mais il semble content et heureux. J'ai dîné avec Madame et M. Miltenberger, et je suis parti avec eux pour visiter le lieu de notre défaite en 1815, qui se trouve à quelques milles en aval de la rivière.

Une ferme délabrée entourée d'arbres et de huttes de nègres marque l'endroit où Pakenham a été enterré, mais son corps a ensuite été exhumé et renvoyé chez lui en Angleterre. Près de la pointe du canal qui constitue une partie des défenses américaines, un guide nègre sortit pour nous faire visiter les lieux, mais il connaissait aussi peu que la plupart des guides les incidents du combat.

Le témoignage le plus remarquable de la gravité de l'incendie auquel les Britanniques furent exposés est celui des arbres qui se trouvent dans le voisinage du tombeau. Dans un chêne vivant, il n'y a pas moins de huit balles rondes incrustées, d'autres en contiennent deux ou trois, et beaucoup sont coupées, déchirées et marquées par le vol d'un boulet de canon. Les lignes américaines s'étendaient sur près de trois milles et étaient couvertes à l'avant par des marécages, des marais et des coupures d'eau. Leurs batteries et les navires dans le fleuve enfilaient les Britanniques alors qu'ils avançaient vers l'attaque.

Parmi les éminents défenseurs des balles de coton se trouvait un pirate et meurtrier notoire nommé Lafitte, qui, avec sa bande, fut libéré de prison à condition de s'enrôler dans la défense et de rendre d'importants services à ses amis et libérateurs.

Sans connaître toutes les circonstances de l'affaire, il serait téméraire de condamner maintenant les officiers qui ont dirigé l'assaut ; mais autant qu'on pouvait en juger d'après l'état actuel du terrain, la position devait être très redoutable et n'aurait pas dû être attaquée avant que le feu d'enfilade n'ait été maîtrisé et qu'un feu de couverture très nourri ne soit dirigé pour faire taire les canons en face. Les Américains sont naturellement très fiers de leur victoire, qu'ils ont remportée au prix d'une perte insignifiante pour eux-mêmes, et qu'ils conçoivent à tort comme une preuve de leur bravoure dans leur résistance à l'assaut. C'est l'un des événements qui ont créé dans leur esprit l'idée fixe qu'ils sont capables de « fouetter le monde ».

Au retour de ma visite, je me rendis au club, où j'eus une longue conversation avec le Dr Rushton, qui est fortement convaincu de l'impossibilité de diriger le gouvernement ou de diriger les affaires municipales tant que le suffrage universel n'est pas aboli. Il a donné de nombreux exemples de terrorisme, de violence et d'assassinats qui prévalent en période électorale à la Nouvelle-Orléans. M. Miltenberger, au contraire, trouve que les choses sont très bien telles qu'elles sont, et déclare que toutes ces histoires sont fantaisistes : L'incendiarisme sévit de nouveau. Toutes les vitrines des clubs étaient remplies d'hommes regardant un terrible incendie qui brûlait trois ou quatre magasins et maisons.

CHAPITRE XXXI.

Port d'armes - Prison de la Nouvelle-Orléans - Personnages désespérés - Exécutions - Femmes maniaques et prisonnières - La rivière et la digue - Climat de la Nouvelle-Orléans - Population - Détresse générale - Pression du blocus - Argent - Philosophie des droits abstraits - Doctrine des droits de l'État - Défaut théorique dans la constitution.

31 mai. — Je suis allé avec M. Mure visiter la prison. Nous avons rencontré le shérif, comme prévu, au tribunal de police. Quelque chose comme un shérif – un homme grand, costaud, mesurant six pieds, avec des revolvers attachés à sa ceinture, et une force et des bras tout à fait suffisants pour lui permettre d'exercer sa fonction au plus haut degré. Parlant des nombreux crimes commis à la Nouvelle-Orléans, il déclara que c'était un véritable enfer sur terre et que rien ne mettrait jamais fin aux meurtres, aux homicides et aux agressions meurtrières tant que le port d'armes ne serait pas rendu pénal ; mais selon la loi, tout citoyen américain peut marcher avec une armure autour de la taille s'il le souhaite. Les bars, les cocktails, les menthe-juleps, les maisons de jeux, les discussions politiques et la civilisation imparfaite font le reste.

La prison est un bâtiment carré blanchi à la chaux, avec des murs fissurés et des fenêtres grillagées. Devant la porte ouverte étaient assis quatre hommes sur des chaises, les jambes appuyées contre le mur, fumant et lisant des journaux. "Eh bien, qu'est-ce que tu veux?" dit l'un d'eux sans se lever. "Pour visiter la prison." « Avez-vous des amis à l'intérieur ou avez-vous une commande ? » Le document nécessaire de notre ami le shérif a été produit. Nous sommes entrés par la porte dans une petite salle au bout de laquelle se trouvaient une grille en fer et une porte. Un jeune homme de petite taille, qui se prélassait en manches de chemise sur une chaise, se leva et examina la commande, puis, décrochant d'un crochet un trousseau de clés et se présentant à nous comme l'un des gardiens, ouvrit le fer à repasser. porte, et nous précéda par un petit passage dans une cour carrée, formée d'un côté par un haut mur, et des trois autres par des murs vitrés et des cellules, avec des portes ouvrant sur la cour. Elle était remplie d'une foule d'hommes et de garçons ; les uns se promenant, les autres assis, et les groupes sur le trottoir ; certains d'un air maussade, fumant ou mâchant ; un ou deux nettoyant leurs vêtements ou les lavant dans un petit réservoir. Nous marchâmes au milieu d'eux, et le gardien, fumant son cigare et regardant froidement autour de lui, désigna les criminels les plus désespérés.

Cet endroit bondé et des plus bruyants était rempli de criminels de toutes sortes, ainsi que de pauvres malheureux simplement coupables de larcin. Les meurtriers, les voleurs et les assassins endurcis étaient ici associés à des adolescents adolescents qui étaient emprisonnés pour un vol insignifiant. Il n'était pas agréable de côtoyer des mécréants qui flânaient, presque souriants de défi, tandis que le mince gardien, avec son chapeau de paille, ses manches de chemise et son caleçon, vous racontait comment tel individu avait assassiné sa mère, comment tel autre avait tué un policier, ou bien un troisième avait détruit pas moins de trois personnes en quelques instants. Ici, soixante-dix meurtriers, pirates, cambrioleurs, violateurs et voleurs circulaient parmi des hommes qui n'avaient été reconnus coupables d'aucun délit, mais qui attendaient simplement leur procès.

Une véranda courait le long d'un côté du mur, au-dessus d'une rangée de petites cellules contenant des lits gigognes pour les détenus. "C'est un type désespéré, je peux vous le dire", dit le gardien en désignant un homme qui, nu jusqu'à sa chemise, était assis par terre, avec de lourds fers aux jambes, qu'ils frottaient malgré les haillons sanglants autour d'eux. il jouait aux cartes avec un codétenu et fumait avec un air de contentement suprême. Le prisonnier se retourna à ces mots, poussa une sorte de grognement et de rire, puis joua sa carte suivante. «Cela, dit le gardien du ton fier d'un gardien de ménagerie exhibant sa bête sauvage la plus féroce, est un véritable personnage désespéré; il s'appelle Gordon : je suppose qu'il vient de votre pays ; il fit une tentative des plus miraculeuses pour s'échapper, et il réussit presque ; et vous ne me croiriez jamais si je vous disais qu'il s'est accroché à ce petit bec, qu'il a grimpé là à l'angle de ce mur et qu'il a réussi à passer jusqu'au rebord de cette fenêtre au-dessus du mur extérieur avant d'être découvert. Et en effet, il a fallu l'étincelle corroborante dans les yeux de cet homme, alors qu'il entendait parler de son propre exploit, pour me faire croire que l'exploit ainsi indiqué pouvait être accompli par un homme mortel.

"C'est là que nous les accrochons", a-t-il poursuivi en désignant une petite porte noire, percée dans le mur, à environ 18 pieds du sol, avec quelques crochets de fer au-dessus. "Ils sortent par la porte, qui est tirée sur un verrou, et quand la corde du crochet leur passe autour du cou, la porte s'effondre et ils basculent dans la cour." Les prisonniers sont enfermés dans leurs cellules pendant l'exécution, mais ils peuvent voir ce qui se passe, du moins ceux qui ont de bonnes places aux fenêtres. «Certains d'entre eux, ajouta le gardien, meurent vraiment très courageusement. Certains d'entre eux abusent comme vous n'en avez jamais entendu parler. Mais la plupart d'entre eux ne semblent pas apprécier ça. »

En sortant de la cour, nous montâmes au premier étage, où se trouvaient les chambres des débiteurs. Celles-ci étaient assez confortables, en comparaison des misérables cellules que nous avions vues ; mais les débiteurs les plus pauvres étaient entassés, trois ou quatre dans une pièce. Autant que j'ai pu le savoir, il n'existe pas de loi sur l'insolvabilité, mais le débiteur est libre, après quatre-vingt-dix jours d'emprisonnement, s'il est payé pour sa nourriture et son logement. « Et s'ils ne le sont pas ? » "Oh, eh bien, dans ce cas, nous les gardons jusqu'à ce que tout soit payé, en ajoutant bien sûr pour chaque jour où ils sont conservés."

Dans l'une de ces chambres, assis sur son lit, l'air méchant et sombre, et avec un regard semblable à celui d'une bête sauvage, se trouvait le docteur Withers, qui, il y a quelques jours, a assassiné son gendre et sa femme. , dans une maison proche de celle de M. Mure. Il a pu se payer ce privilège, et « comme c'est un homme respectable, dit le gardien, peut-être échappera-t-il au pire ».

Sortant de ce département et se dirigeant vers une autre galerie, le gardien se dirigea vers une porte en fer, au-dessus de laquelle était peinte une tête de mort et des os croisés, au-dessous étaient écrits les mots « cellule des condamnés ».

Il ouvrit la porte qui donnait sur une petite et étroite galerie couverte, dont un côté donnait sur une cour, laissant entrer la lumière dans deux petites chambres dans lesquelles étaient des palettes de paille recouvertes de couvertures propres.

Six hommes se promenaient dans le couloir. Dans la première pièce, il y avait une table sur laquelle étaient placés des missels soigneusement reliés et des livres religieux très propres, un crucifix et *l'Agnus Dei* . Le mur blanchi à la chaux de cette chambre était couvert des plus curieux dessins au fusain ou à la craie noire, divisés en compartiments, et représentant des scènes de la vie du malheureux artiste, un Français, exécuté il y a quelques années pour le meurtre de sa maîtresse, décrivant ses tentations, son chute progressive de l'innocence - sa société avec des hommes et des femmes abandonnés - mêlée de sujets bibliques, le Christ marchant sur les eaux et tendant la main au coupable - le cadavre du meurtrier dans la tombe - les anges le visitant et se lamentant sur lui ; - enfin, la résurrection, dans laquelle on le voit monter au ciel !

Mon attention fut attirée de cette pièce extraordinaire vers une galerie ouverte de l'autre côté de la cour, dans laquelle se trouvaient un certain nombre de femmes aux cheveux ébouriffés et aux vêtements déchirés, les unes marchant de long en large avec agitation, d'autres criant très fort, tandis que d'autres avec des vêtements déchirés. des gestes indécents criaient aux misérables qui leur faisaient face, alors qu'ils se livraient à leur misérable promenade.

Honte et horreur pour une terre chrétienne ! Ces femmes étaient des maniaques ! Ils sont gardés ici jusqu'à ce qu'il y ait de la place pour eux à l'asile d'État pour les aliénés. Nuit et jour, leurs cris et délires terribles résonnent à travers les heures mornes de la veille et le sommeil intermittent des misérables qui vont bientôt mourir.

Deux de ceux qui ont marché dans cette galerie doivent mourir demain.

Quelle moquerie... le crucifix !... l' *Agnus Dei* !... les livres saints ! Je me suis détourné de cet endroit épouvantable, malade et dégoûté. "Mais," s'excusa le gardien, "aucun d'eux ne croit qu'il sera pendu."

Nous avons ensuite visité la galerie des femmes, où se pressent indistinctement des criminelles de toutes classes. En ouvrant la porte, la puanteur qui émanait de la véranda ouverte dans laquelle les prisonniers étaient assis était si infecte que je ne pouvais pas aller plus loin ; mais j'en ai vu assez pour me convaincre que la pauvre femme égarée qui avait été mise là pour quelque délit insignifiant et mise en contact avec les êtres qui prononçaient le langage que nous entendions, pouvait effectivement laisser espoir derrière elle.

Les prisonniers n'ont pas de lit sur lequel dormir, pas même une couverture, et sont obligés de s'allonger à leur guise, cinq dans chaque petite cellule. On peut imaginer ce que produit la chaleur tropicale dans de telles conditions ; mais comme le chirurgien était absent, je ne pus obtenir aucune information sur les taux de maladie ou de mortalité.

Je me rendis ensuite dans une cour un peu plus petite que celle réservée aux délinquants graves, dans laquelle étaient enfermés les prisonniers condamnés à de courtes peines, pour des délits tels que l'ivresse, les voies de fait, etc. Parmi les prisonniers se trouvaient quelques matelots anglais, incarcérés pour agression contre leurs officiers ou violation d'articles ; tous avaient des plaintes à adresser au consul, concernant des arrestations arbitraires et des accusations infondées. M. Mure m'a dit que lorsque le port est plein, il enquête constamment sur de tels cas ; et je suis désolé d'apprendre que les hommes de notre marine commerciale causent bien des ennuis aux autorités.

Je quittai la prison sans être d'humeur très charitable à l'égard des personnes qui autorisaient une institution aussi honteuse et commençai à achever ma visite de la ville.

La « Levée », qui est un énorme remblai destiné à empêcher l'inondation du fleuve, est maintenant presque déserte, sauf par les bateaux à vapeur fluviaux et ceux qui n'ont pas pu faire le blocus. Comme la Nouvelle-Orléans se trouve en moyenne à trois pieds au-dessous du niveau de la rivière aux hautes eaux, ces travaux nécessitent une surveillance constante ; il n'a pas moins de quinze pieds de large et s'élève de cinq ou six pieds au-dessus du niveau de la rue adjacente, et il se continue en une ligne presque ininterrompue sur plusieurs centaines de milles en remontant le cours du Mississippi. Lorsque la berge cède, ou qu'une « crevasse », comme on l'appelle techniquement, se produit, les dégâts causés aux plantations doivent parfois se chiffrer en millions de dollars ; lorsque le fleuve est très bas, il existe une nouvelle forme de danger, dans ce qu'on appelle « l'effondrement » de la berge, qui, laissée sans le soutien de la pression de l'eau, glisse dans le lit du fleuve géant.

La Nouvelle-Orléans est appelée la « ville du croissant » parce qu'elle est construite sur une courbe de la rivière, qui a ici à peu près la largeur de la Tamise à Gravesend, et qui est d'une grande profondeur. D'énormes presses à coton sont érigées près des berges, où les balles sont comprimées par des machines avant d'être arrimées à bord des navires, au prix de lourds frais pour le planteur.

La douane, l'hôtel de ville et la Monnaie des États-Unis sont de beaux édifices d'une architecture assez prétentieuse ; le premier est le plus grand bâtiment des États-Unis, à côté de la capitale. On m'a informé que sur la digue, aujourd'hui presque déserte, il y a pendant la saison du coton et du sucre une scène d'activité, de vie et de bruit comme il n'y en a pas au monde. Même Canton ne montre pas autant de bateaux sur le fleuve, sans parler des bateaux à vapeur, des remorqueurs, des bateaux plats, etc. ; et on conçoit facilement que tel est le cas, quand on sait que la valeur du coton expédié chaque année de ce seul port dépasse vingt millions sterling, et que les autres exportations sont d'une valeur d'au moins quinze millions sterling. tandis que les importations s'élèvent à près de quatre millions.

La ville de La Nouvelle-Orléans se trouvant à près de 1 700 milles au sud de New York, il n'est pas surprenant qu'elle bénéficie d'un climat semi-tropical. Les places sont entourées de citronniers, d'orangers, de myrtes et de magnifiques magnolias. Des palmiers et des pêchers se trouvent dans tous les jardins, et dans le voisinage se trouvent d'énormes cyprès, entourés de la mousse espagnole éternelle.

Les rues de la ville étendue ont un caractère différent des chaussées étroites de la vieille ville, et la disposition générale rectangulaire courante aux États-Unis, en Russie et dans les cantonnements indiens britanniques est suivie autant que possible. Les marchés sont excellents, chaque municipalité ou grande division ayant le sien. Ils fourmillent de spécimens des races composites qui habitent la ville, depuis le nègre pur-sang à tête laineuse, qui ressemble étrangement à un Africain né dans le pays, jusqu'au créole qui se vante que chaque goutte de sang dans ses veines est purement française. .

J'ai été frappé par l'absence de Blancs dans la classe ouvrière, et quand j'ai demandé ce qu'étaient devenus les hommes qui travaillent aux digues et aux presses à coton en concurrence avec les nègres, on m'a répondu qu'ils avaient été enrôlés pour la guerre. .

J'ai oublié de mentionner que parmi les criminels de la prison, il y avait un certain M. Bibb, un citoyen respectable, qui avait sa propre liaison dimanche matin.

M. Bibb revenait du marché et avait obtenu un premier exemplaire d'un journal du matin. Trois citoyens, inquiets des nouvelles ou, comme Bibb l'avoue, de sa montre et de son sac à main, s'approchèrent et insistèrent pour qu'il lise le journal à leur place. Bibb refusa, sur quoi les trois citoyens, dans le plein exercice de leurs droits en tant que majorité, entreprirent de le contraindre ; mais Bibb avait un revolver occasionnel dans sa poche, et en un instant il abattit l'un de ses assaillants littéraires et blessa les deux autres grièvement, sinon mortellement. Le journal qui raconte les circonstances, en déclarant que le combattant vainqueur avait été incarcéré, ajoute : « une grande sympathie est ressentie pour M. Bibb ». Si la minorité sudiste réussit avec autant de succès dans sa résistance à *la force majeure* que cet éminent citoyen, le sort de la Confédération ne peut plus longtemps être incertain.

1er juin. Les gens respectables de la ville sont menacés de deux maux intérieurs par suite de la misère causée par l'arrêt du commerce avec le Nord et avec l'Europe. Les autorités municipales, faute de fonds, menacent de fermer les écoles municipales et de licencier la police ; en même temps, les employeurs refusent de payer leurs ouvriers sous prétexte d'incapacité. Le consulat britannique était aujourd'hui rempli d'Irlandais, d'Anglais et d'Écossais, suppliant d'être envoyés dans le Nord ou en Europe. Les histoires racontées par certains de ces pauvres gens étaient des plus pitoyables et étaient attestées par des faits et des journaux ; mais M. Mure ne dispose pas de fonds pour lui permettre d'accéder à leurs prières. Il ne leur reste plus qu'à s'enrôler. Pour la troisième ou quatrième fois, j'ai entendu des cas de sujets britanniques emmenés de force pour remplir les rangs de soi-disant compagnies et régiments de volontaires. Dans certains cas, ils ont été renversés, ligotés et enfermés dans des casernes, jusqu'à ce qu'en désespoir de cause ils consentent à servir. Ceux qui ont des amis conscients de leur état ont été soulagés par l'intervention du Consul ; mais il y en a sans doute beaucoup qui sont ainsi contraints et placés en servitude involontaire à son insu. M. Mure a agi avec énergie, jugement et succès à ces occasions ; mais j'aurais vraiment souhaité qu'il puisse, à partir de sources nationales, aider les nombreux sujets anglais en détresse qui se pressaient dans son bureau.

La grande communauté commerciale de la Nouvelle-Orléans, qui ressent désormais la pression du blocus, dépend de l'intervention des puissances européennes en octobre prochain. Ils ont, parmi eux, des hommes qui refusent de payer leurs dettes aux maisons du Nord, mais ils nient avoir l'intention de les répudier et promettent de payer tous ceux qui ne sont pas des républicains noirs lorsque la guerre sera finie. La répudiation est un mot en disgrâce, car ils estiment que le caractère des États du Sud et de M.

Jefferson Davis lui-même a été très blessé en Europe par la violation de l'honnêteté et de l'honneur dont ils se sont rendus coupables ; mais je suis assuré de tous côtés que chaque État finira par racheter toutes ses obligations. En attendant, l'argent disparaît rapidement ici. Les factures de New York ne valent rien, et celles de l'Angleterre sont à 18 pour cent. réduction de la valeur nominale de l'or ; mais les habitants de cette ville endureront tout cela et bien plus encore pour échapper au règne détesté des Yankees.

A travers les ténèbres actuelles naissent les rayons d'un avenir glorieux, qui verra une grande confédération d'esclaves enfermant le Golfe dans ses bras et s'étendant jusqu'aux rives du Potomac et de Chesapeake, avec le contrôle total du Mississippi et le monopole des grands pays. des produits de base dont dépendent une grande partie de l'industrie et du commerce de l'Angleterre et de la France. Ils se croient en effet maîtres des destinées du monde. Le coton est roi, non seulement roi mais tsar ; et couplés à la gratification et au profit qu'ils tireront de cette puissante agence, ils attendent avec une intense satisfaction l'humiliation complète de leurs ennemis détestés dans les États de la Nouvelle-Angleterre, la destruction de leur rival usuraire de New York, et l'appauvrissement et l'appauvrissement. ruine des États qui ont excité leur inimitié par des projets de loi sur la liberté personnelle, et qui les ont indignés et insultés en abritant des abolitionnistes et une presse anti-esclavagiste.

Les abolitionnistes ont déclaré : « Nous n'aurons jamais de repos tant que tous les esclaves ne seront pas libres aux États-Unis. » Des hommes aux vues plus larges que celles-là ont déclaré : « Ils ne cesseront jamais de s'agiter jusqu'à ce qu'un homme puisse exprimer aussi librement ses opinions, quelles qu'elles soient, sur l'esclavage ou sur quoi que ce soit d'autre, dans les rues de Charleston ou de la Nouvelle-Orléans comme dans les rues de Charleston ou de la Nouvelle-Orléans. ceux de Boston ou de New York. « Nos droits sont garantis par la Constitution », s'exclame le Sud. « La Constitution, rétorque Wendel Phillips, est une alliance avec le diable, une alliance avec l'enfer. »

La doctrine des droits de l'État a été constamment défendue non seulement par les hommes d'État du Sud, mais aussi par le grand parti qui a toujours soutenu que l'établissement d'un gouvernement central fort comportait un danger pour la liberté ; mais les intérêts et les opinions opposés des deux côtés avaient jusqu'ici été empêchés d'entrer en collision ouvertement par des compromis astucieux et par des artifices ingénieux, qui cessèrent avec l'élection de M. Lincoln.

Il y avait dans la pierre angulaire même de l'édifice républicain une petite fissure, qui s'est élargie à mesure que la grande structure augmentait en hauteur et en poids. Les premiers hommes d'État et auteurs de la République connaissaient son existence, mais laissaient à la postérité le devoir de s'en occuper et de se prémunir contre ses conséquences. Washington lui-même était parfaitement conscient du danger ; et il espérait une durée de soixante ou soixante-dix ans rien que pour le grand édifice qu'il avait contribué à ériger. Il était convaincu qu'une crise devait survenir, lorsque les États qu'il avait mis en garde dans son discours d'adieu contre la rivalité et les factions seraient incapables de vaincre les animosités excitées par des intérêts différents et les passions nées d'institutions adverses ; et maintenant que la séparation est survenue, il n'y a plus, ni dans la Constitution, ni hors de celle-ci, le pouvoir de cimenter ensemble les fragments brisés.

Il est remarquable qu'à la Nouvelle-Orléans, comme à New York, l'opinion des hommes les plus riches et les plus intelligents de la communauté, autant que je puisse en juger, considère le suffrage universel comme une confiscation organisée, une violence et une corruption légalisées, une maladie mortelle dans le monde. corps politique. L'autre soir, alors que j'étais assis dans le club-house, j'ai entendu une discussion faisant référence aux opérations des Thugs dans cette ville, une bande d'Américains nés dans le pays, qui, en période d'élections, avaient l'habitude d'abattre délibérément des Irlandais et des Allemands. des électeurs occupant des positions de leaders de leurs foules. Ces voyous n'étaient réprimés que par un comité de vigilance armé, dont un médecin assis à table était l'un des membres.

Après avoir fait quelques achats et effectué toutes mes visites, je reviens préparer mon voyage sur le Mississippi et ma visite à plusieurs planteurs sur ses rives, la première étant celle du gouverneur Roman.

CHAPITRE XXXII.

Sur le Mississippi. — Nègres libres et politique anglaise — Monotonie du paysage fluvial — — <u>Visit to M. Roman</u>Quartiers d'esclaves — Une danse d'esclaves — Enfants d'esclaves — Hôpital nègre — Opinion générale — Confiance en Jefferson Davis.

2 juin. — Mon bon ami le Consul s'est levé de bonne heure pour m'accompagner ; et nous avons roulé ensemble jusqu'au bateau à vapeur JL Cotten. Le peuple allait se masser tandis que nous traversions les rues ; et c'était pitoyable de voir les enfants déguisés en zouaves, avec des épées de fer-blanc et toutes sortes de sottises pseudo-militaires ; des rues bondées de compagnies militaires ; des groupes jouent de tous côtés.

Avant que nous quittions la porte, un pauvre marin noir est venu demander l'intervention de M. Mure. Il avait été envoyé par terre par M. Magee, consul à Mobile, à la Nouvelle-Orléans, dans l'espoir que M. Mure pourrait lui procurer un passage gratuit vers quelque port britannique. Il avait servi dans la Royal Navy et avait été blessé pendant la guerre de Russie. Dès son arrivée à la Nouvelle-Orléans, il avait été arrêté par la police. Après qu'il ait déclaré qu'il était un sujet britannique né libre, les autorités ont ordonné qu'il soit emmené chez M. Mure ; il ne pouvait pas être autorisé à circuler en liberté à cause de sa couleur ; les lois de l'État interdisaient des expériences aussi dangereuses sur les sentiments de la population esclave ; et si le consul ne pourvoyait pas à ses besoins, il serait arrêté et gardé en prison, s'il ne lui arrivait pas un sort pire. Il souffrait des suites de sa blessure et était visiblement en mauvaise santé. M. Mure lui remit une lettre pour l'hôpital des marins et quelques secours de sa poche. La police l'accompagnait jusqu'à la porte, et restait dehors pour l'arrêter si le consul ne le protégeait pas et ne le soignait pas, afin qu'il ne soit pas vu en liberté dans les rues de la ville. L'autre jour, un corsaire de la Nouvelle-Orléans a capturé trois bricks du Nord, à bord desquels se trouvaient dix nègres libres. Le capitaine les remit au Recorder, qui s'adressa au maréchal des États confédérés pour en prendre soin. Le Maréchal refusa de les recevoir, sur quoi le Recorder, en magistrat et en bon citoyen, décida de les garder en prison, car ce serait une politique mauvaise et dangereuse de les lâcher sur la communauté.

Je ne peux m'empêcher de penser que la position adoptée par l'Angleterre à l'égard de la question de ses sujets de couleur est humiliante et dégradante. Les gens qui vivent à Londres peuvent considérer cette question comme une affaire légère ; mais cela n'a pas seulement été incompatible avec l'honneur national ; cela nous a tellement dégradés aux yeux des Américains eux-mêmes, qu'ils sont encouragés à adopter un ton insolent et à commettre des actes de violence à notre égard, ce qui ne laissera un jour à la Grande-

Bretagne d'autre choix que d'appeler aux armes. Les personnes de couleur libres sont passibles d'arrestation par la police et d'emprisonnement, et peuvent être vendues comme servitude dans certaines circonstances.

En arrivant au bateau à vapeur, je trouvai un groupe considérable de citoyens rassemblés pour accompagner leurs amis. Le fils du gouverneur Roman m'a présenté ses excuses de ne pouvoir m'accompagner en remontant le fleuve, alors qu'il se rendait à l'exercice de sa compagnie de volontaires. Plusieurs autres messieurs étaient en uniforme ; et lorsque nous eûmes dépassé les maisons de la ville, j'aperçus des compagnies et des troupes de cavalerie s'exerçant des deux côtés des rives. À bord se trouvaient M. Burnside, un très grand propriétaire, and Mr. Forstallagent de MM. Baring, qui prétend descendre d'une famille irlandaise près de Rochestown, bien qu'il parle notre langue vernaculaire avec difficulté et qu'il soit beaucoup plus français que britannique. Il est considéré comme l'un des financiers et économistes les plus compétents des États-Unis, et il est certainement très ingénieux et regorge de faits et de chiffres.

L'aspect de la Nouvelle-Orléans depuis le fleuve est gâché par les maisons très pauvres qui bordent les quais de la digue. De larges rues s'ouvrent sur de longues perspectives bordées de petits domiciles les plus mesquins ; et les grandes conceptions de ceux qui les ont projetés, malgré la prospérité de la ville, ne se sont pas réalisées.

Comme nous flottions maintenant neuf pieds plus haut que le niveau des rues, nous pouvions contempler une mer de toits plats et de maisons basses en bois, peintes en blanc, percées de coupoles et de flèches d'églises et d'édifices publics. L'herbe poussait dans beaucoup de ces rues. De l'autre côté de la rivière se trouve une petite ville composée de maisons aux toits de bardeaux et sur fond de bois bas.

Le paquebot s'arrêtait continuellement en divers points le long de la digue, déchargeant les provisions du commissariat, les colis et les passagers ; et après un certain temps, nous nous glissâmes dans la campagne ouverte, qui s'étendait sous nos pieds sur plusieurs milles de chaque côté des rives, avec un fond continu de forêt. Toute cette partie du fleuve s'appelle la Côte, et le pays adjacent est remarquable par sa fertilité. Les plantations sucrières sont délimitées par des lignes tracées perpendiculairement aux rives du fleuve et s'étendant à travers la forêt. Les villas des propriétaires sont plantées densément au milieu des champs verts, avec les portiques, les piliers, les vérandas et les stores verts habituels ; et à proximité de chacune se trouvent des rangées de huttes blanchies à la chaux, qui sont les quartiers des esclaves. Ces champs, à niveau comme une table de billard, sont du vert le plus éclatant avec des récoltes de maïs et de sucre.

Mais peu de personnes étaient visibles ; pas un bateau n'était visible ; et au cours d'un parcours de soixante-deux milles, nous ne rencontrâmes que deux vapeurs. Aucun talus, aucun banc de galets, aucune marge rocheuse ne marquent le cours ou ne diversifient les contours du Mississippi. La ligne morte et uniforme de la digue la comprime de chaque côté, et les eaux troubles coulent sans laisser passer un courant de largeur uniforme entre les berges monotones. Les pignons et le sommet d'une maison ressemblent à ceux d'une autre ; et n'eût été l'immensité du fleuve et de ses berges, et les visages noirs des quelques nègres visibles, un passager pourrait croire qu'il se trouve à bord d'un « treckshuyt » hollandais. En fait, le Mississippi est un immense canal en forme de tranchée qui draine un continent.

À trois heures et demie de L'APRÈS-MIDI, le paquebot longea la digue de la rive droite et me déposa à « Cahabanooze », en langue indienne, ou « le lieu de couchage des canards », en compagnie d'un marchand anglais de la Nouvelle-Orléans, M. La Ville Beaufèvre, gendre du gouverneur Roman, et son épouse. Le gouverneur attendait pour nous recevoir dans la digue et nous conduisit à travers une porte dans la palissade qui séparait son terrain du bord de la route, vers la maison, une maison substantielle, carrée, à deux étages, avec une véranda tout autour. enchâssé au milieu d'arbres vénérables et entouré de magnolias. Pour expliquer la proximité de sa maison avec la rivière, M. Roman m'a dit qu'une partie considérable du jardin en face avait été emportée depuis peu par le Mississipi ; il n'est pas non plus sûr que la maison elle-même ne connaîtra pas le même sort ; J'espère sincèrement que ce ne sera pas le cas. Mon logement était dans une maison individuelle, complète en elle-même, contenant quatre chambres, une bibliothèque et un salon, proche du manoir et entourée, comme lui, de beaux arbres.

Après que nous fussions assis quelque temps à l'ombre du groupe le plus distingué, M. Roman, ou, comme on l'appelle, le gouverneur, capitaine autrefois capitaine, toujours capitaine, me demanda si je désirais visiter les quartiers des esclaves. J'acquiesçai, et le gouverneur me conduisit vers une haute palissade à l'arrière de la maison, à l'intérieur de laquelle on entendait le grattage des violons. Alors que nous passions devant le manoir, des jeunes femmes passaient, vêtues de robes blanches comme neige, de crinolines, d'écharpes roses et de mouchoirs aux couleurs criardes sur la tête. Elles étaient, m'a dit le gouverneur, les domestiques qui partaient danser au sucre. -maison; il laisse danser ses esclaves tous les dimanches. Les planteurs américains qui ne sont pas catholiques, bien qu'ils ne fassent pas travailler les esclaves le dimanche sauf s'ils ont quelque chose à faire, leur accordent rarement l'indulgence d'une danse, mais quelques-uns leur permettent quelques heures de détente chaque samedi après-midi.

Nous entrâmes, par un portillon, dans une enceinte carrée, bordée de huttes de nègres, bâties en bois, à peu près semblables à celles qui arrivaient de Malte en Crimée au début de la campagne. Ils ne sont pas équipés de fenêtres : un toboggan ou une grille en bois laisse passer tout l'air qu'un nègre désire. Il y a une cloison qui divise la cabane en deux parties, dont l'une sert de chambre à coucher et contient un sommier et un matelas rembourrés de coton ou de fibres de mousse espagnole séchée, semblables à des cheveux. Les armoires des détenus sont suspendues à des clous ou à des chevilles enfoncés dans le mur. L'autre pièce est meublée d'une commode sur laquelle sont disposés quelques articles de vaisselle et ustensiles de cuisine. Parfois, aux simples chaises en bois, plus ou moins délabrées, qui constituent le mobilier, s'ajoutent une table, un foyer, en liaison avec une cheminée en brique, à l'extérieur de la chaumière, dans lequel, si chaud que soit le jour, quelques braises sont sûres de s'allumer. être trouvé en train de brûler. Le sol autour des cabanes était couvert de détritus et de poussière, de tas de vieilles chaussures, de fragments de vêtements et de plumes, au milieu desquels se récréaient cochons et volailles. Des chiens de moindre degré couraient dans et hors de l'ombre, ou autour de deux énormes chiens, *chiens de garde* , qui sont lâchés la nuit pour garder l'enceinte ; Jusqu'au ventre, dans une mare d'eau stagnante, trente ou quarante mules sillonnaient au soleil et profitaient de leur journée de repos.

Les cabanes des nègres occupés à la maison sont séparées de celles des esclaves voués aux travaux des champs en plein air par une palissade en bois. J'ai inspecté plusieurs maisons, mais j'ai ressenti, d'une manière ou d'une autre, une répugnance, j'ose dire injustifiable, à examiner les pénétralia, bien que invité, voire poussé, à le faire par le gouverneur. Ce n'était pas que je m'attendais à quelque chose de terrible, mais je ne pouvais me débarrasser de quelque respect pour les sentiments des pauvres créatures, bien qu'esclaves, qui se tenaient là, timides, faisant la révérence et silencieuses, tandis que j'intervenais. leur cercle familial, tâtaient leurs lits et retournaient leurs vêtements. De quel droit avais-je le droit de le faire ?

Des nuées de mouches, des ustensiles de cuisine en fer blanc les attirant par des restes de mélasse, de la vaisselle cassée et ancienne sur les commodes, des vêtements plus ou moins vieux au mur, ceux-ci variés encore et encore, se retrouvaient dans toutes les cabanes ; aucun signe d'ornement ou de décoration n'était visible ; pas l'impression la plus sordide, l'image de la Vierge ou du Sauveur ; pas un livre de prières ou un volume imprimé. Les esclaves ne sont pas encouragés, ni même autorisés à lire, et certaines communautés de propriétaires d'esclaves punissent lourdement ceux qui tentent de les instruire.

Tous les esclaves semblaient respectueux envers leur maître ; Vêtus de leurs plus beaux atours, ils firent la révérence et s'approchèrent pour lui serrer la main et celle de moi. Parmi eux se trouvaient des hommes et des femmes très âgés, les chancres du domaine, qui somnolaient pour l'éternité, ne pensant qu'au hominy, au porc et à la mélasse. Deux violoneux nègres jouaient avec énergie devant une des huttes, et une foule de petits enfants écoutait la musique, accompagnés de quelques adultes de couleur, dont certains venaient des plantations voisines. Les enfants sont généralement vêtus d'un petit sac de calicot grossier, qui répond à tous les usages raisonnables, même s'il n'est pas très propre.

Cela pourrait être un sujet d'enquête intéressant pour les philosophes naturels qui suivent la criminologie, de déterminer pourquoi les cheveux du nourrisson noir, ou de l'enfant, jusqu'à l'âge de six ou sept ans, sont généralement d'un beau roux roux, ou même gamboge. couleur et s'assombrit progressivement en ébène terne. Ces petits corps étaient pour la plupart gros ventre, bien nourris et non moins heureux que les enfants nés libres, bien que beaucoup plus précieux ; car s'ils ont surmonté les dangers de la jeunesse et progressent vers l'âge de neuf ou dix ans, ils prennent de la valeur. à 100 £ ou plus, même lorsque le marché est bas et que l'argent est rare.

Les femmes n'étaient pas très favorisées ; une fille jaune, aux cheveux blonds et aux yeux clairs, dont l'enfant était tout blanc, sauf ; les hommes étaient vêtus de vêtements si étrangement coupés, leurs chapeaux, leurs chaussures et leurs manteaux si merveilleusement confectionnés, qu'on ne pouvait pas dire à quoi ressemblaient leurs silhouettes. Sur tous les visages, il y avait une gravité qui devait être l'indice d'un contentement serein et d'un confort parfait, car ceux qui devraient le savoir le mieux déclarent qu'ils sont la race la plus heureuse du monde.

Cependant, à mesure que j'examinais l'expression des visages des esclaves, je me rendais de plus en plus compte que le profond abattement était la caractéristique dominante, sinon universelle, de cette race. Ici, il y avait de nombreuses preuves qu'ils étaient bien traités ; ils avaient de bons vêtements, de la nourriture, et un maître qui ne pouvait volontairement leur faire aucune injustice, car il en est, j'en suis sûr, incapable. Pourtant, ils avaient tous l'air tristes, et même la vieille femme, qui se vantait d'avoir tenu son ancien propriétaire dans ses bras lorsqu'il était enfant, ne souriait pas joyeusement, comme l'aurait fait la nourrice de la maison, à la vue de son ancien propriétaire. charge.

Les nègres élèvent des oiseaux domestiques de toutes espèces et vendent des œufs et des volailles à leurs maîtres. L'argent est dépensé pour acheter du tabac, de la mélasse, des vêtements et de la farine ; le whisky, leur grand délice, ils ne doivent pas en avoir. Quelque soixante-dix à quatre-vingts ouvriers étaient cantonnés dans cette partie du domaine.

Avant de quitter l'enclos, je fus conduit à l'hôpital où se trouvait une vieille négresse. Les salles nues contenaient plusieurs lits de troupeaux sur des supports bruts et cinq patients, dont trois femmes. Ils s'assirent nonchalamment sur les lits, regardant le vide ; pas de livres pour les amuser, pas de conversation — rien que leurs propres pensées ennuyeuses, s'ils en avaient. Ils souffraient de pneumonie et de gonflements des glandes du cou ; un homme avait de la fièvre. Leur médecin leur rend visite régulièrement et chaque plantation a un praticien engagé à terme pour ses services. Si la culture de la canne à sucre, du coton et du maïs était le grand but de la mission de l'homme sur terre, et si tous les maîtres étaient comme le gouverneur Roman, l'esclavage pourrait être défendu comme une institution naturelle et inoffensive. Le sucre et le coton sont assurément deux grands agents de ce monde ultérieur. Le plus âgé s'en sortait assez bien sans eux.

Le raclement des violons nous attire vers la sucrerie, où le jus de canne est exprimé, bouilli, granulé et préparé pour la raffinerie, un grand bâtiment en brique, avec une cheminée aux allures d'usine. Dans un espace du sol inoccupé par les machines, une quinzaine de femmes et autant d'hommes étaient rassemblés, et quatre couples dansaient une sorte de gigue irlandaise sur la musique des musiciens nègres - un double shuffle dans une extase sourde, les coudes lâches, pendants. pattes, genoux inclinés, têtes renversées et dos cambrés vers l'intérieur - un œil vitreux, une intense solennité de mine.

À cette époque de l'année, il n'y a pas de travail à la sucrerie, mais quand le broyage et l'ébullition se poursuivent, le travail est extrêmement éprouvant, et les ouvriers travaillent en équipes nuit et jour ; et, si la chaleur des incendies s'ajoute à la température de septembre, on peut admettre que rien d'autre que la « servitude involontaire » ne pourrait supporter le labeur et les souffrances nécessaires pour produire du sucre.

Dans l'après-midi, arriva le fils du gouverneur de la compagnie qu'il commande : ses hommes sont issus des meilleures familles du pays, planteurs et autres. Nous flânâmes dans les jardins, diminués, comme je l'ai dit, par un caprice du fleuve. Les créoles français aiment les jardins ; les Anglo-Saxons d'ici ne les affectent pas beaucoup et cultivent leurs récoltes jusqu'à la porte.

Il était curieux d'observer si loin de la France tant de traces de la vie du vieux seigneur - les premiers repas, où le souper tenait lieu de dîner - la simplicité frugale - et pourtant un raffinement de manières, une gentillesse et une courtoisie qui n'étaient pas à la hauteur. dépassé.

Le soir, plusieurs officiers de la compagnie de M. Alfred Roman et des planteurs voisins sont arrivés, et nous nous sommes assis au crépuscule, sous les arbres de la véranda, éclairés par les lucioles scintillantes, et discutant politique. J'ai été frappé par le profond silence qui régnait tout autour de nous, à l'exception d'un bruit sourd et précipité, semblable à celui du vent soufflant sur les champs de maïs, qui venait du puissant fleuve devant nous. Rien d'autre n'était audible à part le son de nos propres voix et l'aboiement lointain d'un chien. Après le passage du bateau à vapeur qui nous transportait, je ne crois pas qu'un seul bateau ait flotté sur le cours d'eau, et qu'un seul planteur solitaire, dans son cabriolet ou son buggy, ait traversé la route qui s'étendait entre les palissades du jardin et la rive du fleuve. le grand fleuve.

Nos amis étaient tous créoles, c'est-à-dire originaires de Louisiane, d'origine française ou espagnole. Ils sont, selon la réputation universelle, de meilleurs maîtres et plus gentils que les Amérindiens ou les Écossais ; mais le Yankee de la Nouvelle-Angleterre est réputé être le plus sévère de tous les propriétaires d'esclaves. Tous ces messieurs sont résolus à ce que l'Angleterre obtienne son coton ou périsse. Elle le prendra donc de force ; mais comme le Sud est déterminé à ne jamais laisser un navire Yankee transporter aucun de ses produits, une question a été soulevée par M. Baroche, qui regarde actuellement autour de lui à la Nouvelle-Orléans, ce qui cause quelques difficultés à l'astucieux et statistique M. Forstall. . L'économiste français a calculé que si les navires yankees étaient exclus du commerce de transport, la marine commerciale de la France et de l'Angleterre ensemble serait tout à fait insuffisante pour transporter les produits du Sud vers l'Europe.

Mais la foi du Sud est indomptable. Avec leurs fidèles nègres pour cultiver leur maïs, leur sucre et leur coton, pendant que leurs jeunes hommes sont à la guerre ; avec la France et l'Angleterre qui mettent de l'or sur leurs genoux pour acheter tout ce dont ils ont besoin dans la compétition, ils croient pouvoir battre toutes les puissances du monde du Nord par les armes. Des champs illimités, cultivés par une multitude de nègres, s'ouvrent à leurs yeux, et ils voient les empires de l'Europe, avec leurs manufactures, leur industrie et leurs richesses, prosternés au pied de leur trône, criant : « Coton ! Encore du coton ! C'est tout ce que nous demandons !

M. Forstall soutient que le Sud peut générer d'énormes revenus grâce à un petit impôt direct ; tandis que le Nord, privé des ressources du Sud, refusera de payer des impôts et accumulera d'énormes dettes, conduisant inévitablement à sa ruine financière. Comme tous les hommes du Sud que j'ai rencontrés jusqu'à présent, il exprime une confiance sans limites en M. Jefferson Davis. On me pose invariablement, comme la deuxième question d'un inconnu : « Avez-vous vu notre président, monsieur ? ne pensez-vous pas que c'est un homme très capable ? Cette unanimité dans l'appréciation de son caractère et cette confiance universelle dans le chef de l'État se révéleront d'une valeur incalculable dans une guerre civile.

CHAPITRE XXXIII.

Traversez les champs de maïs – Plantation de sucre ; nègres au travail –
Usage du fouet – Sentiment envers la France – Silence de la campagne –
Nègres et chiens – Théorie de l'esclavage – Formation physique du nègre –
La défense de l'esclavage – Les messes pour les âmes nègres – Couvent du
Sacré Cœur – Ferry -maison—Un grand propriétaire foncier.

3 juin. Ce matin, à cinq heures, après avoir été réveillé une heure plus tôt par
un merveilleux chœur d'oiseaux moqueurs, mon vieux nègre m'a apporté
mon bain d'eau du Mississippi, qui, comme le Nil, dépose un dépôt solide et
devient comme clair, sinon si doux, après avoir été debout. « Le seigneur
vous attend ; » et déjà j'apercevais, par ma fenêtre, le gouverneur monté sur
un gros torchis, et un joli cheval alezan qui attendait, conduit par un esclave.
Même s'il était tôt, le soleil était excessivement chaud et j'enviais le chapeau
tombant du gouverneur tandis que nous traversions les champs vivifiants de
rosée. En quelques minutes, nos chevaux parcouraient des allées étroites
entre les hauts champs de maïs qui s'élevaient bien au-dessus de nos têtes. Ce
blé, comme on l'appelle, est la principale nourriture des nègres ; et chaque
planteur en dépose une quantité suffisante pour lui assurer, en moyenne, un
approvisionnement toute l'année. Au dehors s'étendaient de vastes champs,
sans haies, sans murs et sans clôtures, où la canne verte apprenait à peine à
agiter ses longues pousses au vent - un lac de pousses de sucre d'un vert
éclatant, au bord duquel, dans le Au loin, s'élevait une limite ininterrompue
de forêt, sur deux milles de profondeur, jusqu'au marécage marécageux, le
tout devant être défriché et transformé en terre arable au fil du temps. Depuis
le bord de la rivière jusqu'à cette forêt, les champs d'un limon riche,
insondable et produisant de un à un tonneau et demi de sucre par acre cultivé,
s'étendent sur un mille et demi de profondeur. Au milieu de cette étendue,
des points blancs étaient visibles comme des Sowars vus au début de la
marche, dans les champs indiens, à maintes reprises. Ce sont les équipes de
travailleurs à l'œuvre – nous verrons à quoi elles font maintenant. Cette petite
réminiscence de la vie indienne était encore renforcée par les nègres qui
couraient à nos côtés pour arracher les mouches des chevaux et ouvrir les
portes des limites de la plantation. Quand le blé d'Inde n'est pas bon, on sème
des pois alternativement entre les tiges, et on les considère comme étant
d'une grande utilité ; et quand la canne est mauvaise, on sème du maïs avec,
dans le même but. Avant d'arriver aux bandes, nous croisâmes sur la route
une charrette contenant un grand tonneau, un seau plein de mélasse, un seau
de hominy ou maïs indien bouilli et une quantité de pannikins en étain. Le
tonneau contenait de l'eau pour les nègres, et les autres récipients contenaient
le matériel de leur petit-déjeuner ; en plus, ils ont généralement chacun un
poisson séché. La nourriture était copieuse et semblait saine ; comme tout

ouvrier se contenterait bien. Traversant le maïs d'un côté et la canne de l'autre, nous arrivâmes enfin à un terrain où trente-six hommes et femmes binaient.

Trois bandes de nègres étaient à l'œuvre : une bande d'hommes, avec vingt mules et charrues, était occupée à parcourir les sillons entre les cannes, à couper les mauvaises herbes et à dégager l'herbe, ennemie de la pousse en croissance. Les mules sont belles, grandes, de bonne humeur, et comprennent leur travail presque aussi bien que les conducteurs, qui sont généralement les ouvriers les plus intelligents de la plantation. Le contremaître, un créole à l'air vif, sur un poney dégingandé, le fouet à la main, surveillait leurs travaux, et, après avoir salué le gouverneur, à qui il fit quelques remarques sur l'état des récoltes, s'en alla dans une autre partie de la ville. la ferme. A l'exception de crier à leurs mules, les nègres gardaient le silence pendant leur travail.

Une autre équipe était composée de quarante hommes qui sarclaient l'herbe du maïs indien. La troisième équipe, composée de trente-six femmes, était occupée à biner la canne. Leurs vêtements semblaient lourds pour le climat ; leurs chaussures, lourdes et mal faites, avaient usé les pieds de leurs bas épais, qui pendaient en franges sur les cuirs supérieurs. Des chapeaux de paille grossière et des mouchoirs en coton brillant protégeaient leur tête du soleil. Le silence auquel j'ai déjà fait allusion régnait également parmi ces bandes : on n'entendait aucun bruit si ce n'est les coups de houe sur les lourdes mottes de terre. À l'arrière de chaque gang se tenait un surveillant noir, avec un fouet à lanière lourde sur l'épaule. Si on criait « Alcíbíade » ou « Pompée », il venait, la main tendue, demander « Comment vas-tu », puis il se remettait à son travail ; mais les dames étaient timides et levaient à peine les yeux de dessous leurs *chapeaux de paille flottants* vers leurs visiteurs.

Celles qui sont mères confient leurs enfants à la garde de certaines vieilles femmes, inaptes à autre chose, et les « suceuses », comme on les appelle, sont autorisées à rentrer chez elles, à des heures déterminées de la journée, pour donner le sein aux enfants. Les surveillants ont le pouvoir de donner dix coups de fouet ; mais une punition plus lourde devrait être signalée au gouverneur ; cependant, il est peu probable qu'un bon surveillant soit contrôlé, de quelque manière que ce soit, par son maître. Les inquiétudes qui accompagnent la culture du sucre sont grandes, et tant de choses dépendent de l'emploi judicieux du travail, qu'il est à peine possible d'exagérer l'importance de l'expérience pour la diriger, et du pouvoir pour insister sur son application. Lorsque le gel arrive, la canne perd toute valeur : un seul contact détruit le sucre. Mais si le gel est l'ennemi du planteur blanc, le soleil n'est guère l'ami de l'homme noir. Le soleil le condamne à l'esclavage, car c'est la chaleur qui constitue la barrière au travail de l'homme blanc. Le gouverneur m'a dit qu'en août, quand les récoltes sont serrées, denses et hautes, et que le soleil vertical frappe les ouvriers, seule une peau noire et une tête couverte de laine peuvent permettre à un homme de sortir en pleine campagne. l'ouvrir et vivre.

Nous sommes rentrés à la maison à temps pour le petit-déjeuner, pour lequel notre première tasse de café et de biscuits et le trajet avaient été une bonne préparation. C'était à nouveau la vieille France. On pourrait imaginer un seigneur du XVIIe siècle dans sa salle, sans les visages noirs des serviteurs et les plats étranges d'origine tropicale. Il y avait la vieille abondance française, les nombreux plats et les efflorescences des serviettes, et les bouteilles de Bordeaux au long goulot, avec un courant constant de bavardages agréables. J'ai vu quelques numéros d'un journal appelé *La Misachibée*, qui était le nom indien primitif du grand fleuve, non amélioré par l'ajout de syllabes anglo-saxonnes sifflantes.

Les Américains, non indifférents à l'aide à laquelle, à la fin de la guerre d'Indépendance, leurs efforts n'étaient qu'auxiliaires, se plaisent, même dans le Nord, à exalter la France au-dessus de son ancienne rivale ; mais, comme pour montrer la dissemblance innée des deux races, les créoles français manifestent envers les habitants de la Nouvelle-Angleterre et du Nord une animosité mêlée de mépris qui plaide mal en faveur d'un amalgame ou d'une réunion future. Comme le déclarent les Caroliniens du Sud, ils préféreraient retourner à leur allégeance sous la monarchie anglaise, de même les Louisianais, bien qu'ils n'aient aucun sentiment commun avec le peuple de la France républicaine et impériale, affirment qu'ils chercheraient bien plus tôt un lien avec le vieux pays. que de se soumettre au joug des Yankees.

Après le petit-déjeuner, le gouverneur emprunta la levée toujours silencieuse pendant quelques kilomètres, passant domaine après domaine, où bosquet hochait la tête, chaque ruelle voyait son frère. D'après la petite superficie limitée de ces plantations, on ne pouvait pas se douter que les propriétaires étaient plusieurs milliers d'hommes par an, car les domaines s'étendent en moyenne sur trois ou quatre milles en arrière de la forêt. L'absence d'êtres humains sur la route était une caractéristique qui impressionnait de plus en plus. Sans les hautes cheminées des usines et des sucreries, on pourrait croire que ces villas avaient été érigées par des gens épris de plaisir et qui avaient tous fui les rives du fleuve par peur de la peste. Les bandes de nègres au travail étaient cachées dans les profondeurs du maïs, et leurs quartiers étaient silencieux et déserts. Nous ne rencontrâmes qu'un seul planteur, dans son cabriolet, jusqu'à notre arrivée au domaine de M. Potier, beau-frère du gouverneur. Le propriétaire était chez lui et nous reçut très gentiment, bien qu'il souffrît des effets d'une récente calamité domestique. C'est un homme grave et sérieux, avec un visage comme celui de Jérôme Bonaparte, et un catholique très pieux ; et il est difficile de concevoir un homme plus inapte à vivre dans une quelconque communauté avec les puritains de la Nouvelle-

Angleterre ; car une intensité égale de dessein et une sincérité de conviction de leur part ne pouvaient que les conduire à des conflits mortels. Sa maison ressemblait à un château français érigé sous des influences tropicales, et il nous conduisit à travers un beau jardin aménagé de serres, de vérandas, d'orangers et de dattiers, et d'étangs remplis de la magnifique Victoria Regia en fleurs. Nous avons visité ses raffineries et ses moulins, mais la chaleur des chaudières, qui semblait trop forte même pour les nègres presque nus qui travaillaient, ne nous a pas incités à faire un très long séjour à l'intérieur. Les visages d'ébène et les dos noirs et polis des esclaves ruisselaient de transpiration alors qu'ils travaillaient sur des chaudières, des cuves et des séchoirs centrifuges. Le bon raffineur ne gagnait pas beaucoup d'argent à l'heure actuelle, car le sucre a chuté rapidement à la Nouvelle-Orléans et les 300 000 barils produits annuellement dans le Sud ne rapporteront pas de bénéfices, qui peuvent être pris en moyenne à 11 *l.* une baraque, sans compter la mélasse pour le planteur. D'une foi des plus parfaites dans le droit des États, il semblait combiner soit l'indifférence, soit l'ignorance à l'égard de la puissance du Nord, et la détermination de résister jusqu'au bout à la sécession. Tous les planteurs des environs ont semé une quantité inhabituelle de maïs indien, pour nourrir les nègres si la guerre dure, sans aucune détresse due au blocus intérieur ou maritime. L'absurdité de supposer qu'un blocus puisse leur nuire en termes d'approvisionnement est un thème favori sur lequel s'exprimer. Ils découvriront peut-être cependant que ce n'est pas un moyen de guerre méprisable.

La nuit, il y a des patrouilles régulières et des gardiens qui surveillent les levées et les nègres. Plusieurs chiens sont également lâchés, mais on m'assure que ces créatures ne déchirent pas les nègres ; on leur apprend « simplement » à les attraper et à les marmonner, à les traiter comme un retriever bien dressé utilise un canard sauvage blessé.

A six HEURES DU MATIN , Moïse est venu me demander si je voulais un verre d'absinthe, ou quelque chose d'estomacique. Au déjeuner se trouvait le docteur Laporte, ancien membre de l'Assemblée législative de France, exilé par Louis Napoléon ; en d'autres termes, il lui fut ordonné de céder son adhésion au nouveau *régime* , ou de prendre un passeport pour l'étranger. Il préféra cette dernière solution, et maintenant, en vrai Français, constatant que l'Empereur a agrandi la France et ajouté à sa réputation militaire, il admire l'homme à qui, il y a quelques années encore, il prodiguait la haine la plus amère.

La voiture est prête, et le mot d'adieu est enfin prononcé. M. Alfred Roman, mon compagnon, a voyagé en Europe et appris la philosophie ; n'est pas aussi orthodoxe que beaucoup de messieurs que j'ai rencontrés et qui se livrent à des hypothèses ingénieuses pour réconforter la conscience des anthropopropriétaires. Le crâne du nègre ne peut pas contenir autant d'onces de plomb que celui de l'homme blanc. Une preuve puissante que l'homme blanc a le droit de vendre et de posséder la créature ! Il est plantigrade, et sculpté quant au tibia ! Démonstration convaincante qu'il a été fait expressément pour travailler pour le Caucasien aux pieds cambrés et au tibia droit. Il a un *rete mucosum* et un pigment coloré ! Il ne peut sûrement pas avoir une âme de la même couleur que celle d'un Italien ou d'un Espagnol, et encore moins d'un Saxon aux cheveux blonds ! Voyez ces particularités dans le sinus frontal – en sinciput ou en occiput ! Pouvez-vous douter que l'être avec une tête de cette forme n'ait été fait que pour labourer, biner et creuser pour une autre race ? En outre, la Bible dit qu'il est fils de Cham, et la prophétie doit s'accomplir dans les rizières, les cannes à sucre et les champs de maïs de la Confédération du Sud. C'est un pur blasphème que de s'y opposer. Notre Sauveur sanctionne l'esclavage parce qu'il ne dit pas un mot contre lui, et il est très probable que saint Paul était propriétaire d'esclaves. Si le coton et le sucre avaient été connus, l'apôtre aurait pu être un planteur ! De plus, le nègre est civilisé lorsqu'il est emmené hors d'Afrique et mis au travail, au lieu de rester les bras croisés dans l'inutilité indigène. Quel espoir y a-t-il de christianiser les races africaines, sinon par l'intermédiaire des apôtres de la Nouvelle-Orléans, de Mobile ou de Charleston, qui chantent les doux chants de Sion avec une telle véhémence et réclament avec tant de ferveur le baptême dans les eaux du " Jawdam ?

Si ces nobles raisonnements physiques, métaphysiques, moraux et religieux ne vous satisfont pas, et si vous avez l'audace de vous aventurer encore à ne pas être convaincu et à le dire, alors je vous conseille de ne pas vous approcher d'une réunion massive de nos citoyens, qui pourra peut-être trouver une corde et un arbre dans le quartier.

Alors que nous courons dans une calèche tirée par une paire de gros chevaux, nous rencontrons un certain nombre de blancs venant de la chapelle catholique de la paroisse, où ils assistaient à l'office pour le repos de l'âme d'une dame très appréciée. aimé dans le quartier. Les Noirs doivent être supposés avoir une âme très heureuse, ou être aussi complètement perdus que l'homonculus de M. Shandy l'était dans certaines circonstances, car je n'ai pas trouvé que de tels services aient jamais été considérés comme nécessaires dans leur cas, même s'ils ont pu l'être. Il y avait de très bons — ou, là où le service serait le plus désirable — de très mauvais catholiques. L'uniformité morte et plombée du paysage obligeait à converser pour échapper à une profonde mélancolie : la levée à droite, au-dessus de laquelle on ne voyait plus que le ciel ; à gauche, des plantations avec des clôtures de cyprès, des portes en bois blanchies à la chaux et pointues menant aux maisons des planteurs, et des jardins accidentés entourés d'arbustes, à travers lesquels on apercevait les quartiers des esclaves. Les hommes qui produisaient quatre-vingts ou quatre-vingt-dix tonneaux de sucre par an vivaient dans des maisons en bois délabrées, pas beaucoup plus grandes que des étables à bœufs.

Pendant que nous avancions, la tempête s'amassait au-dessus de nous et la pluie tombait à torrents – le Mississippi coulait sans vie – pas un bateau sur sa vaste surface.

Enfin, nous arrivâmes chez le gouverneur Manning et nous rendîmes à la maison du surveillant, un grand vieillard aux yeux lourds.

«Cette pluie fera du bien au maïs», dit le surveillant. "Les nègres n'ont vraiment rien à faire, car ils ont plutôt bien déblayé les champs."

Au ferry-house, j'étais accompagné d'un jeune et robuste esclave qui devait me conduire. Deux skiffs à fond plat gisaient sur la berge. Le nègre tâtonna sous le hangar et en sortit un morceau de bois semblable à une grande spatule, long d'environ quatre pieds, et une petite perche ronde un peu plus longue. "Quels sont ces?" dis-je. « Les rames à eux, Massa », fut la réponse vive de mon passeur de sable. « Je suis sûr que non ; s'ils étaient assemblés, ils pourraient former une rame entre eux. "Mon Dieu, et c'est la vérité, Massa." « Alors va chercher des rames, tu veux ? » Pendant qu'il chassait, nous sommes entrés dans le hangar du ferry pour nous protéger de la pluie. Nous avons trouvé « une femme solitaire assise » fumant une pipe près des cendres de l'âtre, les yeux larmoyants, les sourcils bas et moroses – aussi jeune qu'elle soit. Elle n'a jamais dit un mot ni bougé lorsque nous sommes entrés, s'est assise et a fumé et a regardé avec ses yeux gommeux des poules de la taille d'un moineau et un chat pas plus gros qu'un rat qui courait sur le sol sale. Une petite fille d'environ quatre ans, pas trop habillée, voire à moitié nue, « pour ne pas trop insister », sortit de sous le lit où elle s'était cachée à notre approche. Comme elle semblait incapable d'apprécier l'usage d'une petite pièce d'argent qu'on lui présentait — n'ayant aucune idée précise en matière de monnaie ou de caramel — son parent prit l'obole en charge, avec une décision sans équivoque ; mais la dame ne voulut toujours pas faire un pas pour aider notre guide, qui insistait maintenant pour avoir la « clé de la maison à rames ». La petite chose s'est faufilée et l'a recherché du haut du lit, et lorsqu'elle a été trouvée et que le bateau était prêt, je n'ai pas regretté de quitter la compagnie de la femme silencieuse en noir. Le batelier poussa son canot, en forme d'extincteur, d'une dizaine de pieds de long et d'un pied de profondeur, dans l'eau : il y avait beaucoup de pluie dedans. J'y montai aussi, et les eaux conscientes commencèrent immédiatement à jaillir vigoureusement à travers la ouate de coton avec laquelle l'embarcation était calfeutrée. Si nous étions allés dans le ruisseau, nous aurions dû nous baigner, et on dit que le Mississippi est le fleuve le plus dangereux du monde connu, pour cet exercice salutaire. "Pourquoi! Bon sang, je vous emmène » (je dis au moins cela, dans ma colère), « ne voyez-vous pas que le bateau fuit ? « Voyez-le maintenant pour vrai, Massa. Cependant, personne ne peut le dire avant que Massa n'entre. Un autre skiff s'est avéré plus fidèle. J'ai dit au revoir à mon ami Roman et je me suis assis dans mon bateau, que le nègre avait poussé contre le ruisseau près de la rive, afin de prendre un bon départ pour passer de l'autre côté. La vue depuis ma position isolée était curieuse, mais pas du tout pittoresque. Le monde était délimité des deux côtés par une haute rive qui resserrait le large fleuve, tout comme si l'on naviguait dans un égout à ciel ouvert d'une longueur et d'une largeur énormes. Au-dessus de la berge s'élevaient les cimes des grands arbres et les cheminées des sucreries, et on ne voyait que le ciel.

Un quart d'heure nous amène à la levée de l'autre côté. Je remontai la berge, et de l'autre côté de la route, juste en face, apparurent une porte cochère et des guichets en bois peints en blanc, dans une rangée de palissades de parc du même matériau, qui s'étendaient le long de la route à perte de vue. et gardé de vastes champs de maïs et de canne à sucre. Une allée bordée d'arbres aux branches serrées, tombant et surplombant une allée pavée de briques rouges, conduisait à la maison dont le porche était visible à l'extrémité de la pelouse, avec des grappes de fleurs, des rosiers, des jasmins et des lianes accrochées. aux piliers soutenant la véranda. La vue depuis le belvédère sur le toit était l'une des plus saisissantes au monde.

Si un agriculteur anglais pouvait voir six mille acres de la plus belle terre dans un seul champ, sans haie ni limite, et couverte des plus magnifiques récoltes de maïs indien en grappes et de canne à sucre en germination, aussi niveau qu'une table de billard, il je doute sûrement de ses sens. Mais voici littéralement un tel spectacle : six mille acres, mieux cultivés que le plus beau terrain de tous les Lothians, verts comme les pâturages de Meath, qui peuvent être cultivés pendant cent ans sans avoir besoin de fumier, d'une profondeur pratiquement illimitée et donnant un rendement. un bénéfice moyen sur ce qui est vendu d'au moins 20 *l.* l'acre, aux anciens prix et au rendement habituel du sucre. Au milieu de la verdure se dressent les lignes blanches des chaumières des nègres, des bureaux des plantations et des sucreries, qui ressemblent de loin à de grands édifices publics. Mon hôte n'était pas ostensiblement fier en me disant qu'en 1857, il avait acheté ce domaine pour 300 000 *l.* et une propriété adjacente, de 8 000 acres, pour 150 000 *l.* , et qu'il avait quitté Belfast dans sa prime jeunesse, pauvre et sans amis, pour chercher fortune, et en fait sachant à peine ce que signifiait fortune, dans le Nouveau Monde. En fait, il avait investi dans ces achats la plus grande partie, mais non la totalité, des bénéfices provenant de l'affaire de la Nouvelle-Orléans, qu'il avait héritée de son maître ; dont il restait encore un noyau solide sous la forme d'une grande revue à laine et d'une maison de campagne. Il n'a pas encore cinquante ans, et sa confiance dans le grand avenir du sucre l'a poussé à embarquer cette énorme fortune dans un domaine paralysé par le blocus.

Je ne peux cependant douter qu'il regrette de n'avoir pas placé son argent dans un certain grand domaine du nord de l'Irlande, qu'il était presque décidé à acheter ; et, s'il l'avait fait, il se trouverait maintenant dans la position à laquelle son bon sens intact, sa modestie, sa gentillesse et sa bienveillance, en ajoutant toujours le loyer, lui donnent droit. Six mille acres sur ce seul domaine, tous couverts de canne à sucre, et 16,000 acres de plus de maïs indien, pour nourrir les esclaves ; c'étaient de grandes possessions, mais il n'en restait pas moins de 18,000 acres, couverts de prairies, de forêts et de marécages. pour être récupéré et transformé en or. Aussi facile de persuader le propriétaire d'une telle richesse que l'esclavage est indéfendable que de convaincre le baron normand que le crétin saxon qui cultivait ses terres devait être son égal.

J'ai trouvé M. Ward et quelques marchands de la Nouvelle-Orléans en possession de la maison du garçon. Le service était assuré par des esclaves, et l'ordre et la régularité des serviteurs étaient dignes d'un manoir anglais bien réglé. Dans les maisons du Sud le long de la côte, comme on appelle le Mississippi au-dessus de la Nouvelle-Orléans, on trouve rarement du bœuf et du mouton, et plus c'est rare, mieux c'est. Le poisson aussi est rare, mais les dindes, les oies, la volaille et les préparations de porc, les légumes excellents et le vin de la meilleure qualité, font que l'absence des plats habituels n'est guère à regretter.

Le silence qui m'a frappé chez le gouverneur Roman n'est pas rompu chez M. Burnside ; et quand le dernier frémissement du chant de l'oiseau moqueur s'est éteint à travers le bosquet, un calme de profondeur avernienne s'installe sur la cabane, le champ et la rivière.

CHAPITRE XXXIV.

Nègres — Plantations de canne à sucre — Les nègres et la main-d'œuvre bon marché — Mortalité des noirs et des blancs — Travail irlandais en Louisiane — Une sucrerie — Enfants nègres — Manque d'éducation — Régime nègre — Hôpital nègre — Esprits le matin — Petit déjeuner — Plus esclaves : planteurs créoles.

5 juin. — Le nègre intelligent qui m'a servi ce matin parlait anglais. Je lui ai demandé s'il savait lire et écrire. — « Il ne faut pas faire cela, monsieur. « Où es-tu né ? » – « J'ai grandi dans la plantation, Massa, mais je suis allé à la Nouvelle-Orléans ; » puis il ajouta avec un air de fierté : « Je suppose, monsieur, que Massa Burnside ne prendra pas moins de 1 500 dollars pour moi. » En bas, pour le petit-déjeuner, dont le luxe est du poisson, des crevettes et de la viande rouge qui ont été envoyés à Donaldsonville sur un bateau ramé par un vieux nègre. Le petit-déjeuner terminé, je me dirigeai vers la cour, où attendaient les chevaux, et me rendis à la visite de la principauté saccharine. M. Seal, le surveillant de cette partie du domaine, était mon guide, sinon mon philosophe et mon ami. Notre route traversait une allée formée par un chemin de charrettes, entre des champs de maïs indien qui commençaient tout juste à fleurir — comme on l'appelle techniquement, à « glander » — et des champs de canne à sucre. Il y avait des tiges de douze ou quinze pieds de hauteur, avec trois ou quatre épis chacune, autour desquelles le pois s'enroulait en masses feuillues. Le maïs fournit de la nourriture aux nègres, et les balles sont mangées par les chevaux et les mulets, qui s'engraissent également avec les pois en roulant.

La richesse du terroir est inépuisable : tout ce qu'exige le sol, c'est une alternance de maïs et de canne ; et cette dernière, lorsqu'elle est coupée en tige, appelée « ratoons », à la fin de l'année, produit une récolte fraîche, donnant un excellent sucre. La canne est cultivée à partir de tiges qui sont déposées dans des fosses pendant l'hiver jusqu'à ce que le sol ait été labouré, lorsque chaque morceau de canne est posé longitudinalement sur la crête et recouvert de terre, et de chaque joint de la tige jaillit une pousse distincte lorsque la récolte commence à pousser. Actuellement, la canne à sucre attend son plein développement, mais le travail des nègres autour de sa tige a cessé. Il est planté dans de longs sillons continus, et bien que les cimes en forme de palmier ne se soient pas encore réunies en un arc uniforme sur les six pieds qui séparent les rangées des rangées, les tiges sont plus hautes qu'un homme. La plantation est percée de routes de charrette, dans le but de transporter la canne aux moulins à sucre, et celles-ci sont également coupées et parallèles à des drains et des fossés, parties du grand système d'irrigation et de drainage, en relation avec un canal. pour évacuer le surplus d'eau vers un bayou.

L'étendue de ces travaux peut être estimée par le fait qu'il y a trente milles de route et vingt milles de drainage profond et ouvert à travers le domaine, et que le canal principal a quinze pieds de large et actuellement quatre pieds de profondeur ; mais au milieu de ce gaspillage d'abondance et de richesse, où sont les êtres humains qui produisent les deux ? Il faut aller loin pour les découvrir ; ils sont enterrés dans le sucre et dans le maïs, ou cachés dans les quartiers nègres. En vérité, il n'y en a aucune trace, sur toute cette étendue de terre, à moins qu'on ne sache où chercher ; pas de « laboureur qui siffle au-dessus de la prairie » ; aucun paysan n'est prêt à faire son propre travail, mais la bande se déplace en silence d'un point à l'autre, comme un corps d'armée de quelque empereur despotique manœuvrant sur le champ de bataille.

En admettant tout ce qu'on peut dire, je suis d'autant plus persuadé, d'après ce que je vois, que le véritable fondement de l'esclavage dans les États du Sud réside dans la possibilité d'obtenir du travail à volonté à un taux qui ne peut être contrôlé par aucune combinaison de travailleurs. . Compte tenu de la chaleur et du paludisme, on ne peut pas prétendre un seul instant que les planteurs ne pourraient pas trouver d'hommes blancs pour faire leur travail s'ils les payaient pour le risque. Un nègre, il est vrai, supporte bien la chaleur et peut travailler sous le soleil de plomb de la Louisiane, dans l'air étouffant entre les épaisses cannes à sucre, mais l'Irlandais qui est employé dans le trou d'un bateau à vapeur est exposé. à une température plus élevée et à un effort physique encore plus pénible. Le travailleur irlandais peut cependant donner une valeur à son travail ; l'esclave africain ne peut déterminer la quantité de travail qu'il peut obtenir que par l'épuisement de ses forces. Encore une fois, le planteur d'indigo en Inde, du matin au soir au milieu de ses ryots, ou le sportif travaillant dur sous le soleil de midi à travers les marais et la jungle, prouve que l'homme blanc peut supporter la plus grande puissance du soleil le plus chaud du monde comme ainsi que le natif. Bien plus, l'homme blanc semble exempt des maladies inflammatoires, des pneumonies et des atteintes des muqueuses et des organes respiratoires auxquelles sont sujets les noirs ; et si les statistiques de la mortalité des Noirs étaient examinées rigoureusement, je doute qu'elles révèlent une proportion de mortalité et de maladie aussi importante que celle que l'on trouverait parmi les bandes d'hommes blancs dans des circonstances similaires. Mais l'esclave est soumis à un contrôle rigide ; il est privé des boissons stimulantes auxquelles se livrerait le travailleur blanc libre ; et il est obligé de vivre d'un régime anti-phlogistique, qui lui donne cependant suffisamment de force pour accomplir sa tâche quotidienne.

C'est dans le prétendu bon marché de la main-d'œuvre esclave et dans son adaptation profitable à la production des cultures du Sud que réside réellement tout le fond et l'essence de la question. Le planteur peut tirer profit du travail d'un esclave pour lequel il a payé 200 *l.* , une somme d'argent qui lui permettra d'épuiser cet esclave en relativement peu d'années de sa vie, tandis qu'il devrait payer au travailleur blanc une somme qui serait une grande diminution apparente de ses profits, pour le même montant de travail. On calcule que chaque ouvrier des champs, comme on appelle un nègre valide, produit sept tonneaux de sucre par an, ce qui, au taux de quatre pence la livre, à une moyenne d'un tonneau par acre, produirait au planteur. 140 *litres.* pour chaque esclave. C'est un merveilleux intérêt sur l'argent du planteur ; mais il obtient parfois two hogsheadsun acre, et même jusqu'à trois tonneaux ont été produits dans les bonnes années sur les meilleures terres ; en d'autres termes, deux tonnes et quart de sucre et de déchets, appelés « bagasse », ont été obtenus à partir d'un acre de canne. Parmi les nombreux planteurs que j'ai interrogés, aucun n'a jamais donné une estimation du coût annuel de l'entretien d'un esclave ; l'idée de le calculer ne leur vient jamais à l'esprit.

Beaucoup dépend de la période à laquelle le gel s'installe ; et si les planteurs peuvent s'échapper jusqu'en janvier sans qu'aucun froid ne morde les sucs et la canne, leur récolte augmente chaque jour en valeur ; mais ce n'est qu'en octobre qu'on pourra commencer à envoyer la canne au moulin, dans les saisons moyennes ; et si le gel n'arrive qu'en décembre, ils peuvent compter sur une bonne moyenne d'une tonne de 1,200 livres de sucre par acre.

Le travail de creusement de fossés, de tranchées, de nettoyage des terrains vagues et d'abattage des forêts est généralement effectué par des ouvriers irlandais, qui parcourent le pays sous l'égide de sous-traitants, ou sont engagés par des gangs résidents pour cette tâche. M. Seal a déploré les prix élevés de ces travaux ; mais ensuite, comme il le dit : « Il valait bien mieux avoir des Irlandais pour le faire, qui ne coûtaient rien au planteur s'ils mouraient, que d'employer de bons ouvriers agricoles dans un travail aussi pénible. » Il y a une merveilleuse mine de vérité dans cette observation. Dieu sait combien de pauvres Hiberniens ont été consumés et enterrés dans ces marécages de Louisiane, laissant leurs gains au commerçant et à l'entrepreneur, et le résultat de leur labeur au planteur. Ce domaine tire son nom d'une tribu indienne appelée Houmas ; et quand M. Burnside l'a acheté pour 300 000 *l.* il reçut la première année 63 000 *l.* comme la valeur nette des récoltes sur son investissement.

Le premier endroit que je visitai avec le surveillant fut une nouvelle sucrerie, que des charpentiers et des maçons noirs étaient occupés à construire. Il eût été amusant, si le sujet n'avait pas été si grave, d'entendre les éloges du contremaître sur l'intelligence et l'habileté de ces ouvriers, et sa vantardise d'avoir fait tout le travail d'ouvriers qualifiés sur le domaine, puis de l'écouter : en quelques minutes, s'étendant sur l'impuissance et l'ignorance totales de la race noire, sur son incapacité à faire le bien, voire à prendre soin d'elle-même.

Il y a quatre sucreries sur cette partie du domaine de M. Burnside, comprenant des moulins, des chaufferies et des hangars de cristallisation.

La sucrerie est la capitale des quartiers nègres, et à chacun d'eux est attachée une enceinte dans laquelle se trouve une double rangée de chaumières en bois à un étage, divisées en deux ou quatre pièces. Une allée d'arbres traverse le centre de la rue des nègres, et derrière chaque hutte se trouvent de grossiers poulaillers qui, avec des oies, des dindes et quelques cochons, constituent le bénéfice des esclaves et la seule source d'où ils tirent leur subsistance. connaissance de la monnaie. Leurs conditions sont strictement monétaires. Un vieux nègre a apporté des canards à M. Burnside hier soir et lui a offert le lot de six pour trois dollars. « Très bien, Louis ; si tu viens demain, je te paierai. « Non, masse ; je veux de l'argent maintenant. « Mais ne veux-tu pas me donner du crédit, Louis ? Tu ne penses pas que je vais payer les trois dollars ? "Oh, paye un jour, massa, bien sûr. Il est bon de payer le dollar en dollars ; mais ce nègre veut de l'argent maintenant pour acheter de la nourriture et des choses pour sa famille. Ils feront confiance à Massa à Donaldsville, mais ils ne feront pas confiance à ce nègre. On m'a dit qu'un nègre économe gagne parfois dix ou douze livres par an avec son maïs et sa volaille ; mais il ne peut avoir aucune incitation à thésauriser ; car tout ce qui lui appartient, ainsi que lui-même, appartient à son maître.

M. Seal m'a conduit dans une sorte de maison de forçage, où les jeunes nègres sont gardés par certaines vieilles vieilles trop vieilles pour le travail, tandis que leurs parents sont absents dans la canne et le maïs indien. Une foule d'enfants des deux sexes étaient assis sous la véranda d'un grand hangar en bois, ou jouaient autour, très joyeusement et bruyamment. J'étais heureux de voir que les garçons et les filles de neuf, dix et onze ans étaient en cette saison, en tout cas, exemptés du sort cruel qui arrive aux enfants pauvres de leur âge dans les districts miniers et manufacturiers d'Angleterre. A la vue du surveillant, les petits s'avancèrent dans une joie tumultueuse, en balbutiant « Massa Seal », et visiblement heureux de le voir.

Tandis qu'un joyeux agriculteur regarde ses yearlings ou ses jeunes boeufs, le gentil surveillant, affalé sur sa selle, montrait de son fouet les grosses côtes luisantes et les panses corpulentes de son troupeau à tête laineuse. « Il n'y a pas une plantation dans l'État, dit-il, qui puisse abriter autant de jeunes nègres. La meilleure façon d'y parvenir est de ne pas faire travailler les mères trop durement lorsqu'elles approchent de leur heure ; leur donner à manger en abondance et ne pas les envoyer trop tôt aux champs. Il m'a dit que l'augmentation était d'environ cinq pour cent. par an. Les enfants étaient tout à fait convenablement vêtus, couraient autour de nous, tapotaient les chevaux, tâtaient nos jambes, essayaient de grimper sur l'étrier et regardaient Massa Seal de leurs yeux noirs et ocres. Certains étaient extrêmement justes ; et M. Seal, observant que mes yeux les suivaient, murmura quelque chose à propos des surveillants avant que l'époque de M. Burnside ne soit plutôt mauvaise. Il parlait très ouvertement de leur couleur et de leur teint ; Il ne sembla pas non plus qu'il y ait une quelconque turpitude particulière chez l'homme blanc qui avait laissé sa progéniture comme esclaves dans la plantation.

Un garçon grand et bien bâti, âgé d'environ neuf ou dix ans, se tenait à mes côtés et me regardait curieusement. "Quel est ton nom?" dis-je. «George», répondit-il. « Savez-vous lire ou écrire ? » Il n'a visiblement pas compris la question. « Allez-vous à l'église ou à la chapelle ? Un hochement de tête douteux. « Avez-vous déjà entendu parler de notre Sauveur ? À ce moment-là, M. Seal s'interposa et dit : « Je pense que nous ferions mieux de continuer, car le soleil devient brûlant », et ainsi nous chevauchâmes doucement à travers les petits ; Et quand nous eûmes pris une certaine distance, il dit, plutôt en s'excusant : « Nous ne pensons pas qu'il soit juste de leur mettre ces choses dans la tête si jeunes, cela ne fait que troubler leur esprit et les égarer. »

Or, dans ce quartier, il n'y avait pas moins de quatre-vingts enfants, certains âgés de douze et certains même de quatorze ans. Pas d'éducation, pas de Dieu, toute leur vie, de la nourriture et des jeux pour renforcer leurs muscles et les préparer au travail d'esclave. « Et quand ils mourront ? "Eh bien," dit M. Seal, "ils sont enterrés là dans ce champ par leurs propres gens, et certains d'entre eux ont une sorte de prières sur eux, je crois." Le contremaître, c'est certain, n'avait aucune notion fastidieuse en matière d'esclavage ; c'était pour lui la bonne chose au bon endroit, et son *summum bonus* était un prix élevé pour le sucre, une bonne récolte et une plantation saine. Bien plus, je suis sûr que je ne lui ferais pas de tort si je lui disais qu'il ne voit aucune irrégularité à diriger une bonne cargaison d'esclaves noirs réguliers, qui pourraient défricher les grands bois et les sous-bois marécageux, qui épuisaient maintenant les énergies de ses ouvriers agricoles. en l'absence de navvies irlandais.

Chaque nègre reçoit 5 livres. de porc par semaine, et autant de pain de maïs indien qu'il peut en manger, avec une portion de mélasse, et de temps en temps, ils mangent du poisson au petit-déjeuner. Tous les travaux de charpentier et de forgeron, la construction des hangars, la réparation des charrettes et des charrues, et la cuisson des briques pour les bâtiments de ferme, sont effectués sur le domaine par les esclaves. Les machines proviennent des villes manufacturières du Nord ; mais on fait de grands efforts pour se le procurer à la Nouvelle-Orléans, où des usines sont déjà établies. Aux lisières de la forêt, les nègres sont autorisés à planter du maïs pour leur propre usage, et parfois ils en ont un excédent qu'ils vendent à leurs maîtres. Sauf en cas de pression de récolte, ils ont du samedi midi jusqu'à l'aube du lundi matin pour faire ce qu'ils veulent, mais ils ne doivent pas déplacer la plantation sur la route, sauf avec un permis spécial, rarement accordé.

Il y a un hôpital sur le domaine, et même l'astucieux M. Seal n'a pas compris la conclusion qui devait être tirée de son témoignage sur l'excellente disposition de cet hôpital. "Une fois qu'un nègre y est entré, il aimerait y vivre pour le reste de sa vie." Mais ne sont-ils pas les gens les plus heureux et les plus satisfaits du monde, du moins lorsqu'ils sont hospitalisés ? Je déclare que, pour moi, plus les arrangements visant à économiser le travail des esclaves – à réglementer les esclaves – sont ordonnés, méthodiques et parfaits, plus l'esclavage devient odieux et odieux. Je préférerais de loin être le bien humain animé d'un Turc, d'un Égyptien, d'un Espagnol ou d'un créole français, plutôt que la bête de somme d'un Yankee ou d'un capitaliste de la Nouvelle-Angleterre.

En rentrant à la maison, je retrouvai mes amis en train de faire une *sieste tranquille* , et le reste de l'après-midi fut consacré au farniente, pas du tout désagréable avec un thermomètre digne d'Agra. Même les oiseaux moqueurs étaient réduits au silence, et l'oiseau qui répond à notre tour ou à notre corbeau s'asseyait sous les branches des arbres, cherchant de l'air avec son bec grand ouvert. Il doit en effet faire chaud lorsque le moqueur perd son activité. Il y en a un, avec son nid dans un rosier traîné le long de la véranda sous ma fenêtre, qui repose maintenant sur ses petits avec les ailes déployées, comme pour les protéger de la cuisson ; et il est si courageux et si affectueux que, lorsque je m'approche de tout près, il se contente de tourner la tête, de dilater son bel œil noir et d'ouvrir son bec, dans lequel la petite langue pointue dit, j'en suis sûr : « Ne fais pas ça. pour l'amour de Dieu, dérangez-moi, car si vous me forcez à partir, les enfants seront brûlés vifs.

6 juin. — Mon bien, Joe, « adscriptus mihi domino », m'a réveillé dans un bain d'eau du Mississippi contenant d'énormes morceaux de glace, auquel il a recommandé un menthe-julep comme complément. Ce n'est pas ici que j'ai été exposé pour la première fois à une épreuve de menthe-julep, car au petit matin, un étranger dans la maison d'un planteur du Sud peut s'attendre à recevoir une offre d'un verre d'eau-de-vie, de sucre et de menthe poivrée sous un îlot de glace - un verre d'eau-de-vie, de sucre et de menthe poivrée. panacée obligatoire à tous les maux du climat. Une fois jeté, Pompée peut revenir avec le verre numéro deux : « Massa dit que la fièvre est très forte ce matin – beaucoup de rosée. » Il est possible que l'estomac anglo-saxon dégénéré n'ait pas le ton et le tempérament fins de celui d'un de mes amis Hiberniens, qui considérait que la meilleure chose pour contrecarrer les effets d'un petit excès était un verre de whisky chaud et d'eau au moment où le La victime a ouvert les yeux le matin. Par conséquent, l'offrande aimable peut être rejetée. Mais un jour, avant le petit-déjeuner, le nègre évoqua le menthe-julep numéro trois, qu'il fit accepter par cette déclaration emphatique : «

Massa dit, monsieur, vous feriez mieux de prendre ceci, car ce sera le dernier qu'il préparera avant le petit-déjeuner. .»

Le petit déjeuner est servi : il y a sur la table une profusion de plats : volaille grillée, crevettes, œufs et jambon, poissons de la Nouvelle-Orléans, saumon en pot d'Angleterre, conserves de France, bordeaux, eau glacée, café et thé, variétés de hominy. , bouillies et préparations de légumes africains. Puis viennent les journaux, qui sont parcourus avec avidité avec des exclamations : « Entendez-vous ce qu'ils font maintenant, des méchants infernaux ! que Lincoln doit être fou ! etc. A une heure, malgré le soleil, je suis parti avec M. Lee, le long de la route qui longe le Mississippi, jusqu'à la plantation de M. Burnside, appelée Orange Grove, à partir de quelques arbres qui restent encore devant la maison du surveillant. . Nous avons rendu visite à un vieux nègre, appelé « Boatswain », qui vit avec sa vieille femme dans une cabane en bois au bord du Mississippi. Son affaire est d'aller à Donaldsonville chercher des lettres, de la viande ou de la glace pour la maison — une dispute difficile pour le vieil homme flétri. Il est né en Afrique et il se souvient simplement avoir été transporté à bord d'un bateau et emmené dans une grande ville avant d'arriver dans la plantation.

« Ne vous souvenez-vous de rien du pays d'où vous venez, Maître d'équipage ? "Oui Monsieur. Je me souviens seulement des arbres et des choses sucrées que ma mère m'a données, et de beaucoup de sable chaud dans lequel j'ai mis mes pieds, et de grandes feuilles avec lesquelles nous jouons - nous tous, petits enfants - et de beaucoup à manger, et de gros oiseaux et des coquillages. « Voudriez-vous y retourner, Maître d'équipage ? «Pourquoi, monsieur? là-bas, personne ne connaît le vieux maître d'équipage. Mon ancienne femme Sally à l'intérieur. "Es-tu plutôt content, maître d'équipage ?" « Je deviens très vieille, Massa. Massa Burnside est très gentil avec Maître d'équipage, mais qui se soucie d'un tel vieux nègre ? Golla Mighty m'a donné quatorze enfants, mais il les a tous repris à Sally et à moi. Aucun pote ne se soucie beaucoup de ce vieux nègre comme moi.

Plus loin, M. Seal nous salue depuis la véranda de sa maison, mais nous nous dirigeons vers le surveillant Gibbs, qui nous rencontre, à cheval, au bord de la route - un homme sombre à la barbe et aux yeux, et silencieux en même temps, un gros fouet à la main. main et un grand couteau coincé dans sa ceinture. Il nous conduit à travers une magnifique zone de canne à sucre et de maïs, ce dernier dominant bien au-dessus de nos têtes ; mais j'avais surtout hâte de voir la forêt primitive qui borde les terres claires à l'arrière du domaine et s'étend sur des marécages hantés par des alligators jusqu'aux bayous lointains. Il n'était cependant pas possible de satisfaire sa curiosité très largement au-delà des limites des terres défrichées, car autour des racines des cyprès, des pins des marais et des chênes verts s'élevait une barrière de sous-bois et de buissons enroulée autour du frein de canne qui mesure environ seize pieds de haut, si raide que la force unie de l'homme et du cheval ne peut pas céder contre les fibres rigides, et en effet, comme nous l'a dit M. Gibbs, "Quand les nègres se mettent au frein de canne, ils peuvent battre l'homme ou le chien". , et rien ne les bat à part les serpents et la famine.

Il montra quelques hangars autour desquels se trouvaient des bouteilles cassées où travaillait la dernière bande irlandaise, sous la direction d'un certain « John Loghlin », de Donaldsonville, un grand entrepreneur qui, dit-il, gagnait beaucoup d'argent avec ses compatriotes dont les os sont s'étendant le long du Mississippi. «Ils doivent travailler comme un feu», a-t-il déclaré. «Loghlin ne leur donne pas la moitié des rations que nous donnons à nos nègres, mais il peut toujours les gérer avec du whisky, et quand il veut qu'ils fassent un travail, il leur donne beaucoup de «quarante cannes», et ils se battent - reglar combat libre, je peux vous le dire, tant que ça dure. Le lendemain matin, ils signeront n'importe quoi et l'accompagneront n'importe où.

A la plantation d'Orange Grove, même si les récoltes étaient si belles, les nègres semblaient sans doute moins à l'aise que ceux des quartiers de Houmas, séparés d'eux par un simple partage nominal. Puis, encore une fois, on voyait encore d'autres enfants au teint clair qui sortaient des huttes ; certains d'entre eux ont été attribués à l'ancien surveillant, nommément Johnson, mais M. Gibbs, comme pour justifier sa mémoire, m'a dit confidentiellement qu'il avait payé une grosse somme d'argent à l'ancien propriétaire du domaine pour l'un de ses enfants. , et l'avait emporté avec lui en partant. « Vous ne pouviez pas vous attendre à ce qu'il les achète tous aux prix qui étaient alors en vigueur en 1956 », a déclaré Gibbs. Tous les enfants du domaine, ajouta-t-il, sont en bonne santé, et je peux montrer mon sort contre celui de Seal là-bas, même si j'ai entendu dire qu'il vous en a fait une grande démonstration hier.

La rive de la rivière, en aval de la grande plantation, était occupée par un ensemble de petits planteurs créoles, dont les maisons pauvres étaient rapprochées les unes des autres, indiquant des fermes très limitées, qui avaient été subdivisées de temps en temps, selon la mode française ; de sorte que les propriétaires ont enfin frôlé le paupérisme ; mais ils tiennent fermement à leurs droits et ne céderont pas aux prix alléchants offerts par les grands planteurs. Ils s'accrochent au sol sans entreprise et sans souci. Les colons espagnols le long du fleuve sont exposés au même reproche, et préfèrent leur propre aisance à l'extension de leur race dans d'autres pays, ou à l'agrandissement de leur postérité ; et un épicurien dirait qu'ils étaient de plus vrais philosophes que les créatures agitées qui usent leur vie de labeur et de labeur pour fonder des empires pour l'avenir.

C'est chez ces hommes que, parfois, l'esclavage prend son aspect le plus dur, et que les nègres sont exposés aux travaux les plus durs ; mais il est vrai aussi que les esclaves ont des relations plus étroites avec les familles de leurs propriétaires et vivent avec elles en relations plus intimes que sous la stricte police des grandes plantations. Ces gens reçoivent quelquefois quarante boisseaux de blé par acre et un tonneau et demi de sucre. Nous voyions leurs enfants aller à l'école, tandis que les chefs de famille fumaient assis dans la véranda et que leurs mères s'occupaient des tâches ménagères ; et les signes de vie, les voix des femmes et des enfants et l'activité visible dans les petites fermes contrastaient de manière non désagréable avec le calme désertique des plus grandes colonies. Je suis revenu sous un orage.

Au dîner du soir, M. Burnside a reçu un certain nombre de planteurs du quartier : M. Bringier, M. Coulon (créoles français), M. Duncan Kenner, un médecin nommé Cotmann, et d'autres, ce dernier monsieur est unioniste et n'hésite pas à défendre ses opinions ; mais il s'est formé, lors d'un voyage en Russie, de hautes idées sur la nécessité et les vertus d'un gouvernement absolu et centralisé.

CHAPITRE XXXV.

Rumeurs de guerre et mouvements militaires. — Les plantations d'esclaves du gouverneur Manning. — Les fortunes constituées par le travail des esclaves. — Des grenouilles pour la table. — La forêt. — Le coton et le sucre. — Un orage.

7 juin. — L'émission confédérée de dix millions sterling, en obligations payables en vingt ans, n'est pas suffisante pour satisfaire les demandes du gouvernement ; et les quatre millions de petits billets du Trésor, sans intérêt, émis par le Congrès, sont rapidement absorbés. Tandis que les journaux de Richmond exigent un mouvement immédiat sur Washington, les journaux de New York réclament une avance sur Richmond. Les planteurs sont appelés à accepter les obligations confédérées en paiement du coton qui sera apporté par les États.

Des illusions extraordinaires prédominent des deux côtés. Le Nord croit que des bataillons de sauvages indiens scalpeurs sont en réalité stationnés à Harper's Ferry. L'un des mouvements les plus importants a été effectué par le major-général M'Clellan, qui a fait marcher une force vers la Virginie occidentale depuis Cincinnati et a occupé une partie de la ligne du chemin de fer de Baltimore et de l'Ohio, qui était menacée de destruction par le Sécessionnistes ; et a déjà avancé jusqu'à Grafton. Le général M'Dowell a été nommé au commandement des forces fédérales en Virginie. Chaque jour, des régiments affluent du Nord vers Washington. Le général Butler, qui commande la forteresse Monroe, a décidé d'employer des nègres fugitifs, qu'il a appelés « contrebandes », dans les travaux autour du fort, en les nourrissant et en imputant le prix de leur subsistance sur la valeur de leurs services ; et M. Cameron, le secrétaire à la Guerre, lui a ordonné de s'abstenir de livrer de tels esclaves à leurs maîtres, tandis qu'il ne doit permettre aucune ingérence de la part de ses soldats dans les relations des personnes tenues au service en vertu des lois des États dans lesquels ils sont dans.

M. Jefferson Davis est arrivé à Richmond. En mer, les paquebots fédéraux ont capturé un certain nombre de navires du Sud ; et quelques petites représailles ont été exercées par les corsaires confédérés. La plus grande masse des troupes confédérées s'est rassemblée en un endroit appelé Manassas Junction, sur la voie ferrée reliant la Virginie occidentale à Alexandrie.

Les journaux du Nord regorgent de récits d'une bataille à Philippes et d'une grande victoire, au cours de laquelle pas moins de deux de leurs hommes furent blessés et deux disparus furent portés disparus ; mais Napoléon n'a pas consacré autant d'encre à Austerlitz qu'il en est consacré à cette gloire dans les rubriques sensationnelles des journaux de New York.

Après le petit déjeuner, j'accompagnai un groupe d'amis de M. Burnside pour visiter les plantations du gouverneur Manning, à proximité. Une plantation ressemble à une autre comme deux pois. Nous avons suivi les mêmes chemins à travers des épis de maïs, bien au-dessus de nos têtes, ou à travers des étendues de canne à sucre en croissance ; mais les quartiers des esclaves du gouverneur Manning étaient plus grands, mieux construits et plus confortables que tous ceux que j'ai vus.

M. Bateman, le surveillant, un homme fort et austère, avec des lunettes sur le nez et une livre sur la joue, nous a fait traverser le sol. En voyant mon œil posé sur un grand couteau dans un étui de cuir accroché à sa ceinture, il crut nécessaire de dire : « Je garde ça pour me frayer un chemin à travers les freins de canne qui circulent ; ils sont si épais.

Toutes les eaux de surface du domaine sont transportées dans un grand drain à ciel ouvert, avec un réservoir dans lequel les ventilateurs d'une grande roue, entraînés par la vapeur, fonctionnent de manière à rejeter l'eau jusqu'à une tranchée située au-dessous du niveau du domaine. plantation, qui l'emporte dans un bayou relié au bas Mississippi.

Dans cet égout, un de mes compagnons aperçut une grenouille prodigieuse, de la taille d'une tortue, sur laquelle il se jeta avec empressement ; et en portant son prix à terre, il fut très félicité par son ami. « Que diable ferez-vous de cet horrible reptile ? « Faites avec ! eh bien, mange-le pour être sûr. Et il est vrai qu'à notre retour, le monstre « crapaud » fut remis au vieux cuisinier et apparut bientôt sur la table du petit déjeuner, ressemblant à un spatchcock d'une rare finesse, et fut mangé avec enthousiasme par toute la société. .

De la roue d'égouttage, nous avons visité la forêt, où les nègres étaient occupés à défricher les arbres, à retourner la terre entre les souches, ce qui marquait l'endroit où les puissants sycomores, les chênes verts, les gommiers et les pins avaient récemment ombragé les riches. Terre. Par endroits, le blé d'Inde agitait déjà sa tête et ses houppes au-dessus des racines noires et noueuses ; en d'autres endroits, les arbres, ceinturés par la hache, mais pas encore tombés, s'élevaient sur d'épaisses récoltes de maïs ; et plus profondément encore dans les bois, des nègres guidaient les charrues, traînées avec peine et difficulté par des mules, trois de front, à travers les racines enchevêtrées et la terre rigide, qui sera l'année prochaine propre aux semailles. Il y avait cent vingt nègres au travail ; et ceux-ci, avec un nombre suffisant de mulets, défricheront cette année quatre cent cinquante acres de terre. « Mais c'est la mort des nègres et des mulets », a déclaré M. Bateman. « Nous le faisons généralement avec des irlandais, ainsi qu'avec les couvertures et les fossés ; mais nous ne pouvons pas les avoir maintenant, car ils partent tous à la guerre.

Bien que les profits du sucre soient importants, le coût de construction des machines, la consommation de bois dans la chaudière et l'appareil scientifique exigent un capital bien plus important que celui requis par le planteur de coton, qui, lorsqu'il a des terres, peut se procurer des capitaux. il travaille à crédit et n'a besoin que de nourriture et de vêtements jusqu'à ce qu'il puisse réaliser le produit de son travail et faire une certaine fortune. Le coton se conservera là où le sucre se gâte. Les prix sont beaucoup plus variables dans ce dernier pays, bien qu'il bénéficie d'un droit protecteur de 20 pour cent.

La totalité du demi-million de têtes de sucre cultivées dans le Sud est consommée aux États-Unis, tandis que la plus grande partie du coton est expédiée à l'étranger ; mais en cas de blocus, le Sud peut utiliser son sucre *ad nauseam* , tandis que le coton est pratiquement inutile en raison du manque de fabricants dans le Sud.

À mon retour, M. Burnside était assis dans sa véranda, regardant avec anxiété, mais non avec appréhension, les colonnes de nuages noirs en marche, éclairées de temps en temps par de lourds éclairs et secouées par des roulements de tonnerre. Jour après jour, les planteurs cherchaient la pluie, tapotaient sur les verres, scrutaient les anéroïdes, consultaient les prophètes météorologiques nègres, et de temps en temps leurs attentes étaient excitées par les nuages qui descendaient la rivière, pour ensuite être déçus par leur départ dans l'espace, ou, pire encore. par-dessus tout, ils préféraient les plantations plus éloignées avec une averse qui rapportait de l'or à de nombreux coffres. « Avez-vous déjà vu une telle chance ? Kenner l'a encore eu ! C'est la troisième douche que Bringier prend au cours des deux derniers jours.

Mais c'était maintenant au tour de tous nos amis de nous envier un terrible orage, avec une pluie abondante et régulière, qui était aspirée par la terre assoiffée presque aussi vite qu'elle tombait, et remplissait les jeunes maïs vigoureux de douleurs de croissance. , conférant une telle vigueur à la canne qu'on la voyait littéralement germer, et qu'on pouvait marquer l'augmentation de la hauteur des tiges d'heure en heure.

Mon bon hôte est plutôt inquiet de ses perspectives cette année, à cause de la guerre ; et ce n'est pas étonnant. Il comptait sur un revenu de 100 000 £ rien que pour son sucre ; mais s'il ne peut l'envoyer vers le Nord, il est impossible d'évaluer la diminution de ses profits. Je crois, en effet, qu'il regrette de plus en plus d'avoir embarqué son capital dans ces grands marais sucriers, et de l'avoir maintenant volontiers placé à perte dans le vieux pays dont il est encore sujet ; car il n'a jamais été naturalisé aux États-Unis. Cependant il se réjouit des meilleurs bordeaux et des vins d'un prix fabuleux, que soigne un vieux nègre à tête blanche, qui prend autant de soin du liquide que s'il avait l'habitude d'en boire tous les jours.

CHAPITRE XXXVI.

Visite de la plantation de M. M'Call. — Irlandais et Espagnols. — Le planteur. — Un sportif du Sud. — Les créoles. — Quittez Houmas. — Donaldsonville. — Description de la ville. — Baton Rouge. — Bateau à vapeur pour Natchez. foi en Jefferson Davis. — Ascension et progrès de la prospérité pour les planteurs. — Question ultime de la guerre au Nord et au Sud.

8 juin. — Conformément à leur promesse, les habitants de la maison de M. Burnside ont procédé aujourd'hui à une visite à la plantation de M. M'Call, qui habite de l'autre côté de la rivière, à environ dix ou douze milles de là. Toujours les mêmes plantations silencieuses, le même silence oppressant, interrompu seulement par le tintement de la cloche qui appelle les esclaves au travail, ou marque les brefs moments de son répit ! En attendant le ferry, nous avons rendu visite au docteur Cotmann, qui habite une maison douillette près de la levée , car, pressés comme nous l'étions, « ce serait néanmoins une grossière violation de l'étiquette que de franchir sa porte ; et je n'étais pas fâché de l'occasion de faire la connaissance d'une dame aussi aimable que sa femme, et de voir un visage aux yeux tendres et pensifs, au front serein et au joli contour, tel que Guido ou Greuse auraient immortalisé, et que Miss Cotmann, dans l'isolement de cette petite villa au bord du Mississipi, semblait à peine savoir qu'elle aurait fait d'elle une beauté dans n'importe quelle capitale d'Europe.

Le Docteur est autorisé à s'extasier sur ses propensions syndicales et son pouvoir politique, tout comme M. Petigru est autorisé à se livrer à des caprices similaires à Charleston, simplement parce qu'il est censé être impuissant. Il y a cependant au fond de l'opposition du Docteur à l'opinion politique dominante du quartier, une jalousie des acres et des esclaves, et un sentiment d'animosité envers les grands seigneurs et propriétaires d'esclaves, qui l'animent à son insu. leur influence. Après une halte d'une heure chez lui, nous traversâmes en ferry pour Donaldsonville, où, pendant que nous attendions les voitures, nous entendîmes un dialogue entre des Irlandais ivres et des Espagnols encore plus ivres devant le pub de main. Les Irlandais partaient à la guerre et essayaient en vain d'exciter les messieurs étrangers au même enthousiasme ; mais, comme ces derniers étaient résolument assis dans le caniveau, il fallut user d'éloquence et de force pour les remettre sur pied et marcher vers le quartier général des chasseurs de Donaldsonville. "Pour l'amour de la Vierge et pour le bien de toi, Fernandey, lève-toi et jouis avec nous pour combattre les Yankees." "Josey, vas-tu nous laisser assassiner par une bande de maudits protestants et de nègres coquins ?" « Gomey, ma chérie, lève-toi ; c'est onze dollars par mois, plus la nourriture et tout ce qu'on trouve. Les garçons s'occuperont de la pêche pour toi et nous reviendrons riches comme des Juifs.

Quel succès ont eu leurs appels, je ne peux pas le dire, car les voitures sont arrivées et, après avoir traversé un grand bayou qui se jette dans un bras du Mississippi près de la mer, nous nous sommes dirigés vers la plantation de M. M'Call, que nous atteint juste au moment où le soleil s'enfonçait dans les nuages d'un autre orage.

Plus on voit la vie d'un planteur, plus on est convaincu que ses charmes viennent d'une tournure d'esprit particulière, très éloignée des idées modernes en Europe. Le planteur est un Arabe dénomadisé ; il s'est installé avec des chevaux et des esclaves dans un endroit fertile, où il garde ses femmes avec des soins orientaux, exerce une domination patriarcale et est à la fois féroce, tendre et hospitalier. La vie intérieure de sa maison est extrêmement charmante, parce qu'on s'étonne de trouver les grâces et les accomplissements de la femme dans une scène qui a quand même une certaine sorte de grossièreté sauvage, et où toutes sortes d'accidents incongrus sont visibles dans le décor. le service de la table, dans le mobilier de la maison, dans ses décorations, ses domestiques et ses paysages environnants.

Il était tard dans la soirée lorsque le groupe retourna à Donaldsonville ; et quand nous arrivâmes de l'autre côté du bayou, il n'y avait pas de voitures, de sorte que nous dussions marcher à pied jusqu'au quai où les bateaux de M. Burnside étaient censés attendre, le passeur nègre s'étant depuis longtemps retiré pour se reposer. En toutes circonstances, une marche à pied sur une piste inconnue, couverte de blocs de bois et d'autres obstacles qui représentaient la route du ferry, ne pouvait être agréable ; mais les pluies récentes avaient transformé le sol en une mer de boue remplie de trous, d'îlots de planches et de poutres de bois, éclairées uniquement par les étoiles - et cela en pantalons de ville et en bottes légères !

Nous avons plongé, lutté et éclaboussé jusqu'à atteindre la levée , où il n'y avait pas de bateaux ; et ainsi M. Burnside criait de haut en bas de la rivière, M. Lee aussi, ainsi que M. Ward et tous les autres, tandis que j'étais assis sur une bûche affectant la philosophie et l'indifférence, malgré les tortures innombrables et sévères des moustiques. piqûres d'insectes inconnues.

La ville et la rivière étaient ensevelies dans l'obscurité ; le bruit du ruisseau, qui a soixante pieds de profondeur près des rives, était tout ce qui frappait l'oreille dans les intervalles des cris : « Bateau, salut ! « Ho ! Batelier ! et diverses éjaculations de forme moins régulière et moins décente. Finalement, un bateau sortit de l'obscurité, et l'homme qui le dirigeait déclara qu'il avait attendu tout le temps dans le bayou, jusqu'à ce que, par simple accident, il descende à la jetée, après nous avoir abandonnés pour la nuit. Au bout d'une demi-heure environ, nous étions de l'autre côté de la rivière et avons eu nécessairement une autre entrevue avec le Dr Cotmann, qui nous a régalé de ses meilleures histoires et de son meilleur vin jusqu'à ce que les voitures soient prêtes, et nous sommes retournés chez M. Burnside, pour notre seule rencontre. En chemin, deux cavaliers à cheval, aux armes tintantes, qui formaient, nous dit-on, la patrouille de nuit ; je n'ai cependant pu obtenir de détails très précis sur leurs fonctions.

9 juin. — Un orage qui a duré toute la matinée et l'après-midi jusqu'à trois heures. Quand le temps s'est dégagé, j'ai conduit, en compagnie de M. Burnside et de ses amis, pour dîner avec M. Duncan Kenner, qui habite à dix ou douze milles au-dessus de Houmas. C'est un des sportifs du Sud, bien connu sur l'hippodrome de Charleston, et tient une grande écurie de chevaux de course et de juments poulinières, sous la direction d'un Anglais. Les sportifs étaient des garçons noirs ; et quand nous sommes arrivés, ils étaient environ une demi-douzaine à faire courir les poulains dans le paddock. Les jambes sans mollets et les cuisses creuses du nègre s'adaptent admirablement à la peau de porc ; et ces petits gars faisaient si bien asseoir leurs chevaux, aurait-on pu penser, que le tournant du parcours montrait leurs visages noirs et leurs bouches souriantes, qu'il regardait un groupe de jeunes messieurs de John Scott en train de s'entraîner.

Les Caroliniens sont de vrais sportifs, et dans le Sud, les courses de Charleston créent presque autant de sensation que notre Derby chez nous. L'un des invités de M. Kenner connaissait tout sur les gagnants d'Epsom Oaks et d'Ascot et était ravi de montrer sa connaissance du « calendrier des courses ».

On remarque cependant que les créoles ne manifestent pas un grand enthousiasme pour les courses de chevaux, mais qu'ils s'appliquent plutôt à cultiver leurs plantations et aux travaux domestiques ; et il est même remarquable qu'ils ne occupent pas une place importante au sein de la législature de l'État, ni n'aspirent à une influence et à une position politiques élevées, bien que leur nombre et leur richesse leur donnent légitimement droit aux deux. La population des petits colons, à peine éloignée du paupérisme, le long des rives du fleuve, est courtisée par des hommes qui obtiennent une plus grande influence politique que les grands propriétaires terriens, qui jugent indigne de recourir aux arts de la démagogie.

10 juin. — Enfin *venit summa dies et ineluctabile tempus* . J'avais vu tout ce qu'il était possible de voir de la meilleure phase de la grande institution – moins que ce que je pouvais désirer d'un homme très exemplaire, bienveillant, lucide et honnête. Dans le calme d'une glorieuse soirée d'été, nous avons traversé le Père des Eaux, saluant le bon ami qui se tenait sur le rivage et tournant le dos à la maison que nous avions laissée derrière nous. Il faisait nuit lorsque le bateau atteignit Donaldsonville sur la « côte » opposée.

Je ne serais pas surpris d'apprendre que le fondateur de cette ville remarquable, qui abritait autrefois les archives de l'État, aujourd'hui transférées à Baton Rouge, était un Britannique du Nord. Il y a une simplicité et une économie dans le plan du lieu qui ne sont pas défavorables à ce point de vue, mais les motifs qui ont poussé Donaldson à fonder sa Rome à l'ouest du Bayou La Fourche du Mississippi doivent être un secret pour tous les temps. Le digne Écossais a dû être très perplexe face à ses voisins, une colonie de longue date de créoles espagnols, qui ne travaillent pas et ne filent que des filets de pêche, et qui vivent mieux que Salomon, et sont probablement aussi bien habillés, *à l'exception* de la perle barbare. et l'or du potentat hébreu. Prenez les petites maisons modestes et isolées qui poussent dans les creux de Scarborough, ajoutez-y les demeures les moins imposantes de la ville de Folkstone, jetez ces larges champs à la surface des marais d'Essex, plantez quelques arbres devant elles. , puis ouvrez quelques *cafés billard* du genre camp le long de la rue principale, et vous avez fait un très bon Donaldsonville.

Un policier nous accueille sur le palier et fait les honneurs du marché, qui présente un récit misérable de bancs vides, un taureau texan transformé en bœuf et un café. Le policier est un grand et mince compatriote de l'Ouest ; son histoire est simple et il a tout à raconter. Il faisait partie de la compagnie de Dan Rice, un Astley itinérant. Il est venu à Donaldsonville, a vu et a été conquis par une des beautés espagnoles, l'a épousée, est devenu tavernier, a échoué, a appris le français et est maintenant connétable de la paroisse. Il y avait cependant un poids dans son esprit. Il avait étudié la question en profondeur, mais il n'était pas au fond. Comment vivaient les amis, les parents et la tribu de sa femme ? Personne ne pourrait le dire. Ils élevaient des poulets et pêchaient du poisson ; lorsqu'il y avait une pression sur les planteurs, ils travaillaient pendant 6 *s.* 6 *j.* par jour, mais c'étaient des occasions rares. Le policier était devenu assez gris à force d'avoir réfléchi à l'affaire, et il n'avait « aucune idée de comment ils avaient fait ».

Donaldsonville a fait une bonne chose. Elle a fourni aux guerres deux compagnies de soldats, tous irlandais, et la troisième est en cours de formation. Pas beaucoup de couverture, d'amerrissage forcé ou de travail acharné ces temps-ci pour Paddy ! Le forgeron, une immense tour musclée, revendique l'exemption au motif que « le diable vient un peu de lui d'Irlande ; Il ne s'en est pas débarrassé, à l'exception des buks qu'il s'est débarrassés », et fait de son mieux pour rester en arrière, mais l'opinion populaire est contre lui.

Comme le bateau à vapeur ne pouvait quitter la Nouvelle-Orléans qu'à l'aube, c'était un soulagement de flâner dans Donaldsonville pour voir la société, composée de plusieurs messieurs et de divers Juifs jouant à des jeux inconnus de Hoyle, dans des bars en chêne flanqués de tables de billard. Le docteur Cotmann, qui avait traversé la rivière pour voir des malades atteints d'une crise d'euchre, nous conduisit dans un petit club, où je fus présenté à plusieurs messieurs, qui exprimèrent un grand plaisir de me voir, me serraient violemment la main et marchaient. loin; et enfin se fondirent dans une nuée de moustiques au bord de la rivière, dans une boîte préparée pour eux, qu'on appelait une chambre à coucher.

Ces salles étaient construites en bois sur la scène près de la rivière. "Pourquoi ne puis-je pas avoir une de ces chambres?" ai-je demandé en désignant une plus grande boîte à moustiques. "Il est engagé par des dames." "Comment savez-vous?" « *Parceque elles ont envoyé leur butin.* » C'était délicieux de rencontrer le « pillage » français des bagages — la vieille expression, si joliment rendue — dans la bouche du batelier du Mississippi.

Après avoir passé une nuit de déconfiture avec les démons ailés de ma boîte, je fus réveillé par le grondement du tambour à vapeur du bateau, plongeai ma tête dans l'eau au milieu des moustiques noyés, et m'élançai vers le débarcadère. Le policier venait d'arriver. Son œil d'aigle se posa sur un grand plat amarré à côté, sur la poupe duquel était inscrit à la craie : « Porc, maïs, beurre, bœuf », etc. Plusieurs citoyens « vifs » étaient également sur la plateforme. Après les salutations et les compliments, le policier dit : « Quand est- *elle* entrée ? (ce qui signifie plat.) Premier citoyen : « Dans la nuit, je suppose. » Deuxième citoyen : « Il y a aussi beaucoup de whisky à bord. » Policier (avec une agréable surprise) : « Vous ne le pensez jamais ? Premier citoyen : « Oui, monsieur ; cent vingt gallons ! Policier (inspiré par le patriotisme) : « C'est un bateau de l'ouest du pays ; pourquoi les citoyens ne s'en emparent-ils *pas* ? Et le whisky monte de 17c. à 35c. un gallon ! Les citoyens murmurent leur approbation, et j'ai l'impression que la partie whisky de la cargaison n'est pas sûre. "Oui, monsieur", dit le troisième citoyen, "ils saisissent tous nos biens à Cairey (Le Caire), et je fais un exemple de cette cargaison."

D'autres raisons de la saisie ont été avancées, et il est probable qu'elles étaient aussi fortes que le whisky, qui a sans doute été bu il y a longtemps selon les principes les plus purs. Au cours d'une conversation avec le comité du goût qui s'était réuni, il m'a été révélé qu'une surveillance stricte était exercée sur ces bateaux qui transportent du whisky interdit aux esclaves, et à principes, lorsqu'ils viennent de l'ouest du pays. , tout aussi répréhensible. « Avez-vous entendu parler, monsieur, du type qui se trouvait chez Duncan Kenner et qui a été arrêté l'autre jour ? "Non, monsieur, qu'est-ce que c'était?" « Eh bien, monsieur, c'était un homme qui est venu ici et est allé parmi les nègres de

Kenner pour leur acheter leurs poulets. Il a été arrêté et ils ont découvert qu'il possédait beaucoup d'argent sur lui. "Eh bien, bien sûr, il avait de l'argent pour acheter les poulets." « Oui, monsieur, mais cela semblait suspect. C'était un gars de l'Ouest, vieux, et il aurait pu les trafiquer. Heureusement pour lui, il n'a pas été récupéré dans l'après-midi. "Pourquoi?" "Parce que si les citoyens avaient été ivres, ils l'auraient pendu sur-le-champ."

L'Acadia était maintenant à quai et, au petit matin, Donaldsonville s'éloigna rapidement parmi les arbres et les nuages. Se coucher, se racheter des visites de moustiques et, après un long sommeil, observer à nouveau les lieux. Il est difficile de croire que nous avons parcouru onze milles à l'heure contre la rivière trouble, qui a le même aspect qu'en bas : les mêmes berges, les mêmes virages, les mêmes bois flottants et les mêmes arbres. De grands radeaux de bois, conduits par deux hommes, qui se tenaient à l'ombre de quelques planches verticales, étaient rencontrés à de longs intervalles. Des aigrettes blanches et des hérons bleus surgissaient des marais. À chaque débarquement, les Blancs qui descendaient portaient une sorte d'uniforme. Il y avait deux noirs embarqués à l'un des débarcadères avec des fers, des fugitifs capturés, et très malheureux à l'idée d'être réintégrés au sein de la famille patriarcale d'où ils s'étaient sans doute si prodigieusement enfuis. Je crains que le cuir de veau gras ne soit appliqué sur leur dos.

11 juin. — Avant midi, le bateau à vapeur a accosté une carcasse stationnaire à Baton Rouge, qui autrefois « marchait sur les eaux » à l'aide de machines, mais qui était maintenant utilisée comme hôtel flottant, dépôt et entrepôt – 315 pieds de long et trente pieds au total. sur le pont supérieur au-dessus du niveau de la rivière. L'Acadia s'est arrêté et j'ai débarqué. C'étaient mes quartiers jusqu'à l'arrivée du bateau pour Natchez. Le propriétaire de l'hôtel flottant était quelque peu excité car un de ses domestiques était absent. L'homme apparut bientôt. « Où étais-tu, toi… ? "Je pars acheter le journal, Massa." "Pour qui, vous...?" « Je les achète pour personne, Massa ; je le vends encore, Massa. « Voyez-vous, maintenant, vous…, si jamais vous montez à bord de ces bateaux à vapeur pour vous mêler des journaux, je… mais je vous tuerai, faites attention !

Baton Rouge est la capitale de l'État de Louisiane, et sa State House est un exemple très pittoresque et très récent de mauvais goût. L'asile des sourds-muets à proximité est d'un bien meilleur style. J'avais l'intention de visiter la prison et le pénitencier d'État, mais la journée était trop chaude et la distance trop grande, et j'ai donc dîné dans le plus étrange petit restaurant créole, avec la vieille hôtesse la plus drôle et la compagnie la plus étrange du monde. .

De retour au bateau-hôtel, M. Conrad, l'un des citoyens de l'endroit, et M. W. Avery, juge du tribunal de district, ont eu la bonté de m'appeler et de m'inviter à rester quelque temps, mais j'ai été obligé de refuser. Ces messieurs étaient membres de la garde intérieure et s'entraînaient assidûment tous les soirs. Sur les 1 300 électeurs de Baton Rouge, plus de 750 sont déjà partis à la guerre, et une autre compagnie est en train de se former pour les suivre. M. Conrad a trois fils dans les champs, et un autre a hâte de le suivre, et lui et son ami, M. Avery, sont tout à fait prêts à mourir pour la désunion. Le garçon qui servait les boissons au bar portait un uniforme et son mousquet gisait dans un coin, parmi les bouteilles de cognac. La nuit, à la proue, avait lieu une réunion patriotique de soldats citoyens, dans laquelle le chant et le whisky avaient beaucoup à voir, de sorte que le sommeil était difficile.

Le mercredi matin, à sept heures précises, le Mary T. m'accosta et me conduisit peu après à Natchez, à travers un paysage qui devenait plus sauvage et moins cultivé à mesure qu'il montait. Sur les 1 500 bateaux à vapeur circulant sur le fleuve, pas une dîme n'est actuellement en service, et les propriétaires de ces flottilles rentables sont « en mauvaise posture ». Il était tard dans la nuit lorsque le bateau à vapeur arriva à Natchez, et le lendemain matin, tôt, je me réfugiai dans un autre bateau à vapeur sans moteur au bord de la rivière à Natchez-sous-la-colline, que ses propriétaires pensaient être un hôtel.

Le matin, j'ai demandé le petit-déjeuner. « Il n'y a rien pour le petit-déjeuner ; va chez Curry à terre. Montez la colline jusqu'au Curry's, un bar occupé par un serveur et des mouches. "Puis-je prendre un petit-déjeuner?" « Non, monsieur-ree ; cela fait plus d'une demi-heure. « Rien à manger du tout ? "Non monsieur." "Puis-je en trouver ailleurs?" "Je suppose que non." J'avais cru qu'un homme avec de l'argent en poche ne pouvait pas mourir de faim dans un pays *soi-disant* civilisé. J'ai ruminé la fantaisie *faute de mieux* et suis devenu le centre d'attraction des citoyens, de la conversation desquels j'ai appris qu'il s'agissait de « Jeff. Le jour de jeûne de Davis. L'un d'eux a observé : « Cela me rappelle le dimanche ; tous les magasins ont fermé. Un autre a déclaré : « Nous aurons bientôt le dimanche tous les jours, car je pense que cela ne vaudra pas la peine pour la plupart des magasins de rester ouverts plus longtemps. » Natchez, lieu de grand commerce et d'exportation de coton en saison, est maintenant aussi ennuyeux, disons, qu'Harwich sans régate. Mais il est ultra-sécessionniste, *nul obstante* .

Ma faim a été apaisée par M. Marshall, qui m'a conduit jusqu'à son confortable manoir à travers un pays comme les régions boisées du Sussex, regorgeant de beaux arbres et dans les seules pelouses et champs ressemblant à des parcs que j'aie encore vus en Amérique.

Après le dîner, mon hôte m'emmena chez un riche planteur, qui a levé et armé à ses frais un corps de cavalerie. Nous fûmes obligés de descendre de voiture dans une ruelle étroite et de marcher à pied vers le campement dans l'obscurité ; une sentinelle nous arrêta, et nous remarquâmes qu'il y avait dans le camp un semblant de méthode militaire. Le capitaine se promenait dans la véranda de la pauvre cabane pour laquelle il avait abandonné sa maison. Un livre de tactique – celui de Hardee – gisait sur la table de sa petite chambre. Notre ami était plein de combativité et a déclaré qu'il donnerait tout ce qu'il avait au monde pour la cause. Mais la veille, un groupe de cavaliers, composé de soixante gentilshommes du district, valant de 20 000 à 50 000 livres chacun, était parti pour la guerre en Virginie. Tout ce qu'on voit ou entend témoigne du grand zèle et de la résolution avec lesquels le Sud s'est engagé dans la querelle. Mais ils détiennent la puissance des États-Unis et la loyauté du Nord envers l'Union à un prix bien trop bas.

Le lendemain, nous passâmes une agréable promenade à travers des champs de coton, du maïs indien et des forêts vallonnées, au milieu desquelles se trouvaient quelques charmantes résidences. J'ai traversé la rivière à Natchez, et j'ai vu une belle plantation, dans laquelle le maïs, cependant, n'était en aucune façon aussi bon que les récoltes que j'ai vues sur la côte. Le coton semble en bonne santé, et certains avaient déjà éclaté en fleur – une floraison, comme on l'appelle – qui est devenue d'un rose flagrant et semble impertinent consciente que sa capsule jouera un rôle important dans le monde.

Les habitants des étendues situées sur les rives du Mississipi et dans les régions intérieures environnantes devraient être, dans l'ordre naturel des choses, un peuple presque nomade, vivant de la chasse et d'une agriculture clairsemée, dans la liberté qui leur est offerte. ont tenté leurs ancêtres de quitter l'Europe. Mais le Vieux Monde travaille pour eux. Toutes ses épreuves ont été les leurs ; les fruits de son expérience, de ses travaux, de ses recherches, de ses découvertes, leur appartiennent. La vapeur leur a permis de transformer leurs rivières en autoroutes, d'ouvrir les forêts vierges à la lumière du jour et à l'homme. Tout cela, cependant, ne leur aurait guère servi si les exigences de l'industrie à l'étranger, et le luxe et la population croissantes du Nord et de l'Ouest chez eux, ne leur avaient pas permis de trouver dans ces marécages et ces hautes terres des sources de richesse plus riches et plus sûres que tout. les mines d'or du monde.

Il doit y avoir des gnomes pour exploiter ces mines. L'esclavage était une institution à leur disposition. Dans son développement, il y avait tous les moyens matériels pour assurer la prospérité que Manchester leur ouvrait et pour approvisionner leurs propres compatriotes en sucre. Les petits propriétaires de marais et de forêts, en difficulté et lourdement hypothéqués, faisaient travailler leurs nègres pour élever des levées , abattre des arbres, planter et semer. Le coton à dix cents la livre donnait une pépite dans chaque capsule. On pouvait acquérir des terres pour quelques dollars l'acre. Les nègres étaient proportionnellement bon marché. Les hommes qui gagnaient quelques milliers de dollars les investissaient dans davantage de nègres et dans davantage de terres, et empruntaient à nouveau la même somme dans le même but. Ils sont devenus gros et riches – leur fortune ne semblait pas avoir de limites.

Mais des voix menaçantes venaient du Nord : les échos des sentiments du monde civilisé se repentant de son mal leur transperçaient les oreilles, et ils découvrirent que leurs pieds étaient d'argile et qu'ils hochaient la tête à leur chute au milieu de leur pouvoir. Une ruine inévitable les attendait s'ils ne faisaient pas taire ces bruits et n'arrêtaient pas les paroles fatales.

Pour eux, il s'agit d'une question de vie ou de mort. Celui qui la soulèvera désormais, si elle n'est pas décidée maintenant, devra s'attendre à se heurter à l'animosité meurtrière qui se manifeste désormais à l'égard du Nord. Le succès du Sud – s'il réussit – doit entraîner des complications et des résultats dans d'autres parties du monde, auxquels ni eux ni l'Europe ne sont préparés. Il ne fait aucun doute qu'un État esclavagiste ne peut exister longtemps sans traite négrière. Les pauvres Blancs qui ont gagné la bataille exigeront leur part du butin. Les terres à cultiver sont abondantes, et tout ce qu'il faut pour leur donner des fortunes, c'est une réserve d'esclaves. Ils l'auront malgré leurs maîtres, à moins qu'une puissance plus forte que les États esclavagistes n'empêche l'accomplissement de leurs vœux.

Le gentleman chez qui je m'arrêtais n'était pas insensible aux dangers de l'avenir, et, je pense, comme beaucoup d'autres, ne regretterait pas du tout de se retrouver, ainsi que ses biens, en sécurité en Angleterre. Son père, le jour même de notre arrivée, s'était rendu au Canada avec ses filles, mais les autorités confédérées sont maintenant déterminées à confisquer tous les biens appartenant aux personnes qui tentent d'échapper aux responsabilités du patriotisme. En pareil cas, la pression de la majorité est irrésistible, et une sorte de loi de la foule supplante toute négligence des autorités. Dans le Sud, où les exploits du pays du cyprès et du myrte sont exagérés par la passion, ce pouvoir s'exercera avec une grande rigueur. Le langage même du peuple est plein d'excès généralement acceptés comme types d'américanisme. En feuilletant un journal ce matin, je suis tombé sur une « carte », comme on l'appelle, signée par un certain « M. Bonner », relatif à une dispute entre lui et un sous-quartier-maître général, au sujet du transport de bois à Mobile, qui se termine par la phrase que je transcris, comme preuve du style qui est toléré, sinon admiré, vers le bas. Sud:-

« Si un tel scélérat au cœur de Shylock existe, donnez-moi la preuve, et je le traînerai devant la barre de l'opinion publique et le condamnerai à une infamie si profonde et si damnable que la main de la Résurrection ne l'atteindra jamais. .»

FIN DU VOL I.

NOTES DE BAS DE PAGE :

[1] Depuis emprunté, on suppose, par M. Seward, et remis par lui à M. Stanton. Lafayette l'a donné à Washington, il a aussi donné son nom au fort qui a joué un rôle si marquant dans la guerre pour la liberté : « La liberté des deux mondes », pourrait-il soupirer s'il pouvait voir son œuvre et ce qu'elle a conduit. à.

[2] Depuis tué dans un duel par M. Rhelt.

[3] Maintenant général confédéré.

[4] Depuis tué au combat.

[5] Depuis tué.

www.ingramcontent.com/pod-product-compliance
Lightning Source LLC
LaVergne TN
LVHW042356190726
843493LV00005B/1042